让 我 们 一 起 追 寻

左

中国
宗教文化
中的
神与魔

〔美〕万志英

著

THE SINISTER WAY

RICHARD VON GLAHN

The Divine and the Demonic in
Chinese Religious Culture

廖涵缤

译

道

社会科学文献出版社
SOCIAL SCIENCES ACADEMIC PRESS (CHINA)

中文版序

从现代科学的角度出发，民间宗教中的信仰与仪式看起来不过是迷信，不外乎蒙昧时代的糟粕罢了。我们现代人多半会支持儒家唯理主义者对中国民间宗教的批判，即它是民众的幻想（或者套用马克思的话，是"人民的鸦片"），引致了财物的挥霍浪费，却无法带来实际利益。然而，民间宗教文化本身就是一个重要的历史课题。研究民间宗教中的艺术、神话与仪式可以为我们理解普通人的心态和社会经验提供宝贵线索，而在博学多才的精英阶层编撰的文献中，普通人的想法、情绪及抱负几乎没有留下任何痕迹。

在帝制时代，中国人生活的世界被各种无形之力支配，其中最重要的力量来自遥远的、隐于深宫之中的帝王。皇权通过层层官僚实现，对于公众来说，它在很大程度上也是无形的。县官或许是乡民们在其一生中所能见到的唯一官员，但即便是这样，在这位威严官员的身边仍围绕着曹吏和衙役。尽管人们期望作为"父母官"的他们能够体恤、怜悯治下的百姓，但他们在行使司法权力时仍应严厉而果决。因此，在大众想象中，神明居于云霄之上的乐园，那里欢喜无限，盛席华筵常设，而地下世界则是牢狱，冷面无情的官僚及其手下的可怕吏役在此间施以酷刑与严罚，也就不足为奇了。

官员和神祇在施展他们的力量时可能显得反复无常，但最终他们还是响应了更高层面的司法权威与规范。根据在人们心中支配天地万物的业报规律，恪守获得认可的道德准则能够确保神灵的襄助和庇佑。可是这种道德逻辑并不适用于运作于世间的另一类强大的无形之力——匿伏于阴影之下的妖魔鬼怪。这些凶邪之灵的存在暴露了宇宙秩序的裂痕和业报法则的缺陷，加强而非缓和了凡人的恐惧与不安。

中国民间宗教文化中的神话与仪式揭示了世人对于自身的处境深感悲观。它们还展现了一种对个体命运似乎漠不关心，对弱者举止似乎无动于衷的社会环境。但通过认识神灵，领会左右他们行为的法则，明了能够影响神魔之力运作的策略，人们还是有机会主动出击，改变自己的命运，提升自己的运势。弱者从来都不是完全无能为力的存在。卜筮之术为掌控个人命运提供了洞见，仪式行为——尤其是祭祀神灵——则使凡人拥有了获得神力加持的手段。在官府权威和儒家怀疑论者看来，这些宗教实践是"左道"，有悖于被奉为道德操守和社会秩序之神圣原则的"正道"。但对于弱者和走投无路之人来说，如果不求助于"左道"，他们原本是无法获得神异之力庇佑的。

本书以始于上古的中国通俗宗教之历史演变为大框架，考察了五通神信仰的缘起和发展。五通是中国宗教文化中最常见也最令人畏惧的邪恶形象之一。作为中国帝制晚期的主要财神，五通最鲜明的特征便是他的邪性。他不是英雄，也不是美德的化身；相反，他体现了人类最丑陋的恶习、贪婪和欲望，是恃强凌弱、包藏祸心的恶魔。出于这类民间邪神信仰的矛盾性，我们不得不承认在道德层面，中国宗教文化中的神灵之力有其矛盾暧昧之处。只有在考察邪恶的"左道"后，我们才能真正认识、把握中国社会文化的复杂性。

历史学家如果想要知道民间关于神异之力（如五通神）

的信仰的意义与重要性何在，就仍须倚仗于书面记录，而它们多数由博学的儒家精英编撰，因此不可避免地因精英阶层对于"左道"的敌意而有失偏颇。但关于五通神及其崇拜者的记叙浩如烟海、兼收并蓄，我们只要密切关注其中的细微之处，或许就可以一窥生活于帝制晚期的普通中国人的精神世界，洞察他们为控制自身命运而做出的尝试。

万志英

2018 年 6 月

献给瞳（Hitomi）

目　录

图表目录

致　谢

这本书的前身是 1988~1989 年我在东京大学东方文化研 xi
究所做访问学者期间的研究，美国学术界理事会（American
Council of Learned Societies）为这项研究提供了资金支持。后
来在美国中国学术交流委员会（Committee for Scholarly
Communication with China）的资助下，我在 1991~1992 年前
往中国继续开展这项研究。1996~1997 年，美国国家人文基
金会（National Endowment for the Humanities）又为这项研究和
本书的写作提供了资助。另外，在整个项目期间，加州大学洛
杉矶分校的学术评议会（Academic Senate of the University of
California, Los Angeles）也提供了经费方面的支持。对于上述
所有资助人，我深表感激。

我要特别感谢五通神信仰研究的先驱者蔡雾溪（Ursula-
Angelika Cedzich），她十分慷慨地与我分享了她的发现和想法。
田海（Barend ter Haar）除与我分享他关于五通神的研究外，
还为本书提供了自己的见解和指导。这些年来，祁泰履
（Terry Kleeman）的智慧使我获益匪浅，在这个研究项目诞生
时我们两人在东大东方文化研究所是同一间办公室的同事。罗
泰（Lothar von Falkenhausen）和柏夷（Stephen R. Bokenkamp）
阅读了大部分书稿，他们的批评和建议提升了相关章节的质
量。王秋桂十分费心地阅读了本研究此前已经发表过的部分，
他帮我避免了很多错误。我还想感谢加州大学出版社的匿名读

xii　者给出的评价和批评。廖咸惠以多重身份——谨慎周全的研究助理、勤学好问的学生、成熟的学者——为本书做出了巨大贡献。最后，读者应该清楚的一点是，这本著作的完成离不开大量前人的学术研究。

斯波义信、王春瑜、李伯重在各档案馆和图书馆的使用上为我提供了很多帮助。我还希望感谢下列机构的图书馆馆员和工作人员的慷慨襄助：东京大学东方文化研究所、东洋文库、日本国立国会图书馆、日本国家档案馆、静嘉堂文库图书馆、中国社会科学院历史研究所、北京图书馆（即中国国家图书馆）、北京大学图书馆、南京图书馆、南京大学图书馆、上海图书馆、美国国会图书馆（Library of Congress）、加州大学洛杉矶分校青年研究图书馆（Young Research Library）。

我还要感谢《哈佛亚洲研究杂志》（*Harvard Journal of Asiatic Studies*）的编辑，他们同意我使用曾发表于该刊的两篇文章（我已经在很大程度上对它们进行了改写）。它们分别是我的论文《财富的魔力》（"The Enchantment of Wealth"），它刊载于 1991 年第 51 卷第 2 期，以及 1993 年第 53 卷第 2 期上的一篇评论。

导　言

　　鉴于此书本质上研究的是那些被反复讲述的故事，因此以一个故事作为开篇甚为合适。下面这则轶事于1194年发表于洪迈《夷坚志》中的第十一册。洪迈编录了许多古怪奇异的故事，据他说向自己讲述这则故事的人是从统治中国北方的金朝逃难而来的朱从龙，这个名字只在《夷坚志》中出现过。这则故事发生的时间不详，但朱从龙向洪迈转述的其他故事都发生在12世纪40～50年代，因此它或许也发生在这一时期。

　　商贩刘庠十分幸运地娶了美貌的郑氏为妻，但生意做得不太好。他因贫困而憔悴落魄，长期与损友在酒馆中消磨度日。郑氏被弃在家中，忍饥挨饿，深受孤独寂寞之苦，对丈夫生出了怨怼之情。一日她忽然发烧，虽然几天后稍有好转，但她仍然独自坐在卧房之中，睁着眼却一句话不说，每当她的丈夫想要靠近时，她就会对其怒目而视、冷嘲热讽。刘庠变得更加沮丧，彻底离家远去。郑氏则将自己关在屋里，不再见客，但从屋外常常可以听到她似乎在和谁窃窃私语。他们的家人于是在墙上挖了一个孔对她进行窥视，但没有发现任何人。

　　一段时间之后，刘庠终于返回家中，甫一进门便惊奇地发现屋里堆满了金币和上品丝帛。他问妻子从哪里得来了这些财物，妻子回答说，最近数月，每到更深时分便会有一自称五郎君的青年前来与她共寝，他看见的所有财物都是五郎君送给她的，她不敢向他隐瞒此事。虽然刘庠对妻子的不忠感到十分愤慨，但长期忍受贫困之苦的他终于看到了解脱的希望，因此他发现自己很难开口责备她。随后某日，这位陌生的访客于光天化日之下出现了，他告诫刘庠不得再与郑氏过夜。刘庠在畏惧中答应了他的要求，另外找了寄宿之处。

这位神灵带给郑氏的财富使刘庠心存敬畏，他为其铸了一尊铜像，每日早晚都要对神像顶礼膜拜。不久，神灵为刘庠另寻了一位妻子。刘庠一直没能生出儿子，于是他向五郎君祈求帮助，五郎君偷来了地方官西元帅的第九子帮他传承香火。西元帅为了找回儿子，提供了一笔丰厚的赏金。刘庠的一位女邻居恰好在他的家中看到了裹着锦缎的婴儿，她心生疑窦，不认为一个贫穷的商户人家养得出这样的孩子，于是将这一消息告诉了西元帅，领走了赏金。然后，刘庠与郑氏均被捕入狱，他们的财物也被悉数没收。

五郎君因此感到震怒，召来了一群鬼怪，命它们打开狱门，救出刘庠夫妇，同时放走了其他所有犯人。西元帅同样大怒，第二天又重新抓回刘庠夫妻二人，对其施以棰楚酷刑。当晚，五郎君又放出刘庠夫妇，纵火将西元帅的府邸全部焚毁。砖瓦如雨点般落下，致使无人能靠近把大火扑灭。无可奈何之下，西元帅服了软，答应人们可以继续祭拜五郎君，并发誓今后将不再治刘庠和郑氏之罪。故事最终以五郎君对郑氏的占有结束了。[1]

五郎君更广为人知的名字是五通，他是洪迈时期的宗教文化中人们十分熟悉的一位神灵。在留存至今的《夷坚志》中有二十多个故事都提到了这位邪神。对于民间对五通神不屈不挠的供奉，与上述故事中的西元帅相似的公共秩序维护者感到

十分震惊，在他们眼中五通神违背了忠、贞、顺等备受推崇的
价值观。虽然洪迈本身就精通儒家经典，但他的故事以淫邪之 3
神在秩序之力面前的大获全胜为结局，这有违邪不胜正的儒家
基本原则。许多儒学家对洪迈记下的这类涉及鬼神之力的故事
嗤之以鼻，认为它们不过是愚昧乡民不着边际的东拉西扯；然
而对于那些利用"左道"迷惑臣民的人，朝廷始终保持警惕。[2]

　　左道是"正道"这一治理良序社会必不可少之要素的对
立面，自帝制初期起，它就常被用来描述巫觋们的异端邪说。
在成书于汉代（前202年～220年）①的《礼记》中，《王制》
一文视借助"左道"的行为为罪大恶极：

　　　　析言破律，乱名改作，执左道以乱政，杀。作淫声、
　　异服、奇技、奇器以疑众，杀。行伪而坚，言伪而辩，学
　　非而博，顺非而泽以疑众，杀。假于鬼神、时日、卜筮以
　　疑众，杀。此四诛者，不以听。[3]

在这个段落列举的四项罪名中，左道一词出现在第一项，严格
说来它似乎指政治上的权术阴谋，尤其是意图欺君的不臣之臣
谋求私利的伪善之言。相较之下，另外三类罪行都与旨在
"惑众"的妖术、谶术、卜筮之术有关。久而久之，左道也同
巫蛊联系在了一起。公元前1世纪，在控告朝廷命官"不道"
之恶的诉状中，上述引文中的"执左道"曾多次出现。[4]在其

────────────

①　关于中国各朝代的起止时间，各家说法不一。本书未依照《现代汉语词
　　典》附录中"我国历代纪元表"，仍采用英文原著中的说法，后文不再
　　赘述。人物生卒年、在位时间、事件起止年份同此处理。——译者注
　　（本书脚注皆为译者注）

他例子中，左道被用来指代方士们对君王的谄媚逢迎之语。[5]在

4　对涉嫌用巫术——更精确的说法是"咒诅"——伤害或杀害
皇帝或其他皇室成员的宫廷命妇施以死刑的奏章中，关于
"执左道"的控诉尤其引人注目。[6]前18年，汉成帝废后许氏的
姐姐许嬷因对皇帝的新欢使用巫蛊之术而被处死，对她的指控
特意点出她犯了"执左道"之罪。[7]到汉末，左道已经成了巫
蛊的同义词。[8]224年，汉朝结束后称帝的魏文帝曹丕颁布诏
令，规定涉嫌行巫祝之术、非祀之祭者都将以执左道论处。[9]在
之后的律例中，"执左道"始终与巫祝相关。[10]

　　在洪迈的时代，地方官员继续运用视左道为非法之举的法
规治罪于巫术及反常的祭拜形式。[11]在此一个世纪之前的1023
年，一位名为夏竦的知州在洪迈的出生地也就是今天的江西省
理政时，使朝廷注意到了宣扬"左道"、自封"神师"的巫
觋，他们在夏竦的辖区乃至整个南方都非常盛行。[12]夏竦报告
称，这些江湖术士自称能召唤神灵治愈疾病，不许亲属给病人
喂食喂药，甚至不允许他们与病人共处一室。师巫们搭起神
坛，放上魑魅的塑像或画像，试图以怪篆妖符驱走折磨病人的
妖魔。在夏竦眼中，最令人厌憎的现象，莫过于人们将襁褓中
的婴儿托付给这些巫觋，然后巫觋将他们培养为门徒，传授他
们妖法，希望他们长大后接自己的班。夏竦声称自己已在辖区
内抓捕、揭穿了师巫一千九百余户，他呼吁朝廷"严赐条
约"，惩戒"左道"、"妖言"以及"恣行邪法"。然而洪迈关
于五郎君的描述表明，虽然类似的治罪时有发生，但人们对神
魔对日常生活的持久影响深信不疑，朝廷官员没能成功消除这
种迷信。[13]

　　虽然对于以单个神灵为核心的崇信体系的起源和发展，研

究中国宗教的历史学家们已付出了相当多的精力，但他们对神
灵世界中的妖魔鬼怪还不够关注。[14]在中国的宗教文化中，类
似于基督教中撒旦的恶的化身是不存在的，善势力与恶势力在
中国人想象的神灵世界中也并非那么泾渭分明。厄运可能源自
难以预测、无法扭转的命运安排，但人们往往将其归咎于妖魔
鬼怪的作祟。可追溯至公元前 3 世纪的历书详细列出了从事不
同活动的凶日（因为邪灵的存在或活动），各种禁忌（常常因
害怕冒犯神灵而形成），疾病的源头（既有先祖的不满，又有
妖鬼的侵扰），以及好几十种苦难的根源（从承袭了动物身形
的灵物，到不能动的死物，再到各类自然现象）。[15]之后流传下
来的奇闻怪事与民间传说则揭示，这些可被统称为妖魔鬼怪的
灵物，实则占据了神灵世界中与人类联系最紧密的部分，也因
此对常人的日常生活造成了最大影响，然而历史文献中很少有
关于它们的记载。没有人为最令人不喜的神魔设立神龛，或者
说它们的神龛被排除在了官方历史记录之外，叙述相关信仰的
文字通常明显受到刻板印象影响，很难帮助我们了解真实的信
仰与崇拜情况。[16]本研究将在中国宗教文化发展演变的大背景
中检视五通神信仰的历史，希望以此填补中国宗教研究中的这
一空白。

　　无论过去还是现在，中国人的宗教首先都是一种祈求神力
以增强对现世生活掌控的手段。此外，它还有道德教化作用，
可以解释罪孽、蒙受的苦难、亡者的去向，为社会秩序与世俗
权力的构建提供象征符号和隐喻，为永生的实现提供精神、仪
式、身体方面的戒律。然而，中国的宗教从未产生过独立于宇
宙存在的神圣观，而且支配人类所栖居的俗世的，并不是由超
然物外的创世神设定的法则。因此，神圣和世俗有机地联系在

了一起，都受制于物质世界所固有的改变与转化之力。这些"力量"往往以神祇的形式存在，但在中华文明中也有视宇宙为本然自生体系的哲学传统，这种传统认为宇宙产自不为任何外部神意所左右且不可超越的神秘进程。无论是类似于道教和佛教的有组织的大教，还是那些既无庙宇又无经文的地方教派，在其宗教传统中神圣观都与能实现人类冀望的神力结合在了一起。神力介入的功效，也就是中国人所谓的灵，反映了神祇的法力大小、哪些祭礼可以安抚他们，以及调解世俗与神圣关系的媒介者是谁。

6　　　中国的宗教文化不仅承认数量庞大的神祇的存在，还认可法力较小的灵物，尤其是亡者之魂对凡人事务的介入。实际上，死者的鬼魂在大众宗教想象中往往比天上的神明更为重要。不同于高高在上、遗世独立、超然物外的神，死者的灵魂——无论是先祖的在天之灵，还是四处游荡的孤魂野鬼——与日常生活息息相关。武雅士（Arthur Wolf）研究当代台湾宗教的经典之作，使人们关注到鬼神在大众心中的形象与社会认同和社会关系间的对应关系。神怪被分为神、祖先、鬼三个大类，分别映射大众观念中的三大类人：官员、家人，以及与自己没有亲属关系且不定性的陌生人群。[17]这种神灵世界与社会生活经验的一致性，延伸到了凡人与鬼神间权力关系与双向义务的层面。高高在上的神祇虽然神通广大，但很少介入日常的社会生活。与之相反，先祖之灵则需要后人以祭拜、祭祀的方式对其不断给予关注，他们也严密监督着后世子孙的品行。然而，在祖先亡故之后，其能力是不如生前的。不相干的亡者之魂则是全然的外人，无论被看作无助的乞者还是危险的恶徒，他们始终散发着不祥之气，让人感到恐惧和憎恶。

这幅描绘神灵世界格局的地图既从世俗层面又从灵界层面为社会生活提供了必要的引航明灯。尤其值得注意的是，这种神圣观的基础是科层权威（bureaucratic authority）原则，以及在中国盛行两千年的君主制所带来的等级制度。调和政治行为的象征符号、词汇与仪式不仅作为隐喻，还作为人界与神界间的真实沟通手段反复出现。[18]

武雅士的模型将中国的宗教文化视为社会关系的反映，它提供了关于宗教观念和实践的重要见解，尤其帮助人们了解到，中国宗教不仅是不同信仰与仪式的清单，还是社会和历史经验的产物。但是，该模型具有功能论思维，它暗含的观点，即神怪因种类不同而产生的差别严格对应社会地位的差异，未能准确把握中国的神灵与其崇拜者间复杂易变的动态关系。许多学者都已经注意到，有大量神怪——实际上包括神明这个大类，例如佛教中的各位佛祖与女性神祇——很难在武雅士三分灵界的模型中找到定位。[19]这个三分模型的受限之处在于，神、鬼、祖先这一分类本身就随时间推移而处在变化之中。许多神灵，尤其是守护一方水土的土地神，其前身就是鬼怪；祖先也可以升格为神祇；在一些事例中，祖先的形象与其他鬼魂并没有太大不同。最后，这个三分模型对了解邪魔外道的本质帮助有限，无法解决在道德层面上具有矛盾性的神灵（如五通神）所带来的神义论（theodicy）方面的问题。

在人类学家基于当代行为（最重要的是仪式行为）为中国宗教建立模型之时，历史学家则倾向于根据主导祭祀传统的三教，即道教、佛教、儒教［或官祀（state religion）］对宗教进行分类。每种宗教传统都拥有独特的神学体系、大量经典、关于日常生活行为的仪式和戒律、一批对教义和实践施以认可

7

的学者（在极少数的情况中还有女性学者），以及历久不衰的机构以使教义不断再生。最近，"民间信仰"（popular religion）开始在历史学界获得充分重视，历史学家们视它为区别于三教的第四种宗教传统。尽管儒家的教育与教化强调世俗化的风气，但帝制中国统治精英的宗教实践与农民阶级的"民间"信仰具有很多相似之处。[20]以中国为研究方向的历史学家们的典型做法是，将"民间信仰"定义为来自社会各阶层的非神职信众的信仰与实践，它与由经文传统和寺庙权威构成的宗教世界形成鲜明对比，而不是区分"民间信仰"与庄严肃穆的精英宗教（elite religion）。这种民间信仰观本质上复述了杨庆堃在其关于中国宗教的划时代研究中提出的二元结构。他描绘了中国宗教中的两种结构形态：1）制度性宗教（institutional religion，主要指佛道两教，但也包括各类算命先生和宗教集会），它有神学体系、各类仪式，以及独立于世俗化社会机构的组织；2）弥散性宗教（diffused religion），它的信仰、实践及组织是世俗生活不可分割的内嵌部分。[21]杨庆堃所强调的更多是后者而非前者在中国宗教生活中的重要性，因为他认为弥散性宗教由中国远古时期的古典宗教演化而来。杨庆堃还主张弥散性宗教对于加强世俗制度（家庭、世系、公会、村落、兄弟会及其他组织）的社会经济内聚力，以及证明帝制国家规范性政治秩序的正当性，都具有十分关键的作用。

今天的学者虽然极力避免受作为杨庆堃观点基础的韦伯和帕森斯的社会学理论影响，但都普遍接受杨庆堃提出的基本前提，即弥散性宗教是中国宗教生活的主要形式。在其具有开创性意义的研究中，韩森（Valerie Hansen）试图证明弥散性宗教（她称之为"世俗化的"信仰和仪式）不是远古宗教的残留，而是宋朝（960~1276 年）这一关键时期发生的社会经济变迁的产物。[22]伊沛霞（Patricia Ebrey）与彼得·格里高利（Peter Gregory）同样将民间信仰描述为"弥散性"宗教，他们关注家庭与社群，而不是教派和教会这类机构。和韩森一样，伊沛霞与格里高利坚持认为不应把民间信仰与"精英"实践对立起来，这再一次令人想起杨庆堃对属于社会各阶层非僧道人士的弥散性宗教与有教义、有固定仪式、有组织的宗教的区分。在伊沛霞与格里高利看来，民间信仰形成了不同于三教的传统，但这四种传统都在相互交流与相互影响中发展。许理和（Eric Zürcher）率先将民间信仰传统类比为中国所有宗教实践的基岩，伊沛霞与格里高利也持这样的看法。[23]这种民间信仰对于其实践者的需求相当顺从，这正是因为它没有有组织的宗教所拥有的那些严格的教义和神学理论，不用受到它们的限制。由于缺少正统经文和完善的神职体系，其多样化的信仰和价值观以象征符号、神话、仪式的形式不断再生和传播，主要传播介质包括民间传说、表演艺术以及家族文化。[24]

人类学家还强调了普通信众的、世俗化的、弥散性的宗教实践，与僧道的神学和法事间的区别。在很大程度上，关于当代中国民间信仰的人类学研究被一个问题支配：宗教思想和实践所增进的，究竟是社会和文化价值观的统一性还是差异性？[25]比如说杨庆堃和莫里斯·弗里德曼（Maurice Freedman）主张中国宗教实践的各种变体都可被归入一个使中国文化紧密联系的包罗万象的结构。[26]华琛（James Watson）则与他们观点相反，他提出宗教信仰具有的只是表面上的一致性，在其伪装之下则是不同社会团体对这些信仰差异极大的诠释，对某一特定神灵的崇拜方式反映了在地位、阶级、性别等因素的作用

9

下形成的不同社会认同。[27] 近期关于当代台湾的学术研究强调了宗教是如何在促进意识形态一致性的同时制造社会分化的。例如桑高仁（Steven Sangren）主张一种始终如一的符号逻辑已经渗透了中国文化的"价值结构"，但不同社群所拥有的不同历史导致掩饰这种基本文化延续性的制度和社会行为产生了变体。桑高仁没有像武雅士和杨庆堃那样将神灵世界视为对各类社会关系的映射，而是认为宗教符号具有多种含义，且因为社会关系所固有的张力，人们可以用相互矛盾的不同方式对它们进行解读，然而仪式行为最终又使占据支配地位的社会秩序得到了巩固。桑高仁将社会团体与其符号化表示间的关系描述为"递归式"（recursive）关系，他得出的结论是本地社群的特殊化趋势最终会在普世性的宇宙－政治秩序中得到升华。[28] 魏乐博（Robert Weller）对于正统社会政治规范与宗教实践间的辩证关系有不同看法，他对比了大量被共享的文化价值观与对这种"共同基金"的不同理解和诠释。对于正式宗教信仰的意识形态构造（国家及宗教机构的权威）和它们在社会生活经验中形成的"实用性诠释"（pragmatic interpretations），魏乐博进行了区分。不同群体会采用各种风格的实用性诠释，因此同一套一般性价值观和仪式结构可以生出截然不同的意义。魏乐博描述了不久前台湾民众是如何根据各自的目的改造祭祀仪式和经文"意识形态"的。[29]

　　桑高仁强调了仪式的复原功能，这与其他一些人类学家的观点不谋而合，他们断言在中国的宗教文化中仪式活动比信仰更为重要，认为标准化的仪式使中国社会中的文化一致性变得更加具体且持续。[30] 魏乐博虽然承认共有的社会经验可加强意识形态和社会的统一性，但强调社会变迁可能会削弱诠释方式和价值观的统一性："如果将信仰看作阶级和社会的机械化关联物，我们就看不到诠释方式反映在不断发展的历史经验中的灵活性了。人们利用、操纵并创造文化（包括宗教），在社会关系的体系下将其视作日常生活的一部分。"[31]可以肯定的是，桑高仁和魏乐博的构想改进了杨庆堃关于制度性宗教和弥散性宗教的两分法。他们两人都认识到了"历史"（即社会生活经验）在宗教价值和实践的形成过程中的重要性；无论从社会意义（精英/平民）还是宗教意义（非神职/神职）上看，他们都没有落入明显割裂大传统和小传统的陷阱；他们意识到佛教、道教、儒教以及民间信仰都是同一文化体系的组成部分。

　　人类学家尽管普遍认可杨庆堃对制度性宗教和弥散性宗教的基本区分，但在一个重要方面和他思路完全不同。杨庆堃认为弥散性宗教广泛存在并因此依赖于世俗化机制，所以它缺乏打破传统和阶级壁垒的主动性；而与此同时，僧人和道士在社会主体中的边缘化使他们成为潜在的反对势力（更不用提各类秘密教派了）。[32]占主导地位的"价值观结构"可以正当化现存社会机构并使其获得再生，桑高仁同意仪式过程对产生该结果的机制能够起到障眼法的作用。但魏乐博质疑了如下观点：主导权势结构对现状起支撑作用，而民间信仰总能使这一主导结构获得巩固。他认为与制度化宗教的思想传统相比，民间信仰更具有激发另一种意识形态的潜力。[33]芮马丁（Emily Martin Ahern）更进一步提出，宗教仪式完全不会令被统治者看不清或看不见统治者的本性，相反，它们使社会底层可以通过使用、操纵神力来达成自己的目的。[34]

　　"意识形态"与"诠释"（用魏乐博的话说）具有的多样性可证实一个观点：中国宗教不是一套信仰体系，而是一系列具有目的性的行动（即最广义的仪式），采取这些行动可以改变世界，也可以改变个体在该世界中的处境。对中国宗教的这种看法得到了人类学家的广泛支持，甚至一些宗教史学家都是其拥趸。对于中国境内葬礼仪式显而易见的一致性，华琛将其归因于仪式过程的表演性本质：文化认同存在于仪式的"实践正统"（orthopraxy，即仪式的正确举行），而不是在信仰和价值观中。因此，这种仪式实践正统成了促进文化同质化的重要力量。[35]佩普尔（Jordan Paper）的结论是中国的宗教建立在仪式行为（在他眼中，仪式是凡人与神灵的共宴）这一核心之上，从远古时期起它就已经显得单一且相对统一。[36]类似的，桑高仁坚持认为在中国的宗教文化中，崇拜的形成靠的是公共仪式，而不是神祇或神龛。[37]不同于人类学家对仪式行为的重视，历史学家们的关注焦点是信仰，尤其是对重要神灵的崇拜。[38]

　　在这份关于中国宗教的研究中，我采用的方法在很大程度上受到了前文提到的模型的影响，但在一些重要的方面又与它们不同。一方面，我着重强调了中国宗教文化的多样性。中国宗教中传说、符号、仪式显而易见的统一性掩藏了"实用性诠释"（用魏乐博的话说），而这些"实用性诠释"可以反映社会思想和行为的不同变化形式。在中国，所有的宗教都是地方性的，这一点十分重要。只有仔细检视地方社会的历史，我们才能真正理解宗教和社会间的辩证关系。（此处我提到的"历史"与桑高仁的不同：桑高仁认为"历史"是验证文化范式和社会类别的过程；而我的"历史"范畴更大，它是社会秩序和价值观被不断重释和重构的开放性过程。）对于用仪式行为而非信仰或价值观来定义宗教的做法，我也不甚满意。仪式和"意识形态"一样不够稳定，人们同样会对其做实用性诠释或根据不同需要对其进行更改。作为获得权力的工具，仪式有多种开展方式。

另一方面，神圣之力和人的主观能动性都可在人生历程的塑造中发挥作用，我相信我们可以用这种作用的基本取向来定义中国的宗教文化。我反对杨庆堃关于制度性宗教和弥散性宗教的两分法，以及近期研究对神职化（hieratic）宗教和非神职化（lay）宗教的严格区分。我也不认同用佛教、道教、民间信仰等不同宗教传统来定义中国的宗教。就像魏乐博的"实用性诠释"概念所揭示的，可以多多少少从意识形态层面对佛教或道教的信仰及仪式加以利用，从而达成与教义教规相异的目的。同样，对于由"正典经文"与"专业神职人员"定位的神职化／制度性宗教与二者皆无的非神职／世俗化宗教的区别，近期的研究有点过分强调了。我们无法将世俗化的民间信仰中的价值观和实践活动，从其所处的大的社会母体及制度矩阵中分离出来。韩森将"世俗宗教"（secular religion）定义为不需要神职人员居中协调的宗教实践，虽然她的定义使这个概念有了一定可取之处，但我认为她低估了经文和宗教人士在"世俗"宗教形成过程中的作用。此外，对于杨庆堃的另一个论点，即这种世俗宗教（或者杨庆堃口中的"弥散性宗教"）与世俗社会制度高度契合，以至于其不可避免地会巩固既有社会认同和社会关系，我也强烈反对。 12

因此，为避免"世俗"一词可能产生的歧义，我选择用"通俗"（vernacular）宗教来描述属于大众的中国宗教文化。"通俗"一词带有属于普通民众之意味，但它根植于本地和地区历史。通俗的白话（vernacular language）当然比文言文（classical language）更接近日常对话，但白话既存在于文学作品之中，又是一种口语传统。将白话文/通俗宗教与文言文/经典宗教（classical religion）对立起来，就有重入杨庆堃二分弥散性与制度性宗教之陷阱的风险。而我们应该做的，是承认儒释道三教与通俗宗教是同一个整体中相互联系的组成部分。因此，在这份研究中，通俗宗教指以信仰或仪式的形式呈现的地方性或共有话语，它可被用来解释和表达复杂多变的宗教意识和实践。虽然通俗宗教具有的某种显著倾向性使其能被用来指代一种共有的中国宗教文化，但这个概念的含义随着时间和空间的改变也会发生变化。它在历史上曾以多种形式出现，其意义与重要性体现在历史上的具体形式而不是某种支配性的"结构"之中。五通神信仰在千年历史中令人讶异的转变即通俗宗教发展进程的一个缩影。

在我的阐述中，"通俗宗教"既有地方性又有通俗性，这在某些方面呼应了施舟人（Kristof Schipper）在其关于道教科仪的研究中对"白话"（vernacular）和"文言"（classical）的区分。[39]在施舟人的笔下，道教的白话法事（vernacular ritual tradition）是全然本土化的，无论就形式还是实质而言，它们相较于由受箓道士主持的文言科仪（classical ritual tradition）都大为简化，同时还充斥着地方传说、口传仪式及出神①之态。他拒绝接受弥散性宗教和制度性宗教的简单对立，主张道教总是与地方宗教文化紧密相连。主持科仪的道教法师会借鉴白话法事，在地方社群中两种仪式的实践方式常常靠拢。可是施舟人仍将重心放在文言科仪之上，将其描述为"中国宗教一种文气、优雅、精细的表现形式"，认为文言科仪是授予

---

① 出神（ecstasy）即一种神识恍惚、感到灵魂超越肉身的宗教体验。

"更为普通的地方信仰"统一性与连贯性的"上层结构"。[40]从历史的角度出发，施舟人将唐宋变革期（Tang-Song transitional era，8～12世纪），也就是道教祭仪开始渗透地方信仰的阶段，视为通俗化道教的形成期。我同意仪节通俗化的进程在唐宋变革期实现了惊人进展，但也正如韩森指出的，这一时期的另一个特征是仪式活动的世俗化操办方式（同样，韩森认为通俗化意味着不需要神职人员的介入）广为散播。在施舟人眼中，仪式始终需要宗教人士的居间协调，因此他忽视了普通信徒和其教派对通俗宗教之形成所做的贡献，而这种贡献同样意义重大。想要正确认识通俗宗教，我们还需考虑其所处的具体社会情境（既包括个体或家庭背景，也包括公共环境）。

　　我的论点是中国的宗教文化在其整个历史中显示出了两种基本取向：1）它是一套用来协调凡人与神灵世界关系的幸福主义的（eudaemonistic）慰灵（propitiation）与辟邪（exorcism）方案；2）它是对宇宙所固有的道德均衡的持久信仰。[41]这两种取向都可以追溯至已经开始使用文字的青铜时期早期文明：前一种取向可由殷商时期（约公元前1700年至约公元前1045年）的宫廷宗庙祭祀证实，后一种则是在商后的周朝（约公元前1045年至前256年）发展壮大的天命信仰的核心内容。两种取向后来都被三教制度化传统所吸收，但是它们之间存在不可调和的矛盾。中国人虽然（至少从进入帝制时代起）并没有因坚持一种取向而完全排斥另一种，但在对它们的处理上很难做到一碗水端平。

　　蒲慕州（Mu-chou Poo）注意到，远古中国（即商周时期）最经久不衰的基本宗教心态从根本上看涉及用卜筮保障个人福利。[42]蒲慕州认为普通民众的信仰主要就是他们与神灵世界做的交易，这种交易通过占卜或献祭完成，完全缺少道德成分。痛苦与不幸作为人生中长期存在的困扰被归咎于鬼神的作为，导致苦难的不只有邪灵，还有苛刻的祖先、不幸的鬼魂以及心存报复的神明。蒲慕州因此总结道："人们关于宗教信仰的日常态度很少区分神仙与鬼怪。"[43] 尽管一些有识之士（如孔子）认同的观点是神灵主要通过祈祷者的品德判断祭品的价值，但在影响凡人生活方面最"灵"的往往是妖魔。在旨在避开凶煞的占卜之术与辟邪之法中，道德维度是几乎不存在的。自从中国进入帝制时代，人们就开始编制关于宗教仪式与节日的历书，这主要是因为当时的人认识到，有必要定期净化恶灵并安抚反复无常的先祖。

道德特性被引入通俗宗教文化（与宗庙祭祀文化相对）是与"关联性宇宙论"（correlative cosmology）的传播相伴发生的。"关联性宇宙论"植根于一个信念，即宇宙是一个有机体，个体、社会和自然在其中顺应的是同一种渐变和突变周期（见第一章）。这种世界观强调了和谐的均衡性与连贯性，认为它们是世间所有正在运作的可见与不可见力量的基础。从公元前 4 世纪起，几乎所有学问——哲学、治国之道、宗教、医学、自然科学及兵法——以及人们在生活中对每门学问的应用，都带上了强烈的关联性宇宙论色彩。就个人层面而言，关联性宇宙论发展出了旨在暂停肉体衰弱及生命能量衰退的占卜行为，而完成卜筮则要求个体（身体与道德上）的自律与灵知。在社会和政治层面，关联性宇宙论中的分类使统治者可以通过人类行为影响宇宙结构和宇宙变化的模式。关联性宇宙论尽管最初并不包含道德元素，但在汉代逐渐被注入道德色彩，这种道德均衡观后来获得巩固，并在佛道两教的教义中得到彰显。在这种观念下，人类与灵界或宇宙的关系被道德均衡支配，康儒博（Robert Campany）将关于这一关系的信仰称作"天人说"（doctrine of Heaven and Humanity）。[44]

关联性宇宙论及从其衍生出的"天人说"都建立在对"感应"的基本信仰之上，"感应"则在现实的不同秩序之间起调和作用。根据关联性宇宙论，人世间的事件可以激起（感）宇宙中的反应（应）。同样，人类行为（包括所有道德与仪式层面的人类行为，而不仅限于统治者与巫祝的行为）也会激起灵界以及居住其中的鬼神的反应。人类的不端之举将在灵界引发天谴（异象与凶兆）并招致惩罚（个人灾祸或普遍性灾害）。正如康儒博指出的，"天人说"主张"善有善报，恶有恶报，不管是哪种类型的善恶"。[45]凡人与天命间感应所具有的特殊道德属性尤其清楚地体现在了"报应"（这个词最初专门指代预兆，后来被用来翻译佛教理念"karma"）这一概念中，它对汉朝之后的宗教话语至关重要。

然而，感应并不总是意味着道德秩序。神灵通过可以预见的方式回应慰灵仪式，关于这一点的认识先于关联性宇宙论而存在。对神怪所拥有的干涉俗世事务的力量（即"灵"），可以通过献祭与卜筮进行人为操控。因此，一位神祇受到敬仰的程度与其对凡人请求的回应性成正比，这种回应性被称为"灵感"。然而，我们不能简单将"灵"理解为对某位神灵神力功效的信念。正如桑高仁所强调的，任何主体的"灵"都"由一般化的文化逻辑和特定背景下随历史发展的社会关系逻辑定义或受到它们制约"。[46]无论体现为神迹还是神惠，神力的彰显（即灵验）都不仅可以说明相关神灵影响人类命运的能力，还会定义并证实崇拜者之间的社会关系。随着社会关系改

15

变，神祇的力量也会发生变化。维系某位神灵与其崇拜者之间的关系的，不是道德契约，而是彼此间的交易：一方付出的是定期的供奉与膜拜，另一方则提供保护与援助。许多神灵在道德问题上都模棱两可，有的甚至可以说天性本恶，它们使用暴力的可能性同使用道德力量一样大。

本研究从分析自远古以来就存在的两种基本取向——以实现个人幸福为目的的祈求及道德均衡——出发，呈现了中国宗教文化的历史，并把儒、释、道这三种不同宗教传统的发展视作基本取向的派生。我提出在帝制时期，中国宗教有两个重要的转型时刻。首先，关于死亡和死后生活的新看法在汉代出现，它们最终形成了一种与之前的信仰十分不同的亡者崇拜，而这种崇拜对救世信仰（即产生于中国本土的道教和来自异域的佛教）的形成起到了奠基作用（第二章）。其次，在宋朝，通俗化的仪式活动以及使神灵世界变得更加平易近人的命理之术，促成了宗教文化的转型（见第五章）。仪式通俗化的进程构建了当代中国宗教文化的基本框架。

邪魔和鬼邪之力是我分辨的上述两种基本取向的重要特征。在本书的后几章，我将对五通神进行个案研究，他十分具有说服力地显示了中国的宗教文化诠释神（divine）与魔（demon）的方式。五通神信仰是一个幸福主义取向几乎完全压过道德均衡的例子，从这一点看五通神信仰显然违背了使两种取向整合在一起的大趋势。从其产生的 10 世纪到 12 世纪，五通神信仰不断发生改变，这些变化反映了人们关于神灵世界和人类社会秩序的通俗化构想是如何演化的。在这一阶段，国家、宗教界权威、虔诚的普通信众以及世俗化的批评者都在寻求为这位神灵重新塑造形象的方式，从而令其适应自己宗教或道德上的情感需要。虽然他们的努力未能完全根除五通神作为邪魔外道的一面，但他们影响了民众对这位神灵的通俗化认识。

在古希腊，"daimon"这个词所形容的不是神灵的一个类型，而是"一种神秘力量，一种驱使人们无端前进的力量"。决定人类个体的情绪和性情的，是寄居其体内的神灵，即它是"快乐之灵"（eudaimon）还是"悲伤之灵"（kakodaimon）。希腊词"daimon"还指在死后开始守护凡人的英雄亡灵，以及致使生者孤注一掷的"虚构幽灵"。[47]在希腊－罗马时代晚期，"daimon"（类似于拉丁词"genius"）通常指弱神或半神，特别是在个体出生之时就与其建立关系、负责保护个体的家园与家人的守护神。在柏拉图的弟子色诺克拉底之后，这个词才被系统性地用来指代嗜血、淫荡的邪灵。[48]和古希腊的情况类似，在中国的宗教文化中，更合适的做法是将"魔"视为一种使神、灵、人产生敌意或恶意的倾向，而不是神灵的一种类型。某些神灵，例如第三章讨论的山魈，就是一种不折不扣的恶灵。而另一些，例如第四章的瘟鬼，我们可以认为其性本恶，但也可将其当成向有罪之人施以公正惩罚的天神使者。五通神和这些邪灵有共通之处，但他同时也被认可为在面对信众时展现出强大灵感的神祇。

五通神在其早期有许多化身，既可为善，又可作恶，有时是为人治病的医者，有时又是道德败坏的恶魔。南宋时期（12～13世纪），五通神被列入官方祀典，且在当时才盛行不久的道教雷法流派的祭拜传统中，他所受的待遇同样达到了最高水平。明朝晚期（16～17世纪），在江南地区这一中国经济和文化的中心地带，五通作为掌管财富分配的神祇成为主要祭拜对象。

具有财神身份的五通神最鲜明的特点是其残忍邪恶的属性。在人们的观念中，五通不是文化英雄，也不是高尚人格的体现，而是人性中的可鄙缺陷、贪婪与色欲的化身，是喜欢玩弄、伤害弱者的邪神。就这一点而言，五通神是当代财神明显的对立面。

在大众如何看待金钱与社会关系之间的关联这个问题上，五通神信仰的历史及五通成为财神的过程提供了一种独特的视角。许多观察者都曾评论，中国文化对贪婪无度、掠夺成性的特质，缺少中世纪基督教会曾施加的那类宗教制裁。[49]虽然中国的宗教文化不谴责那些为求财而向神明祈求帮助的人，但五通神深入人心的邪神形象揭示，对贪财的危险和颠覆性后果，中国人具有敏锐的认知。对五通神的祭拜常常被禁止或阻碍，这一点并不令人惊讶。这样的情况零星地发生在明朝中期，然后自17世纪晚期以降，系统性的镇压活动开始了。最终，虽然五通神信仰苟延残喘到了20世纪，但象征勤奋、谦逊、节俭、正直等"布尔乔亚"正面品质的新崇拜对象，削弱了其因财神身份而获得的重要地位。然而，五通神的式微并不意味着国家成功主导了大众信仰。当代财神信仰的象征性构建始于18世纪，该过程反映的实际上是江南地区社会、经济、文化的变迁，它们与两个世纪之前令五通神在一众神灵中鹤立鸡群的那些变化一样深刻。

鉴于本书希望通过士大夫这一统治阶层所做的书面记录来研究集体性的大众心态，我应该对研究方法稍做解释。本书使18用了多种类型的史料，有道教经文、宗教启蒙读本、寺庙碑文、白话小说，也有政府公文、官方实录及地方志。然而对于五通神信仰来说，最重要的文献是在漫长历史中积累的各种逸事琐闻，例如本书开头讲述的五郎君的故事。这些奇闻的记录者当然属于上层社会，他们满腹经纶、学识渊博，精神世界与不识字的五通神信众差别极大。对于那些坚持认为平民的文化和信仰具有基本自主性的人来说，依赖于书面的志怪小说存在误读和故意扭曲事实的重大危险。[50]然而在其研究拉伯雷小说中的幽默与民间信仰的经典之作里，巴赫金已经对以下问题做了充分解答：通过分析文盲阶层永不会翻阅的书籍来研究他们的心态，这样做到底有何效用?[51]密切关注志怪故事中的符号和隐喻，能够揭示它们深层含义的结构以及这种结构的演变方向。一则志怪小说可以保留关于具体经验的语言，就这一点来说，它的确提供了关于平民心态的宝贵见解："这类重复性故事在形式上与农夫间的交谈十分相近，而这种形式或许存在于大多数'面对面'的沟通之中。它涉及具有象征意味的具体语言，这些语言反复强调着社会关系的核心部分。其重复性和表面上的琐碎性指向了我们希望调查的对象。"[52]尽管执笔人不同，但五通神的故事或奇闻在本质上仍然具有一致性，这意味着文字版本基本保留了口述内容。

假设集体性心态不具备阶级属性，或是将"价值观"从其所处的社会情境中抽象出来，这两种做法所具有的危险性或许更大。士大夫阶层的意识形态与关于大众心态的书面表述表面上看十分接近，对该现象的一种解读是它证明在封建王朝末期，中国文化"一体化程度不断加深"，精英与农民价值观"愈发相近"。[53]对这一观点，本项研究表示质疑。本书虽然承认统治阶级的文化与被统治阶级的文化相互影响，但区分了强加于农民阶层的文化与由他们自己创造的通俗文化。如果认识不到其中的区别，我们就无法听到中国宗教文化中常被精英话语忽视的真正的平民之声。

第一章 远古中国的祖先、鬼和神

　　虽然在现代考古学出现之前，人们对于在公元前第二千纪后期统治华北平原的商王朝（约前1700~约前1045年）所知极少，但现在它作为中国宗教文化众多基本特征之滥觞的地位已经得到认可。以追求福祉为目标的幸福主义信仰与实践是之后出现的中国通俗宗教的基础，它们在殷商的宫廷宗庙祭祀中业已存在。商的许多惯例被紧随其后的周王朝（约前1045~前256年）吸收到了自己的祭祀文化中，但是周还发展出了最早体现道德均衡取向的宗教观——天命信仰，在这一点上它背离了商的传统。武雅士将灵界三分为神、鬼、祖先，这种划分在远古时期也有体现，但是各类神灵在当时的地位和重要性与现在十分不同。实际上，根据历史的演变过程，更恰当的做法是颠倒武雅士"神、鬼和祖先"的排序（正如本章章名所为），而按照"祖先、鬼和神"的相继出现顺序关注这三类灵界力量的缩影。

　　商是一个王朝国家，它是由贵族统领下的方国所组成的庞大网络，所有方国都接受至高无上的商王的统治。每个方国的中心都是一个筑有城墙的城市，那里是方伯家族的所在地。宗室由十个世系构成，他们交替继承商王之位。由于周期性的王室内部分裂和对后裔世系的分封需要，商不得不通过征战来实现国土的侵略式扩张。作为该政体统治阶层的宗室与贵族的首要身份是武士与祭司，征战与祭祀活动在共生关系中相互成就，使这个国家的势力不断壮大。

宗室中的亲属关系构成了军事力量和政治权力的主要依靠，但商王如欲获得足够对这些力量发号施令的权威，最终还需依靠其已升格为神明的祖先的斡旋。历代商王——实际上整个贵族阶层——都用巫卜的方式与过世的祖先进行沟通，王室的卜辞被刻在了用以执行卜筮仪式的甲骨（牛的肩胛骨与龟甲）之上。在商王薨逝之后，其一生中积累的所有甲骨卜辞有时会被陪葬在他的陵墓或陵墓周围的坑洞之中，它们因此得以保存，直到考古者开展发掘活动才重见天日。我们对商朝统治阶级活动的多数了解都源自这些甲骨卜辞，它们也是东亚现存最古老的书面文字。[1]

商人超越生死之界，将世俗世界的社会阶层和政治等级映射到了神灵世界。[2]商朝统治者在与先祖对话时将其神格化，认为死亡不过增强了他们的威严和力量而已。灵界的等级秩序由亲属关系确定，基本复制了世俗世界中的等级制度——祖先神在王族世系中越靠前，其地位就越高。因此商王依靠克里斯玛（charisma）实施统治，克里斯玛用马克斯·韦伯的定义解释就是人类因与神灵的特殊关系而被赋予的超凡能力。[3]商王通过问卜或祭祖来运用神授之力，这种力量可帮助他们获取农业上的丰收或战场上的胜利，最终这些丰收和胜利又会巩固他们的克里斯玛型权威。

毫无疑问，用克里斯玛型权威代替武力会使商的统治更加稳固，但如同人界常年为部落间的战争所扰，神灵世界中也会发生类似的冲突。有权使用神圣之力的并非只有商王；实际上，每一个贵族之家，包括商的敌人，都可以基于与自家祖先神的密切关系提出相似主张。祖先神襄助其人世中的子孙的确切方式仍不太明确。在此点上，最普遍的学术观点是商人信仰一位名为"帝"的至上神，对于普通人来说，至上神是高高在上、独善其身的人类命运的仲裁者。[4]不同于亚伯拉罕诸教中的耶和华，"帝"从不把自己的意志施加于凡人。他无情无欲，对人类的顾虑不甚关心，在多数祈求者眼中他难以接近。因为祖先神可以直接与至上神沟通，人世间的统治者通过祖先神的调解想方设法地讨好他。为提升自己的克里斯玛，宗族向祖先供上丰厚的祭品，以此提升他们自己对于"帝"的影响力。商人的宗教信仰甚至整个商王朝的社会秩序的中心内容，都是这种对祖先神的招魂问卜、安抚取悦。

因此历代商王都依靠祖先的协调以确保自己政治方面的至高权力。商朝宗教逻辑与政治合法化逻辑的交点是对生者与亡者相互依存关系的强调。只有在获得定期奉上的丰盛祭品后，先祖在灵界的崇高地位才能维系。因此，商王朝形成了以上供为基础的政治经济学：供品在祭典中被献给祖先神；作为交换，祖先神会帮助后代子孙获得"帝"的庇佑。[5]除诸侯进贡外，王室的狩猎和出游活动也是商王调用其王土上的资源孝敬祖先的好机会。[6]尽管祭祖仪式消耗了大量谷物、酒类、动物、活人等祭品以及祭祀用具（尤其是青铜器），但在世者获得的神明庇佑价值远远超过他们的付出。在祭祖过程中还需要对仪式的每一个细节都一丝不苟。商朝手工艺人有着精湛的青铜器铸造技艺，他们主要生产的不是武器与农具，而是被用作神界和凡界力量有形载体的礼器。商朝青铜艺术的一个值得注意之处是缺少关于神与人的意象。青铜器上描绘的实际上是各类怪物——它们是戴着兽面、在生者与其族内祖先神的关系中起协

22

图 1~3 商代青铜器的饕餮纹饰

壶，商二里岗期（约公元前 15 世纪），见上海博物馆青铜器研究组，1984 年，图 8；簋，殷墟早期（约公元前 13 世纪），见上海博物馆青铜器研究组，1984 年，图 26；鼎，殷墟晚期（公元前 11 世纪），见上海博物馆青铜器研究组，1984 年，图 139。

调作用的灵或巫。在它们当中最引人注目的是神秘的饕餮，它是商朝青铜器上非常常见的花纹，有着怪异的兽形，以显著的双眼、尖牙和大角为特征（图1、图2、图3）。对于后世的中国人来说，殷商青铜器上的饕餮纹饰会让人想起妖魔的形象。实际上从战国时期起"饕餮"这个词才开始被用来描述这种图案，其字面意思是贪吃之人，它的关联形象为丑陋吓人、贪得无厌的暴君。[7]虽然饕餮的原始含义是什么仍是一个有争议的问题，也有很多学者认为它完全不具备图像学意义，但基本可以确定的是，商朝青铜礼器上的怪物是对神圣力量与世俗权威之结合的隐喻。[8]

23　　　商王朝统治者与其先祖间通过巫卜进行的沟通对治国理政至关重要，因为所有重大决定都是根据卜辞做出的。然而卜辞显示商人对其已故亲属的感情不仅有仰慕还有畏惧，在举行祭礼时虔诚之心稍显不足便会招致严厉的惩罚。提到君主遭到疾病折磨的卜辞通常都在询问哪位祖先被惹怒了以及怎样才能平息其愤怒。具有讽刺意味的是，虽然生活在更早时期的先祖在时间上相距更远，但他们通常被描绘为强大仁慈的保护神；然而那些最近死亡的祖先——他们在生前通常与问卜者有私交——却常常被卜辞确认为"诅咒"之源。

　　卜辞还告诉我们，商人还信仰与特定地点有关联的自然神（例如山神、河神、风神、火神、雨神）。赤冢忠（Akatsuka Kiyoshi）提出这些自然神是地方统治家族（赤冢忠称之为部族）的图腾保护神，商人在征服这些族群的过程中把这些自然神也吸纳成了自己崇拜的诸神。在赤冢忠笔下，商王朝采用的是由类似于邦国的部落方国构成的联邦制神权政体，各个部落被一个四处游历并不时巡游全境的君主联合在一起，他向地方神祇献上祭品，并从他们手中获取农业丰收或军事胜利作为奖赏。尽管赤冢忠对商王朝政治制度及宗教信仰的描述在很多方面（尤其是与部族和图腾相关的概念）都饱受争议，但他关于亲属关系神圣属性的整体构想还是十分具有说服力。[9]在商朝晚期，商人在对自然神和远祖的献祭上表现出了显著退步。[10]后期的几位商王声称自己能够直接控制包括"帝"在内的神灵世界，这种声明显然使那些起居中作用的神祇不再重要，而支撑该声明的很有可能是商王自己就是当世神祇的主张。[11]商朝最后几位君王的卜辞还显示，他们对卜筮的依赖程度开始下降，而对祭祀活动的管理却越来越系统化、常规化，这反映出商王的自负不断膨胀，他们不再畏惧自己的祖先。

　　因此，在商王朝的宗教信仰中，灵界与凡界、神圣与世俗间的区分并不明显。无论是至上神"帝"，还是其他商朝宗教中的弱神，他们都只要求生者对死者尽祭祀义务，而不会对凡人施加绝对化的道德标准。通过用正确的程序操办仪式，君王可以控制神灵，让他们服从自己的意志。商王克里斯玛的源泉不是作为英雄的君王个人，而是他所代表的集团，也就是他的宗族。同样，商朝的宗教信仰很少表现对个体死后命运（或"灵魂"）的关切。新死之人保留了他们生前的许多个人特征和性情，但随着时间的流逝和记忆的消退，祖先渐渐简化为抽象的等级和头衔。去人性化与权威成为同义词：久远的祖先比新逝者拥有更强的力量，而对至上神"帝"来说，个人特征或其他类似元素从未存在过。因此，商朝的丧葬仪式缺少对堪作楷模的个体"英雄"表达敬意的环节，它关注的是每个个体如何在族系内恒久不变的等级秩序中找到自己的位置。商朝贵族的陪葬宣告了墓主的崇高地位，但它们的目的仅在于巩固

24

并加强整个宗族的克里斯玛。商朝宗教信仰因此没有为神话传说留下太多余地，它强调的是祖先在仪式和亲属关系中所扮演的既定角色，而不是对个体的特征或人生历程的纪念。[12]

灵界仍只对统治阶层开放。商朝的神祇从未成为普罗大众的神祇，也不是任何社群的神祇。方国中筑有城墙的都城是最早且最为重要的崇拜中心，是王室和贵族的宗祠和墓地所在，还是神界与凡界力量共同的焦点。[13]与西方和南亚早期文明中的城市相反，商朝的城市中明显缺少为纪念活人成就而修建的建筑。商朝的城市以由围墙封闭的区域以及统治者家族的宗祠和墓地为基本特征，这反映了它们的首要功能为仪式活动中心。然而在放置了多数王室财富的王陵面前，献给祖先的庙宇就显得相形见绌了。商朝的都城实际上是一块古老的大型坟地，在城中死者的帮助下生者与神圣之力间建立了必要的联系。商朝城市的宗教及仪式功能因此对社会分层起到了加剧而非缓解的功效。统治者及其族人的祖先崇拜对地方神祇的吸收，导致作为庶民的城市居民（主要是手工艺人和奴隶）被排斥在宗教生活之外。

统治者和其祖先神间的密切联系也妨碍了祭司集团的发展壮大，而后者本可以挑战统治者及其宗族的君权。扮演居中协调角色的巫觋的历史可以追溯至比商王朝更古老的时代。在长江下游地区，新石器时代良渚文化（前 3000 年）的玉雕上装饰有头戴羽毛饰品、拥有面具般的兽面的人物形象，它们与殷商宗教艺术中的饕餮和其他兽纹具有惊人的相似之处。[14]良渚玉管毫无疑问是神职人员在主持宗教仪式时使用的礼器，上面刻的形象可能就是行使祭司职权的巫人和部落首领。虽然没有能够证明商朝祭祀文化与良渚玉器间有继承关系的直接证据，但我们或许可以推测良渚文化如同商王朝一般，其统治者也是一个声称可以通过鬼怪神魔的居中协调驱使神力的阶层。[15]我们同样无法得知良渚文化中的巫觋是否拥有管理世俗世界的权力，但在殷商时期，宗教权威与政治权威密不可分。既然当世的君王或者家族首领与其已故的祖先的关系最近，世俗世界的统治者就应承担与神灵沟通的主要责任。鉴于占卜和祭仪的日常事务过于繁重，商朝的统治者雇用了无以计数的专业巫卜人士（包括巫与史）协助自己。[16]然而商王总是担负大祭司之职，他会亲自主持占卜和祭祖仪式。在商朝最重要的一种宗教仪式"宾"中，商王会在神灵世界里与其祖先甚至"帝"进行交谈。[17]在商朝的最后几十年中，巫史的角色几乎已完全被商王自己取代，他独自一人就可以完成凡人世界与神灵世界的沟通。

商朝宗教对统治阶层的要求是按照既定程序一丝不苟地完成宗教仪式，而不是遵守高于世俗权威的道德法则或规范，因此商朝宗教并没有在善与恶、神与魔间画出明确的界线。商朝祭祀艺术中的饕餮和其他可怕形象传达出一种混合了敬畏与神秘的感觉，这正是商人对于其神灵的看法；然而，这些形象所代表的神力最终还是臣服于君主的权威。通过在宗族团结的基础上从事仪式活动，商朝的统治者得以使各路神祇为自己所用，这些神祇的神力也被用来服务于统治者对世俗世界的规划。

大约在前 1045 年，一个新近崛起的族系推翻了商，建立了自己的周王朝。[18]周通常被描绘为发端于殷商文明之外的蛮夷，这种说法最早见于周人自己的传说。在这些传说中，周人颂扬其祖先严格朴素的军事作风，认为这与商的荒淫无道形成了鲜明对比。然而，考古学研究显示，至少在周人伐商之前的 26

那个世纪，周部落已经属于商的统治范围，周人与商人在文化上也有许多共同点。最能显示商与周之间的连贯性的事实是，各种神圣的青铜礼器在两个王朝的宗庙祭祀中都占有中心地位。然而，尽管在铸造工艺和风格方面周朝铜器与商朝铜器很相似，但它们发挥了不同的作用。不同于商人把青铜器随主人一起埋入黑暗地下的做法，周人把它们交给子孙后代，它们中的许多因此被保存在了光明世界中。商朝青铜器铭文极少包含除主人和献祭对象名字之外的内容，周人则在青铜器上刻下了用来教化先人、启迪子孙的长篇。在周朝统治者心中，为宗族的延续和宗族拥有的等级头衔及财产的承袭提供保障的，不是已故祖先的克里斯玛，而是当世子孙的美德。周人青铜器上主要铭刻向祖先之灵宣告其活着的亲人之丰功伟绩的文字，尤其是后人从周天子处获得的荣誉和赏赐。[19]因此，周朝青铜器见证了宗族功绩获取方面的血统和影响，它们在宗祠中不断提醒后人，应担负起从先人手中接过的重任。周朝祖先崇拜中青铜礼器的含义和用途发生的变化，只是政治和宗教文化更大范围的转型之缩影。

关于至上神的新理念是周朝宗教文化与商的最大不同，在周人口中至上神被简单地称作"天"。与遥远的、高深莫测的"帝"相反，"天"无所不在，对人类事务有明显干涉。此外，"天"使君主及其臣民都服从于一种普世的道德法则，为"天下"这个凡尘世界选择一位主宰者，并通过这个人贯彻自己的意志。如果统治者没能遵从天意（在人们心中，天意不是类似于商代卜辞的具体神启，而是一套普遍道德原则），"天"就会将其恩惠转赐给另一个更优人选。"天命"的概念使君权被神圣化，它赐予君王一种其他人无法违抗的道德认可。在为推翻商朝一事进行辩护时，周人坚持认为自己的所作所为是天命所归，是"天"让周讨伐邪恶的商并取而代之成为文明世界的统治者。最古老的中国文学遗产《诗经》和《尚书》[20]都简略地提到过周朝用来巩固其权力的神话，周人在这些神话中被描述为某位神明的仁慈的代理人。和"帝"一样，"天"是全能且不近人情的神，他从不对个别民族或族系表示偏爱；但与"帝"不同的是，"天"对正义的统治和全然的暴政做了区分。周朝的宗教信仰还摒弃了商人对于祖先神克里斯玛力量的信仰，将商王和其祖先间难以去除的生物学关系，替换为"天"与世俗君主间隐喻性的亲属关系。周王自称"天子"，以此承认自己遵从于"天"的父系权威，但他的统治权始终倚仗对"天命"的拥护。[21]

"天"最早可能是周人（更准确的说法或许是周部落的统治宗族）的守护神。很有可能在周人成为统治阶层很久之后，"天"才被升格为受到所有人崇敬的至上神。[22]周王朝取消了祖先作为凡间统治者与至上神间中间人的身份，这使君主成为获得神力的唯一途径，其他公卿贵族若要分享"天"的恩赐，只能与君主建立从属关系。虽然商王自封为尘世中至高无上的统治者，但他们的克里斯玛型权威被扩散到了数量庞大的族人当中，他们与神的亲属关系声明的说服力因此被削弱了。在周朝，除君主本人外，所有其他祈求者与神灵世界（也就是"天"）的联系都被切断。无约束的人神交流，例如由商人对祖先克里斯玛的崇拜促成的巫卜活动，被视作社会政治秩序的威胁。周朝的神话极少述及神谱和世俗世界与人类子民的诞生过程，而这些内容在西亚早期文明的神话中至关重要。实际上，周朝神话关注的问题是，神、人、兽混居的原始世界是如何变得开化且人性化的。[23]周王朝的传说和歌谣中称颂的远古圣王通过发明有用的生产技术和社会机制（例如农耕、火、法律、仪式章程），为人类文明的推进做出了贡献。圣王们驯服了自然世界，使之变得宜居；通过设计社会行为准则，他们向人类社群灌输了纪律与和谐；通过设立天与地、人与兽、文明与野蛮间的界线，他们使宇宙变得秩序井然。

28 　　虽然周天子将接近至上神"天"的唯一机会留给了自己，但他同时建立了一个将君权分授给成百上千诸侯的政治秩序。通过举办受封仪式（称为封建），周王把封地分配给了亲属和伐商的盟友。与诸侯订立的契约得以成立的标志是礼器的赐予，其中包括代表君权的青铜器，它们的表面刻有铭文以详细说明接受天子赏赐之人应承担的义务和被赋予的权利。之后的历史显示，大多数封地都被赐给了与周天子同族的姬姓之人。周把大部分地方统治宗族都纳入宗室，原因很有可能是希望借此消除从前不受天子约束的贵族祖先的影响力，从而令这些家族的命运与王室更加紧密地结合在一起。受封之礼中还有一种重要的仪式：一块来自王都社坛的泥土将被赐予诸侯，然后诸侯会把它放置到自己国都的社坛之上。社坛在周朝祭祀生活中的作用可以与宗庙相提并论，天子与诸侯通过社坛实现了有形结合，这无疑加强了诸侯对其统治权的衍生物属性的认知。[24]

　　尽管周朝对"天"的崇拜否定了商朝的神学观，祭祀祖先仍在周朝的宗教生活中占据中心位置。和商的情况类似，城市作为贵族家族的所在地，其首要功能是祭祀中心。都城之所以是都城，是因为它拥有公侯的宗庙及社坛（由于社坛在受封仪式中十分重要，它成了统治权力的象征）。[25]人们相信祖先是有情之灵，虽然他们与"天"一同居住在九天之上，但可以影响后世子孙的生活。和在商朝时一样，祖先密切关注在世子孙的福祉，通过神力向他们提供支持。祭祖仪式在形式上是在世之人与被祖先降灵的肉身的共宴，被祖先附身的活人将享用食物类祭品。高贵的先祖是可以为在世亲属带来好运，保护他们不受敌人伤害，保障其人生充实、长寿的强大神灵，《诗经》与保存于周代青铜铭文中的礼乐重申了这种思想。[26]祖先继续接受丰厚的祭品，和商朝一样，在这种仪式性交换关系中，迫切需要先人恩泽的当世子孙是主要的受惠者。然而，祖先崇拜的政治含义发生了改变。对周人来说，高贵意味着道德高尚与施行仁政。唯有坚定不移地效仿那些值得称颂的祖先，公卿贵族才能确保其家族长盛不衰。 29

　　在商被征服的一个世纪之后，周天子拥有的最高军事权力显著衰退，其君权也因内忧外患而受到质疑。[27]前 771 年，周人在南方和西方之敌的逼迫下放弃了位于渭河谷地的家园，然后在过去商朝的中心地带重新立朝。周朝国都被重新安置于近今日洛阳的地方，迁都标志着周朝国运的重要转折。东周（前 771 年～前 256 年）之时，在王权削弱的背景下，诸侯篡夺了从前为周天子所独揽的统治大权。尽管名义上诸侯都应臣服于天子，但到公元前 7 世纪初期，周王已经沦落为多余且有名无实的首领，一不小心就会沦为有逐鹿天下之志的诸侯的棋子。虽然人们承认周王在礼制上仍是至高无上的君主，但诸侯们——部分诸侯国的面积已远远大于王土——已无法忍受周王对其领地内事务指手画脚。没有哪个诸侯国拥有足以取代周王的权威，但各敌对阵营瓜分了周人的定居之地，瓜分的依据不是仪式章程，而是一时的军事优势，以及诸侯国间不断变化的盟友关系。对公侯的服从已不足以支撑起周朝立国者颁布的等级制度。在人们所说的春秋时期（公元前 8 世纪晚期至公元前 5 世纪），兵燹连连纵容了武士文化的兴起，在这种文化背景下军事实力的重要性超过了礼制方面的地位。忠义准则的分崩离析加剧了诸侯与地方士族间的紧张关系。许多统治者发现在脱离与周王的从属关系后，他们实际成了诸侯国内愈发不安分且野心勃勃的武士贵族阶层的猎物。

　　崇尚武功的士族阶层的崛起和敌对国间的战火蔓延使祭祖仪式的含义和它们与政治权威的关系发生了微妙转变。在后世子孙的生活中，祖先的影响力仍然很强且十分关键。[28]人们再一次通过崇拜祖先，尤其是在宗庙或社坛向祖先之灵献上血食，来获得政治权威。[29]战争本身被理解为一种既可证明当世子孙勇气，又可为宗族建功立业的祭祀。战争、狩猎、牲祭被宗族推崇为可为其利益服务且原理类似的三种仪式，它们都可被当作用生命滋养祖先之灵的血食。[30]然而与商不同，祭祖仪式并不意味着祖先会把神力赐予自己的子孙。周朝早期的青铜铭文将祖先描绘为强大的神灵，他们将为子孙后代带去长寿和好运；与之相反，春秋时期的铜器歌颂子孙的功劳与品德，对祖先几乎不怎么提及。[31]春秋时期的祖先崇拜因此将活人放在首位，在世子孙以祖先的名义通过丰功伟业保障了后代的兴旺，祖先则象征着整个宗族的不朽遗产。

　　由于周王室的无能，其用以确立自身政权合法性的逻辑以及道德权威的概念本身都遭到了质疑。"天"表现出的明显不公与王权的式微动摇了周朝宗教信仰的根基。[32]在春秋时期的武士文化中，同美德和荣耀相提并论的是武功，而不是道德传承或对礼制的遵从。由于不再存在对周王室忠诚的默认，也不再存在其他任何广受认可的权威，维持诸侯国间关系的是通过血食得以神圣化的誓言与盟约。[33]越来越普遍的盟誓之举本身就反映了公卿贵族之间缺乏信任，哪怕他们可能同属一国。[34]在这些宣誓和结盟仪式中，祖先或其他神灵通常会被召唤出来见证契约的订立并处罚违背誓言的一方。对这些誓言及战争的发动起支撑作用的，是一种被灌输了周礼神圣权威的士的精神，但这种精神不再受到天命制约。

在战火绵延不断、侵略时时发生的这几个世纪，生者和亡者间的关系再一次经历了重大改变。虽然祖先的概念在仪式层面朝着愈发抽象及系统化的方向发展，但现在人们普遍认为作为个体的先祖在死后各自拥有了具体存在（"灵魂"）和命运。尽管死者在祭礼中已变得不那么重要，但在生者眼中他们越来越明显地表现出了不同的人格。此外，基于士族对荣誉的信仰，祖先被生动地刻画为健壮、生机勃勃、不为凡世牵绊的英雄。

逝者之灵有时会表现为身着华丽战甲的可怕巨人，但在多数情况下他们都是可怜可悲、瘦骨伶仃、依靠子孙后代的供养维持身形的鬼魂，这在叙述春秋时期历史事件的《左传》（大约成书于公元前 4 世纪）中是一个反复出现的主题。比如说《左传》讲到公元前 628 年，卫成公被迫离开祖先之地，迁都帝丘，并在那里继续对自己的祖先行祭祀之礼。不久后，卫成公梦见卫的立国者康叔，康叔向他抱怨说他献给卫国列祖列宗的祭品都被相夺走了。相是远古朝代夏（商之前的传奇王朝）的君王，他从很早之前起就一直住在帝丘。卫成公醒后命令臣下们为相及自己的祖先准备祭品，但一位名为宁武的谏臣表示反对，其理由为"鬼神非其族类，不歆其祀"。宁武还说，夏王朝的后裔已经遗弃了相，但卫国并不需要为相的悲惨命运负责，且对此爱莫能助。[35]在当时人们的心中，像相一样缺少祭品的孤魂是凄苦无依、令人不安的幽灵。

在东周文化中，人们常因死后仍在人间游荡的幽灵和亡魂而感到害怕。崇拜祖先的一大主要目的是使死者待在自己应在的地方。只要给予适当关照，死者之魂就会留在坟墓之中，而不会进行返回人间的尝试。亡魂滞留人间的最常见理由是死者的寿数未尽，其残存的阈限状态（liminal）的生气以鬼魂的形式存在。对于凶死之人，特别是自杀者或者出生即死亡的婴儿来说，情况尤其如此。另外，像被子孙遗忘的夏王相一样，无法从子孙处获得适量供品的不幸者可能会回到凡间寻找食物。与亡魂的不正常接触将损耗活人的阳气，进而导致疾病与死亡。此外，凶死者被认为是具有攻击性的恶灵，他们希望报复对其死亡负有责任之人。暴力及因此而生的永不停歇的杀戮流血事件在东周的武士文化中占据中心位置，它催生了许多属于这种类型的鬼魂，在就其遭受的不公实施报复以前，他们都无法获得安息。另一个来自《左传》的故事可以说明人们对这些"怨魂"的恐惧。公元前534年，对厉鬼伯有的恐惧笼罩着小诸侯国郑的士族阶层。伯有是臭名昭著的卿士，生前被控犯有叛国罪，在八年之前死于敌人之手。此后，伯有的鬼魂多次被人看见，他发出警告，称自己将在一定年限内夺走某些人的性命，然后其中两个目标确实死在了其预告的时间内。为平息因此而生的恐慌，郑国的正卿及知名政治家子产令伯有之子接任了其父的官职，这使伯有之子得以修建宗祠为父亲的灵魂献上祭品，伯有的鬼魂也因此不再游荡。当被问及为什么这样做时，子产解释道："鬼有所归，乃不为厉，吾为之归也。"[36]

子产同样证实了其同代之人对于鬼魂的普遍看法。当被问到伯有是否真的成了能够伤害生人的厉鬼时，子产给出了肯定的回答：

> 人生始化曰魄，既生魄，阳曰魂。用物精多，则魂魄强。是以有精爽，至于神明。匹夫匹妇强死，其魂魄犹能凭依于人，以为淫厉，况良霄（即伯有），我先君穆公之胄，子良之孙，子耳之子，敝邑之卿，从政三世矣。[37]

子产对鬼魂邪恶之力的解释反映了巨大的社会地位差异，这种差异是春秋时期贵族政治下的固有社会属性。人们认为出身显赫之人拥有更强的生命力和更精纯的某种人体物质（子产称之为"精"）。贵族的崇高之精在个体身故之后仍会留存很久，完全不同于平民死后便会迅速消散的粗劣之精。但子产同时承认，即使是身份低下之人，只要横死，其未尽的阳气也将以恶鬼的形式（有时甚至以其他肉体形式）滞留人世。

子产提到了"魄"与"魂"，这标志着死后之灵的二重性观念开始出现，到汉朝初期它成了一种被普遍接受的观点。根据这种设想，人类同时拥有肉体身份和精神身份，其表现为形魄与神魂的结合体。[38]形魄与神魂在人的将死之刻会分离以各自寻找安息之处。神魂与意识相关，它将在人死之后离开肉体，然后彻底消散。而形魄则继续寄居在肉体之中，和肉体本身一样它也会渐渐腐朽。祖先崇拜所关注的，越来越多的是如何帮助亡者成功转入冥界生活，以及如何使形魄在坟墓中彻底安顿下来而不是继续徘徊人界。从这个角度出发，孔子"敬鬼神而远之"的著名言论或许反映了那个时期的一种普遍感

33

受，即因为亡魂可能具有的伤害生者的属性，人们对其的畏惧之情日益加深。[39]

大约从公元前 4 世纪起，贵族阶层对长生不死的痴迷日益加深。卜者们描绘了一个遥远但具有世俗意味的仙人之境，以此欺骗当时的统治者。仙从前也不过是凡人，但通过艰难的辟谷和静功，以及服用具有净化作用的仙丹，他们排出了体内的浊物，使自己的肉体变得十分轻盈，因此可以飞升至云端之上的仙境。[40]通过完全逃离死亡的阴影，仙实现了永生。对不死之术的沉迷最早出现在东海之滨的齐国和燕国，在两国国民的想象中，海平线之外存在一个仙人的国度。然而在西部和南部的内陆诸侯国，人们认为仙人居住在奥林匹斯山式的昆仑山之巅，而昆仑山是位于世界中心的天柱，它将天与地连在了一起。人们认为昆仑山坐落于遥远的西方之地，那里常年被笼罩在暮霭之下，因此中国有很多关于死后世界的传说都与昆仑山密切相关。昆仑山还被认为是神秘女帝西王母的定居之处，她的原型可能是周朝早期传说中西陲部落的女首领。在汉朝的神话体系中，她守护着成仙之秘，只将修仙之法传授给人界中最受人尊敬的王公贵族。[41]

在整个东周时期，天命信仰的影响力同濒临消亡的周天子权威一样不断衰退。具有独立性的新兴诸侯国的统治者将目光转向了区域性信仰，尤其是自己国土上的守护神信仰。人们依然相信一个扮演人类命运仲裁者角色的最高存在，但是他现在被更多地称作上帝或天帝。然而，如同商朝宗教文化中超然物外的"帝"，上帝（天帝）遥不可及、高深莫测，对人世间控诉暴政和不公的哭喊置若罔闻。君主制度的道德根基已然严重受损，甚至致力于在天地运转中建立道德秩序的孔子都丧失了信心。

在暴力的仪式中建立功勋成为一种义务，它既导致了诸侯国间的不断战事，又引发了同属一国的族系间的对抗与战争，许多原有的诸侯国及其统治家族最终都走向了灭亡。在周朝立国初期，周天子分封了成百上千的诸侯国；到公元前5世纪，只剩二十来个。这些诸侯国之所以能够幸存，是因为其统治者成功压制了国内的敌对势力，并施行了一种专制性更强的治理模式。战国时期（一般认为其时间范围是公元前403年～公元前221年）的诸侯获得了对其国内土地和劳动力的直接控制权，鉴于战车决斗（致师）已经被大规模的军事行动取代，这种控制权使他们可以动员并供养大批军队，从而应付不断升级的战事。平民从前是为王公贵族提供劳务的具有农奴性质的依附者，现在他们从这种义务中解放出来，直接成为诸侯及其不断发展的科层制国家的臣民。诸侯将土地赐予民户，然后通过兵役、劳役、赋税（以谷物或丝帛形式收取）获取回报。每家每户现在都需要自行承担维持生计的责任，户由此成为中国社会最基本的生产、消费、纳税单位。战国时期建立在君与臣之间的全新经济与政治关系，成为秦王在公元前221年开创的帝制的先兆。

战国时期的政治新秩序以国家利益为基础原则，秦国的法家学者和政治家是这一点的最好证明。在他们的努力下，治国理政与道德伦理实现了彻底的分离。公元前4世纪的秦国是第一个废除世卿世禄制并建立专制君王最高统治下的科层制度的诸侯国。法家的政治哲学所承认的权威只有统治者颁布的法令，它们被转化为了详尽、严厉的惩罚性管理体系和刑法。法家思想彻底批判了周王室的统治权，否定了用神力证明道德合

35

法性和政权合法性的做法。然而，战国时期的持续动乱使诸侯产生了分量同等的畏惧和野心。虽然接受了法家思想残酷无情、毫不妥协的唯理主义，但秦国和其他敌对国家的统治者仍然渴求运用神兆和预言来证明自己会在逐鹿中原的大业中取得最终胜利。公元前 256 年，实力迅速扩张的秦国灭掉了周王室，进一步加剧了这种渴求。

这个时代的哲学被两种对立但相互关联的趋势支配。儒家和法家思想都在这一时期不断加深对周王朝神学体系或任意神灵信仰的质疑，这激起了一种新的信念，即人类事务应该由人类理性管理。然而，还有一些人在人类事务和整个宇宙中焦虑地寻求永恒的意义和形式，这种焦虑又制衡了主张怀疑思想的理性主义倾向。大量学者进入庙堂效力于强势的国君，用鲜为人知的知识和神奇的配方帮助统治者实现个人及其政权的不朽。同一时代的人将他们贬为"方士"，方士们自称掌握了多种命理之术，它们的功效建立在一种共同的存在论（ontology）基础上，关联性宇宙论（correlative cosmology）可能是对这种基础最为恰当的描述。[42]

关联性宇宙论主张人类事务和宇宙秩序在根本上具有同源性，它们都被某些变化与转型的周期、节奏和模式所支配。人类世界与自然世界间的关系被视作一种非对称的有机关系：虽然一个世界的改变会导致另一个世界发生相应变化，但人类世界最终服从于宇宙深处无情的自生性变化规律。方士自称掌握了关于变化的基本原理的专有知识，在这种知识的帮助下，统治者可以使自己及其政权与宇宙秩序中的上升阶段并驾齐驱，由此实现对世俗世界的掌控。

关联性宇宙论一般架构下的某些理论来自更古老的宇宙秩

序的整体性观念，例如阴与阳（或者女性特质与男性特质）
的二分原理就是如此，它们在著名的神秘文本《道德经》中
作为不可言喻的事实基础被多次提到。尽管人们通常认为关联
性宇宙论与《道德经》有关，但《道德经》主张人心无法完
全理解宇宙的运作规律（《道德经》称这种规律为"道"），
而关联性宇宙论则与之相反，确信明君确实能够洞察天地间的
所有奥秘。战国时期方士中的佼佼者还构想出了关联性宇宙论
的其他版本，其中最有名的理论是邹衍（约公元前 305 年 ~
公元前 240 年）倡导的五行学说。邹衍是当时最成功、最知
名的方士，他相信人类历史和宇宙秩序都按照五行或五德
（"德"是《道德经》哲学体系中的一个关键词，暗指天赋君
权）的次序不断循环。邹衍将五行与它们在自然世界中对应
的实体化存在联系起来，它们首先是自然界中的五种元素之力
（水、火、木、土、金），然后又被扩展至五个基本方位（指南
针上的四方加上中）、五大行星、五种主要颜色，以及不计其数
的其他现象类别。邹衍的构想以及以此为基础发散出的其他理
论广受欢迎，对于那些意图问鼎天下的统治者来说尤其如此。

　　尽管关联性宇宙论在后世的中国思想中占据中心地位，但
令人吃惊的是，我们找不到足以证实其在战国之前就已经存在
的物证。气是战国时期哲学话语中另一个引人注目的概念，它
也成了关联性宇宙论的根本理论之一，我们无法用简单的英文
词语翻译它。最早，它指云层中的水汽或沸腾状态的小颗粒。
这种定义一方面显示出气是宇宙中的无形物质与动能，另一方
面说明它可以滋养用以维系生命的能量。[43] 作为一种哲学概念，
气代表宇宙中四处弥漫的物质。古希腊物理学对物质和能量做
了区分，而气对于两者则给予了同等的关注。然而，气无法被

简化为单一成分；相反，所有现象都有自己独特的气，五行学说中的分类方案又使其化出了几乎无尽的种类与排列方式。气在逐渐形成的关于人体及人体机能的话语中占据格外重要的地位，它既适用于肉体，又适用于精神维度，涵盖了个体的情绪、气质、性格特征以及生理自我（physical self）。由于该概念可以用来精确表示宇宙的有机统一性和无限异质性，它很快就在医学理论以及整个关联性宇宙论中大放异彩。

　　推动邹衍及其他人提出的五行理论不断发展的是其预知未来的能力。五行学说能够让人准确地在宇宙的大循环中定位当前的历史时刻，这使人对人类历史的未来发展方向具有了先见之明以及随之而来的掌控能力。知天命的统治者根据盛行的宇宙法则改进自己的治理之道，尤其改进其中最为重要的礼制部分，从而维系宇宙秩序和人类社会秩序间的和谐关系，并以此在世事的兴衰更替、无常变化中保障自己至高无上的政治权力。一些方士将自然界中的骚乱，如天象异常（彗星、日食或月食）、自然灾害以及其他自然之气紊乱的表现形式，解读为征兆，它们就宇宙中的失衡现象发出警告。方士还基于关联性宇宙论构思了保持体内平衡和机能停滞的方法以延缓衰老。他们设计的实现长生不老甚至不死的方案自然吸引了同时期统治者的热切关注。在许多事例中，方士都声称自己拥有的神秘配方是由神灵或仙人所传授的。

　　秦王嬴政（前247年～前210年在位）是深受方士和方士理论吸引的君王之一，他用铁腕实现了中国的统一，从而达成了登基称帝的家族志向。嬴政于公元前221年征服了最后一个敌对的诸侯国，之后他便自称秦帝国的始皇帝。始皇帝的胜利似乎只是使他妄自尊大的长生愿望更加强烈，为从死神手中赢得最终的胜利，他很轻易就纵容了各色各样的卜者、先知及术士。始皇帝虽然忠于法家的信条，而法家否认在人类世俗感知之外存在神灵世界，但是仍然结合关联性宇宙论学说、受宠方士构想的饱含生机的图景，以及秦国王室长久以来的神灵崇拜（黄帝是最引人注目的崇拜对象）创立了官祀。在一定程度上因为秦的支持，黄帝成了官方和民间信仰对象名单中最受追捧的神祇。

起源于战国时期的神话传说提出，远古的圣王除祭拜上帝之外，还为山神与河神举行祭典。周天子同样向圣山圣河表达过敬意，而周朝的诸侯则祭拜自己封地内的山神、河神。[44] 在关联性宇宙论系统化的推动下，各类地方性神祇都被纳入了一个以五帝为首的综合性神仙体系，他们各自对应宇宙秩序的五行之一。五帝又与更早之前的山神崇拜融合在一起，掌管五岳这五座中国圣山的神祇被视作五帝的分身。周朝文献常常用四岳比喻边陲之地的四方诸侯，尤其是定居周朝边境的戎人。战国时期，为与五行宇宙观相称，第五岳被加入进来，且它们中的每一座都与远古时期的一位圣王相对应。[45]

据汉朝史家司马迁的记载，对五岳的敬奉至少可以追溯至秦襄公（公元前 776 年～公元前 764 年在位）时期，他是被周室正式列为诸侯的第一位秦国国君，据说他把白帝当作秦国宗室的守护神祭拜。[46] 白帝被认为是黄帝长子少昊封神之后的头衔。[47] 少昊与金德有关，因此他对应的颜色是白色，对应的方向为西方。由于秦国地处周朝的西陲，从逻辑上讲，秦国国君理所应当把负有白帝之名的少昊当作自己的守护神。但是襄公开创了秦国信仰白帝的传统可能是后人附会的说法，后人在回顾历史时将白帝与更早之前在秦都城一带接受崇拜的一位神灵联系在一起。无论如何，接受秦国国君祭拜的不只是白帝。

秦灵公（公元前 423 年~公元前 413 年在位）修建了用来祭祀黄帝和炎帝的圣祠，他们二人在传说中是宿敌。[48]就获得历代秦国国君的关注程度而言，在秦王政也就是未来的秦始皇治下，黄帝打败了与之形成竞争的其他所有信仰对象。[49]

在战国晚期的文献中，黄帝是远古圣王；但在汉朝，黄帝被视作至上神上帝或天帝的化身。东方大诸侯国齐国的宗室声称自己是黄帝的后代。齐国都城临淄是当时的哲学思想重镇，也是关联性宇宙论的发祥地，这无疑使黄帝智慧之神、众神领袖的形象变得更为光鲜。[50]当时，上帝又被写作"皇帝"[51]，随着关联性宇宙论法则不断深入人心，"皇帝"的同音词"黄帝"似乎也开始被广泛认作至上神的另一名字。[52]皇帝也是秦王政自己选择的称号（他自封秦朝的始皇帝），因为该称号可以表达出他尊贵的帝王身份。（英文将皇帝译为平淡无奇的"emperor"，这明显没有抓住根植于这个中文词语中的神权意味。）

在战国时期的神话中，黄帝被塑造为当时的专制统治者应该效仿的模范英雄以及与春秋时期的尚武士族对立的形象。[53]在流行于汉朝的传说中，黄帝是一位名叫轩辕的杰出人物，他生活在人类文明的黎明阶段，当时第一位圣王神农（神农被认为是农业的发明者）建立的王朝正在走向衰落。轩辕通过发动义战征讨作为混乱制造者的诸侯，使人世间恢复了安宁，因此在满怀感激之情的民众的推举下，他取代神农氏成为最高统治者。[54]汉朝的传说还将黄帝描写为主雷雨之神，因此他是掌管太阳和干旱的炎帝的天然对手。为争夺对农业周期的控制权和对人间的统治权，黄帝与炎帝各自运用水火之力作为武器进行交战。[55]几乎所有传说都强调，黄帝在制服乱臣贼子和重建社会秩序时使用了强制与暴力手段。因此，黄帝被尊崇为王道完美践行者的事实，肯定了君主使用暴力整顿秩序的合法性。市民社会的诞生与其秩序的维持离不开礼律的制约，因此对于统治者而言，黄帝为他们驯服顽固易怒的尚武贵族提供了一个十分具有说服力的先例。

在神话传说中，黄帝最强劲的对手是被称为蚩尤的邪恶武士。[56]虽然学者们对蚩尤的神话起源持不同看法，[57]但直到战国时期，蚩尤在黄帝传说中都被描绘为目无法纪的暴力冲突之源。在《吕刑》（它现在作为《尚书》中的一个篇章被保留下来）及其他公元前3世纪的文献中，蚩尤因发明金属武器并以此作乱而受到谴责。[58]汉晚期的一份文本则将蚩尤描述为野蛮的半兽之人："有蚩尤兄弟八十一人，并兽身人语，铜头铁额，食沙石子，造立兵仗刀戟大弩，威振天下，诛杀无道，不慈仁。"黄帝无法用劝说和仁义阻止蚩尤及其追随者，于是他最终向他们发起了惩罚性的讨伐。然而，黄帝是在神力的介入下才取得了胜利，上天派遣玄女下凡授其以"兵信神符"，黄帝使用了这些武器才最终征服并杀死了蚩尤。[59]

类似于上述故事的民间传说认定蚩尤是"五兵"的发明者，但蚩尤亡命之徒的性格无疑使博学的当局深感震惊，他们因此将兵器的发明归功于黄帝。黄帝和蚩尤都被秦汉时期的君王尊为战神，他们二人反映了暴力的两面性：黄帝被视作运用暴力守护法治的典范，蚩尤则象征肆意的破坏。但是战争的这两个方面自然无法完全分割。有种说法是蚩尤在败于黄帝之手后，投入了黄帝的阵营并以黄帝忠心手下的身份建立了功勋。黄帝击败蚩尤一事因此成了一种秩序战胜混乱的隐喻，它也是中国宗教文化中的一个基础性母题。之后的神话和民间传说讲述了很多可怕、暴虐的妖魔被圣贤的统治者征服的故事，在此类故事中这些妖魔拥有的非凡力量与战斗技巧也因此被用于巩固合法的统治。

40

除了充当黄帝的主要对手外，蚩尤在汉朝的宗教传统中还是一位守护之神，他可以保护旅人不被荒郊野地中可憎的妖魔鬼怪侵犯。蚩尤毕竟有着令人毛骨悚然的外表，他在妖魔中能够起到的震慑作用不亚于其对人类的效果。根据汉朝的一则传说，在蚩尤身死之后，不法分子们再一次厚颜无耻地以身试法，黄帝因此命令自己的手下为这位令人生畏的武士画像，然后这些画像被散播至全境，用以威吓普天之下所有冥顽不灵的作恶之人，从而使他们归顺自己。[60]蚩尤这令人恐惧的方面进一步巩固了其作为镇魔者的地位。专业祭司在主持重要仲冬节日的驱邪法事时会召唤蚩尤，以便在新年到来之前赶走所有妖魔鬼怪。蚩尤也是殡葬仪式中可以挡住邪灵侵扰的辟邪之神。他在汉墓中被描绘为挥舞五兵的凶兽（见图4）。在这个形象下，他代表着统治者的慑人威严与维护帝国司法的便宜手段。蚩尤在汉朝还成了大众的崇拜对象之一。在冀州附近，也就是蚩尤和黄帝间那场被气候左右的知名战役的发生地，人们为蚩尤修建了祠堂，祠堂中的蚩尤具有人类形态，但长着牛蹄、四眼、六手。还有描述认为蚩尤长着大角，他的额发像兵刃一样锋利。[61]蚩尤在神话中因此成了黄帝的翻版：黄帝的形象演变成守护国土安定的威严君主，蚩尤则向违反王法者提醒他们即将受到的严酷惩罚。

秦国统治者对黄帝的供奉预示着一种新的统治概念的兴起，即统治者是可以昭显神迹的君主，是宇宙中元素力量的操控者。正如其中央之帝的头衔在字面上表达的，在五行宇宙观下的人类历史中，黄帝占据了中心之位：作为中央天帝（根据五行学说，方位中与土元素和黄色有关），黄帝既站在华夏文明的开端，又居于天神之中的最高位。公元前3世纪的法家著作《韩非子》描述过黄帝下凡的情景，这段文字很好地展

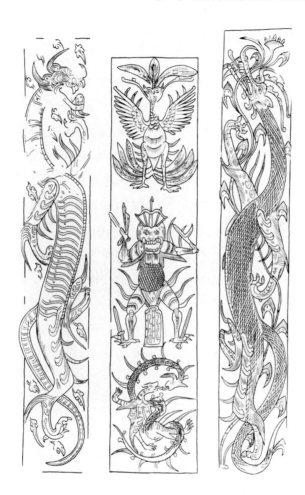

图 4　蚩尤与四大神兽

在此幅从汉代墓门拓下的三联画中，蚩尤手持传说中由他发明的五兵站在中间。在他头上的是代表南方的朱雀（象征天地中的阳元），其脚下则是代表北方的龟蛇相绕之玄武（象征阴）。其左边是西方之白虎，右边是东方之青龙。蚩尤身居中位，而中是黄帝的方位，蚩尤在这幅画中成了黄帝的替身。山东省沂南汉墓，一号墓北墙，2～3 世纪。参见 Hayashi 1989，Supplemental plate 1。京都国立博物馆提供。

现了黄帝的威严：

> 昔者黄帝合鬼神于泰山（五岳之首）之上，驾象车而
> 六蛟龙，毕方（火神的一种）并辖，蚩尤居前，风伯进扫，
> 雨师洒道，虎狼在前，鬼神在后，腾蛇伏地，凤皇覆上，
> 大合鬼神，作为清角（可以安抚凶兽鬼怪的乐曲）。[62]

从上述引文我们可以看出，黄帝可以通过类似于风伯、雨师的神灵号令令人敬畏的自然之力。[63]秦国统治者在公元前677年～公元前384年充当都城的雍建造了用作祭祀的建筑群，虽然其中有献给其他四帝的祭坛，但黄帝仍然是神界和人界的最高统治者。在汉朝的宇宙观下，黄帝成为全能之神与万物之源。在《淮南子》（公元前2世纪的文集）一篇讲述宇宙原理与构造的文章中，黄帝被描写成了能够控制人类命运的星神。作为帝星的黄帝和其四位臣下居住在北方玄天中心的星宿之上，他们记录凡人的所作所为，将长生之赏赐予有德之人，将短寿之罚加于奸恶之徒。[64]《淮南子》的其他篇章还提到了"黄帝生阴阳"，而阴阳元力蕴藏于天地万物之中。[65]

43

黄帝被尊奉为神的现象或许体现了神话的欧赫墨罗斯化（euhemerization）①，即通过神话和传说将真实存在的人转变为神的过程。[66]但可能性更高的推测是黄帝最早就是一个掌管雷雨之神，在后来哲学家和历史学家们才摒弃了神话中的虚构、

---

① 或称神话历史化运动。欧赫墨罗斯是古希腊哲学家，他认为神话源于历史，神灵源自对历史人物的神化。

夸大成分，转而将其视作一位历史人物。战国时期和汉代思想中的理性主义倾向构建了两种完全不同的黄帝形象。在政治哲学领域，黄帝身着圣王的外衣，是将力量用于正途的楷模，但也是一位终有一死的凡人。而对于玄学家来说情况则相反，黄帝成为一个完全失去个性的抽象概念，代表五行宇宙观中不可或缺的一环，他对宇宙的运作至关重要，却失去了与尘世的联系。然而，正如我们在之后的章节中会看到的，在平民百姓眼中，这两种相反的刻画与令人畏惧的冥界之主的生动形象融为了一体。

　　虽然拥有建立大一统王朝的伟大功绩，但秦无法将其苛政继续推行下去。秦始皇于公元前210年去世，之后秦朝就开始走向分崩离析，几年后它就被寿命远长于它的汉王朝（公元前202～公元220年）取代。汉朝的创立者沿用了秦的政治基础架构，但同时接受了为周朝神学推崇但弃用已久的德治原则。汉兴起了崇拜许多新神——如后土（与黄帝这位天帝相对的地母）和太乙——的官祀，[67]并同时继续在秦的祭祀重镇雍尊崇五帝。[68]但到公元前1世纪，重新觉醒的对“天”的信仰以及儒家传统大力倡导的周朝政治理想，已经逐渐取代了这些信仰。在信奉儒家经典的大臣的警惕注视下，朝廷于公元前31年实施了宗教方面的改革，将后土、太乙及五帝的圣祠移至偏远之地，从官方祀典中剔除了将近五百间祠堂，以重新引导人们的信仰，使之集中在对天与地的崇敬上。但是与周朝古老的天命信仰相反，汉朝的“天”被渲染成了缺乏个性的抽象化道德概念：虽然“天”仍然要求凡人的忠顺，但与周朝那具有父系权威的严厉上天不同，它不再介入俗界事务。然而就像汉朝的帝王一样，“天”对于平民百姓来说高不可攀，它

44

严格按照法律条文执行正义，对所有渴求仁慈的呼声都不加理睬。对于民众来说，旱涝灾害也就是"天象异动"不仅是礼制或政治错误的征兆，还代表冷漠无情的上天给予的严厉惩罚。汉朝之人在面对神明之时的惊惶之感，又因一种新生的恐惧，即对亡魂可能遭受的折磨的恐惧，而进一步加强。

第二章　汉朝的亡者崇拜和救世信仰

在汉朝统治的四个世纪里，中国人对死亡和死后生活的看法发生了深刻转变。导致这种改变的不只是新的神圣观，还有在世之人与其祖先间关系的变化。汉朝时期的中国人对于死后的命运十分焦虑。人们相信亡者之灵在墓室中会像生者一样生活，但其同时还需接受神明的审判和惩罚。随着天神地祇的不断涌现，一种关于冥界中的庞大官僚科层体系的构想开始形成，它主要以汉朝时期的帝国体制和司法机关为参照。可怖的地狱之神将严酷的刑罚施加在罪恶深重之人身上，这些惩罚可能还会祸及其子孙。考虑到亡者将要面对的死后生活是如此残酷，对先祖之灵的感情现在除了一如既往的畏惧之外还多了怜悯。祖先不再被视为可以赐下力量或扣留福祉的神明；相反，他们变成可悲可鄙、受到匮乏和苦难双重折磨的邪物。祖先崇拜的目的和形式也因此发生了改变。人们对死后将要面对的惩罚的忧虑，还导致志在通过信仰疗法和艰苦修行赎偿罪孽的教派大量形成。这些突然崛起的教派承诺会把信徒从今生之不幸与地狱的惩罚中解救出来，因此赢得了大众的拥护，并同时为佛教在汉朝灭亡（220 年）的几个世纪后移植中国的文化土壤打好了基础。

对死亡和死后生活的新看法在公元前 5 世纪～公元前 1 世纪殡葬实践的巨大转变中体现得十分明显。在陵寝建筑（它们被视为前往神界的通道）的修建中我们可以最直接察觉这种变化，它比发生在商周之间的变迁意义更为深远。虽然周朝初期的贵族陵墓中配有大量的青铜器和其他随葬品，但这些坟墓只是结构简单的竖穴墓，且墓室空间十分狭小，几乎只能放下棺椁和随同棺椁一起下葬的仪式用具。[1] 早在公元前 8 世纪的中原地区，贵族后裔的墓穴就因使用了坚固且拼接精巧的木质框架而变得更加精致并得到了更加周密的保护，这种习惯在公元前 6 世纪后的楚国（位于中国中南部）最为引人注目。从公元前 5 世纪晚期开始，宽敞的墓室渐渐取代了竖穴墓，有时陵墓会横向地被隔成两个或两个以上的墓室，墓中还有砖墙、拱门与山墙。这种砖石材质的横穴多室墓是对现实世界中的房屋的复制，依据亡者在阳界地位的不同，它们的规格和舒适度也被分为不同级别；而随着时间的推移，决定个人地位的更多是他在公共生活中取得的成就，而不是从家族中世袭的爵位。[2] 在世的君王十分清楚自己终有一死，他们通过修建规模庞大的墓地为迎接自己在冥界的命运做好准备，并在陵墓中重现了他们熟悉的奢侈生活。为亡者之魄修筑永恒安息之所的过程体现了对住宅建筑的模仿倾向，甚至那些低等贵族的简朴墓冢也是如此。[3]

与陵墓建筑的转变同时发生的还有随葬品方面的显著变化。同商一样，周朝的墓葬中配置了种类丰富的礼器，它们标志了墓主过去与当前的爵位和族中地位。春秋时期，在周朝贵族的陵墓中，人们准备了大批祭祀用青铜容器（决定其数量的是礼制规定）、成套的铜铃编钟、武士的兵器装备，以及陪葬的活人（人祭的具体情况因区域不同而有较大差异）。从公元前 7 世纪开始，铸造工艺精巧的青铜祭器开始被廉价或缩小的复制品取代，这些复制品被称作冥器（或作明器），它们是专门的墓葬用品。冥器的使用明显源自西北地区，那里的秦国统治者们最早修建了大型墓葬群。[4]战国期间，老式的青铜祭器开始消失，新式的青铜器皿出现了。通过把三件国之大事——戎、猎、祀——当作青铜纹饰中的主要母题，这些礼器依然将贵族阶层至高无上的权力放到了比生与死更加重要的位置。[5]然而，战国时期随葬品最显著的特征仍然是墓室陈设的革新，引入的新事物包括漆器、火盆、灯具、香炉、铜镜、一般厨具等家什，以及绘有主人在墓内享受死后生活之情景的墓室壁画。[6]建筑结构和随葬品方面的这些变化显示坟墓越来越多地被视作人的死后居所。下葬之后，亡者在墓中仍然保持着难以名状的物质形态。[7]

将坟墓视为形魄永久居所的新观念也体现在了丧葬礼仪中。在商朝和西周的宗教文化中，世俗权威倚仗克里斯玛，克里斯玛的再生离不开具有凝聚作用的祭祀方案，而宗祠和祖陵是这类方案中不可或缺的要素。[8]春秋时期，祠堂仍是通过生者与亡者间的沟通仪式延续宗族团结的神圣空间。然而到了战国时期，墓冢已经取而代之成为祭亡活动的中心。汉代的礼学家们猛烈地抨击了这种倾向，他们将臭名昭著的秦始皇谴责为这种违背礼制的惯例的开创者。实际上，秦始皇那座被真人大小的陶俑军队拱卫的巨型皇陵，只是一种已延续了多个世纪的趋势的高潮。坟墓取代祠堂成为祭祖主要场所的事实，从本质上改变了祭祀活动本身的性质。在宗祠中接受祭品的是作为集体的列祖列宗，在坟前举行的仪式中人们的沟通对象却是作为个体的祖先。令汉朝学者最为愤慨的，正是这种对个体的不当强调，以及这种强调所具有的破坏宗族团结的可能性。

47

　　越来越多的人开始相信逝者之灵在墓穴中仍是有感知的存在，这引起了人们对死后福利的焦虑之情，类似于始皇陵的大墓就是这种不安的有力证明。然而除了这些宏伟壮观的皇家陵寝外，多数人以更加简朴的方式为祖先提供物质享受。他们在坟墓中放置具有实用价值的冥器，这些冥器被做成了谷仓、牲畜、灶具、水井，以及可以帮助墓主维持墓中生活的其他日常用品的形态。还可参照墓主所熟悉的人物、地点、器物，如住宅、奴仆和乐器制作冥器。不同于随商周贵族一起埋葬的珍贵、精致的手工艺品，制作冥器使用的通常是十分普通的材料，最常见的冥器是陶制冥器，且它们大多是微缩模型。作为献给死者的祭品，冥器清晰地展现了世俗生活与死后生活的巨大差别。[9]它们展现的死后生活，不是对生前荣光的延续，而是人界的病态阴影，是衰退的活力与黑暗的国度。

　　被困在墓中的亡者之灵需可悲地倚仗后世子孙来维系自己的存在，对这个问题的担忧可由济宁（山东）附近从公元前1世纪起开始修建的墓群证实。从这些坟墓中，人们发掘了装满谷物和酒水的陶罐，它们盛放了为先祖之灵准备的食物。刻于某个陶罐之上的文字表示，希望罐中谷物能够缓解祖先在死后世界中因食品供给而产生的焦虑，从而保障人界的子孙不会受到其先人的诅咒。[10]由此，我们可再次看到在世者心中对祖先怀抱有挥之不去的畏惧之情，后世子孙稍有不敬，祖先就可能对其施加报复。生者在最低限度上向死者提供足以令其在墓中安息的慰藉，但他们同时十分小心地与死者保持了安全距离。

　　战国与汉朝的墓葬艺术大量描绘了因飞升至云端仙境而成为仙中一员的神魂，这体现了仙人信仰在这个阶段的贵族阶层中的扩散。最能反映成仙之愿的例子或许是出土于马王堆汉墓的非衣帛画。马王堆位于今日之长沙，属于楚文化圈，大约修建于公元前168年。在这幅非衣帛画的中央，仙使正在欢迎一位由数名侍从陪同的老妇，她很可能就是墓主軑侯夫人辛追（见图5）。在帛画的下端，我们可以看到一套祭祀用器皿，它们代表生者献给祖先的供品；画面的顶端展现了九天仙境的景象，掌管仙境的是一位女性，她最有可能的身份是西王母。[11]西王母在汉朝的神话中拥有多种形态（见页边码第58~61页）；但在墓葬艺术中，她被描绘为一位仁慈的女性统治者，对进入昆仑仙境的死者之魂表示欢迎。仙人在天国乐土中召唤着軑侯夫人神魂的加入，而她的形魄却在同时同肉体本身一样面临着衰败腐烂的惨淡前景。辛追的口中放置了一枚玉琀，可能是为了防止形魄从体内逃逸。辛追的家人对其尸体做了细致的防腐处理，然后把它装入硬木制成、封有朱漆的多层棺椁。在其他一些墓葬中，死者的尸体被包裹在了金缕玉衣里。[12]以上这些严格的墓葬程序都是为了阻止肉体的腐化和形魄的消散。

49

在像马王堆汉墓一样的精英阶层之墓冢中，奢华的装潢和精美的随葬品清楚显示，墓主渴望着经由坟墓前往天堂。到公元前1世纪，从前只流行于王公贵族间的仙人信仰吸引了更多来自汉朝上层社会的信众。然而，人界中社会地位稍低的民众在看待冥界之路和地狱审判时却感到极为不安。

为帮助死者免受腐化衰败之力的侵扰，汉墓中配有各式各样的辟邪法宝。战国时期的墓葬中就开始出现凶兽形态的镇墓雕像。出土于楚国陵墓的异兽木雕就是一个例子，[13]它拥有威风的鹿角、鼓起的双眼和伸出的舌头，这些特征无疑都可震慑地下世界中的恶灵（见图6）。这件木制怪兽正在吞食一条被它攥在手里的蛇，而蛇象征着墓中肉体的腐化。类似的母题也

50

图 5　轪侯夫人墓非衣帛画

　　在这幅出土于轪侯夫人（殁于约公元前 168 年）之墓的非衣帛画中，居于中央的贵族妇人在仆人的陪伴下正前往帛画上端的仙境。在画面顶部的日月之间坐着一位正在休憩的半人半蛇之人。我们无法确定她的身份，但她极有可能是西王母。帛画下端展现了一排礼用器皿。而在最底部是一对相互缠绕的鳌鱼，它们是阴间的象征。它们两侧是长着羊首的守护之灵，保护着棺椁中的尸体不被腐化。该帛画出土于湖南省长沙马王堆一号汉墓。见湖南省博物馆，1973 年，图三八。湖南省博物馆提供。

图 6 和图 7　镇墓兽像

　　图 6 为彩漆装饰的镇墓兽木雕，出土于战国时期信阳（河南省）的一处楚墓。见《文物》1957 年第 9 期，扉页图。图 7 截自轪侯夫人（殁于约公元前 168 年）墓内的漆棺画。出土于湖南长沙马王堆一号汉墓。见湖南省博物馆，1973 年，图一七（局部）。湖南省博物馆提供。

出现在了马王堆汉墓的漆棺之上，其中一个图案是人身羊首的生物正在与蛇和鸟搏斗（见图 7）。在汉朝晚期，陵墓的入口之处还常常放置了刻画长角镇墓兽的雕像或画像石。[14] 在前文中我们已经看到，汉朝时人们用被驯化但仍令人感到恐惧的蚩尤形象看护坟墓。西王母的画像或雕像也被放在陵墓入口以驱散邪灵。铜镜或许是汉墓中最具特性的随葬品，它们很有可能也是在前往冥界的危险之旅中为死者提供协助的器物。这些铜镜很有可能是一种宇宙学意义上的指南针，为亡者之魂指引前往仙界的方向。[15]到 4 世纪，一种较为流行的说法是镜子可以照出事物的本质，因此可被用来揭穿妖魔的伪装，但尚不清楚这种观点是否在汉朝就已经形成。[16]近期有学者提出，在汉朝坟墓中放入铜镜的目的是表达对长寿的渴望（常常直接在铜镜铭文中写出），而不是提供辟邪及救赎之道。[17]然而在靠近死者头部之处放置铜镜是汉墓中的独有现象，这说明铜镜被用作一种辟邪之物或保护形魄的一种手段。[18]

　　坟墓、随葬品、墓葬仪式的形式和功能都发生了变化，反映由于当时的人将死者看作注定要在坟墓这间地牢中惨淡度日的可怜鬼魂，相信祖先是强大任性的神明老观念已经过时。在某种程度上，这种戏剧性的转变之所以发生，无疑是因为在战国时期的诸侯国和秦汉帝国的专制制度下，贵族们被剥夺了政治特权，他们的地位也被边缘化。随着周朝前期确立的贵族等级制度让步于以科层官僚制度原则为基础的君主制，死者也被置于官僚化的统治之下。个体从宗族这个集体中脱离出来，每个人都将独自面对自己的死后命运。

　　中国人相信强大的神祇（但同帝王一样，他们十分遥远）可以左右凡人命运，这种信仰变得越来越强。星象家宣称凡人的命数掌握在居于极远仙境的傲慢天官的手中，例如司命星君（与大熊星座中的北斗星有关）就被描述为一位主宰人类寿命的天庭官员。他与地方官员类似，需要听取枉死之人的诉冤，这些冤魂希望司命星君就自己过短的寿命采取补救措施。在近期出土的秦国官吏文书（公元前 269 年）中，我们可以看到关于这种情况的叙述。该竹简提到一位名叫丹的人因在剑斗中刺伤了对手，于公元前297年了结了自己的生命。之后，当地官员将此事反映给了司命星君的下属，这位官员认为丹的当死之时还没有到来，因此要求把丹复活。后来丹的确死而复生了，但他身上仍然带着在阴间停留时留下的伤痕。虽然他最终恢复了知觉并可以重新进食，但仍然无法随意活动四肢。据说丹还告诉家人要妥善对待已死之人。他强调说即使是最为平常的供品，死者的鬼魂都会十分欣于接受，但他们很容易因受惊而逃走，且只食用严格按照规程完成净化准备的食物。[20]丹的命运，以及他对于简单祭品的乞要，无疑都反映了当时盛行的观点，即弱小无力的死者在坟墓中凄凉孤苦、饱受煎熬。

大约从1世纪晚期起，亡者崇拜拥有了愈发具体的表现形式。飞升至西王母掌管下的仙人之境成了精英殡葬实践的主题。在精英阶层的神话中，神魂和形魄都暗中渴求升入天堂。与之相反，平民的宗教理念并不涉及死后灵魂的一分为二，而是认为死者之灵将会堕入山脚之下的阴间等候地狱的审判。在汉朝的宗教信仰中，我们可以找到多位像至上神一样能够左右凡人生死的神明。我们之前已经讲过，在当时的神话中，黄帝被赋予了根据个体的善恶之举延长或缩短其寿命的权力（与司命的权力没什么不同）。更为普遍的说法是，泰山府君拥有对死者的处置权，他是五岳之首东岳泰山的山神。泰山府君麾下有一批官员，他们负责在生死簿中记录凡间个体的善行和恶举并为其安排寿尽之时。如果在死亡时个体行善多于作恶，那么泰山之顶的仙境就将为他敞开大门；而如果其罪孽多于美德，那么对他的判决就是送进泰山之下的地狱。

虽然泰山府君在后来的神话中取代黄帝成了冥府之主，但在汉朝的文献中，这两位神祇实际上可以相互替换。例如173

53

年的一篇镇墓文写道："黄神生五岳，主死人录，召魂召魄，主死人籍。"[21]这份文本显示每一位五岳山神都为自己辖下的凡人编制生死簿，而黄帝则对所有亡者的命运具有最终决定权。汉代镇墓文中提及至上神天帝的次数甚至更多。天帝所管辖的并不只是死者，还有地下的妖魔鬼怪，汉末古墓中发现的护符证实了这一点（见图8）。这块木片的左上角写着"符君"二

图 8　汉墓辟邪护符

　　这片木质护符出土于邵家沟汉代遗址第 2 号灰沟，长28 厘米，宽 3.8 厘米，符上题文由朱砂写成，制于 1～2世纪。见江苏省文物管理委员会，1960：21。

字，它的下方画着长勺状的北斗众星，它们被认为是天神的所在地。符箓木片的左侧边缘的文字晦涩难懂，右方写有咒文："乙巳日死者，鬼名为天光，天帝神师已知汝名，疾去三千里，汝不即去，南山给□，令来食汝，急如律令。"[22] 和其他汉墓文献（见后文）一样，这块护符向令人敬畏的天帝和他的天兵天将提出祈求，希望他们保护墓主不受邪灵侵害，因为对于天帝之令，邪灵是不敢违抗的。

上述护符中的符文使用的结束语和汉代诏书十分相近，显示出朝廷和天庭间十分密切的对应关系。死者被带至冥府判官身前接受审判，后者审讯前者的用语和程序是现实世界中汉朝司法实践的翻版。天帝（或黄帝或泰山府君）将断人生死的权力委派给下属，这些下属官员同汉朝地方官府中的官员一样，在决定个体是否有罪之前，会仔细审阅与该个体人生经历有关的所有文书。虽然在死后位列仙班从理论上讲是有可能的，但从汉朝墓葬出土的文字都基调灰暗，显示多数人都认为一旦身故，在前方等待自己的便是一个惨淡无望的结局。

依据复原自汉墓文物的各类镇墓文，我们可以对关于死亡和死后生活的大众信仰进行最深入的认识。[23] 这些文本写在铅板、瓦片、陶罐等耐久性材料上，试图以逝者魂灵之名祈求墓地所在处及地下诸神灵的帮助。买地券和随葬品清单是常见的两种文本类型。买地券是生者用来证明他们对墓地具有所有权的凭证。随葬品通常是陶制奴隶、马车、骏马，以及其他类似物件，它们是献给冥府官员主财鬼王的礼物。1 世纪末出现了一种新型镇墓文，它是一种写在陶罐之上且具有一定长度的文疏，陶罐中可能装有帮助死者之灵在阴间保持强健的食物或仙丹。这种镇墓文具有诉冤状的语言风格，直接以汉代官府使用

54

55

的公文格式和司法程序为原型，它们提出请求的对象是天帝或者黄帝。早期文本被索安（Anna Seidel）称作"写给死者的天庭敕令"（celestial ordinances for the dead），它们恳求冥界官员确定亡者是否逝于命定之时，并且保护死者的灵魂不被心怀恶意的鬼邪伤害。这些文本还恳请冥府判官们在翻阅生死簿时保持谨慎，以避免因一时疏漏而歪曲生死簿中关于个体行为的记录，或者错改个体命定的寿数。人世间的祈求者还向当地的土地神发出祷告，由于坟墓的修建打扰了土地神的安居，他们希望通过这种方式获得土地神的原谅。

在稍晚的时期（约 170～200 年），一种新的顾虑出现在了文疏中：人世间的子孙希望不受其已死祖先所犯过错或罪孽的牵连，希望获得冥府之神的宽恕并不用接受任何刑罚。这些请求本质上承认了亡者的罪愆，但同时试图轻描淡写这些罪行的严重性。通过劝说九泉之下的神灵照看死者的灵魂，子孙们希望确保死者之灵不会以恶鬼的形式返回阳界。下引文字①是这类文疏的典型例子（原文中的某些文字已因风化而难以辨认）：

熹平四年（175 年）十二月［甲］［午］［朔］三日丙申

天帝止封镇定邑里死人［骨］［文］台冢墓，移丘丞墓伯地下二千石、［墓］上墓下、中央大□、墓左墓右、云门蔡酒、蒿里父老，[24]令：

"骨文台家子孙后代无□复有死者。上天仓仓，地下

---

① 镇墓文中的标点根据作者英文译本中的标点添加。

茫茫。死人归阴，生人归阳。生人有里，死人有乡。生人　56
西属长安，死人东属大山。乐无相念，苦无相思。大山将
阅，人参应□。地下有适，蜜人代行□作，²⁵ 千秋万岁不
复□生人。相胥氏家生人子孙富贵豪强、资财千亿、子孙
番息。"

　　[子孙答道：] "谨奉金银□深，以谢墓主封镇到
□□□。胥氏冢家中三曾五及、皇□父母离丘别墓，后葬
之□，勿令代作，各安其所。旷户以闭，累君后世，令无
死葬。他如天帝日止镇令。"²⁶

这份文疏否认当世之人与其过世亲属间存在任何义务关系，把
死者的福利完全视为冥府职责。人们长期以来都十分畏惧祖先
愤怒的鬼魂会将活人视作猎物，上引文献再次表达了这种害怕
之情，它请求坟墓所在地的神灵务必确保坟墓已被关闭并与人
界完全隔断。这段文字还揭示，和冥界审判程序本身一样，人
们在设想冥界刑罚之时是以真实世界中的汉朝司法体系为出发
点的。犯有大罪之人将被处以劳役。为了减轻祖先们的痛苦，
在世之人会在祖先的坟墓中放置一个蜡人或铅人，希望它们成
为祖先的替身，代祖先服苦役。

　　阳界之人与其阴间亲属之间的利益冲突或许是这份文疏中
最为显著的特征。除了恳请冥界之神将死者拘押在地下并禁止
其鬼魂逃回阳间，在世之人还请求神灵阻止其他辈分更高的祖
先把他们自己身上的部分刑罚留给新逝之人承担。有些敕令还
要求把祖先应该接受的刑罚转移至偶然靠近坟墓的无辜之
人。²⁷人们对墓地根深蒂固的反感以及墓地对毫无防备的路人　57
的危险性，都在这种冒失的要求中得到了确认。

写给亡者的敕令重申了生者对因亡者可能带来的不幸，长久以来都怀有恐惧。在东周时期人们往往因迷途鬼魂的报复而感到害怕，但汉代的墓中敕令揭示的是一种与之不同的新焦虑，其针对的是令人生畏的冥府以帝国统治者的名义施加的严厉惩罚。害怕被祖先的罪过连累也是根植于汉朝实际司法实践的现象。汉朝法律规定，对于任意家庭成员犯下的罪行，个人都应承担连坐之责。而这些文疏则坚持认为个体应对自己的罪孽承担完全责任，天罚的影响范围只能限于个体本身。

到汉朝晚期，冥界在凡人眼中成了一个充满无情审判和严酷刑罚的恐怖世界。饱受劳役折磨的死者试图将自己的罪责或至少受刑的痛苦转嫁给在世子孙，因此对其家人来说他们变成了一种威胁。人们普遍将疾病与厄运归咎于恼怒的祖先向地府判官提起的"冢讼"，这些"冢讼"要求神明因各类冤屈和违反礼制的行为对生者实施惩罚。[28]不管死者有多么可怜，也不管其死后生活是如何悲惨，他们始终对生者，尤其对自己的子孙后代构成威胁。

在汉朝人的宗教观中，死亡能赐人以力量，这种力量既可是恶意的，又可是良性的。一旦摆脱凡人之躯的桎梏，死者的灵魂就会开始新的生活。和早些时候一样，神界的等级制度反映了凡界的社会秩序。然而凡界社会秩序本身已经发生了变化，皇权统治下的科层体系因此成为神界等级秩序的原型。在读书人笔下，神祇不再是超越世俗的存在，而是成为升入天庭的凡间死者，他们在神灵世界中的超然地位所映射的，是其在凡界的有限生命中建立的伟大功勋。同以前一样，死者的灵魂不会消逝，但关于神灵世界的两种对立想象同时存在于汉朝。在更新的观念中，神灵世界是世俗官府的拟像，神灵世界等级森严的官场与帝国的子民一样受到法律和行政程序的制约。神界的官僚科层模型最早出现在战国晚期，格外受到受过良好教育的精英阶层的欢迎，但它在民间的宗教运动中也有所体现。58 与此同时，对具有神力的死者之灵的崇拜，即活人向死者献上祭品，尤其是强效的"血食"的实践，继续流行于各个阶层。

西王母无疑是在汉朝的神话和艺术中留下最深刻印记的神祇。她常常被画为山巅之国的庄严肃穆的统治者，在她的国度中住着羽化的仙人和珍禽异兽，但这种形象是在汉朝的最后两个世纪才出现的。在《山海经》里保留的与之不同的更早期传说中，她不是威风凛凛的统治者（也不是后来的传说所构想的艳后形象），而是一只与灾厄和瘟疫有关的邪恶食人怪兽。《山海经》中的西王母被描述为融合多种动物特征的穴居怪兽，她有着豹尾（或虎身）虎齿，善于发啸（妖魔用来吸引猎物自投罗网的手段），且可以号令鬼魂在凡人中散播厄运与瘟疫。[29]西王母不同形象间的反差可能是不同地方传统的结果，其威严肃穆的女性形象更接近于东部沿海燕地与齐地仙人神话中的描述，而不是虚构的"西方"妖魔。但西王母的野兽形象还与商代或更久以前的古老恶魔形象形成了呼应：《山海经》中提到的"虎齿"，可让人立马回想起从商朝（或许还可追溯至良渚文明）到汉朝的玉饰上常常刻有的兽面獠牙的"妖魔"。鉴于找不到任何可以解释这些"妖魔"形象含义的文献，我们无法将其与任何特定的神话生物相联系，但它们似乎是主持驱邪仪式的祭司在与神灵沟通时需要戴上的面具或头饰。[30]西王母既是落日之地"生不知死"的王母娘娘，又是《山海经》中的妖魔，两者间的关联指向了一个令人敬畏的死神形象，或许对于少数幸运儿来说她还是永生之神。

汉朝晚期，墓壁画像砖上的西王母通常仪态威严，并有侍臣陪伴左右（见图9）。此时，老式的妖魔形西王母已经让位于一种全新的形象，即掌控自然之力的强大神祇。西王母被认为是与世俗统治者相对应的神界统治者，不同于严厉的天神和冥界之神，她向所有子民提供救济，这种观点渗透了汉朝社会的各个阶层。西王母的仁慈广为流传，证明这一点的最有力事例是公元前3年因大旱而爆发的流民运动。成千上万的民众挤在通往都城的道路上，他们手中持有象征"西王母筹"的稻秆或麻秆，"西王母筹"可能是敦促皇帝及其臣下采取救济措施的命令。西王母在墓葬文化中几乎无处不在，除此之外，在区域和地方层面，她也以多种形式出现。在山东，西王母常常被视为威严的女神与天地间阴元的化身，当地又相应地创造出了西王母的对偶神东方君（东王公），他是代表阳元的神祇（见图10、图11）。在西部地区的四川，西王母的形象更加平易近人且更加具体，她是将福禄与庇佑赐予人界信徒的慈母般的女恩主。[31]作为陪葬用品的青铜摇钱树是四川汉墓的一个显著特征，它们的树枝上挂满了闪闪发光的铜钱，而位于树枝中间的则是西王母和她的仙侍。虽然摇钱树主要衍生自与仙境有关的太阳神树传说，但铜钱将关于仙境的构想与世俗世界中的物质充裕联系到了一起。[32]在慈悲为怀的女性神祇中，西王母是第一个成功吸引到为数众多的信徒的，尽管在之后的朝代，她的光芒就全然被佛教中的观世音菩萨所掩盖。

虽然对西王母、泰山府君，以及（在某种程度上）黄帝等神话人物的塑造都以尘世间的君王为原型，但他们仍是超然世外的神明。与他们相反，汉朝宗教信仰中的多数神仙都曾经作为普通凡人存在。这些人因在世之时的卓越功勋或是死亡之

60

图9 西王母

在这块汉朝晚期的汉墓画像砖上，西王母姿态威严，头戴"H"形王冠，四周环绕着仙仆和奇珍异兽。在她的左边是吉兽九尾狐，它预示着好运的降临。最右边是拿有研钵和研杵的玉兔，它为西王母捣制着不死灵药，西王母将这种灵药赐给凡夫俗子中的幸运者。在玉兔下方是一对跳跃的蟾蜍，它们与月亮和西王母所代表的阴元有关。在这些仙人仙兽的下方是一对礼器（装有献给亡者的祭品），在礼器两边坐着亡者姿态端肃的后代。滕县（山东省）大郭村汉墓，2世纪。中国美术全集编辑委员会，1988a，图25。滕州汉画像石馆提供。

时的特定情况，而在死后获得了神力。精英阶层的宗教文化将这类获得神格的凡人纳入一种科层化的神仙体系，他们每人都有自己的职责范围。在公元前2世纪的《淮南子》中，我们可以找到对这类成神过程的描述："故炎帝于火，死而为灶；

61

在壁雕画上，西王母（左，图10）和东王公（右，图11）都戴着西王母标志性的"山"形王冠，坐在"山"字形的山顶之上。可以确定他们身份的还有他们各自的神兽——西王母的白虎和东王公的青龙。西王母的两侧是捣制不死灵药的玉兔，东王公两侧有同样在捣药的长有羽翼的仙人。山东省沂南汉墓，2～3世纪。参见 Hayashi 1989，Supplemental plate 2。京都国立博物馆提供。

图 10 和图 11　西王母与东王公

禹劳天下，死而为社；后稷（传说中周王室的祖先）作稼穑，死而为稷；羿除天下之害，死而为宗布。此鬼神之所以立。"近期的考古发现揭示，认为凡人可以在死后于神界科层体制内获得职位的观念最早可以追溯至公元前 4 世纪晚期。在描述自杀之人丹死而复活过程的文本中提到的司命史公孙强，就是活跃于公元前 5 世纪的真实历史人物。[34]

62

不同于战国、秦、汉时期的君主所热切寻访的那种仙人，这类凡人可以接近的仙人只有在死后才能跻身神灵世界。关于汉代通俗宗教的已知细节很少，但我们已经掌握的有限证据显示，大多数神祇在人们眼中都由凡人死后之灵羽化而成。虽然神仙崇拜与祖先崇拜有本质上的区别，但两者都证明逝者在生者的想象中占据了核心位置。无论如何，对崇拜死人之灵而非自己祖先的做法，官员们和接受儒家教育的精英阶层进行了批判。由于超越了礼制规定的得体行为的范畴，进行这类祭祀的寺庙被视作非法的"淫祠"。但鉴于监管民间信仰的方式有限，国家制裁手段造成的影响总的来说微不足道。

汉朝晚期最为活跃的一种祭祀活动就以汉朝建立者刘邦的孙子、谥号为城阳景王的刘章为核心。刘章因对篡权者吕后不加掩饰的反对而获得了声望，他还是平定吕后逝后的诸吕之乱（公元前 180 年）的英雄。[35]在诸吕之乱平息两年之后，年仅二十来岁的刘章突然薨逝。人们在城阳（位于今天的山东省）城中为他修建了一座祠庙，以纪念他为汉室建立的功勋。[36]该祠庙虽然规模较小，但吸引了人数众多的虔诚崇拜者。应劭在2 世纪末写道："自琅琊、青州六郡及渤海（今日的山东在该区域范围之内）都邑、乡亭、聚落皆为立祠。"一位与应劭生活在同一时代的人也称，有不少于六百间城阳景王祠分布在该地区。刘章作为神灵的威严在民间节日中得到了彰显：商贾为他的神像穿上二千石舆服（两千石指刘章的俸禄，两千石官为汉朝最高官秩之一），然后在持续多日的宴席、讴歌、社戏的伴随下，五辆载有刘章神像的四轮马车将在城中街道巡游。约在 2 世纪末，时任济南国相，也就是著名的诗人、军阀曹操（155～220 年）无情地镇压了这一"淫祀"，但在他离任之后，对城阳景王的崇拜明显又"死灰复燃"。[38]

　　蒋子文是在死后成为民间崇拜对象的又一位历史人物，他是汉末的秣陵尉（秣陵是南京的旧称），在追逐强盗的战斗中受伤并最终身亡。蒋子文生前是一位贪赃枉法、傲慢自大、性情蛮横之人。根据地方传说的记载，死后蒋子文的灵魂要求民众尊奉自己为当地的土地神。遭到回绝后，蒋子文对民众降下瘟疫，逼迫他们信奉自己。在秣陵建都的吴国（222～280 年）之主孙权同样被蒋子文威胁，当时有传言称蒋子文造成的大火已经烧毁了孙权的多座宫殿。孙权在蒋子文的恐吓下为其赐下中都侯的谥号，然后在郊区的钟山为其修建了庙宇，该祠庙成了当时最有名的朝圣地之一。[39]刘宋王朝（420～479 年）的创立者宋武帝在实施其"普禁淫祀"的计划时把蒋子文祠选作开刀对象。但宋武帝的继位者又恢复了对蒋子文的祭祀，并为他赐下了更多荣誉，包括在官祀中晋升蒋子文为钟山王。[40]除了刘章和蒋子文外，被很多人尊奉为神的历史人物还有公元前 6 世纪的贵族伍子胥，他在多年筹划后成功报复了杀死自己父兄的邪恶楚王，这使他成为孝子中的模范人物。此外还有汉王朝创立者的主要对手项羽，他作为悲剧英雄在民间传说和歌谣中广受称颂。[41]

　　将这些民间神祇联系在一起的共同母题是他们都是早逝的

英勇战士，且通常都遭遇凶杀。从这个角度看，他们与志在复仇的亡魂十分类似，都因阳气未尽而以一种可以感知的形式滞留在了人间。某些亡魂和蒋子文的鬼魂一样贪婪、暴虐；还有些则被奉为既有秩序的捍卫者，并被授予官衔和权威，作为科层制国家的一分子负责灵界事务。虽然统治者们大量赐下的头衔和荣誉有利于提高这些被神化的历史人物在百姓眼中的威严，但赋予他们神格的并不是他们拥有的官爵，而是一种民间观念，即遭遇凶死的英雄人物拥有法力，这些法力使他们获得了神格。此外，在缺乏国家权力机关控制和限制的情形下，对过世武者的崇拜在民间广为散播，这一趋势引发了当权者的深深担忧。道士陆修静（406～477 年）发动了一场旨在抵御民间信仰对正统信仰侵蚀的狂热运动。从他对汉朝晚期民间崇拜活动耸人听闻的描写，我们可以体会他的鄙夷之情： 64

> 六天[42]故气，称官上号，构合百精及五伤之鬼、[43]败军死将、乱军死兵，男称将军，女称夫人，导从鬼兵，军行师止，游放天地，擅行威福，责人庙舍，求人缮祠，扰乱人民，宰杀三牲（即牛、羊、猪），费用万计，倾财竭产，不蒙其佑，反受其患，枉死横夭，不可称数。[44]

虽然陆修静对"淫祀"的责骂过于夸张，但他的抨击性言论对于我们理解汉朝及其所处时代的神圣观十分宝贵。通俗宗教中充斥着暴力与斗争、妖魔与邪神，以及已死之人强大但凶恶的魂灵。当然，暴力在官祀的科层秩序下也占有一席之地，因为官祀中的神祇坚持对作恶之人施以体罚。然而在官祀中，施用刑事制裁需要获得统治者的授权。没有谁胆敢自行决定法律的实施，唯有至上神——他可以是天帝、黄帝或泰山府君——有权批准暴力的使用。至上神的正义形象也为平民百姓提供了慰藉。汉朝墓葬中的文疏反映了人们对出尔反尔的妖魔鬼怪的普遍畏惧，同时还揭示了他们对天庭官员持久不变的期望，即神官们在面对不受约束的败军死将时会尽忠职守地维持秩序。

2 世纪，道教就是在上述的宗教意识形态中诞生的。[45]道教源自一场教派运动，该运动声称要在一位名为"老君"的至上神之神授天命下，建立一个膜拜三清的宗教团体，也就是天师道。[46]当 2 世纪晚期汉王朝在朝野派系斗争的撕裂作用下变得摇摇欲坠时，天师道在中国西部崎岖的崇山峻岭中建立了属于自己的乌托邦式"教区"——神治。道教的创立者们谴责大众对被陆修静称为"六天故气"的邪神、鬼怪、妖魔的盲目崇拜，但同情汉朝社会各阶层对死亡和死者的恐惧之情。早期的道教运动还带有一种强烈且影响深远的负罪感，这一点在祭奠死者的文疏中也有所体现。在太上老君信仰的建立过程中，天师道接受了塑造汉代社会生活和冥界观念的科层权威原则。然而不同于汉朝各类地方性信仰各不相同的情况，天师道建立了正规化、系统化的神仙体系。天师道还致力于消除当时人们所信仰的无数邪魔外道。该教派的人员不许参与卜筮仪式，不许就禁忌日或禁忌活动查询历书，也不许在祭祀中使用"血食"（即不许进行牲祭）。该教派还禁止使用任何医术治愈疾病。为确保其信众不受此类"迷信"的影响，天师道将神权和俗权都授予了世袭的神职人员，力图使本教隔绝于世俗生活之外。

尽管天师道对当时的诸多宗教实践都进行了全盘否定，但它同时吸收了不少通俗信仰的元素到自己的教义、仪式、组织体系中。[47]天师道并不否认亡者之灵的存在；相反，它认为它们都应服从于天威。天师道将世俗宗教中无法无天的妖魔鬼怪变成了唯天官之命是从的走卒，但并没有淡化它们那令人恐惧的方面。天师道杜绝祭拜死者，该禁令几乎适用于所有通俗宗教中的神祇。天师道的仪式章程，例如前述引文所属的陆修静的篇章，不只是本教的祀典，还有各类信仰的高下等级，在这一方面天师道很大程度上复制了儒家礼教经典文献中规定的正统概念。非神职人士只被允许祭灶和祭社，每隔四年还可祭拜一次自己的祖宗。[48]

虽然天师道拒绝容忍当时盛行的祭拜模式，但它回应了产生于汉朝末期和之后的中国人的主要宗教诉求：赎罪与辟邪。根据天师道的教义，个人的行为始终受到一个由三官（天官、地官、水官）构成的神官体系监控，三官会仔细记录个体所犯之罪愆。天师道道士是天庭派往尘世的使节，普通信众可以向他们忏悔，从而使自身罪孽获得赦免；而道士与天神则通过书面形式的文疏（就像写给亡者的敕令一样，道教文疏以模仿汉朝官府公函的正式语言写成）进行沟通。在具有赎罪性质的仪式中，有罪之人应用泥土和木炭涂抹自己的身体，将双手绑在身后，同时口中诵念自己的罪行，以此表示自己的悔改之意。[49]虽然普通信众需定期缴纳一定额度的税款（这就是该教派通称五斗米教的原因），但向神明献上祭品是被严令禁止的行为。能帮助个体从罪孽和冥府之罚中解脱的只有赎罪和悔悟，个体不应指望收买神灵，以此获得其纵容。除帮助教徒免受神罚之外，天师道似乎还为他们勾勒了位列仙班的前景：天庭可能在个体死后为其指派官职。[50]

天师道同意当时的流行说法，也认为疾病和不幸的根源是死者邪灵的侵扰，视亡魂尤其是祖先之灵为导致中邪的主要原

66

因。从前文写给亡者的敕令中我们可以看到，对在世之人怀有冤愤之情的死者之灵可以在地府提出冢讼以平息自己的不平之意。如果他们的诉状被确认属实，受到指控之人则会以诅咒的形式获得其应得惩罚。这些冢讼针对的通常是不肖子孙。另外，被判处冥府之刑的祖先可能会要求把自己的部分惩罚转移至后代（写给亡者的敕令显示此类情况确有可能发生，这令在世之人深感担忧）。信徒们常向道教法师求助，希望他们帮助自己不受这些冢讼的影响。法师们配置了可以帮助自己与神灵交流的各种仪式用法器（仙箓、文疏、法印），他们会对苦难的根源进行调查，然后向神明寻求帮助以解除诅咒。道教法事所用的典型文疏中包含冥府官员的名单，其与写给亡者的敕令中冗长的鬼神名单十分相似，这说明道教信徒们在构建自己的神界科层体系时大量借鉴了汉代巫觋的实践。[51]

67　　汉王朝在 3 世纪初彻底覆灭，紧随而来的是一个以政治分裂与社会动荡著称的漫长时期。在竞夺江山霸业的群雄之中，没有人能成功令帝国再度统一，也没有人能有效抵御北方边境草原游牧民族的侵略。在北部地区被入侵的胡人大肆蹂躏后，晋王朝（280～420 年）于 317 年在位于长江下游的新都建康（也就是今天的南京）重新建立了朝廷。这一大分裂时期一直持续到 6 世纪末才结束，其间，汉人在南方建立了一个个文弱的王朝，各式游牧民族入侵者建立的政权则在北方兴衰更替。在这一时期，华夏与中亚和西亚间迁徙、交流的通道开始打通，加速了佛教在中国全境的传播。第一位佛教布道者在 1 世纪末就抵达了中原，但佛教信仰与寺庙在很长一段时间内一直未能扎根中国的土壤。4 世纪佛教开始同时获得南北两朝士族的支持，这时情况才发生转变。

　　此处我们无法展开叙述佛教传入并在中国传播的复杂历史，但可以肯定的是，它对于中国人的主要吸引力在于其教义中的救世主义。[52]原始佛教完全摒弃了现象世界（phenomenal world），试图通过涅槃（nirvāna）也就是消灭自我，在由人类欲念引致的不可避免的苦难中实现超脱，而达到涅槃境界的途径唯有苦修和自律。但在中国，地位不断获得提升的大乘佛教承诺将普度世人，使其免受在险恶世间不断轮回之苦厄，且这种承诺针对的是芸芸众生而不只是个别人。多数宗教集团将重心放在宗教职业者身上，认为只有他们才能获得救赎，而大乘佛教嘲弄了这种做法。大乘佛教主张，在无私心且具大智慧的菩萨，以及允诺前来度化虔诚信徒的不灭佛陀的介入下，救度最终是有可能实现的。大乘佛教教义的一大创新之处，在于构建了由慈悲的佛陀和菩萨组成的神灵体系，他们执掌着极乐世界，积极帮助寻求拯救的心诚之人。这些救世主包括：无量佛，他是西方净土之佛；弥勒佛，他是最早拥有信仰者的菩萨，也是资源取之不尽的兜率天①的未来佛；文殊菩萨，他以智慧和辩才著称；以慈悲为怀、无所不在的观音菩萨，他（她）会回应虔诚信徒心中的祈愿，在他们危难之时伸出援手，并将恩泽施予祷告者。

　　佛教救世神学中的核心概念是业力（karma），或者说人类所思所为遗留影响的积累。佛教信徒相信善恶之举在业力的运作下会形成一种道德上的平衡，这种平衡将决定个体下一世将成为五趣②——天道、人道、畜生道、饿鬼道、地狱道——

68

———————

① 在佛教教义中，兜率天是欲界六天的第四层天。
② 五趣又称五道，指众生转世投生的五种去处。另一种说法是六道，即五趣再加上阿修罗道。

中哪一趣的有情众生。佛教修行者以进入证悟境界为追求，个体证悟之后就可以摆脱业力，从而于轮回往生中获得解脱并最终实现涅槃。佛教中业力和地狱刑罚的概念因此与中国本土的生死观形成了共鸣。虽然业报的理念很快就被嫁接到了中国人对死后刑罚的认知上，但在这一过程中业力学说的内涵发生了根本性的变化。在佛教教义中，业力影响下的命运走向是由个体行为决定的。而在中国，整个家族（包括在世和亡故的族人）都将共同承担由业力决定的命数，尤其将分担业报。命运是共体的，而不是个体的：在世之人要承接从几代以前就开始累积的祖先的罪孽，而在世个体的恶行同样会对逝去的祖先造成影响。灵魂的轮回往生对于中国人来说是全新的教义，然而佛教中的转世理念否定了自我的延续性，它坚信救度纯粹是个体化的概念，因此中国人从来未能完全解决这一观念与祖先崇拜的分歧。重生的信念的确深刻地影响了中国人的宗教观，但业报被中国人转移到了亡者的世界。

　　在印度佛教中，业力自有其运作规律，不受任何神力或神祇的干预。个体的行为会同时产生因与缘，最终因缘又会结成个体未来轮回之路上的"果报"（这是佛家最喜欢使用的比喻）。佛教中的冥界之主阎罗只不过是业力自发运作中的一个被动环节，他无力改变任何个体的命运。然而在中国的佛教中，善业与恶业都被纳入了冥府及其规模庞大的监督、记录、复审机关的运作之中。中国多层级的神官体系以及神官麾下成群小吏的介入，中和了业力作用的必然性，同时揭露了操纵命运的可行性。在印度人的想象中，冥界由数量巨大的阴森恐怖空间构成，每个小地狱都对应一种人们所能想到的肉体酷刑，这种构想地狱的方式在中国本土信仰中找不到先例。尽管佛教徒将地狱及地狱中的苦难视作轮回五道之一，中国人却继续把冥界当作亡者之境而非重生之地。父母及祖先在地下世界长期忍受酷刑折磨这一令人不安的想象，已足以使中国人为了逝去的家人行善积德。如同被业力决定的命运，寻求救度也被视为一项集体的事业，而不是一种个人的宗教实践。

中国人对实利主义的自我观十分执着，因此佛教通过涅槃希望达到的救世目标对多数中国人来说显得过于高深。涅槃被重新解读为从红尘羁绊中获得解放。印度佛教主张对自我的忘却与消灭，但在中国，人们追求的是在极乐世界，也就是充满天神荣光的仙岛般的乐园中获得重生。在道教信仰中，升入天堂并不等于灵魂的投胎转世，而是得到净化的躯体最终脱离死亡的过程。[53]中国人深信灵与肉在本质上具有统一性，对这一观点，佛教教义从未成功动摇。相反，中国佛教的重心由主张消灭自我的涅槃，逐渐移至在极乐世界中获得转生，这个过程展现了中国人的宗教诉求对佛教教理的巨大影响。同样，为适应中国本土的价值观体系，佛教僧侣主张个体可以以父母或祖先之名行积德之举，这否定了佛教关于自我和业力的基本概念（大乘佛教认为菩萨可将自身积累的部分善业移交给那些悟性较低但十分虔诚的信徒以对其进行救度，该教义或许可以勉强为中国佛教徒提出的上述主张提供神学理论方面的支持）。

中国本土信仰中新趋势的出现使佛教与中国文化的相互作用变得更加复杂。在晋朝统治者衣冠南渡至位于今日南京市郊的建康后，两个新的道教教派——它们从天师道教义中获得了启发，但同时以南方的玄学传统为基础——出现在了4世纪下半叶。上清派（其创始地为南京城外的茅山，因此又称茅山派）与灵宝派都声称自己的某些修行派系获得了天神降授的神

70　圣经文。此外，虽然上清派和灵宝派的教派运动都在晋廷迁都后发端于建康的门阀士族，但在教义和宗教实践方面二者具有显著区别。

　　364～370 年，一位名为杨羲的年轻人在幻觉中得到了上清诸经的降授，这些经文很快成了杨羲的庇护人———一个许姓大门阀的资产。[54] 杨羲是帮助许家与神灵沟通的媒介；许家雇用了很多类似于杨羲的宗教专业人士，他们精通的各种玄术都源于南朝的地方传统和天师道的道士实践。[55] 3 世纪，天师道位于中国西部的"教区"在战乱中解体，此后天师道道人解除了与宗派社区的关系，开始游走于世俗之列。就像他们曾经所鄙视的方士一样，许多道士以风水大师的身份开始为私人资助者效力。因此，在汉朝灭亡后，天师道道士的地位经历了转变，倪辅乾（Peter Nickerson）将这一改变准确地描述为从教派领袖沦为行会成员。与从前主持教派集会的授箓道人不同，这些道士不得不与"庸俗"宗教中的神祇和巫觋竞夺大众的虔诚信仰。后来许多道士将扶乩和降神等从前被禁止的实践正式纳入了自己的法事体系，并继续声称只有自己才能与真神沟通。[56] 天师道道人成功赢得了建康士族们的支持，许氏家族便是其中之一，其族人都加入了天师道。然而杨羲所提出的，是一种比天师道众神更高的灵性权威。

　　上清派追求的中心目标是使人不必经历死亡就能实现羽化登仙。杨羲提到一类地位更加崇高的仙者，他们被称为真人，住在群星之间。杨羲主张的宗教实践首先强调运用各种打坐功法净化肉身，从而摆脱凡人躯体不可避免的腐败结局。与汉末的天师道相反，上清派始终以个体的虔诚为重，无论道士还是集体礼拜在上清派看来都显得不太重要。上清派通过真经传授教规和功法修行技巧，它们的目标受众明显是极少数世家大族，将经诀泄露给不相称的人会招致最为严厉的惩罚。[57]上清修士们寻求的是通过打坐及闭眼存思诸星君的形貌加入真人的行列，但神明本身仍是超然绝尘的存在。尽管仪式层面的清净是修行上清之法的一个根本要求，但罪孽、中邪、驱邪等在天师道信仰中色彩浓重的内容，在上清派教义中或至少在其成形阶段，已全然消失不见。[58]同样，与对手灵宝派不同，上清派几乎没有对佛教进行直接借鉴，尽管其学说中的妖魔形象——试图将修行者引入歧途、阻挠修行者登仙的感官欲望的化身——与佛教理念具有惊人的相似之处。

灵宝诸经约在397～402年由南朝世家子弟葛巢甫编成，它对许氏家族宣称的宗教权威构成了直接挑战，当时许氏的上清派已经开始流行于建康的精英阶层。[59]灵宝派在形成过程中吸收了大量佛教教义，尤其借鉴了佛教僧人劝善度人的方法。据说历史上释迦牟尼的口述佛经包含了很多比喻，葛巢甫将这些比喻化为己用，创作了记录元始天尊之言的多卷长经。元始天尊是一位新的至上神，对他的塑造参照了大乘佛教中属于众生的永恒佛陀。与只为个体修士和其家族提供救赎之法的秘传上清修炼之术相反，灵宝派完全吸收了大乘佛教中慈悲为怀和普度众生的理念。该宗派唾弃通过食疗、炼丹、打坐进行养生的做法，注重斋醮、祈禳、持戒，且尤为重视诵经（这些方面都揭示了佛教的影响），宣扬用以此为基础的科仪实现集体救赎。《度人经》是灵宝派最为重要的经文，其中含有模仿梵文梵音的秘语，修士们可以用其引来神明、魔王、力士相助，此外还写有借用自佛教经文的集体救赎之法。[60]《度人经》一类的道家经典作为一种物理存在，其本身也具有法力。背诵经文不仅可以唤来守护之神，还能帮助眼盲之人重见光明，跛足之人下地行走，不孕妇人身怀六甲。[61]

72　　同天师道类似（但与上清派相反），灵宝派认为道士是沟通神界与凡界的媒介。道士和其他入教者掌握着召唤神助所必需的秘法，但灵宝派科仪（例如为亡者超度的黄箓斋）为普通信众提供了在死后脱离地狱苦难之方，且相较于上清派和同期佛教的严苛戒律它们更加平易近人。此外，灵宝经文中时常穿插了一些小故事（明显模仿佛经中叙述佛陀生平的寓言），这些故事简洁有力地说明了业报的运作规律。[62]鉴于灵宝派学说和祭仪易于入手的性质，该宗派在中国后世的通俗宗教文化中占据了显著的地位。

　　道家传统还借鉴了佛教中关于魔的设定，但道教自身对于邪的看法基本维持不变。在佛经中，恶的拟人化形象摩罗通常代表着无知、诱惑及死亡。在多数情况下，它被用来指代潜藏在人心之中的混淆真理、阻碍证悟的邪念。但它有时也被赋予人类的特性，被描绘为佛教宇宙观中的欲界六天及轮回下四道的主宰者。在欲界六天与道教腐朽的六天间的现成对应关系下，摩罗成了私欲的化身。在中国佛教中，摩罗以释迦牟尼的邪恶对手著称，他试图阻碍释迦牟尼进入涅槃，但释迦牟尼最终挫败了他的企图。摩罗就是以这种形象，即作为试探道门之人修炼决心的诱惑者，出现在了上清派和灵宝派的经文中。但是，摩罗也被收编进了具有官僚科层性质的神界体系，被塑造为一位惩戒恶徒的可怕神明。在扮演这一角色时，摩罗就像汉朝的蚩尤一样，由被彻底击败的恶魔变为了疾恶如仇之神，他引领着令人恐惧的正义军团，志在扫荡各类邪恶势力。在灵宝派的传统中，魔本身也是需要度化的对象。在《度人经》中，

"魔王"一词有两种含义：对于亡者，他是主宰死后命运的严厉判官；对于追求超脱物外的修道人士，他是考验定力的诱惑者。因此，这些魔王既代表善又代表恶，或者用对中国人更易于理解的话说，他们同时是治与乱的化身。[63]

　　汉朝的宗教信仰中普遍存在的对坟墓和鬼魂的深恶痛绝继续存在于整个大分裂时期，且这种情绪一直未曾减弱，它在 5 世纪兴起的具有天启色彩的道教信仰中找到了新的表现形式。对鬼魂的兴趣成了当时广为流行的志怪文学的基本特征。虽然其叙事模式常常让人将志怪故事视为一种臆造，但这类作品的作者声称，自己叙述的人类与隐秘玄界——凡人对这个世界知之甚少——间的互动，其内容全部真实。[64]这类文本大多描写了为证明儒释道学说正确性而进行的斗法，这些故事中同时还充斥着反映保守道德观的宗教理念。它们展现了俗界与玄界间牢不可破的联系，以及支配这种关系的基于道德行为的逻辑。正如康儒博（Robert Campany）所评论的，志怪小说试图使自然秩序明显的无序失调与不可更改的道德法则达成和解，这种道德法则同时支配着属于人类感官的现象世界与属于灵体和死者的隐藏世界。尽管这种道德秩序一般体现在与业力有关的佛教用语中，但作为业报理念基础性概念的互惠关系、宇宙感应、道德均衡等，则可以追溯至汉朝时的中国本土思想。[65]

　　在志怪小说中最常见的形象是亡魂，也就是从阴间还阳的鬼魂，他们会告知掉以轻心的凡人其死后将面对的恐怖生活。有些故事描写了与假扮活人的鬼魂的不幸相遇，这些鬼魂通常是被困在生死交界地带的可悲魂灵，他们为了能成功转生而向凡人寻求帮助，帮助的内容可能是为死者的尸体筹办合乎规范的葬礼或者为其提供祭品。[66]这些故事以遗弃为主题，遇到鬼魂的地点一般是受扰的坟茔或是掩藏在野草之下、疏于照看的墓冢。这类志怪故事中的另一种常见母题是镇墓像在某种无形生力的作用下活了过来，他们逃出坟墓，最终为人类带去浩劫。[67]虽然许多故事都强调了将生者与死者联系在一起的基于同情的互惠关系，但它们事实上都至少无意识地给坟墓和鬼魂打上了危险标记。无论是善意还是恶意的亡魂，与之牵连都会使在世之人的阳气面临可怕威胁。

　　志怪故事描绘的是四处游荡、可能找上无辜之人的鬼魂；道教信仰则与之相反，将中邪的责任直接推到了受害者的肩上。5世纪涌现了各类具有济世情怀的道（佛）教团体，它们将中原之外数量庞大的邪恶之灵描绘为劫难将至的凶兆。一旦邪魔完成了对罪恶世界的净化，一个救世主就会现身重建一片资源充裕且虔信者都能安居乐业的乐土。这些济世教派把始终困扰中国的灾厄，尤其是兵燹和瘟疠的蹂躏，归咎于魔王及其亲信的作为。由神明降授的《太上洞渊神咒经》（简称《神咒经》）是当时广为传播的经文之一，据其记载，魔王是有罪者的死后之灵，在这个道德败坏的时代他们的数量失控地激增了。大众在无知与迷惘中被引上了通往毁灭的歧路：为寻求慰藉，他们祭拜淫神，且为之献上血食，在异端邪说的传播过程中助纣为虐。救世真君李弘（他是天师道太上老君的一个化身）将降下大灾消灭所有罪孽之人，唯有虔信忠厚的"种民"可以逃此一劫，在救世真君的治理下安享和平。[68]（他们之所以被称为"种民"，是因为大灾之后他们有在这片土地之上繁衍后代的责任。）[69]

　　尽管《神咒经》挑起论战，控诉了佛教渗透中国文化后引发的道德麻木，但其文本大量借用了佛教经文的形式要件，以及与地狱酷刑和轮回之道有关的佛教末世论。这本著作提倡的醮仪，包括诵经、行善、集体避世以及葬礼，也受到了佛教的启发。然而《神咒经》的神学理念从根本而言仍然起源于天师道，它认为世界上邪恶势力横行的原因在于"鬼道"——江湖骗子般的巫觋向天真的民众索要血食以祭祀亡者之灵——的迅速扩散。凡人只有加入种民之列，才能逃脱即将降临的大灾劫。[70]

同灵宝派的神启经文相似，《神咒经》描述了一个散播疫病与厄运的魔王成群出现、泛滥成灾的世界。这些魔王生前是知名的将领和勇士，身故后成了（正如当时的通俗宗教所显示的）淫祀的崇拜对象。《神咒经》的第一卷怒斥道："若一鬼不去，妄称大神，山林社祀，世间庙主，坏军死将，脱籍之鬼，来助邪王，病痛世人、不从大法者，十方杀神收而诛之。"[71]但文本也为魔王恢复了声誉，将其视为已臣服于道家权威的邪灵，并指派其担任统帅各路"下鬼"的军事将领。如果无法约束自己的手下并纵容他们戕害种民，那么魔王就不得不面对恐怖的刑罚；而那些服从命令、襄助扩散正统信仰、为民众提供救济的魔王，则将被晋升为道教众天神中的高级神官。[72]然而，即便那些正义的魔王也会为人类带来磨难和痛苦，因为他们所代表的是正义报复性的方面，他们扮演的角色使他们用疾病和不幸惩治为恶之徒。

虽然在《神咒经》和其他类似文本的描绘中，魔王及其仆从已经和天庭权威结成了牢固的合作关系，但他们亡者之灵的初始身份并没有被遮掩。和其他道（佛）门之人一样，这些济世团体的领袖试图将通俗信仰中的神祇吸收到自己的"正统信仰"中。《神咒经》中的某些魔王是真实的历史人物，

75

他们几乎都是勇武的英雄，且都曾被尊奉为被道教视为异端的民间信仰中的神祇。[73] 他们曾经是向人们索要血食的淫神，但此时他们作为众神祇的冲锋队被纳入了道家神仙等级制度。佛道双修的陶弘景（456～536 年）根据上清诸道人的通神记录编成了《真诰》，《真诰》同样收录了俗神的详细名单，他们原本都是因凶死而出现的亡灵，在臣服于天神之威后被任命为神仙体系中的低级官员。[74]

汉朝的亡者崇拜对道教和佛教生死观的形成产生了重要影响，但同时中国本土关于死后生活的看法也经历了深刻的改变。在战国与汉朝十分显眼的对死者及其灵力的恐惧，逐渐被替换为对先祖及其在地下遭受的磨难的同情。商王及商朝贵族们尊崇的那种神格化的祖先早已悄然消失。强大的武士和身居高位之人生前拥有的令人生畏的力量在死后得到了保留，但绝大多数人需要面对的是在地狱中被处以苦刑的惨淡前景。对祖先诅咒的畏惧之情逐渐减轻，在世之人所考虑的主要问题也随之变为如何将祖先们从阴间的苦难中拯救出来，如何为他们提供援助，如何帮助他们实现超脱并获得救赎。此外，在佛教救世神学和灵宝派教义中，祖先和鬼魂（无处不在的与自己没有亲属关系之人的灵魂）间的区别开始变得模糊。佛教和灵宝派都提倡救度世人，他们的宗教实践都致力于拯救众生，不管救助对象是不是亲属。当然，我们不能过分夸张地认为祖先已经完全沦为与一般鬼魂无异的悲惨亡灵，对多数普通佛教信徒来说，佛教的重点显然在于为自己的祖先，而不是为所有未获得宽恕的逝者行善积德。尽管如此，大分裂时期教派运动的总体倾向仍在于抹掉祖先之灵和生人亡魂间的区别，并且在虔诚的信徒和卑鄙的恶徒间画分界线。这种趋势在具有济世情怀

76

的信仰中表现得最为明显，它们不再把死者之灵视作家族的祖先，而是将所有亡魂一起看作需要同情与拯救的对象。

尽管祖先与鬼魂在不同宗教传统中都保留了各自所独有的特征，但他们的形象不断相互靠拢，最后都成了即将接受死后审判和惩罚的可鄙罪人。然而在对神的定义上，佛教和道教间的差别仍然显著。在中国佛教中占据主导地位的，是对以度化有情众生为追求的诸佛菩萨的信仰。其中观音是最受欢迎的神祇，是无处不在、慈悲为怀的菩萨，为把佛法布施给寻求解脱与拯救的世人，他（她）可化身为多种人类形象。[75] 与之相反，上清派的天神则高高在上、超凡脱俗，只有掌握秘籍和苦修的修士能够与之接近。道教的众神是宇宙规范性道德秩序的典范，支配这种秩序的是世俗官府的一种拟像体系。但是在被上层道士斥为淫祀的通俗宗教中，人们始终坚定不移地相信，由死亡带来的神力可以使强者的灵魂，尤其是那些度过暴力的一生并最终遭遇凶死之人的灵魂，转化为神祇或魔王。在普罗众生的心中，神灵世界不是简单的泾渭分明的善恶对峙，神与魔实际上紧密相连，都是神秘力量不可分割的一部分。就像其前身人类一样，神明既可为恶也可行善。雅努斯①般的神明带来的既有恩佑又有惩罚，因此凡人不得不通过祭祀之礼安抚、讨好他们。如同祖先一般，通俗宗教中的神祇在凡人心中所激起的是同等程度的敬与畏。

77

---

① 雅努斯（Janus）是罗马门神，传说他长了两张脸。

第三章 山魈

在中国的宗教想象中，亡灵被认为是导致中邪的罪魁祸首，但其他邪煞之力也发挥了作用。其中有一种被称为山魈的精怪，它们形如小儿，住在深山老林之中。就这一特征而言，山魈类似于欧洲异教信仰中的哥布林（goblin）和小仙子（fairy），或者俄国传说里栖居森林之中的莱西（leshii）。[1]但山魈还标志着一种划分人类事务的主要方式——它象征着文明与野蛮之间存有争议且不断变化的分界线。相信山魈的存在则反映了人类恐惧潜藏于未知野外世界中的危险。和其他多数民族一样，在中国人的想象中，文明世界之外的陌生土地上遍布着各类古怪畸形的生物。317年，中原人在游牧民族的侵略中失去对北方的控制，统治者也被迫迁移到了陌生且未经开发的南方。长江流域内外潮湿的季风气候、茂密的亚热带森林以及高低不平的丘陵地带，与温暖干燥的北方平原形成了鲜明对比。此外，对发源自黄河流域的文化来说，以山民为主的南方土著都是异族之人，他们原始野蛮的程度不亚于他们脚下的这片土地。的确，在中原人眼中，"南蛮"与妖邪有血缘关系，而妖邪就潜伏在他们的亲属中间。在整个大分裂时期甚至更久之后，只要提到南方林幽树茂的山岭，人们就会联想到山魈一类的精怪，他们随时准备猎食来自文明世界的闯入者。五通神最早的化身就被归为山魈一类，虽然最终他恢复了声誉且变成一种善神，但其原身因山魈身份而带有的邪性从未完全消失。

至少从周朝早期起，中国人就认为文明与野蛮在世间进行着残酷的斗争。由上天指定的开明君主运用自己的权威使天下变得匀称、规则、安宁，但这种理想的境界始终面临着无序之力的干扰。对于一个以服从和等级制度立身的文明来说，失常和偏差意味着严峻的挑战，因此在周朝，圣王的形象首先是征服蛮荒之地及蛮夷之人的教化者，这也就不足为奇了。战国时期的政治哲学家们认为，蛮夷之地及版图之内的山野都属于未知领域，因此超出了君王德行能够感化的范围。他们同时断言，分类并记录奇花异草、奇珍异兽、山川河流、各路神仙与人类族群对于圣王之治不可或缺。全知的状态意味着不仅对凡人之境有统治的权力，对属于鬼神妖魔的未知之境也有。从这一点我们可以引申出写作具有驱邪的功效：通过书面文字呈现的知识揭露了妖魔们的本性，他们因此变得不再具有威胁性。关联性宇宙论的出现提升了写作的这种辟邪作用，它将所有异常、神秘的现象都与道德或政治秩序的紊乱联系在了一起。[2]从关联性宇宙论的角度出发，宇宙中并不存在任何真正的异象，但反常之态预示着天地之间的有机统一遭到了破坏。

源自公元前4世纪的阴阳五行宇宙观用一种可以预测的规则模式理解并进而控制变化多端、高深莫测的广阔自然世界。论述宇宙结构的文献不断增多，与之一起增加的还有可以作为补充的关于反常现象的学问。这些学问试图将异人、异兽及自然奇观的出现解释为因宇宙物质和能量的失序而产生的异常生命形态。被统称为方士的玄学家和谶纬家不遗余力地邀宠于野心勃勃的君王，向其献上自己关于世界和世上生灵的深奥学识

以供其驱使。方士们宣称自己了解遥远的过去，也了解突破了
人间的时间、空间界限的远方之境，这些智慧可以帮助统治者
应付任何不幸的偶然事件和奇特遭遇。

　　在战国时期关于远古圣王的传说中，圣王们被描绘成了驯
服充满敌意的野地和野地中的可怕生物的教化者。用康儒博的
话说，这些传说强调了"圣王们的全景化视野"：通过巡游和
接受贡品，当权者加深了对统治范围边陲之地的臣民和环境的
了解，然后通过运用这些知识，他最终实现了对他们的控制，
使他们各归其位。[3]大禹是这些圣王中最为杰出的人物，据传他
是夏王朝的开国君主。他栉风沐雨、手足胼胝，努力疏导大洪
水，最终使脚下的土地变成了宜居之所。根据某一早期传说，
在夏朝建立之后，住在大禹疏导的河流附近的九州之民遣派使
团向他们的恩人献上了贡品。每个使团还都呈上了绘有州内
"山川奇异之物"的图画。大禹令九州之民用青铜铸造九口大
鼎，以便"百物而为之备，使民知神奸。故民入川泽山林，
不逢不若。螭魅罔两，[4]莫能逢之"。[5]在远古中国，铜鼎是用来
抚慰神灵和祖先的祭祀礼器，因此它是最高权力的象征。禹铸
九鼎的行为确认了他对天下的统治权，这个天下的范畴还包括
在他已知范围之外的地区，以及这些土地上的所有生灵。上述
引文还暗示蛮荒之地处处都有奇形怪状的鬼怪，只有正确认识
他们的形象，来自文明世界的访客才能保证他们无法近身。

　　在另一些传说中，大禹丈量了大地（在中国人早期的宇
宙观中地是方形的）的长度与宽度，记录了九州中每一州的
物产，强迫九州之民献上贡品以表达他们对作为最高权威的自
己的服从。到战国时期，大禹还因促进各地物资流通和交往的
努力而受到称颂，对于塑造文明统一体的帝国大业来说这种努

力是不可或缺的。[6]因此，地理方面的学问可以很好地服务于政
治目的。公元前4世纪的哲学家邹衍成功将五行宇宙观发展成
十分具有影响力的历史哲学思想，他的政治生涯有效地揭示了
关于遥远之地的秘传知识的重要意义。邹衍及其众多追随者实 81
质上向当时的统治者提供了复制历史上伟大君主之丰功伟业的
可能性。了解普通人无法靠近的古怪之地和古怪生物就等于可
以摆布这些地区和这些生物，统治者的领土因此得以扩展至世
界的各个角落。更为重要的是，揭开笼罩在异象四周的迷雾并
正确解读异象所预示的吉凶可以为统治者提供指导，助其在行
为方面与不断变化的宇宙准则保持一致。在史学家司马迁为邹
衍撰写的短小传记中，邹衍自称对于天文地理、过去未来无所
不知，这也是其政治哲学得以立足的基础：

[邹衍]乃深观阴阳消息而作怪迂之变，终始、大圣
之篇十余万言。其语闳大不经，必先验小物，推而大之，
至于无垠。先序今以上至黄帝，学者所共术，大并世盛
衰，因载其禨祥度制，推而远之，至天地未生，窈冥不可
考而原也。先列中国[7]名山大川，通谷禽兽，水土所殖，
物类所珍，因而推之，及海外人之所不能睹。称引天地剖
判以来，五德转移，治各有宜，而符应若兹。以为儒者所
谓中国者，于天下乃八十一分居其一分耳。中国名曰赤县
神州。赤县神州内自有九州，禹之序九州是也，不得为州
数。中国外如赤县神州者九，乃所谓九州也。于是有裨海
环之，人民禽兽莫能相通者，如一区中者，乃为一州。如
此者九，乃有大瀛海环其外，天地之际焉。

82

司马迁关于邹衍学说的概括性描写显示，对于邹衍的推演之法，即以不远的过去为起点向前推断自上古以来的历史变化规律，他十分反感。但司马迁同时强调，邹衍的哲学思想最终所倚仗的，是仁义节俭的传统美德，以及君与臣、上与下、六亲之间的等级关系："然要其归，必止乎仁义节俭，君臣上下六亲之施始也滥耳。"然而最终，司马迁无不惋惜地承认，对于邹衍的建议，战国王公们所热衷听取的只有能帮助他们成为最高统治者的那些。

在地理学问所带来的具体政治利益的鼓舞下，人们付出了惊人的努力，以给这个世界及世界中数量及种类繁多的生灵绘制地图。这一探索的主要文学成果是《山海经》，它是描绘异域和生于异域的动植物的百科全书，一般认为大禹就是《山海经》的作者。这本流传至今的不凡之作在历史上经历了无数次更改，其中多产的学者、注疏者郭璞（276～324 年）做出的改动最为显著。为使全书显得更加有序，他以属于周朝领地的"文明世界"为中心，按照宇宙中的地理分区重新组织了文本。[9]《山海经》的前五章是现存文本的最古老部分，它们列出了汉朝之人所知的世界中四百多座山岳的方位，并详细记叙了每座山上特有的动物、植物、矿物。后加的部分描述的是"海外"和"大荒"之地，它们不属于大禹所测绘的九州范围。海外及大荒遥远且具有异域风情的土地属于各类异人、异兽和变种生命体，这些都是违背人类常识的存在。十分遗憾的是，《山海经》原始文本的配图佚失已久。但 2 世纪山东墓葬中的壁画上绘有许多奇异生物，包括数不胜数的人面兽身与形态古怪异常的怪物，它们同《山海经》中描述的物种高度相似（见图 12）。[10]

图 12　人面兽身怪物

山东省沂南汉墓石刻，2～3 世纪。参见 Hayashi 1989, Supplemental plate 3。京都国立博物馆提供。

方士们也掌握了关于神秘世界的学识，但他们的所知范围是距离更近的山野，恰好位于已开发土地及有序人类居住地的边界以外。在中国人的想象中，山与林被完全剥离了开化生活中的规则对称性，是不断发生惊人变化的怪诞可怕之地，居住其间的是各式各类的怪兽，它们的古怪程度不亚于遥远的"大荒"国度的居民。林中的生物或许同人们所熟悉的生长于人类居住地的植物有细微的相似之处，但它们的奇形怪状使人忽视了这种共同点，激起了人们对于未知和不可知的强烈恐惧。

84　　　　虽然地处帝国的舆图之内，但这些深山老林一直都是不受君权控制的难以驯服的陌生领域。编写类似于《山海经》的地理志的一个目的就是协助统治者治理境内事务。《山海经》中记载的各类奇物不仅是令人颇觉趣味的异形，还被视为不祥之兆。其文本中以华夏本土为叙述对象的最古老部分，列举了无数与凶兆相关的奇异生物，传说中它们的出现预示着自然秩序和社会秩序即将受到扰乱（例如旱灾、洪水、战争和瘟疫）。[11]这些大地理志的世界观暗含一个观点：世间没有真正意义上的异常之物，内行之人能够从这些看似反常的现象中察觉出隐藏其下的固有模式。异常现象将不可避免地伴随宇宙的不断变化而出现，在这个宇宙中，自然现象会根据人类事务的兴衰更替做出有机反应。同样，异常现象是一种征兆，可以帮助人们理解讲述人类与宇宙间关系失衡的象征性语言。[12]

因此，《山海经》不仅是地理知识的宝库，还是教人避开眼前危机之法的手册。从这方面看，它还带有几分辟邪的色彩，这类要素在驱邪文本，如可大体追溯至汉代早期的《白泽图》中也有体现。书题中的白泽是一种神兽，一则唐朝的传说称它曾教授黄帝识别世间所有危险邪恶生灵的方法：

> 帝巡狩东至海，登桓山，于海滨得白泽神兽，能言，达于万物之情。因问天下鬼神之事，自古精气为物、游魂为变者，凡万一千五百二十种。白泽言之，帝令以图写之，以示天下。帝乃作《祝邪之文》以祝之。[13]

《白泽图》只有极少部分被保留到了今天，它们零星散见于从汉至唐的各朝文献，共四十余节。清代学者马国翰将它们合录到了一起。[14]除此之外，在 20 世纪初从敦煌石窟出土的残卷中，人们发现了题为《白泽精怪图》的附图手稿，它大约完成于 9～10 世纪。[15]这份敦煌手稿无论在内容还是形式上都与马国翰重新辑录的文本不同。或许《白泽精怪图》是后世的校订本，这说明有许多不同的文本可能都使用了这个题目。无论在具体文字上有何区别，不同版本的《白泽图》中都包含了心怀恶意、常常伏击大意之人的"精"的图片和文学化描述。在马国翰辑录的文本中，人们总是根据精怪的栖居之地为其定性。有些精怪与山川河流有关，另一些则和某些人在日常生活中常常遇到的老旧物件或地点有关，包括：旧关口，荒弃的坟墓，人迹罕至的小径、池塘、水井，被遗弃的马车，甚至还有停止使用的集市。在某些事例中，这些精怪据称修行了很长时间，如百年狼妖、千年树精。在所有情况里，人们只要叫出文本中提到的精怪的真名，就可以确保自己不会受到它们的伤害。[16]穿插于文字间的图片则可以帮助人们从视觉上识别这些精怪。然而敦煌手稿中残存的插图反映，相比驱赶妖邪，这些文本更加重视对征兆的解读，因此手稿中不存在杂合多种生物特征的怪物的图示。

这些精怪传说的源头最晚可以追溯到公元前 3 世纪。最近，从一处秦墓中出土了一份公元前 217 年的驱邪简文，其内容与《白泽图》中收录的鬼神之说和驱邪实践有诸多相互对应之处。这份题为《诘咎篇》的文本确认妖邪鬼怪通常为异气所生，要么它们就是早殇儿童或幼儿因阳气未尽而滞留的迷途之魂。前一类妖邪通常被描写为有意识的作恶者，后者（实际上多数是被迫逗留阳间的灵魂）则是寻求庇护和食物的孤苦无依之魂。[17]

"精"这个词也有"精子"之意，它常常被用来形容事物的本质属性，也就是其生命力的精华。[18]但根据《白泽图》中的说法我们可以推测，精不是某些生物或物件中的固有存在，而是侵入并暂寄于老旧之物的一种无常存在。干宝在 335 ~ 349 年编写的著名志异故事集《搜神记》进一步证实了这种精怪理念。在一个故事中，孔子被要求为异象与精的本质提供解释，借孔子之口，干宝写道："物老则群精依之，因衰而至。此其来也，岂以吾遇厄绝粮，从者病乎？夫六畜之物及龟、蛇、鱼、鳖、草、木之属，久者神皆凭依，能为妖怪。"[19]在书中的其他地方，干宝解释了精气引起的邪灵附身："气乱于中，物变于外。"[20]干宝声称这些异变因具有缺陷的五行转换不断运作而发生："气分则性异，域别则形殊。"[21]在一则异闻中，干宝强调了精怪与其栖居之处的重要联系：一位地方官员在出猎时捕捉了一只形如小儿的奇物。该官员欲将猎物带回家中，然而他一走出树林，精怪就死掉了。随从十分惊讶，官员向其解释道，他已认出这是《白泽图》中描述过的一种精怪，《白泽图》曾断言该物"引去故地则死"。[22]和《白泽图》中的条目一样，这则故事巩固了以下理念：邪恶的精怪扎根在了文明之外的蛮荒之地。

韦昭（约200～273年）在其对《国语》（战国晚期的史书）的注解中提出了相似看法。《国语》中一段真实性存疑的文字讲述了发生在孔子和季桓子间的故事，季桓子是孔子母国鲁国的贵族。在记录孔子与其弟子言论的《论语》中，孔子被描绘为一位坚定不移的不可知论者，他拒绝讨论任何与"精"有关的话题。[23]但像干宝和其他许多人一样，《国语》中的这则故事的创作者假借孔子的权威做出了关于神灵世界运作规律的声明。故事中，季桓子的下人在掘井时挖出了一只土缶，土缶中有一只羊。但为考验孔子对于神灵世界的了解程度，他向孔子报告说自己在土缶中发现了一条狗。孔子平静地对答道："以丘之所闻，羊也。丘闻之：木石之怪曰夔、蝄蜽，水之怪曰龙、罔象，土之怪曰羵羊。"孔子简练的回答反映他深信一点：某些现象虽然看似反常，但只要通过理性的方式，理解它们并非难事。既然"土之怪"以羊为形，季桓子本就不该为了一只埋在土中的羊而感到诧异。[25]韦昭在解释这段文字时提出："木石谓山也。"也就是说，孔子这些言语的含义并不是木石为精怪所占，而是此类异象反映了其自身所处自然环境的特质。

和多数文化类似，华夏文化在高耸的山巅与可以呼风唤雨的强大神祇建立了关联。与孔子同一时代的一位老者在警告其国君不敬神灵的危险后果时说出了如下的话："山川之神，则水旱疠疫之灾，于是乎禜之。日月星辰之神，则雪霜风雨之不时，于是乎禜之。"[26]虽然神明的怒气可以通过恰当的祭拜和祭品平息，但这些山神仍然显得令人畏惧、难以接近。岳是神威

87

最强的山神，他们对其自身所处的广阔地域具有最高统治权。周王也用"岳"来称呼边疆之地的统治家族，这意味着他们在自己领土上行使的是独立的统治权。战国时期，属于关联性宇宙论的五行学说详细阐释了最高权力与山岳间的关系。五岳处于中国人的文明世界之内，它们是位于五个基本方位的圣山，且各自与一位神明形成对应关系。[27]周王室建立了其自身与中岳嵩山间的关联；但到汉朝初期，东岳的泰山府君逐渐成了地位最高的山神，他不仅是其山顶奥林匹斯式乐园的统治者，还是冥界的地狱之主。

88　　如同泰山府君一样刚正不阿的强大神祇统辖着名山大岳，而偏远之地则处处都是以弱小人类为猎物的小精怪。这些妖邪对方士们构成了一种特殊威胁，因为方士们常常利用山中的清静和地气提高自己的修行。著名哲学家、炼丹师葛洪（283～343 年）在其关于方术修炼的重要著作《抱朴子》中提出，精怪之物在小山小丘中十分猖獗，"小山皆无正神为主，多是木石之精，千岁老物，血食之鬼，[28]此辈皆邪魅，不念为人作福，但能作祸"。[29]因此，人们在山中，也就是在神通广大的神明和无法无天的妖魔的家园中进行探险时，会面临很多潜藏的危险。葛洪在《抱朴子》中用了一整卷的篇幅，来记载游历至山林之中的个体可以用来保障人身安全的对策。葛洪写道，任意一座山中（无论它是多么矮小）都存在鬼神，因此事前准备不够充分的山间旅行容易引致疾病或使人身体遭受袭击，也容易令人受到鬼怪惊吓。葛洪列举了适合进入山野的季节和日期，且针对那些看似无害但本质邪恶的人形精怪，提供了可以帮助抵御其侵害的详细信息。就像与他生活在同一时代的年轻人（也是他的好友）干宝一样，葛洪相信"万物之老者，其精悉能假托人形，以眩惑人目而常试人"。因此，进入山中冒险必须配备的随身之物包括：一面悬于背后、可以照出精魅真身的镜子，令诸邪不敢近身的各类符箓，以及如《五岳真形图》和《三皇文》等具有驱邪功效的经文。[30]

在书中的其他地方，葛洪称在其师传授的所有经文中，《五岳真形图》和《三皇文》在他看来最为重要。从葛洪对这两份文件的描述我们可以十分清楚地看到，他认为它们在保护人类不受邪魔侵扰方面价值巨大：

> 家有三皇文，辟邪恶鬼、温疫气、横殃飞祸。若有困病垂死，其信道心至者，以此书与持之，必不死也……又家有五岳真形图，能辟兵凶逆，人欲害之者，皆还反受其殃。[31]

《五岳真形图》载有各类山神符箓，通过它们人们可以召唤出相应的山神，从而驱走邪灵恶鬼。[32]这些符箓有着密学的外形，似鸟瞰视角下的山地景观。《三皇文》已经不复存在，但其内容可能是可以使人召来神助的秘咒。葛洪称人们可以用这本书请召天神，可以令山川社庙之神显形，如此一来便可在这些神祇的管辖范围内向其询问祸祟之由与吉凶安危。[33]

这些辟邪手段的使用再一次反映，人们深信只要知道鬼神的身份和形貌，凡人就能够驱使他们（例如可以回顾一下图8的汉墓辟邪护符）。根据《白泽图》和其他介绍精怪的早期著述提供的方法，我们也可清楚地看到人们对于密学中蕴含的驱邪之力深信不疑。正确叫出妖魔的名字——即暴露他们的真实身份——可以消除他们的妖力并化解他们的恶意。葛洪告诫弟子为熟悉妖魔鬼怪的真名，应多翻阅《白泽图》《九鼎记》等文本。[34]（《九鼎记》之名只在此处出现过，它无疑收录了传说中大禹所铸九鼎之上的古怪生物的名字、图像。）葛洪搜集的大量神秘经文还包括他从老师处习得的《收山鬼老魅治邪精经》三卷。在这些文本的帮助下，修炼之人可以随心所欲地穿行于山野之中，不必因居住山间的各类妖灵而担惊受怕。[35]

葛洪提到了大量可能伏击大意游客的精怪，《白泽精怪图》对他们之中的一些做了与葛洪几乎相同的描述。[36]在葛洪警告读者注意的捕食者中，有一类被称为蚑的山精，其形似小儿，只有一只脚，且喜欢倒着走路。这是一种会祸害人类的生物，但葛洪向读者保证，只要准确呼唤它的名字，蚑就不敢来犯了。葛洪还描述了另一种名为晖的山精，晖为红色，长得像一面鼓，且只有一只脚。[37]葛洪对于晖的描述，即"如鼓赤色，亦一足"，令人联想到《白泽图》中一种名为夔的山精。[38]如前所述，《国语》中提到"木石之怪曰夔"。《山海经》较为古老的部分提出夔就是一种大型水牛；但在后面的篇章中，夔则被描绘为苍身、单足、无角、声音如雷的牛形生物。夔牛出入池塘或河流必然导致风雨降临，据传黄帝用它的皮做了一面鼓，其鼓声在五百里外都能听见。[39]在汉朝的神话文献中，夔具有了人形，是一名乐师，他弹奏的音乐可令百兽共舞（这极有可能是一个逆欧赫墨罗斯主义的例子）。尽管在这个被歪曲的故事中其身份不再具有威胁性，但同具有兽性的夔一样，作为乐师的夔仍然具有单足的特征。[40]

晖和（或）夔的模样以及山精的总体形象，很可能都以一种生活在南方山地的猴类物种为原型。韦昭断言夔独足且猴身，但在其他方面则和人类相似，且能说人语。[41]《山海经》

90

中出现一种与之类似的怪物，名曰"山㺊"。该书没有提到山㺊像葛洪描写的晖（㺊与晖同音）一样只有一只脚，而是将其描述为一种喜好投掷物品、见人则笑的犬形人面生物。《山海经》中还提到山㺊跑起来像刮风一样，且和夔一样，它一现身就会引发很大的风暴。[42]另一种形似猿猴的生物是枭阳，它是公元前2世纪的《淮南子》提过的山精。[43]《山海经》早期篇章中的"枭阳"是一个国名，该国位于中土的南面，其国民"人面长唇，黑身有毛，反踵，见人笑亦笑，左手操管"。[44]汉朝之人认为枭阳是一种名为狒狒的四足兽。一则最晚可追溯至汉朝初期的神话叙述道，在周室立朝之初，一个宣誓效忠于周王的北狄小国进贡了一头被称为"费费"的野兽，"其形人身，技踵，自笑，笑则上唇翕其目，食人"。[45]汉朝辞书《尔雅》对狒狒的描述是："如人，被发，迅走，食人。"郭璞在对这一词条的注释中提出，狒狒就是《山海经》中提到的枭阳。[46]事实有可能是枭阳最早是某种可怕猿类栖居之地的名称，后来它成了山地中一种怪物的名称，且这种怪物更常见的名字是晖或者夔。唐朝奇谈搜集者段成式（806～863年）认为狒狒是一种"力负千斤""作人言，如鸟声"的猕猴。狒狒显然不只是一种粗鲁的野兽，因为据说它可以预知生死，且饮用它的血液可以令人看到鬼怪。[47]

91

　　这些"山精"之所以显得相当异常，是因为它们拥有独足和（或）反足，[48]独足与反足是人们在《山海经》的书页中会常常碰到的古怪兽形。正如我们已经看到的，在名为枭阳的异土上生活的居民皆为反踵；而更奇特的柔利国民据说既为单足又为反足。在位置更接近中原的南方地区还住着赣巨人，人们对其的描述与枭阳一族完全相同。[49]这些主题同样是"山精"

在大分裂时期的相关传说中的典型特征。[50]印度吠陀时代（Vedic India）①的传说也记叙了名为"ekapada"的独足妖魔。一位在亚历山大东征之后前往印度旅行的希腊人（他可能熟悉印度本土的神话）列出了一些当地的异人，其中就有十分敏捷的独脚人（Monocoli），以及反足且有八根脚趾的努罗山（Mount Nulo）山民。[51]山居妖魔的这些特征除了反映一种将遥远异乡的居民描述为异形生物的倾向外，可能还反映了人们对林间灵长类生物——它们有细长四肢及善于攀爬的手臂和尾巴——的实际观察。

读者们应该还记得，在洛阳于 311 年陷落后，很多北方人随朝廷一起南迁，他们不得不适应南地的新环境，在他们眼中这里的陌生古怪程度不亚于《山海经》的书页间展现的那些神奇异域。南方阴郁的亚热带环境和令人望之生畏的山林已经足以激起人们关于各类食人妖魔的想象。虽然葛洪本身是一位土生土长的南方人，但他直率地指出南方妖魔横行的原因在于该地区存在污浊之气："或问曰：'江南山谷之间，多诸毒恶，辟之有道乎？'抱朴子答曰：'中州高原，土气清和，上国名山，了无此辈。今吴楚之野，暑湿郁蒸，虽衡霍正岳，犹多毒蛊也……'"[52]无论人类君王还是神灵的教化都没能使南方崎岖不平的荒野和荒野上的异兽发生任何改变。正是在这样一种不适宜居住的环境下，山魈被构想成了具有多种兽类特征的复合型野兽和不友好的异国之人。

山魈（也写作"山臊"或"山缫"）只是对山野精怪的一种称谓，它们在鬼神传说中也被称作"山都"或"木客"。

---

① 约公元前 1500 年 ~ 公元前 600 年。

根据郭璞的说法，山都是中国南部至越南北部的山地之民对枭阳的俗称。[53]在大分裂时期的志怪小说中，山都身材矮小、身形如人、通体生毛，人们很容易注意到其独特的啸声与笑声及快速睁眼闭眼的习性。[54]祖冲之（429～500年）对山都的描述十分典型，在他的笔下，山都具有变化身形的能力：

> 南康（赣江上游地区，也就是今天中国中南的江西省的主要地区）有神，名曰山都，形如人，长二尺余，黑色赤目，发黄披身。于深山树中作窠，窠形如卵而坚……二枚沓之，中央相连。土人云，上者雄舍，下者雌室……此神能变化隐形，猝睹其状，盖木客山㟨之类也。[55]

据成书于5世纪的《南康记》记载，木客、山缫或诸如此类的生物在外形与语言方面与人类相似，但他们有着鸟爪状的手脚，在高树之上筑巢。[56]居于树上的木客和山都与冶鸟具有某些相似之处。冶鸟形似小儿，筑巢于南方偏远山林的高树枝上，可以化作人形；当其栖息地遭到侵犯时，冶鸟会对老虎下令以攻击侵入者。这类生灵具有很强的守卫领地的本能，它们会不遗余力地保护自己栖居的林地，以使其免遭伐木之人和其他入侵者的侵犯。[57]

　　但在地方传说中，木客还是与迁居南方的中原人做木材生意的诚信商人（木客一词也有木材商人之意）。[58]关于木客与来自中原的迁居者间无声交易的描述往往会提到木客的诚实不贪，它们让人联想到一种跨文化的贸易，语言障碍使人们在这种贸易中不得不以无言的（且常常也是隐蔽的）方式

93

讨价还价。[59]地理学家、历史学家顾野王（519～581 年）关于木客的记载反映，普通中原人将木客视为具有半人属性的南地土著：

> 虔州（江西南部）上洛山多木客，乃鬼类也。形似人，语亦如人，遥见分明，近则藏隐，能斫杉枋，聚于高峻之上，与人交市，以木易人刀斧。交关者前置物枋下，却走避之，木客寻来取物，下枋与人，随物多少，甚信直而不欺。有死者亦哭泣殡葬。[60]

顾野王以赞赏的口吻评论了木客公平交易的基本态度以及他们相互之间类似于人类的情感依附关系，拥有这些特质的木客已经与全然的动物产生了差别。[61]尽管如此，顾野王还是清楚地区分了智力低下的木客和自己所属的人族。在被贬谪至岭南腹地的诗人刘禹锡（772～842 年）的描绘中，被唐朝之人称为莫猺的当地土著与木客具有亲缘关系，两者有一些相同的特质，且都具有某些神秘力量：

> 莫猺自生长，名字无符籍。
> 市易杂鲛人，婚姻通木客。
> 星居占泉眼，火种开山脊。
> 夜渡千仞溪，含沙不能射。[62]

与刘禹锡生活在同一时期但更为年长的韩愈（768～824 年）也遭到了贬谪。他同样写道，岭南一带的"吏民似猿猴"，此处的猿猴指一种多见于南方山林且身形瘦长的长尾之猴。[63]

山魈还被看作心怀恶意且可以给人施加伤害的生物。在《神异经》（约 200 年）的描述下，山臊和山缲是一类人种，只有一尺余高，居住在西方的深山之中。山臊总是赤身裸体，以虾蟹为食，据说还会向人类求借火种以炙烤食物。[64]据韦昭记载，山缲是越人也就是南方滨海地区的土著民为夔取的名字。[65]同样，祖冲之称山魈是江浙丘陵地区对某种伤人独足怪物的土称。[66]江浙南部一个郡县的方志提到了一种喜欢食蟹食盐（盐是从伐木之人手中偷盗而得）的山居独足妖怪，凡是遇见这种妖物的人都会遭遇灾祸。[67]

被称为山都或山魈的生物所具有的特征，包括矮小的身材、披身的毛发、似人的面孔、笑声一般的叫声、在林间的快速穿梭、对虾蟹的喜好，都令人联想到灵长类动物，尤其是该地区土生土长的猿猴。[68]这种妖魔形象很有可能源自人类在山中遭遇食人怪物（既有人类又有猿类）的可怕经历。到唐朝，各种地方神话和鬼神传说交织在一起，形成了一种与被称为山魈的凶恶山中精怪有关的普遍叙事。段成式将葛洪的晖以及《神异经》的山缲、冶鸟等生物全部归在了山魈这个单一类型之下，[69]而"mountain goblins"或许是对山魈一词的最佳英文译法。

9 世纪的一则传说展现了山魈的另一种典型形象，即可以化作多种人类形态——既可以是引人怜悯的手抱婴儿的乞食者，又可以是具有诱惑性的浓妆华服的美人——的古树树精。这类山魈是喜好把物件弄得砰砰作响的精怪，常常开各种捉弄人的小玩笑（例如坐在屋檐上抛掷砖瓦）。尽管他们对人类通常没有敌意，但一旦受到冒犯，就会通过暴力的方式做出致命反击。[70]中原人与山魈的来往还以色诱的形式发生。同不断游荡的鬼魂一样，山魈很可能为获得慰藉寻求人类的陪伴。在一则 12 世纪的故事中，福建南部一位以收捡薪柴为业的村民有一天将一位独足的新娘带回了家。然而第二天，这个奇怪的女人无法从床上起身，且家人在进入其寝房后只发现白骨一具。然后他们打开她的箱箧，发现里面只有瓦石和用来祭祀死者的纸钱。村民一家于是推测这个女人实际上是一只山魈。[71]尽管山魈与人类间的性接触在唐代及之前的民间传说中都未曾出现，但与这类独脚山魈发生性关系的危险在宋代成了山魈故事的一大核心内容。诱惑和贪婪的主题在早期的五通神信仰中也十分常见，五通神最早就是山魈的一种。

早期神话只把晖或夔描述成山野中的食人妖魔，但大分裂时期及之后的鬼怪传说则把山都和山魈明确定位在了武夷山和南岭（这两大山脉都始于长江流域并终于南越之地）一带，这片土地是古越族的故乡。在武夷山脉南端的赣州（位于今江西省南部）及其附近的汀州（位于今福建省西部），居民们坚定不移地相信山魈的存在。唐朝的一位词源学者简单地定义道："山魈出汀州，独足鬼。"[72]另一位 9 世纪的著书者在描述中原人定居汀州的情形时提到，移居汀州的民众在开山劈林的过程中碰上了以三种形象现身的山都：人都、猪都和鸟都（鸟都长有人首且能说人语）。山都神出鬼没，很难完全消灭。后来人们请来了一位可以令它们定身，从而防止它们变化身形的术士，在此之后情况才开始发生改变。[73]流行于 13 世纪早期的赣州传说把木客和山都描绘为在幽深树林中裸着身体四处跑动、相互发出长啸之声的生灵；风雨之后他们会在山间歌舞，因此整座山中都能听到敲鼓吹气的声音。但同时，与很久之前

的顾野王笔下的木客一样，这些生灵通常会通过互市的方式与
人类保持联系。[74]

迁徙到汀州定居的中原人为山魈修建了祠庙并在庙中供上
了祭品。这种淫神信仰足以令8世纪中期在汀州做官的一位官
员感到震怒，于是他为教化治下的子民写下了《无鬼论》一
文。[75]在山魈信仰中，七姑子属于最为臭名昭著的那一类，以
其为祭祀对象的祠庙遍布汀州和赣州全境。当地居民将七姑子
视为一种恶灵，但他们仍然为其奉上祭品，以此保护自己不会
受其伤害。[76]宋朝末年的多产文人周密对提及鬼神之力的言论   96
总体来说是抱有强烈的怀疑的，但他写了一篇文章证明自己曾
目睹过七姑子神秘力量的展现。1255年，周密的父亲被任命
为汀州治下的一名地方长官，他打算拆除辖下贡士院内的一座
七姑庙。但他在目睹了七姑创造神迹的能力后，转而下令重新
修葺了这间祠庙。[77]同样，五通作为山魈的一个类别也在汀州
广受崇拜。

唐宋时期的山魈传说尽管借鉴了这类山中精怪的早期形
象，但也赋予了他们新的角色，即对中原人怀有敌意的野蛮势
力，对中原人在未经驯化的南方荒野中的不断推进，他们表示
抗拒。下面的记闻出自戴孚（活跃于738～794年）的《广异
记》。它只粗略地对山魈的危险做了提醒，着重强调了土生土
长的林中之主与来自北方的新移民间具有共生性的脆弱互市
关系：

> 山魈者，岭南所在有之。独足反踵，手足三歧。其牝
> 好傅脂粉。于大树空中做窠，有木屏风帐幔，食物甚备。
> 南人山行者，多持黄脂铅粉及钱等以自随。雄者谓之山

公，必求金钱。遇雌者谓之山姑，必求脂粉。与者能相护。唐天宝中（742～755年），北客有岭南山行者，多夜惧虎，欲上树宿，忽遇雌山魈。其人素有轻赍，因下树再拜，呼山姑。树中遥问："有何货物？"人以脂粉与之，甚喜。谓其人曰："安卧无虑也。"人宿树下，中夜，有二虎欲至其所。山魈下树，以手抚虎头曰："斑子，我客在，宜速去也。"二虎遂去。明日辞别，谢客甚谨。其难晓者，每岁中与人营田，人出田及种，馀耕地种植，并是山魈，谷熟则来唤人平分。性质直，与人分，不取其多。人亦不敢取多，取多者遇天疫病。[78]

97

在戴孚的叙述中，山魈十分凶猛，与老虎和林中的其他危险生物有亲缘关系，但同时表现了在人类中很普遍的虚荣贪婪的弱点。尽管戴孚嘲讽了山魈的贪财，但同其他许多观察者一样，他也赞扬了山魈在与人类打交道时的诚信公平。戴孚的故事呈现了人类与山魈间不稳定的共生关系，这毫无疑问地说明，在中原人与南地深山中的土著居民之间存在摩擦和发生暴力冲突的可能性。[79]

因此，山魈传说同样复述了与中原人南迁运动同时发生且不断升级的文明与野蛮间的斗争。山魈被描绘为手脚敏捷、喜好玩笑的妖灵以及山野中的食人妖魔，他们顽固地抵抗着中原文明势不可当的南下进程（但反抗并不奏效）。人们对山中精怪古老传说的记忆，在面对这种可怕形象时被重新唤起。就像中原人在北方边疆的宿敌草原游牧民族一样，山魈在与中原迁徙者打交道时在两种角色间不断转换：他们既可是凶狠的猎食者，又可是亲切友好的贸易伙伴。[80]但在中原人眼中，南方山地土著民的怪异与野蛮程度不亚于山魈，他们与文明世界中的族群（例如中原人自己）没有丝毫相似之处。相反，中原人对于南方山林中土生土长的人与兽的看法已经融为一体，体现为山魈这一复合的形象。该形象在人们心中激起的既有恐惧，又有厌憎，偶尔还有怜悯。

第四章　疫鬼与瘟神

　　无论在贵族还是平民眼中，疾病的肆虐或许都是证明鬼邪存在的最有力证据。对中国人来说，疾病同一般意义上的不幸一样，或是因某一邪物的突然侵袭而起，或是对触犯道德规则之人施加的正义惩罚。因此，疾病与疫病的源头有时被认作妖魔鬼怪，在其他一些时候则被当作执行天道的仆从。这种模棱两可的情况也是五通神信仰的特征。五通是使疾病和其他灾祸降临不幸无辜者的令人恐惧的恶魔，同时也是一位使地方社群脱离疫病困扰的良善之神。在五通身上，魔性和神性融为一体。就疾病而言（就像中国宗教整体一样），不幸的主要来源由祖先和恶鬼转向了神明及其随从。自宋朝开始，人类群体开始向一类专门的神灵祈求，希望他们能使自己免遭疫病蹂躏。某些神灵被描绘为凡人坚定不移的庇护者，但在另外的情况下瘟神逐渐转化为一种邪魔，在人类眼中，他们既是疾病之源，又是治愈之灵。

　　对疾病及其病原和治疗的持久关注在商朝的甲骨卜辞中已经有所体现，这些卜辞主要是为了保障当时的统治阶级的身体健康。在商人看来，很多类型的身体虚弱都出于一种病因：祖先的诅咒。对他们来说，疾病并不是需要用某些被统一归类为"医"的具体治疗手段来处理的单独症状。相反，他们认为疾病与战争和歉收一样，是一种凶兆，预示着神格化的祖先与其在世子孙间的互惠交换关系的中断。在甲骨文中，"祟"这个字一般表示由直系祖先或其他亡灵造成的疾病。治疗的核心因此是用祭品抚慰受到冒犯的魂灵，并从仪式层面重新建立生者与死者间的和谐关系。商人显然还相信，导致某些疾病的妖魔侵扰是以"邪风"的形式发生的。但我们没有证据能够证明商人使用了药剂或其他药物治疗疾病，且除负责解读亡者所赐卜辞的巫卜外，我们也找不到其他医者群体。[1]

疾病是妖魔作祟的想法在周朝和汉朝也十分重要。尽管周人为消除商朝的祖先崇拜付出了大量努力，但死者可以伤害在世之人的想法流传下来，人们因此发明了驱邪疗法对付妖魔侵袭。商朝的疾病观以安抚死去的亲人、培养祖先与后代的共生关系为核心，但在周人的观念中，重点变成了亡者尤其是心存报复的鬼魂的恶意。一个可说明周人相信疾病由鬼魂引起的相关例子，是《左传》对晋景公公元前 581 年的猝死的描述。据说晋景公做了一个梦，梦中两年之前被他无情杀害的赵氏一族的祖先之灵找上门来。这一巨大、可怕的厉鬼——从其"被发及地"的形象人们已然可以确认其恶魔身份——郑重宣布，他已经向天帝请示要惩罚不义的晋景公，且天帝已经批准了其请求。晋景公后来果真患上了一种无论巫祝还是医者都无法治愈的疾病，并很快因此丢掉了性命。[2]在中国的整个历史中，人们一直相信枉死之人的鬼魂会通过降下疾病的方式来报复害死自己的人。

但引发邪灵侵扰的不只是此类个人恩怨，突发的疾病和神志错乱常常也被看作由有害（但不一定邪恶）的灵体造成的随机事件。《山海经》中的文字显示，在异土上游历的旅者最容易染上的疾病是惑与蛊。[3]惑是引发幻觉、异常行为与生理疾病的精神疾病的总称，惑的发生通常被归因于邪灵附体。在商朝甲骨上，蛊已经是一种由邪物施加的苦难，它似乎是黑巫术的总称，但也可形容多种令人衰弱的疾病。[4]对蛊最具系统性的讨论或许是《左传》中记载的景公之后的晋国国君平公与名医医和的对话。公元前541年，晋平公害了病，他召来了医和为自己治疗。经诊断，医和确认平公的病是一种蛊。他将蛊描述为一种使人衰弱的病症，因耽于感官欲望尤其是色欲而发生。这位博学的医者向他的病人建议说，如果希望得到有效治愈，平公必须在女色上保持节制。[5]医和在其告诫中委婉地指出了蛊与女色的联系，这使蛊是巫术的一个种类成为广为流传的理念。在公元前91年，也就是权力欲和控制欲极强的汉武帝（公元前140年~公元前87年在位）当政晚期，发生了巫蛊（意为由巫人实施的黑巫术）之祸，它是汉代与巫术相关的丑闻中最为臭名昭著的一起。这一事件中充斥着关于性的影射，但其核心是部分官员甚至太子都被指控对年迈的皇帝施用了巫蛊之术。这些指控激起的歇斯底里，因它们而进行的调查，以及被指控者发起的反控，最终导致成百上千人被处死，其中甚至包括最有权势的上层官员和武帝的两个女儿。[6]在这一事件中，巫师被指控通过人偶和咒语对被害者施加了诅咒；而在后来的记载中，蛊则涉及使用用毒虫和毒蛇的汁液调制而成的毒药。医和认为蛊与从烂谷中孵化的飞虫有关，之后的文献把蛊与蛆虫联系在了一起，这类关联重述了一种理念——人体内的寄生虫会引发疾病或死亡。[7]

由现存最早的医学文献可知，在汉朝的社会顶层，认为疾病的根源在于鬼邪作祟的想法根深蒂固。出土于马王堆汉墓（公元前168年）的古老医学著作《五十二病方》为缓解常见的内外之疾提供了种类繁多的治疗手段。令人惊讶的是，这些疗法频繁使用了咒语以及包括傩舞、术法、具有净化功能的药剂等在内的其他驱邪手段。该文本体现的医学传统或许可以追溯至战国时期，根据文本中的证据我们可以得出结论：驱邪术 101 是医者们的常规实践，他们口念咒语诅咒入侵人体的鬼邪，并召唤神灵把他们赶出。这些驱邪咒语的使用再一次说明，对鬼怪身份的了解可以使人获得对其进行处置的权力。[8]

战国期间和汉初兴起的关联性宇宙论深刻地改变了中国人对于病与医的看法。兴衰更替的有机循环是深深刻印在五行阴阳宇宙观中的一种观念，它很快就被类推到了人体构成以及更为重要的身体机理方面。这些理念在规模可观的顺势疗法相关文献中得到了沉淀，它们把人体中小宇宙的运作与属于自然世界的大宇宙中的现象联系在了一起。这一逐渐成形的医学话语主张支配人类生理的不只是个体的行为，还有天体的运动、四季的转化及不断改变的自然环境。在不同的时间段发挥突出作用的是不同的支配性原则，因此个人需要从衣食住行等日常生活方面及行为情绪方面，来对人体进行适当调节。这种新的医学传统反映了身体机能和气这一支配身体的宇宙力量间的相互关联，在这个语境中我们可将气翻译为"vital humors"。导致疾病发生的是身体正常节奏的中断，这种中断又进而被归咎于邪气而不是邪灵。以该医学话语为基础的治疗手段唾弃驱邪之术的使用，倡导对身体和行为进行规范，从而使其与宏观的宇宙环境达成和谐。[9]

汉代初期，将鬼邪侵体谴责为疾病主因的各类生理学理论开始整合，最终发展成了中医实践的传统。尽管在马王堆汉墓的医学文献中我们可以一窥这个关于身体的新观念的前身，但真正标志其出现的是成书于公元前 1 世纪的医学典籍《黄帝内经》。[10]《黄帝内经》中的不同篇章并不构成前后一贯的单一医学传统，但它们形成了关于身体结构与机能的核心理念。

102 《黄帝内经》认为身体由十二个可以纳气的功能性器官构成，它们由用以行气的经络连在一起。该书主张的生理学观点，即气在十二官和经脉中循环流转，是一种建立在内脏之上的类推，而不是解剖学意义上的具体器官、血管、肌肉、神经等的运作。例如，肾脏就被归类为体中阴气汇聚的阴脉，在精神层面肾则与志气和恐惧有关。[11]医治之道应该保证气在体内经络中的循环不受窒碍。但这部早期医学经典仍旧承认，外部影响对于身体机能也很重要。源自关联性宇宙论的类比思维被运用至身体经络，形成了一个关于身体机能与宇宙进程间相互对应的复杂体系。

这种新身体观的关键一点在于，个体是自身安康的首要责任人。人们常常用具有政治隐喻性的语言来表述健康和疾病的状态。事实上及物动词"治"本身就既有治愈之意，又有统治之意。人体被理解为一个由统治者（心智）与其麾下大臣（与五脏相关的有机过程）协同治理的国家，居住其中的是赋予身体以活力且调解身体机能的一小股元灵之气。每个人都是自己身体的主宰，其生活模式必须确保体内之气与不断变化的天地宇宙之气达成和谐。[12]借用葛洪的话说，"却恶卫生"之人可以获得长生，就如同生活简朴、为子民谋福的君王可以延长国祚一样。[13]

到 2 世纪，以关联性宇宙论为基础的顺势疗法已经并入被"经典"医经描述为"气医"的正统医学流派。[14]然而，尽管气医已经大获全胜成为当时占据统治地位的医学正统，但从前关于疾病由邪灵作祟引起的理念并未因此消失。邪灵作为一种与从前略有不同的超自然力量重新出现在医学话语中，他们通常是为因天体或其他自然现象而出现的某种具体的鬼神。会在岁星（木星）十二年一周天的运动过程中投下阴影的凶星太岁就是一个例子。岁星在天区中的"位"对应了地上的一个区域，在沿轨道运动时它会给地上的相应区域带去吉祥与丰收。而太岁的运动方向则与岁星相反，且在与太岁的"位"对应的区域，太岁会散播死亡与灾祸。然而在民间观念中，岁星和太岁合二为一，人们同样将岁星的影响视作需要抵御的对象。[15]王充在《论衡》中用了两个篇章讨论人们对于凶星的信仰，证实了对岁星/太岁的恐惧普遍存在。王充还证明，太岁神和岁星神是瘟疫的主要源头，人们常常借助符箓和驱邪之术保护自己不受他们影响。[16]太乙星（如前文所述，太乙也是汉朝官方信仰中的至上神）的移动同样与疾病和死亡有关。据说根据太乙的方位和风向人们可以确定风的凶吉：如果风从太乙的方向吹来，福气就会随之而至；但如果风从与太乙相反的方向吹来，那么它就是会给人们带来疾病的凶风。人们用与战争或战斗相关的表述来形容由太岁或风向构成的病因。例如，由于"冲"风或"冲"了太岁，害病之人不得不依靠身体中的防御系统"营卫"来抵抗风邪入侵。[17]

之所以说邪灵是疾病之源的观点仍有保留，还因为人们坚信在世之人可能会感染命凶死者在人间残留的疾病。人们的这种恐惧十分明显地体现在了凶死之人或夭亡者会以鬼魂的形式逗留人间的观念中。（"蛊"在汉朝实际上还有另一层含义，即复仇之魂施加的灾祸。）与鬼魂的接触就像商朝时期的祖先诅咒一样可能会引致夺命绝症，因此驱邪术在当时被看作最有效的治疗手段。疏注者高诱于 3 世纪初写道："兵死之鬼，善行病人，巫能祝劾杀之。"[18]驱邪者可以用咒语简单调查、审判、处死鬼魂，这反映其扮演的角色与地下阴影世界的官员相似。如同泰山府君和其下属可以对亡者生前的作为进行彻底的司法调查一样，驱邪的术士也能够在科层权威的助力下对恣意妄为的鬼魂进行约束和惩罚。

104　　与多数中国神话类似，关于瘟疫之源的神话在较晚的时候——战国与汉朝初期——才出现在了文字记载中。一则在汉朝广为流传的传说将疾病的源头追溯至了远古圣王颛顼的薄命子嗣。尽管在周朝的神话传说中，颛顼因生下了极富才华、实为人类之大幸的八个儿子而受到推崇，但也有传说称他有三个儿子死在了分娩之时并变成了疫鬼：其中一位为虐鬼，居于江水（可能是长江）之上；一位为魍魉鬼（在本书其他地方魍魉被描绘为一种山魈，但此处魍魉指与水有关的精怪，或许更适宜的提法是罔象），住在若水[19]之上；第三位疫鬼住在阴暗潮湿的宫室角落，他常常吓唬小儿。[20]夭折于出生之时的颛顼之子属于因过早死亡而继续游荡人间的那类鬼魂。据蔡邕（132～192 年）所述，傩作为汉代宫廷日程中最重要的一个仪式，其操办主要就是为了将这些疫鬼逐出宫室。[21]

傩是在寒冬腊月（宇宙中代表死亡衰败的力量最强大的时候）举行的盛大祭典，旨在在新年到来之前驱逐所有妖邪之气。有很多文献记载了与官祀有关的傩仪，我们对其的了解也主要来自这些史料，但平民百姓也会操办类似的仪式。[22]对大傩描写最为详细的文本要属诗人张衡（78～139 年）的《东京赋》。在张衡描述的大傩中，首席驱邪师方相脸着兽面，引领巫官们完成一系列旨在消灭十二凶煞之灵的净化仪式。宫内的黄门穿戴羽毛、兽皮、兽角，将自己伪装成凶兽。方相召唤出特定的神灵将疫鬼"食"掉，然后巫官们根据疫鬼的种类使用不同兵器对其用一种特定的方式施以死刑（或将其肢解，或将其斩首，或将其溺死）。[23]尽管对于被方相召出以驱逐疫鬼的神灵有何特性我们知之甚少，但他们似乎与一年中的十二个月及罗盘上的十二个方位有关，因此他们既是时间又是空间意义上的守护神。[24]

大傩因此是禁欲和净化的仪式，驱邪者在大傩中模仿鬼神之灵，以在仪式层面对引发疫病、干旱、洪水及其他灾害的邪灵发起战斗。在《周礼》的描述中，主持大傩的方相氏"掌蒙熊皮，黄金四目，玄衣朱裳，执戈扬盾"。[25]具有黄金四目的熊皮头饰是将神秘力量赐予佩戴者的图腾面具，许多学者最终都得出了方相是一类巫觋的结论。鲍则岳（William Boltz）十分具有说服力地提出，方相是一位幻象制造者，他手下的驱邪师在他的帮助下构想对人类施加苦难的各类妖魔的模样，然后再在想象中了结其生命。[26]但在某种意义上，方相的确扮演了巫觋的角色，他模拟的对象就是他试图消灭的妖邪之灵。方相这个名字和其主要对手方良的名字在语义学上具有惊人的相似性，这加深了一种感觉，即方相是无序之力的良性分身。以模仿鬼神之灵的方式来维系凡人与鬼神间的沟通交流是中国宗教的一大特色。根据《诗经》的描述，在祭祖之礼中，有时人们会雇用巫人模拟死者，从而令先祖享用后代为其供奉的祭品，这种做法到汉代依然十分流行。[27]

尽管大傩试图消灭的对象还有象征水火之灾的鬼怪，但逐疫或逐疠是其最重要的主题。[28]家庭也会在除夕举办称为傩的赎罪仪式，目的是保护家庭成员免遭疾病与瘟疫。[29]汉朝的一

105

本谶书记载了一种源于民间的傩仪，其流程包括将豆子、麻子和一些家人的毛发掷在自家的井中，同时念咒召唤井神保护全家远离"五方疫鬼"。[30]唐朝之人认为用于驱赶妖精、疹与游魂的傩仪由黄帝创设。这个仪式的目的不是完全歼灭这些邪灵，而是将他们从人类社群中驱离。将疫鬼赶至人类社群的边界之外后来成为瘟神信仰中的一个常见母题。在现存叙述唐朝民间傩仪的文字中我们找不到对名为方相的驱邪者的描述，在仪式中人们寻求帮助的对象通常是伏魔之神钟馗，尽管在某些情况下，人们还会召出冥府之神，如阎罗、泰山府君、五道将军等，希望他们把游荡人间的亡灵带回地下。[31]

在张衡列出的大傩的十二种驱邪对象中，唯一明确与瘟疫有关联的是被称为野仲[32]游光的鬼怪。薛综（亡于243年）在为张衡的《东京赋》作注时提出野仲游光属于"恶鬼"，并补充说野仲游光是由兄弟八人构成的群体，他们常常作乱于人间。[33]敦煌手稿《白泽精怪图》同样将野仲游光认定为由兄弟八人组成的鬼怪团体，他们的出现预示着帝国境内将有大量百姓亡于疫病。[34]与这段文字一起出现的配图上绘有围绕在火车周围的八位少年（见图13）。火车可能反映了佛教在中国宗教中的影响。在中国大乘佛教最具影响力的经文之一《大智度论》中，有罪之人正是被火车运往地狱的，后来"火车地狱"就被加入了佛教关于地下世界的描述中。[35]火车还象征阳气过剩，这被看作引发疾病的一大主因。早在汉朝之时，人们就把疫鬼流光同在端午和仲冬时节举行的驱邪仪式联系在了一起。端午过后便是夏至，夏至是阳气最为旺盛的时节。在人们眼中，冬至和夏至是一年中最危险的时刻，因为宇宙间的阴阳之气会变得极度失衡，而凡人在此时最容易遭受鬼邪侵袭。因此，在端午和寒冬腊月（冬至前后）举行的仪式以驱逐邪祟为主要目的，也就不足为奇了。

图13 野童游光

画中的野童游光正拉着火车。图旁的说明文字为："夜行见火光，下有数十小儿，头戴火车，此一物两名，上为游光，下为野童，见是者天下多疫死，兄弟八人。"本图出自敦煌手稿《白泽精怪图》（9～10世纪，伯2682号）。参见《敦煌宝藏》第123册，第287页。法国国家图书馆提供。

疾病同南方湿热的气候、阳气的过剩、夏季日益活跃的昆虫和令人憎恶的爬行生物的联系，使人们愈发相信五月是极易害病的时节。的确，在整个农历五月，中国人都小心翼翼地遵守着数不清的禁忌，极为谨慎地确保自己不会染病或沾上其他类型的霉运。汉朝基于各类祭祀礼仪的历法《月令》提出：

是月也，日长至，阴阳争，死生分，君子斋戒，处必掩身。毋躁，止声色，毋或进，薄滋味，毋致和，节耆欲，定心气，百官静，事毋刑，以定晏阴之所成。[36]

极阴和极阳的状态在这个天地宇宙即将发生转变的阈限期都是十分危险的。应劭在其公元前 2 世纪时的著作中提到了"夏至著五彩"以"辟五兵"（五兵是邪魔侵袭的比喻说法）的风俗，该风俗与驱赶游光有关。据应劭记载，永建年间（126～131 年）京师发生的大疫就是由一种名为野仲游光的疫鬼引起的。之后，每当疫病暴发，人们都会将其归咎于这类疫鬼，且为了保证自己不会生病，人们还会戴上绣有"游光"二字的五彩丝织物。应劭解释道，"著五彩"就是将青、赤、白、黑、黄五种颜色的丝带作为护身符系在衣物上。[37]彩色的丝带还被挂在家门处抵御疫鬼入侵。在大分裂时期，逐疫仪式变得越发复杂。据 6 世纪时一本介绍各类节日的著作记载，南方的汉人在端午日会将艾蒿（由于艾蒿呈红色且有一种刺鼻的味道，它被用来驱赶蚊虫）编织成人像（可能代表疫鬼），然后将其挂在门上以驱散"病气"。他们还会将五彩丝带戴在袖子上，心中默诵游光之名，以此保护自己不会染上致命疾病。[38]

大傩和端午的仪式都将驱赶疫鬼看作与邪恶恐怖的鬼怪的艰巨斗争。在《五十二病方》保留的许多治疗方法中，治疗师或他召唤出的神灵会用暴力的手段制服邪灵，他们的法器包括捣槌、柏木制成的研杵和铁锤等。[39]建于 2 世纪中叶的武氏祠中有一块画像石，它展现的很可能就是正在驱邪的巫祝形象。画像石中，有两人——一人举着斧头，另一人拿着锤子——正试图救治他们中间一个因被蛇缠住而痛苦得不断扭动的人（当然，蛇是一个常被用来形容邪魔侵扰的比喻意象）。除这三人外，还有一人双腿呈鳍状，在画面背景中打着手势，他可能是一个正在召唤武士之灵杀死或驱走邪魔的巫。[40]应劭把疫鬼的袭击比作五兵，这无疑是在影射蚩尤这位大众心中的五兵发明者。正如我们在第一章中看到的，蚩尤在汉朝之时被认作可以用自己搜集的兵器击退妖魔的辟邪之神，因此获得了人们的尊崇。《周礼》中对驱邪师方相的描写和关于蚩尤的描述实际上十分相近，有人因此提出方相就是主持大傩的蚩尤。[41]一块出土自 2 世纪时汉墓的画像石被认为是对大傩仪式的描绘，在这幅石刻中，蚩尤被刻画为在驱邪师方相的指示下采取行动的驱魔者（见图 14）。[42]在这块雕带中，最右侧的怪物戴着的头罩有着熊一样的耳朵，正在吞食一个人，这令人回想起比喻鬼邪侵袭的动词"食"。与这一食人妖魔对峙的是外形如熊的另一奇兽，他挥舞着五种兵器，其中最显眼的是他头顶的弩。我们可以肯定，这个在汉朝墓葬艺术中反复出现的形象就是蚩尤。[43]蚩尤的右手边还站着一个戴着熊形头罩、手持宝剑与盾牌之人，他可能是驱邪师方相。在方相身后还有一些正在冲向食人妖魔的人，他们手中拿的不是常规武器，而是大勺、铲子和一个细颈瓶。这些镇邪的神灵在与妖魔战斗时会用某种圣水或灵药泼洒他们。圣水的驱邪功效在其他汉朝文献中得到了很好的证实。[44]在这块汉墓画像石中，病和医被描绘成了凶猛的妖魔和勇武的守护神灵间的殊死决斗，这再一次令我们想起汉朝医学文献中经常使用的带有军事色彩的比喻说法。

除与时节联系紧密的战斗般的驱邪仪式外，汉朝时期的中国人还运用了大量咒语和护符来抵挡疾病和瘟疫，对这些物件的倚仗至少和用药物治疗疾病的做法一样常见。在《山海经》年代更早的部分提到的草木鸟兽中，有三十九个物种被认定具有医学价值（主要体现在驱邪方面），还有二十九种可被穿戴

109

110

图 14　蚩尤与驱邪术

在这块取自汉朝宗祠的石雕中，最右侧的妖魔正要吞噬一个小号的人。而一队一队配有铲子、大勺、水罐的驱邪神灵，跟着挥舞标志性五兵的蚩尤，前去驱逐这只妖魔。山东省嘉祥县武宅侯祠后室，约公元前 150 年。参见 Hayashi 1989，Supplemental plate 17。

在身以保护主人不受鬼邪影响。[45]佩戴由巫祝准备的护符是流行于社会各阶层的做法。例如有一种被称作刚卯的腰饰由玉、象牙、金属或桃木做成，上面刻有辟邪咒语，人们将其佩戴在身以保护自己不受疾病侵扰（见图15）。[46]我们在前文已经了解到，葛洪称拥有《三皇文》这样的圣书可以保护家宅不受包括疫疠之气在内的邪祟的影响。同样，如果旅者随身带有南岳（南方是火和瘟疫的方向）真形图，则可"五殟不加"。[47]人们认为邪物尤其害怕桃木和柏树，在公元前3世纪时的《诘咎篇》提到的制鬼之法中，有许多都涉及用枣木、桑木或桃木制作箭、锤、剑、棍等兵器。[48]镇邪的门神神荼和郁垒通常也被刻在桃符之上，据说这是一项由黄帝发起的传统。[49]

111

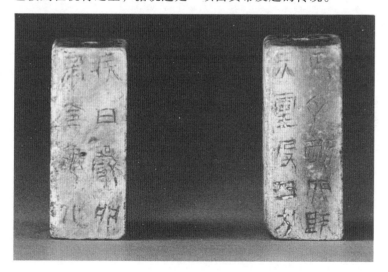

图 15　刚卯

　　图右刚卯上的铭文读作："正月刚卯既央，灵殳四方。赤青白黄，四色是当。帝令祝融，以教夔龙。庶蟆刚瘅，莫我敢当。"图左刚卯的铭文为："疾日严卯，帝令夔龙，慎尔固伏，化兹灵殳，既正既直，既觚既方，庶疫刚瘅，莫我敢当。"天津市艺术博物馆，1993 年，图24。天津博物馆提供。

疫病因邪祟而起的理念被逐渐兴起的气医明确斥为粗陋不堪的迷信。王充致力于为神秘现象提供理性的解释，他嘲笑了同代之人将鬼魂当作疾病病原的做法。在他心中，这种观点源于对未知事物的恐惧：

> 凡天地之间有鬼，非人死精神为之也，皆人思念存想之所致也。致之何由？由于疾病。人病则忧惧，忧惧则鬼出。凡人不病则不畏惧。故得病寝衽，畏惧鬼至；畏惧则存想，存想则目虚见。[50]

112　在王充看来，人类身体和精神上的脆弱性足以解释鬼神之说何以一直存在。《庄子》佚失的篇章中的一个片段也讽刺了民间的鬼神信仰，但它同时表示逐疫仪式实际上具有一定疗效，尽管迷信的大众无法理解这一点：

> 游岛问雄黄曰："今逐疫出魅，击鼓呼噪，何也？"雄黄曰："黔首多疫，黄帝氏立巫咸，使黔首沐浴斋戒，以通九窍；鸣鼓振铎，以动其心；劳形趋步，以发阴阳之气；饮酒茹葱，以通五藏。夫击鼓呼噪，逐疫出魅鬼，黔首不知，以为魅祟也。"[51]

这段文字的作者从气医的角度为逐疫仪式构建了理性基础。虽然人们可以把相信鬼魅存在斥为一种迷信，但亲身操办仪式有利于促进体内生气循环。怀疑论者讥笑对邪灵侵袭的迷信，然而他们尖锐的语气本身就说明这种观念深得人心。

王充同样赞同这个以气为基础的新兴医学正统。他认为疾病的根源是身体问题，尤其是个人卫生状况不佳或营养不良，这些问题将导致体内气机失调。然而在疾病的传播中，人们对真正病因的忽视发挥了更大作用：

> 人之疾病，希有不由风湿与饮食者。当风卧湿，握钱问祟；饱饭餍食，斋精解祸，而病不治，谓祟不得；命自绝，谓筮不审，欲人之知也……死者累属，葬棺至十，不日气相污，而日葬日凶。有事归之有犯，无为归之所居。居衰宅耗，蜚凶流尸，[52]集人室居，又祷先祖，寝祸遗殃。疾病不请医，更患不修行……[53]

113

王充在其他地方写道他相信环境也是一种病因，因此提出帝国的南部地区并不宜居。被热臭的南方也就是"太阳之地"的带毒"烈气"影响的，不只是山川河流、草木鸟兽，还有当地居住的人。王充曾批判称"楚、越之人，促急捷疾"，尽管他自己就是一位土生土长的越（今天的浙江省）人。"南郡极热之地，其人祝树树枯，唾鸟鸟坠。"正是因为"生于江南"，南方的巫觋才"能以祝延人之疾、愈人之祸"。同理，南方的万千生灵对于人类来说都是剧毒有害的。无知之人把这些生灵称为"鬼"，但实际上人们之所以会生病，是因为被过剩的南方特有致病之气"太阳"影响了。[54]如此一来，在王充心中，南方巫觋自吹自擂的诅咒效果与南地疾病横行的情况，同他信仰的气医基本原理轻松地达成了一致。

但是王充同样描写了道德方面的疫病起因，重申了疾病是一种天谴的流行看法。他反驳了大傩对于预防瘟疫必不可少的说法，提出瘟疫和其他灾害是反映统治者德行的晴雨表。因此，远古时期仁德的圣王不需要向术士或驱邪师求助，而桀纣之时的恶治则导致疾病和灾祸猖獗地肆虐人间。[55] 王充和与他同代的有识之士都相信至上神的存在，认为至上神可支配人类的命运，并通过"灾异"对统治者的行为表示不满或赞赏。[56] 在汉代晚期的教派新运动中，这种天谴的概念同天启救世主义观念融合在了一起，形成了一种完全不同的疾病观，它既反感方士主持的驱邪仪式，又拒绝气医的顺势疗法。

天师道和太平道生于 2 世纪的创始人张鲁和张角最初都是以布道者和医治者的身份吸引信众的。两个道派都拒绝使用常规医术，强调治愈使人备受折磨的疾病，只靠信仰疗法就足够了。这两位宗教导师尽管与他们的同代人一样相信疾病起于邪祟，但同时严厉地告诫自己的追随者说疾病是对道德失范的惩罚。不能将侵袭人体的鬼怪简单视作心怀恶意的寄生者，他们实际上是以神之名对凡人进行审判的道德权威的代理者，因此治疗的第一步必须是悔悟和忏悔。在天师道和太平道中，忏悔罪过都是极为重要的。天师道信徒会在集会中组织集体性质的忏悔赎罪仪式；另外，天师道还规定，害病之人必须向天官、地官、水官（三官）写下忏悔文，以使自身罪愆得到赦免。同理，张角主张的治愈之道由悔悟、赦罪、驱邪三个环节构成。一旦病人表现出了悔意并保证不再犯下罪孽，道士就会准备一张符箓，以此召唤力士协助病者。然后他们烧掉符咒并用符灰冲水，再命病人喝下符水。最后，道士会通过咒语和傩舞引导力士们各就各位，从而帮助病人驱逐疾病、恢复健康。[57]

疾病是对违反道德规范或礼制者的惩罚的理念，至少可以追溯到商王朝。但在战国和汉朝的思想学说中占据支配地位的关联性宇宙论，在很大程度上忽视了个体存在的起因和现状，转而强调统治者在维系宇宙和谐中扮演的至高无上的角色。"天象异动"作为一种凶兆会对所有帝国子民造成影响，因此统治者和他的臣子对此格外关注。汉末的新兴宗教运动却反其道而行，将天谴的发生从宏观的帝国层面转移到了微观的个体层面。被天师道和太平道推崇为神启之作的《太平经》谴责了世风的堕落，并同时构想了一个改良社会的图景，在这个图景中每个个体都通过完成自己的使命促成和平与秩序的维系。因此，《太平经》为每个个体都分配了道德责任，这种道德责任在正统政治哲学思想中是基本不存在的。一旦个体对自己的行为担起责任，统治者就可实现《道德经》大加称颂的无为而治政治理想。[58]

　　《太平经》中呈现的道德秩序以一个由鬼神构成的科层结构为基础，他们无时无刻不监视着个体的一举一动。每项罪行都会被及时上报给神界高层，然后根据罪行性质，神官会从罪人的寿命中扣去几天、几月或几年的时间。葛洪在其写于 4 世纪初的著述中提出，这种看守之神是三尸，他们住在人体之内，每到庚申之日（在中国人的历法中六十天为一个循环，庚申是其中一天）就会向司命汇报个体的过失，然后司命就会相应调整相关个体的寿命。[59]人们认为三尸在缩短宿主寿命一事上十分积极，因此三尸成了人们恐惧和厌恶的对象。[60]但在汉末宗教运动参与者的眼中，导致疾病的完全不是恶灵，而是接受上神委派惩罚有罪之人的合法代表。昔日的疫鬼现今被美化成为传达天理的神使。

　　大分裂时期的道教文献详细地列出了这些瘟神的姓名、头衔和职责。据说可追溯至 4 世纪晚期的天师道经典文献《女青鬼律》收录了详细的鬼怪名册，其中我们可以看到有五位"五方鬼主"被上神派至人间惩凶除恶。每个鬼主麾下都有一帮疫鬼负责使罪者疾病加身（见表 1）。[61]《女青鬼律》记载了

115

表 1　道教经文与通俗文学中的瘟神

文献出处	时间	总称	东	南	西	北	中			
《女青鬼律》卷六，第 2 页上栏 ~ 下栏	约 3 ~ 4 世纪	五方鬼主	刘元达	张元伯	赵公明	钟士季	史文业			
《太上洞渊神咒经》卷之一，第 9 页	唐朝	五方鬼主	刘元达	张元伯	李公仲	钟士季	史文业	赵公明		
《道要灵祇神鬼品经》，载《教煌宝藏》第 8 册，第 119 页	唐朝	五方鬼主	刘元达	张元伯	赵公明	钟士季	史文业			
《神霄断瘟大法》，载《道法会元》卷二一九，第 10 页	宋朝	五瘟断病百毒使者	刘元达	张元伯	赵公明	钟士季	史文业			
《正一玄坛赵元帅秘法》，载《道法会元》卷二三二，第 3 页	约 13 ~ 14 世纪	五大雷神	刘元达	张元伯	钟士季	史文业	范巨卿			
《新编连相搜神广记》卷下，第 125,128 页	元朝	五瘟使者	张元伯	刘元达	赵公明	钟士季	史文业			
《太上三五傍救醮五帝断瘟仪》第 1 页	元朝、明朝	天行疫鬼	李子蹇	张元伯	刘元达	乌九鬼				
《历世真仙体道通鉴》卷一八，第 8 页	元朝	八部鬼帅	刘元达	张元伯	赵公明	钟士季	史文业	范巨卿	姚公伯	李文仲
《正一瘟司辟毒神灯仪》，第 2 ~ 5 页	元朝、明朝	五方行瘟使者	张	田	赵	史	钟			
《北方真武祖师玄天上帝出身志传》卷二，第 30 页	1601 年		刘达	张元伯	赵公明	钟仕贵	史文恭	范巨卿	李便	白记

这些掌管特定病痛的神魔之名，通过了解这些神秘的名字，道士在医治时可召出力士驱走入侵病体的邪灵。[62]五方鬼主源自何处我们不得而知，但他们最有可能是对游荡鬼魂的惧怕和对民间神祇的信仰的共同产物。在天师道的鬼神学中，"五墓之鬼"格外引人注目，他们既与愤怒的祖先之灵有关，又是"水火兵匿露死者"。前者会向地府诸神提出"冢讼"，以对子孙后代施加诅咒；后者则是因尸身未能安葬而不得不滞留人间、心怀怨恨的鬼魂。他们都是只要与之接触就会导致疾病和死亡的恶灵。[63]

某些鬼主，尤其是元帅赵公明，是受到民间崇拜的诸神之一。干宝讲过一个故事，故事主人公在病榻上看到了赵公明及其手下鬼差后不久便死去了。干宝在评论这则故事时提到一本"妖书"，该书把赵公明和钟士季都写为受"上帝"派遣向将死之人索命的将军。[64]这个简短的故事并没有提及瘟疫，但它说明赵公明以阴森死神的身份在世俗社会中已然有了一些恶名。

杰出学者与上清真经的保存者陶弘景在其著作《真诰》中提到一份他认为是伪经的文献，称"五方诸神、赵公明等"是会伤害凡人的冥乡之神。在对该文本的注释中，陶弘景称赵公明是《千二百官仪》中列出的瘟鬼之一。[65]《千二百官仪》的原始文本已不复存在，但人们认为它是天师道最初的神授真经之一，包含了所有天界之神的姓名和官阶。[66]从这份文献给出的所属关系出发，我们可推测赵公明等五人正是汉朝新年驱邪仪式中被人们驱赶的"五方疫鬼"。支持这一推断的证据是很久之后的一份文献，即14世纪记载张道陵生平事迹的神仙传记，张道陵是深受尊敬的天师道创立者和天师。在这份记述

118

中，赵公明及其余四位鬼主与另外三人（他们有时会取代五方鬼主中的某些人）一同被归为八部鬼帅。鬼帅将在人间散播瘟疫，他们中的每一个都与一种特殊病症相关，例如瘟病、下痢、疡肿、暴汗寒疟、酸痟、狂魅赤眼等。除此以外，他们还出没在坟冢周围，骚扰前来向死者表达敬意的孝子孝孙，偷吃后世为祖先献上的贡品，侵袭孕妇腹中的胎儿。据传张道陵运用某种神秘力量击溃了八位鬼帅和其下诸鬼。最终，被击败的邪魔与张道陵达成和解，保证他们从此以后再不会侵犯人界。[67]这类邪魔与死亡、疾病、坟墓的紧密联系表明，上述晚期文本或许准确反映了一种早期传统：在墓冢周围出现的恶灵被正义的天神击败了，然后他们开始效力于这些天神。

119　　在大分裂时期天启性质的道教经文中也出现了司掌疫病的鬼主。《神咒经》提到了鬼主刘元达和钟士季，他们被描述为作为异端的"血食"崇拜中的崇拜对象，这表示他们最初都是地方性神祇。[68]这份文献于唐朝增加的补充经文提到了六位而不是五位鬼主，他们的形象被刻画为可号令"五伤鬼精"的将领，这些"五伤鬼精"数量庞大，在人间"行瘟疫病"。[69]我们已经在本书第二章中看到，作为希望将民间迷信从天师道思想中剔除的激进改革者的陆修静列举了与他同时代的愚昧世人所信奉的淫祀，其中便提到了"五伤之鬼"。陆修静没有就这些鬼怪的性质进行阐述，但很明显，他将他们视为与凶死有关的伪神。根据《神咒经》中的文字，"五伤之鬼"原先似乎是死去的兵卒，然后他们作为效力于瘟神的鬼兵鬼将又复活了。"五伤"的说法还令人联想到蚩尤和他的五兵，因此我们可以更加肯定地得出结论："五伤"是关于瘟鬼的一个比喻说法。

　　把五方鬼主定义为瘟神的大分裂时期道教经文，揭示了瘟疫和疾病暴发的暧昧属性。导致疾病发生的既是神又是魔，或者更精确地说，他们是在天神之令的派遣下公正执行惩罚的可怕邪魔。赵公明和其他鬼主最初很可能都是民间信仰中的鬼怪，但在道教文献中，他们被秩序的力量打败，被收编进了天兵天将的等级制度中。五方鬼主已是实至名归的神界成员，但公众依旧视疾病为中邪，这极有可能是因为人们并不知道鬼主们从邪神转变为天神忠仆的微妙经历。

　　元明之时广为流传的宗教读本《新编连相搜神广记》提出，鬼主们（该书称其为五瘟使者）自隋朝和唐朝起，就已经在端午之日接受人们的祭拜。[70]这本书还记载了隋文帝（581～604年在位）的一个梦，梦中他遇见了五位力士（这段叙述可能是杜撰的，因为找不到可与之印证的同期文献）。隋文帝向他的太史描述了这个梦，太史告诉他这些鬼怪就是五瘟使者。后来，隋文帝下诏将这五位力士封为将军。尽管我们找不到可以证明隋唐之时民间便开始普遍崇拜五瘟使者的证据，但可以确定的是，宋朝之人会在端午节祭拜五位瘟神，至少在中国中部的江西和湖南情况如此。例如澧州（位于今天的湖南省）的居民为防止疾病侵袭每年都会举办五瘟社。参加该活动的每个社（崇拜小团体）都会造一艘装潢华丽的大舟，然后成员将列有自己姓名和生辰的名单置于舟内，与名单一起放入舟中的还有"佛事"等宗教器物。[71]后来，在东南沿海地区，用舟船逐疫的做法变成了瘟神崇拜的一大核心特征，例如浙江的温琼信仰、福建的五帝信仰、当代台湾的王爷信仰。[72]这些瘟神信仰中的舟船逐疫充分展现了在山魈鬼神学说中已有预示的主题：应定义、落实人类社会的边界，然后将掠夺成性的妖魔通

120

过保护之神的斡旋赶出这个一元化的社会。

宋朝新出现的道教门派，如神霄派、清微派、天心派，还将五瘟使者的元素吸收进了雷法秘术中。[73]雷法门派发端于10～11世纪的地方祭祀传统，其获得全国性的关注则是因为宋徽宗（1100～1125年在位）的积极支持。宋徽宗希望建立道教的神权政体，以保证自己的统治能够获得神助，这种神权政体的灵感领导人物都来自地方教派。雷法学说由灵宝派的斋醮科仪传统发展而来，它强调驱魔辟邪之力不仅可以用于治愈疾病，还可以用来修正各类社会和政治问题。由于宋朝道教学说对雷法的重视，在宗教实践层面上道教的重心转向了用司法调查式的驱邪手段实施的治疗。[74]

早期道教教义坚持认为，疫病之所以发生是因为害病之人（或其祖先）的行为违反了道德规范，而宋朝的雷法则背离了这一理念。雷法修行者认为，不幸的源头在于精怪邪祟的作乱。[75]为了对抗妖魔侵袭，他们运用了包括符咒、符箓、法印在内的多种秘法，以召唤、束缚、审问、驱赶前来侵扰的邪灵。从5世纪起，人们把这些秘法同北帝紧紧联系在了一起，北帝在道教的神学框架中既是地府之主，又是天界神尊。唐朝之时，各类与北帝相关的驱邪实践逐渐融合成了一套个人治疗和集体斋醮的体系，之后该体系又被并入了天心派和其他雷法门派的传统科仪。雷法的修行者——他们当中有大字不识的乡民，有受箓道士，甚至还有朝廷命官——从众多凶神恶煞的驱邪神将中选出一位，请求其帮助自己驱赶恶灵。这些神界仲裁者中的领军人物是四圣，他们分别是北帝（自宋朝以来他更为人所知的名字是真武，这两个字取自宋朝皇室的敕封）、黑煞、天蓬（这个奇特的名字当然影射的是天蓬草的却邪功效）、天猷。[77]从雷法科仪中还衍生出了其他很多神将，最为重要的一位便是从前的五方鬼主之首赵公明。

在神霄派与清微派的驱邪醮中，五方鬼主（每位鬼主的个人名字可能在不同文献中会略有不同）以五帝使者或五瘟使者的身份出现。赵公明被封为清微派的主神之一，也是四大元帅中的一位，四大元帅是得到13世纪神霄派和清微派道教法师推崇的驱邪神将。在这样的身份下，赵公明不再只是一位瘟神，他还是统领世间亿万鬼兵的将领，五瘟使者便是赵公明的五位主要手下（而赵公明在五方鬼主中的位置则被一位新的神将取代了，见表1）。至少有一种道教驱邪斋醮是张元伯的专属。[78]虽然这些瘟神被雷法经文视为人类救星，但是天启教派重申了五方鬼主的旧日身份，即满心报复的末日使者。[79]

同样直到宋代，五瘟使者才获得了确定的肖像。根据《新编连相搜神广记》记载的隋文帝之梦的传说，这五位神祇每一位都拿着一种特殊兵器，它们分别是：勺子和罐子；皮带和剑；扇子；锤子；火葫芦。虽然这些法器明显不同于汉代墓葬艺术中的蚩尤五兵，但人们认为它们在驱魔除妖方面极富成效。正如我们已经看到的，勺子和罐子也出现在了汉朝画像砖描绘的驱邪仪式中（见图14）。[80]据说一位法师在1181年得到了《梓潼帝君化书》的降授，这份记载梓潼帝君生平事迹的文本介绍，五瘟使者手执"水火羽霙斧凿之具"。该文本还把五瘟使者描绘为半人半兽的生物，每一位的上半身都有着不同形象："有蒙虎皮者，冠雄鸡者，貌若人者，若鹘头者，若驴头者。"[81]在13世纪一个专门为赵公明操办的雷法醮祭中，五瘟使者也被认为是具有各不相同的兽形（"虎头人面"、"马头人

122

面"、"鸡头人面"、"猪头人面"以及"鬼相")。[82] 一套佛教水陆法会悬挂画的其中一幅也描绘了这些肖像特征，这套画据说可追溯至15世纪下半叶。画中的"主病鬼王五瘟使者"四周环绕着旋涡形纹饰，他们分别是：长着乌鸦头的持剑者；长着马头的手持葫芦者（该马头人身边绘有火焰，证明他手上拿的是火葫芦）；长着公鸡头、手持小槌与锥子者；长着虎头的持扇者；拿着勺、拎着桶的人形妖魔（见图16）。[83] 图画中展现的兵器与《新编连相搜神广记》中的描述完全一致，或许也是《梓潼帝君化书》中五瘟使者携带的武器；画中的兽头也与两处文本的描述基本对应。尽管在不同地方，五瘟使者的神像不可能做到完全统一，但它们总的来说还是一致的，这说明到15世纪或早在宋朝之时，一套成熟完善的五瘟神神像已经在南北两地广泛流传。根据这些神像我们可知，这些昔日的疫鬼已经完全弃暗投明，他们不再被视为灾祸的化身，而是成为帮助病人驱逐疫鬼的仁慈之神。

　　另一位可帮助凡人对抗病疫之魔侵袭的神灵是伏魔天师钟馗。人们一般认为对钟馗的崇拜始于唐玄宗（712～755年在位），或者至少因其得到普及。[84] 卧病不起的唐玄宗做了一个梦，在梦中他看见了使他饱受疾病之苦的小鬼，突然间一个相貌可怕的大鬼闯进大殿抓住小鬼，剜出其双眼后一口吞了下去。这位向玄宗提供援助的大鬼自称钟馗，他说生前自己因久试不第而自戕，但死后唐高宗对他进行了封赏，因此他誓要扫除天下妖魔。在做了这个梦后不久，唐玄宗就康复了，他命令当时的知名画家吴道子以自己梦中所见为基础为钟馗作像一幅。这位帝王对吴道子描绘的钟馗十分满意，于是他让宫廷画师对这幅画进行了大量临摹，然后新年之时玄宗将这些摹本作为礼物赐给了他的宠臣。

　　然而，我们可以找到证明钟馗生活的时代早于唐的有力证据。马融在其描写汉代宫廷傩祭的词赋中写道，驱邪师要在驱魔仪式中舞动一种名为"终葵"的锥状器具。尽管写法不同，但终葵和钟馗是一对关系密切的同音词，因此很有可能钟馗非同寻常的名字便源自这种法宝（据汉朝的驱邪文本记载，终葵是可以降妖伏魔的一种利器）。6 世纪的千禧年主义道教典籍《太上洞渊神咒经》提出，要借助力士钟馗的力量斩除使人类陷入危厄之境的诸鬼，这说明钟馗当时已经成为民间信仰中的祭拜对象。[85]但在唐代及之后，钟馗始终与除夕夜的驱邪相关，他基本上继承了方相在古老傩仪中所扮演的角色。宋朝除夕的一大特征是，朝廷和民间都会举行一种称为"钟馗戏"的傩戏仪式。[86]此外，或许是出于对傩仪的模拟，乞丐会在除夕将自己打扮成钟馗及其周身诸鬼的模样，然后敲锣打鼓地巡游京师的街道，并在每家每户门前驻足乞讨。[87]乞丐们的游行是对新年驱邪仪式的一种颠倒：他们扮演的并非作为伏魔师的钟馗，而是与瘟疫和死亡相关的钟馗及其麾下诸鬼，他们的目的是从受到惊吓的人手中勒索钱财。

　　在除夕之时于门上挂一幅手绘或印刷的钟馗画像在宋朝成了一种几乎全国普及的风俗。[88]实际上，在唐宋的文献中，几乎所有提及钟馗的地方都涉及他的画像。[89]钟馗从来都不是一位地位独立的神祇，他不是人们祭祀和祈祷的对象，也没有自己的专有祠庙。他的伏魔之力通过带有其画像的符箓传递。大规模生产的钟馗版画都衍生自吴道子的著名画作，这幅画已经有了无数的复制版本并在全国各地广为流传。尽管吴道子的真

124

图 16　主病鬼王五瘟使者众

125　　　　　这幅图卷是保存于山西右玉县保宁寺中的 136 幅宗教人物画像之一。这些
图画中描绘的是在水陆道会的举办中人们所祈求的神明。图卷中的主角是五瘟
使者，他们每人都手持一件驱魔法器。右前方站着的是一位拿着勺、拎着桶的
人形使者，左前方则是长着虎头、拿着扇子的使者。在他们中间偏后的位置，
我们可以看到一位长着公鸡头、右手持槌、左手持锥的使者。站在人形使者正
后方的，是一位长着马头的使者，他的头上盘旋着一团火焰，手里拿着一个葫
芦。最后，在画面的正中站着一位长着乌鸦头的持剑使者，他的背上还挂着一
只巨型葫芦。参见山西省博物馆，1985 年，图 147，山西博物院提供。

迹，包括钟馗的画像，没有一幅能够留存至今，但10世纪的一段文字对吴道子的真迹做了如下描述：

> 昔吴道子画一钟馗，衣蓝衫，鞹一足，眇一目，腰一笏，巾裹而蓬鬓垂发，左手一捉鬼，右手第二指挖鬼眼睛。[90]

钟馗是宋朝及之后朝代的文人画中一个十分流行的母题，但是流传至今的宋朝文人画没有一幅内容符合引文的描述。在现存的宋代画像中，钟馗一般穿着文人的长袍，身旁伴有形貌古怪的小鬼作为其出游的随从（见图17）。[91]这类画作通常将钟馗视作受到无视或轻视的文人的化身，在构图上可能模仿了除夕之夜的乞者游街队列。更接近吴道子原画的钟馗画像可以在记载钟馗事迹的元代宗教读物《新编连相搜神广记》中找到。在该书的插图中，钟馗面目狰狞，正在挖出恶鬼的双眼。与文人画家所作图卷中浮夸的出游队伍相比，本画所展现的姿态独立的钟馗显然是更加合格的门神。[92]

人们将钟馗的画像当作辟邪护身之物，以此保护自己的家园不受妖魔鬼怪侵扰。这种做法不禁使人联想到黄帝，传说为了震慑不法之徒并向子民灌输对于法令的适当敬畏，黄帝命人为自己具有可怕外表的手下蚩尤作了画像。钟馗的艺术和文学形象都强调了他令人惊悚的丑陋（这一点再次与远古时期的蚩尤相似），毫无疑问，使这些护身之物具有辟邪之力的，正是他的凶狠外表。除重复蚩尤崇拜中的一些古老要素外，钟馗与驱邪"神椎"终葵的相同读音，以及他通过吞噬动作降服妖魔的习惯，也与其他瘟神崇拜中的一些母题产生了共鸣。随

128

126

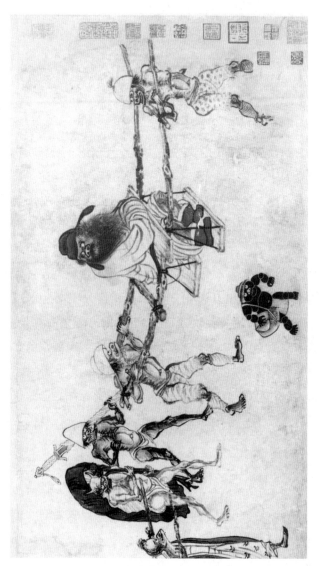

图 17　钟馗出游

本图展现了龚开（1222～约 1304 年）所作《中山出游图》的局部，图中钟馗坐在由小鬼们抬着的粗陋肩舆之上。弗利尔美术馆（美国华盛顿哥伦比亚特区）收藏，史密斯森学会提供；Purchase F 1938.4。

图 18　钟馗降魔

这是元代宗教读本《新编连相搜神广记》中的插图，它展现了钟馗与恶鬼战斗的画面。图中，钟馗正在用右手抠出恶鬼的眼睛，据说这个细节源自唐代画家吴道子所绘钟馗肖像。取自《新编连相搜神广记》卷下，第 123～124 页。中国国家图书馆提供。

着知名度的不断提升，钟馗慢慢演化成了一般意义上的驱邪除魔之神；但是，根据与之相关的早期叙述（其中最出名的便是唐玄宗的梦），最早的钟馗信仰强调的只有驱赶导致疾病瘟疫的鬼怪。

宋朝还见证了以地方性神祇为基础且分工更加细化的瘟神信仰的发展。温琼是一位以瘟神身份而获得不朽声名的地方守护神，对他的崇拜起于浙江南部的沿海城市温州。[93]温州也是神霄派的诞生地，12世纪初期宋徽宗主张的神权政治便以神霄派为基础。神霄道士在温琼信仰的传播中似乎扮演了十分重要的角色。根据神霄派于1274年为温琼撰写的神仙传记，温琼在世之时以勇武闻名，去世后他便加入了泰山府君统领下的地府神官科层体系。尽管有传言称已经成为地祇的温琼对信众为自己立庙的做法表示拒绝，但宋徽宗时期的温州本地道士在驱赶为祸一方的妖魔时仍然常常求助于他。对温琼之谦逊与正统性（这则小传的作者将温琼崇拜的形成归功于同一时期的天师道第三十代天师，天师道是获得朝廷认可的道教教派）的强调掩盖了一个事实：温琼最初实际上是未获制度性宗教认可的民间神祇。在所有与温琼相关的神话中，他都英年早逝且遭遇凶死，这两点当然也是成为怨魂所必须满足的条件。在温琼神话中还有一些早期传说的痕迹，在那些传说中温琼是蟒神，极有可能是在民间散布瘟疫的妖魔。康豹（Paul Katz）提出和其他邪魔一样，可能温琼先是由怨魂转化为疫鬼，然后在神霄道士的努力下他才恢复了声誉并转型成了一位善神。[94]在温州的地方传说中，温琼还是一名殉道的英雄，他拒绝执行命他毒害凡间罪者的神令，而是自己吞下毒药，因此变作了一只猛鬼。至上神感动于温琼的自我牺牲，遂将他提拔为真武荡魔大帝的下属。在真武大帝的统领下，温琼专司疫鬼的清除和驱赶。

　　因此，温琼信仰得以发展的基础既包括地方性的宗教祭仪 129 传统，又包括常被道门之人鄙薄为庸俗迷信的民间神祇崇拜。康豹提出，温琼崇拜证实了一个"回响"的过程（process of "reverberation"），在这一过程中，民间崇拜与宗教职业者对此类崇拜的化用和整合相互影响、相互作用，最终促成了信仰传统的形成。[95]仪式、神话和神像的大量产生可为官方宗教接纳这类民间信仰打好基础，这种接纳反过来又可使民间崇拜的合法性得到确认。这便是加封和官僚科层衔级的效力，在这种力量下邪灵的身份不再暧昧不明，他们被重新接纳进帝国秩序维护者的队列。[96]类似的接纳和"回响"过程也发生在了五通神身上，他也经历了从恶魔到善神的转化。五通最早是庇护本地居民、使其免于疫疬的土地神，然而其矛盾的本性一直是个悬而未决的问题。在帝制晚期的华南地区，许多地方都兴起了同时崇拜五位神灵的瘟神崇拜，且在不同的地方五瘟使者的组成也不尽相同。其中的某些组合方式已经体现了五通神崇拜的特有印记。五通神被塑造成了两种对立的形象：他是引发瘟疫的作祟者，同时也是病痛的解除者。

第五章　中国宗教文化在宋的转型

　　在宋朝（960～1279 年）期间，中国社会和文化的各方面都在经历划时代的转变。这些改变意义重大，足以使人们把由唐到宋的过渡视为中国早期帝制时代与晚期帝制时代的分水岭。朝廷的权力不断加强，动摇了早期帝国时代由世家大族主导的政治秩序，精英阶层的内部流动性也因此得到提升。经济上的扩张带来了大量积累的财富，对财富的占有又意味着社会分层的加剧。儒家思想重新夺得了统治阶层中文人学者的拥戴，与此同时佛教则完成了其在中国社会文化中的磨合。城市的发展、商人和工匠阶层的迅速扩大与印刷术的传播创造了社会和文化层面的新机遇，在这些机遇的促进下生机勃勃的"市井文化"得以形成。上述所有进展都重塑了宗教生活。

　　在这些变化中，影响最为深远的是华夏文明的中心从北方黄河流域转移到南方长江流域。从安史之乱（755～763 年）至 11 世纪初，北方地区在内战和草原游牧民族入侵的冲击下逐渐走向衰落。在 750 年时，中国人口有三分之二居住在北方地区；但到 1100 年，南北的人口比例发生倒置，且直到今天，南方的人口密度依然比北方大。1127 年，女真人攻占了包括整个黄河流域在内的北方地区，在这一事件发生之后，南方地区的重要性便发展到了最高点。残存的宋室皇族在杭州①，也就是大运河的南端，重新建立了朝廷，延长了宋朝的国祚。南宋期间，汉人的疆域极少扩展至长江北岸。1276年，南宋覆灭，随之而来的是在时人看来比女真人入侵更为耻辱的"沦陷"，蒙古人入主中原并建立了元朝。

大批人口迁至南方边地并对当地进行了开发，这些活动彻底改变了汉人的营生方式和物质文化。稻米取代小麦和谷子成了人们的主食；南方数量庞大的天然和人工水道在促进人口流动的同时，也刺激了贸易的发展；南方的物产，如茶叶、蔗糖、瓷器、丝绸，以及稍后的棉布等引起了新产业与新型消费模式的出现。城镇以史无前例的规模迅速发展，商品的流通范围因此得到扩大，从土地占有和商业活动中获得大量财富也因此成为可能。这一新趋势不断改变了人们的社会经济生活，对中国的宗教文化也产生了深刻影响。

经济变化还带动了社会秩序的全面转型。自汉代以来一直控制中国社会与官府的豪强巨室在唐王朝崩溃之后也丧失了政治和经济特权。多数世家大族都未能适应逐渐兴起的"市场经济"；而且科举考试成为官员录用的主要途径，通过官职世袭维持社会地位的做法因此不再可行。中古时期士族阶层的瓦解巩固了中央的专制权力，并扶植了乡贤士绅的发展，后者的社会根基在地方社会而不是国都。就像昔日的士族一样，士绅通过收取地租、投资教育以及阶层内联姻来获取社会地位。但自此以后，精英阶层的权力在空间层面受到了更大制约，通常只局限在地方社会。虽然士绅阶层展现出了惊人的韧性与稳定性，但不管在国家还是地方层面，科举结果的变化无常都杜绝了士族社会的再生。[1]

---

① 1129年，杭州被升为临安府；1138年，宋室正式定都临安。

此时中国在空间层面也经历了深刻改变，其后果之一便是江南地区，也就是从临江的南京南至靠海的宁波的长江三角洲南半区，成了帝国经济的心脏地带（见地图1）。[2]虽然在大分裂时期南京已经是多个南方政权的都城，但长江三角洲的经济潜力直到来自北方的移民于唐末宋初大规模抵达当地才开始获得充分开发。人力的大量注入使开发土壤肥沃的沼泽成为可能，高产的水稻种植业也因此获得了发展。三角洲上纵横交错的沟渠最初为排干沼泽而修建，但它们也是当地贸易与航运的动脉。南方尤其是江南地区的水运成本也因此十分低廉，大大促进了城乡交流和地区间贸易的发展，中国的南方也因此成了当时世界上最具活力的经济体。[3]

132

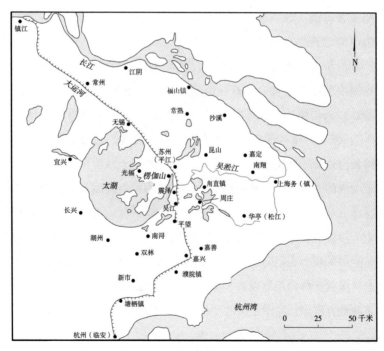

地图 1　江南（宋）

城市景观也经历了重大变化。北宋的京师开封，以及更为明显的南宋行在临安，都没有按照城市规划的经典模式布局：它们没有对称分布的街巷与里坊，也没有界线明确的市集或城乡范围。在宋朝的城市中，坊与市之间不再被坊墙隔离；人们在行动上的高度自由使集市和手工艺人汇聚的街巷遍布城墙内外，城郊也分布着大量船坞、货栈、旅社、酒肆、邸店。除了行在临安，南宋的其他城市，如平江府（苏州）、建康府（南京）、扬州、明州（宁波）等，也一直是重要的行政区域；但向这些城市输送生机的仍是商业的血脉。

商业的扩张还推进了集镇的发展，集镇中只有很少或者甚至没有官府人士。集镇主要涌现在大运河扬州至杭州河段的两侧，或者沿长江三角洲上交叉分布的其他航运通道分布。此外，海外贸易和国内的跨区域航运还促进了从长江三角洲到广州的东南海岸线上海港的繁荣。由于集镇的不断发展，乡下的物产可被运至遥远的市场出售，乡民们也获得了各式各样的消费品。宋朝末年，生于江南以西地势崎岖的乡野的士大夫方回（1227～1307 年）对长江三角洲上村落城镇的繁荣景象感到惊叹不已，他发现所有村民都会把农产品带到集镇出售，然后满载"香烛、纸马、油盐、酱醯、浆粉、麸曲、椒姜、药饵之属"返回家中。[4] 引人注目的宗教物品香烛，以及位于清单第二项的祭祀用品纸马，共同揭示了一件事：城镇和商业对于乡下的宗教和经济生活而言十分重要。

当然，就像在社会活动的其他方面一样，城镇在宗教生活中占有支配性地位。杭州、苏州、宁波在当时都以市内和郊区修建的宏伟寺庙为荣。尽管佛寺常常位于安宁清幽的山中，但其他庙宇，尤其是道观和土地神的祠庙则几乎总是位于城镇之

133

内。"今浮屠、老氏之宫遍天下，而在钱塘为尤众，"一位地方历史的编写者如此写道。[5]城中庙宇的兴盛也与小型集镇财富的增长相互呼应。吴淞江是把内陆城市苏州同松江连接在一起的主要水道，而吴淞江畔的港口青龙镇在12世纪经历了速度惊人的发展，它成了诸多富家巨室的家园，被当时之人誉为"小杭州"。使集镇声名远播的还有当地的华美建筑，以及在"烟火万家"间高高耸立的"三亭七塔十三寺"。在青龙镇这样的集镇中，壮观的宗教建筑既是当地景观又是社会生活的中心。在这方面，江南的情况与中世纪以教会建筑为中心的欧洲城镇几乎相同。[6]

134

宋朝经济的富足因此对当时的宗教生活产生了直接且无孔不入的影响。历史学家们的一个常见结论是，随着宋朝经济的繁荣发展，当时的人们愈发坚信凡人可以操纵神灵，且可以以此掌握自己的命运。韩森曾经提出，经济的商业化重塑了宋朝的宗教版图，因为商贾们通过向庙宇捐赠香火钱与在行商途中推广自己的信仰，使诸位神灵带上了他们的印记与特色。[7]姜士彬（David Johnson）同样指出，城隍庙自晚唐以来的大量涌现与商贾的资助有着直接关系。[8]然而，为这些假说提供支持的证据十分单薄。尽管庙宇出现在了商贸中心，但单单凭此不足以说明商人们在寺观的建立与信仰的传播中起到了独一无二或主导性的作用。这一时期的神明因简易直接的通神手段的流传而变得更平易近人，但这也不足以反映人们相信凡人拥有支配神界的权力。然而我们可以较有把握地推断，此类通神手段是因人们对个体命运的焦虑而产生，在这种焦虑感的驱使下，人们不顾一切地寻求神力的襄助，希望以此在一个竞争日益激烈且变化莫测的社会中寻得安定。

杜德桥（Glen Dudbridge）对戴孚（活跃于约 734～781 年）编写的民间故事集《广异记》进行了重构，我们可以从中一瞥宋朝社会文化巨变发生前夕的通俗宗教世界。[9]在戴孚讲述的故事中，几乎每一个都涉及对有形世界与无形世界间界限的突破，尤其是生死之界的跨越。一个贯穿全书的突出主题是，用于规范与无形世界交往的机制与实践，如葬礼、祭祀、孝道等，无法完全抑制不合规则的越界行为。[10]世间处处都有妖魔鬼怪；个体在远离属于文明世界的家园与城镇的冒险旅程中走得越远，就越有可能碰到他们。在《广异记》中，家园被描绘为一座在众多家宅之神的帮助下抵御邪魔入侵的"堡垒"，这些家宅之神各自司掌着不同的空间（井、灶、门、厕）和时间（一天的十二个时辰与一年的十二个月）。[11]天界的上神们显得遥不可及，就像人界的帝王一样，他们极少关注子民们的苦难。为使自己在可能发生的与致命邪灵的遭遇中具备抵抗能力，一般人只能求助于咒语、符箓等掌握在宗教职业者手中的秘法。《金刚经》《心经》等广为流传的佛经、密宗祈祷文、道教符咒、祈拜观音菩萨（详见后文）等防止邪鬼侵袭的手段，既属于普罗大众，又属于僧人道士。祭典体系的通俗化进程在戴孚的时代已经开始，这种趋势成了宋朝宗教文化的典型特征。

对无形力量的普遍恐惧在民间激起了很多宗教想象，这种恐惧最明显的体现便是人们对于罪与罚日益加深的忧虑之情。戴孚搜集的很多传说都讲述了地府主持公道的故事。悔悟和业罪的负担是长期存在于宋朝宗教信仰中的特性，且它们可能比从前更为重要。从很早以前开始，亡者崇拜便成为中国宗教思想的一个核心，到 10 世纪，它已发展出了复杂甚至可以说是夸张的形制。大分裂时期的道派肯定了汉朝之人视冥界为一个民事或军事管制组织的做法。陶弘景在《真诰》中描述道，地府冥界有六宫，每一宫都各自有记人善恶、断人生死的鬼神，他们都在最高权威北帝的统率之下（在五行宇宙观中，北是代表死亡和邪力的方向）。尽管陶弘景认为六宫就是堕落的六天，是祸害众生的邪气之源，但他将地狱构想成了一个审判之地，而不是酷刑之地。[12] 约从 7 世纪起，佛教思想在综合本土末世论的基础上，发展出了一套关于来世的新理念，其核心是以涤罪为目的的刑罚。来自印度的学说描绘了不幸亡者（饿鬼）遭受的可怕酷刑，它们与人们对于官府的盘查、审讯、刑狱的恐惧之情结合在一起，共同塑造出了十阎王殿中噩梦般的死后场景。[13]

在佛教传说和中国本土传奇的基础上，十阎王被视作司掌衙门的朝廷命官，其麾下还有众多书吏、功曹，以及印度神话中作为狱卒的"牛头夜叉"。亡者之灵依次到十阎王跟前报到，就自己的品行接受严厉审讯。恐怖的刑罚作为报应被降至有罪之人。印度神话中的"剑树""火轮""铜柱"被移植到中国，并成了执行酷刑的器具：地狱中的刽子手用研钵与研杵将罪人的身体碾成肉泥，把他们扔进沸腾的油锅，或用剑刺穿通奸之人。业报曾经是决定死者转世重生之处的自动化流程，但此时它已成为由地府施加的旨在洗刷凡人罪孽的折磨。然而，与冥界之神威严正直的官员形象同时存在的，还有对地府的无能和渎职的怀疑。正如汉墓中写给死者的敕令所显示的，许多与死亡和堕入地狱有关的民间传说都明显充斥着一种恐惧：人们害怕死亡和地狱之刑不是对罪者的公正惩罚，而是因误记或腐败滥权而降下。

本就十分复杂的亡者崇拜体系进一步复杂化，这刺激了以拯救死者之灵于地狱酷刑为中心内容的救世信仰的发展。根据自 10 世纪起开始广为传播的非正典佛经《十王经》，十阎王从属于地藏菩萨，地藏菩萨出于对炼狱之囚的同情是可以推翻地府官员做出的裁断的。在道教的神学体系中，扮演地藏菩萨的角色的是太乙救苦天尊。[14]地藏菩萨和救苦天尊的存在为人们提供了慰藉，因为他们使人们相信，通过自己的悔改和对仁慈救世主神力的信念，个人还是有可能逃脱因果业力的循环的。

促进这种新型地狱观传播的不仅有《十王经》一类的经文（《十王经》有多种版本，最常见的是简缩的"口袋书"），还有一些视觉上的意象（如图 19）。死后的地狱景象是变相，也就是宣扬宗教冥想和虔信的说教性壁画中的常见主题。[15]763 年，因生动的人物画像而闻名的画师吴道子在长安赵景公寺绘下了一套地狱变相图，为后世所广为效仿。尽管吴道子的壁画没能被保存下来，但是重庆大足宝顶山石窟中令人惊叹的南宋石刻激起的不祥预感和恐惧之情，与吴道子画笔下的地狱酷刑令人产生的情绪是相同的（见图 20）。宝顶山石窟于 1177 ～ 1279 年由一位家境殷实的修佛之人和其追随者共同修建，共有三十一组大型石雕，其教化的对象既包括普通民众，又有入教之人。[16]石刻的内容是当时佛教著作中的常见故事，着重强调了业命和地狱酷刑这两个主题。这组人文景观中的第一幅巨型石刻是一位近八米高的面貌凶狠的魔罗，他抱着一个详细描绘有六道轮回之景的巨轮。还有一组高十四米、宽二十米的巨型石雕，它是宝顶山最引人注目的作品之一。该组石刻的中间是一尊巨大的地藏菩萨像，排布在他两侧的是十

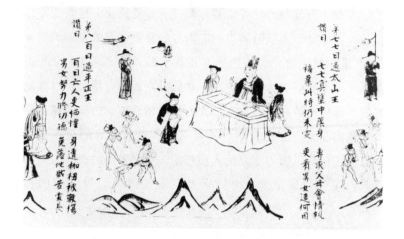

图 19　十王殿的审判

　　在死亡一百天之后，亡者之灵就会被带至十阎王中的第八位阎王平正王的殿中接受审判。图中的平正王身着官袍，坐在官凳之上。画面前景中有两位戴着颈枷的罪人，还有一人被扯着头发拖行。他们的身前有一位小吏，手里拿着记录了他们善行与恶行的簿册。该名小吏的上方是两位供养人，他们各持一面小旗和一尊佛像。画面左边的韵文读作："百日亡人更恓惶，身遭枷杻被鞭伤；男女努力修功德，免落地狱苦处长。"对这份配图手稿的整套图像的讨论，参见 Teiser 1994。本图出自 10 世纪的敦煌手稿《佛说阎罗王授记四众预修生七往生净土经》（伯 2003 号）。法国国家图书馆提供。

方佛和十阎王。在十阎王的下方，也就是与石刻观赏者视线平行的高度，还有两排石雕，展现了地狱十八层的场景。这组石刻主要表现了对口说妄语、食肉饮酒等违反佛教戒律的行为的惩罚。例如，图 20 中的雕像就表现了食肉之人——在此石刻中，这类人的代表是桌前的这对夫妇，他们右手边有一位正在为他们的晚餐宰羊的仆人——将要面对的令人毛骨悚然的酷刑。

　　如同冥府酷刑的痛苦可由生动的图像表达，从地狱的刑罚中解脱也需倚仗救世神的神像中传递出的神秘力量。在膜拜观

图 20　地狱变相图

在左上方的（1）粪秽地狱中，有三人被淹在长方形的粪池中，粪池外有一名看守拿着大锤防备他们逃脱。位于画面中桌后的夫妇二人前方的是（2）矛戟地狱，地狱中一位马面狱卒用戟刺穿了被绑在柱前、单膝跪地的罪人之身。位于右前方的是（3）铁轮地狱，地狱中一位趴伏在地的罪人正在承受带有锯齿的大铁轮的碾压。在最右边的是（4）镬汤地狱，该地狱中也有一位马面狱卒，他预备将一位有罪之人扔进沸腾的大锅（这个地狱中的罪人因妄言之罪而受到惩罚，而不是因违反吃素的戒律）。宝顶山第 20 号造像，重庆大足，12～13 世纪。参见重庆大足石刻艺术博物馆，1991 年。同时参见 Howard 2001：46－55。龙小帆摄。

音、地藏、救苦天尊的画像、雕塑与壁画时发生的神迹被收录在了题为"灵验记"的集册中。[17]在杜光庭（850～933 年）编写的《道教灵验记》中记载了如下的故事：虚伪放诞的道士张仁表一日梦见自己探访了阴间，并在那里看到了面目可憎、具有"真世之所画地狱状"的鬼怪。在万分恐惧中，他反复念诵救苦天尊之名，但被押捕他的人嘲笑称此时念诵为时已晚。后来他被带至威严的救苦天尊跟前，拜倒在地，向救苦天尊坦诚了自己的罪过，发誓要改过自新。救苦天尊先是严厉地训斥了张仁表，然后宽恕了他的罪孽，助他还阳，并命令他在人界宣传自己的圣像，以令更多世人皈依正教。[18]

对地下世界恐怖情境的恐惧之情的加深，还表现在墓葬仪式中。不管是神职人员还是普通人的葬礼，其仪式的很大一部分内容都以涤清罪孽和免除（或至少缓解）死后苦难为宗旨。到 6 世纪，道士已经在葬礼中加入了十次祭奠仪式（头七次祭奠在死者去世后的前七周各办一次，然后是百日祭、周年祭和三年祭），佛教祭仪也是如此。这些祭奠环节源自道教的忏悔传统，也源自佛教僧人的功课，它们是赎罪与赦罪的仪式，在仪式中法师会请求救赎之神帮助死者消除业罪，然后赐予他们往生西方极乐净土或飞升天庭的机会。在举办这些祭奠活动的过程中，道教法师会主持黄箓斋或九幽斋等醮祭仪式。水陆斋是代替受到忽视、被贬至地狱的灵魂忏罪的法事，自 11 世纪起它就成为最重要的佛教公共仪式之一。[19]水陆斋也可以私人名义举办。[20]这类赎罪仪式的无处不在说明了一个事实：宋朝的宗教生活中，对自身罪孽深感担忧是普遍存在的现象。

这种对于死亡和赎罪的深切关注还促生了坟庵的兴建活动。坟庵是设在墓地的佛教庙庵，住在庵中的僧侣会看顾亡灵的需求，并对墓地进行物理存在层面的维护。[21]精英阶层的家族常常修建坟庵，有时还将属于公众的寺庙改为私用。修建坟庵时需要投入的土地和资金可保障祖先今后获得永久性的祭祀，即使后世子孙有所怠慢也没有关系。宋朝之时，为祖先准备的祭品一般在墓地而不是宗祠中奉上，尽管这种行为受到了宗教从业者的斥责。据方回观察，这些坟庵中设立了佛祖、菩萨、神仙们的圣像，其中观音菩萨之像最为多见。[22]

墓葬装饰在唐宋变革期也经历了深刻的改变。8世纪，模仿住宅建筑和装饰风格的更小、更为私密的坟墓，开始取代隋朝和唐朝早期盛行的绘有田庄、宫殿、公共集会图像的大型砖砌拱形坟墓。[23]在大分裂时期、隋朝和唐朝早期的墓葬中普遍存在的护墓雕像（或是凶狠的半人半兽，或是全副武装的人形勇士），到宋朝也消失不见了。宋朝的墓冢中配有精致的日常生活物件，如银瓶、瓷瓶、金银首饰、笔墨纸砚等，与自汉代以来就充当主要陪葬品的粗陶模型形成了对比。对于这种墓葬实践方面的转变，有一种解读认为这说明人们对于死后惩罚的恐惧正在消退，而且以科考中举为重要人生追求的宋朝上层社会开始更为积极地追求在死后世界中获得显赫地位。[24]的确，我们可以在相关文献中找到证据，证明宋朝时期的士大夫阶层希望在天界神官体系中获得与其在人世间的成就相匹配的职务与官衔。[25]然而，人们关于地府及其中酷刑细节繁复的想象清楚地说明，对于死后遭报应的恐惧之情只增不减。但坟墓不再被看作死后的监禁之地。相反，它成了一处过渡性的空间，象征前往十阎王殿之前的阈限状态，而不是死者之灵的永久性居所。在北宋、辽、金、元治下的北方地区，家庭母题和住宅式构造在墓葬中十分常见，但它们在南宋墓葬中几乎完全不存在。[26]尽管北宋墓葬中传达的对家庭温暖和家人亲近的看重可能影射了丈夫与妻子、父母与子女、祖先和后人间历久弥坚的理想关系，但这种墓葬形式对可能发生的天谴与天罚几乎起不到什么缓和作用。

同样也是从宋朝开始，中国人做出了量化个体背负的罪孽的尝试，希望以此减轻人们在死后将面临的惩罚。最早出现于12世纪的功过簿从道德层面估量了恶行的具体价值，并规定

141

了个体应该施行哪些善举以进行赎罪。[27]另一种可选方法是用金钱衡量罪行的价值，通过烧纸钱（一种货币形式的祭品）来偿还罪孽，从而实现业力上的收支平衡。根据戴孚记录的奇闻异事，我们可知在唐朝纸钱就已开始被大范围投入使用。在戴孚讲述的故事中，阴间的亡灵告诉阳间的在世之人称，冥界的交易就像活人间的交易一样，涉及金钱的积攒和支出。[28]在唐朝的故事中，接受纸钱供奉的是亡者之灵，有了纸钱他们就能赎回自己的部分罪过，施加在他们身上的地狱之刑也可因此减轻。在南宋的道教法事中，烧纸钱还可以增加个体的"本命"，从而帮助个体抵御邪煞、避开死劫。支撑这类实践的观念认为，每个个体在出生之时都获得了一定数量的运气（通常用与金钱有关的话语表述），而这些运气又将决定个体整体命运（包括寿命长短、社会地位、物质财富）的走向。获得纸钱的供奉就意味着个体向其天界的"财库"中存入了更多财产，这进而意味着个人的"本命"也得到增加。个体同样可以通过这类仪式活动把自己的好运储存起来，以便在去世之后用来减少自己将要承受的惩罚，如此一来，阴间的魂灵对其后代祭品的依赖程度也降低了。[29]

　　早在战国之时，中国就开始流行与死亡和死后生活相关的传说，它们通常讲述了个体从阴间还阳的经历。在这类故事中，主人公往往阴差阳错地被引至亡界，然后在重返人间之后，他们就会向世人汇报自己关于阴间的一手见闻。[30]从 6 世纪开始，这类自阴间还阳的故事便成了一种标准的文学体裁。这些故事尽管往往都只简要重述一些普遍性的惯例（包括文学程式和传统教义），但可以直接证明民间关于死后未知命运的信仰。《夷坚志》中的一则掌故可以说明宋代关于死亡和地狱的流行观念。[31] 这则故事与一位十二岁的男童的见闻有关，这名男童是名为魏良辰的地方官员和其妻赵氏的幼子。魏良辰后来于 1155～1156 年被宋廷任命为参知政事，这是当时中国的最高官职之一。赵氏于 1151 年身故，于是其家人礼请了一位声名在外的法师为她操办醮祭。[32] 法师于赵氏的五七日为其主持了黄箓斋，仪式中赵氏之子在灵堂中看见了自己的母亲，然后他进入了一种迷离的状态，看到天上的仙人来到自家门前带走了法师献给神尊的表文。当晚，该男孩又在睡梦中被召至救苦天尊所在的大殿，亲眼见证了地府施行正义的过程。在震惊中，男孩看到一群铁镣加身的有罪之人被带至殿前，然后他们中的每个人又根据其罪名被送至相应的地狱。一位天神向男孩介绍了地府的运作方式，告诉他在仪式中必须严肃、仔细地确保每个细节的完成；只有严格按照道教经文[33] 中的记载完成相关程序，有罪之人才能得到赦免；应该用官职称呼地府官员，而不是他们在世之时使用的名字。和其他同一类型故事的走向一样，在男孩返回人间后，他的亲人便敦促他分享所有见闻，以便增进他们对地府的了解。在地府之旅中，男孩发现一系列仪式层面的差错导致为其母亲操办的醮祭功效受损。醒来后，他把这些差错告诉了自己的父亲，它们包括：醮坛过于靠近厨房，在园圃中有嬉戏的儿童，在仪式中将不洁之人（在此例中为患有疥癣的老卒）雇为仆役，以及法师在其献给天神的表文中写错了一个字。在解决了以上所有问题后，醮祭圆满完成了。男孩能够发现这些问题，说明他在阴间的所见所闻是真实存在的。尽管这类故事属于一种具有悠久历史的文学传统，但毫无疑问的是，这类还阳的经历并不稀奇，它们的真实性也得到了大众的认可。这就是民间关于冥界的一般性构想，类似的故事每出现一次，这种景象在大众心中留下的印象就会再次加深。

　　人们对地狱中的苦难进行了十分细致的描绘，这反映出个体不仅一直为自己死后的命运感到焦虑，还格外担心先祖们的处境。以目连为主角的神话故事和祭仪最能表现这种忧虑之情。目连是佛陀座下的高徒，在中国文化中他因将先人从地狱中救出的孝顺之举而被广为称颂。唐宋之时，人们把目连与农历七月十五日举办的盂兰盆会（俗称鬼节）联系了起一，143 该法会旨在超度在地狱中受苦受难的罪人亡魂。关于目连壮举的神话，即将自己的母亲从层层地狱中最深不可测的角落拯救出来，以及确保她能够往生于西方极乐世界，是通过一种被称作"变文"的通俗文体宣扬开来的。和变相一样，变文是唐朝僧人经常借助的一种布教工具。尽管与目连英勇无畏的寻母之旅有关的许多细节都出自印度的佛经和道德寓言，其故事在变文叙事中（后来也出现在了民间戏剧中）的经典版本却是中国文化的产物。根据变文中的记载，目连来到迷宫一般的地下世界，踏上了旷日持久的寻母之旅，途中他偶遇了多位神祇，也碰到了多群悲惨度日的有罪者。最终，他在最阴森恐怖的地狱，也就是无间地狱中找到了自己的母亲。由于目连之母曾经拒绝一位前来化缘的僧人，死后她必须一直忍受身体被钉上钉板的酷刑。尽管目连是具有神通的佛陀高徒，但仅凭他自己一人仍无法使母亲获得解脱。然而，在他自己主持的超度仪式（其效力因为目连佛教僧人和佛陀高徒的身份而得到了加强），十方僧众具有积善作用的虔信之力，以及佛陀提供的救助之力的综合作用下，目连最终成功从地狱和轮回三恶道中救出了母亲，使她在极乐净土中实现了转生。[34]

　　因此，在目连的故事中，佛教徒对俗世的厌弃之情与中国的孝道观念间存在已久的矛盾得到了调解。依靠信仰、善举和仪式层面的努力，这位孝子兼佛陀信徒最终成功抛开了业力的法则，赎还了母亲的罪孽。目连的故事还解决了中国宗教世界中长期存在的另一个矛盾，即自己的祖先与数量庞大、同自己无亲无故的鬼魂间令人不安的关系。目连变文和盂兰盆会都倡导应像菩萨一般普度众生，不仅应在面对自己的父母时具有献身精神，在面对其他所有有罪者时也应该做到如此。变文十分尖锐地宣扬称，中国的祭祖仪式毫无作用，唯有通过皈依佛教，在地狱中受刑的有罪之人才能减轻痛苦。尽管如此，人们仍然常常忽视目连神话原有的救世学语境，而把这个故事融合到只关注祖先的墓葬实践中。通过戏剧表演的方式重现目连的故事成了中国丧葬仪式中的一个基本环节。[35]大众对目连故事的高度接受说明，佛教的末世论在人们心中激起了对祖先命运的强烈担忧。

　　作为佛教徒的一种口头传教手段，目连的故事面对的听众主要是虔诚的普通信众而不是僧人。它强调了佛祖的慈悲所具有的救赎之力以及对于往生极乐的追求，这种强调与净土神学传统形成了共鸣。尽管净土法门的"根"仍然是来自印度的佛经，但作为独立的宗派它完完全全是中国社会文化的产物。6世纪，各类秘传佛教宗派在士族阶层的拥护推崇下迅速发展，净土法门就在这样的背景下作为它们的竞争者诞生了。净土法门对于人类的处境有着十分悲观的看法，认为任何信徒——无论是在家人还是出家人——都无法单凭个人努力在尘世的苦难中获得解脱。净土法门反对通过苦修、慈善和法事积累善业，主张对某一位救世主——通常为无量寿佛（阿弥陀

144

佛）或观音菩萨——保持虔信。净土学说强调的是施行简单的虔信之举，例如念诵救世主的名字（即念佛），而不要求个体出家为僧，个体也无须熟悉各类经文和佛事，甚至连僧人的打坐修定都不是必需的。到宋朝，净土法门成了许多通俗宗教信仰和实践的基础。尽管净土学说在僧众内部仍没有构成独立的修行宗派，但中国佛教的主要修行传统都对其有所涉及。不过，净土法门之所以能够在中国社会的各个阶层传播开来，主要是因为天台宗从 11 世纪起逐渐开始向净土教义靠拢。

隋唐时期，天台宗享有来自朝廷和世家贵族的慷慨捐赠和大力支持。然而在安史之乱之后动荡不安的两百年中，天台宗差一点就此湮没。好在 10 世纪时，江南地区的吴越国的皇帝广兴佛法，使天台宗得以重振。天台宗的复兴最开始以明州（宁波）为中心展开，然而到南宋，临安（杭州）已经取代明州成为天台宗的首要重镇，而此时的天台宗既属于普通信众，又属于出家之人。[36] 重获生命力的天台宗欣然地接受了净土学说中倡导的虔信行为，成了以忏仪和对莲社（由普通信徒组成的兄弟会式组织）的支持而闻名的宗派。[37]

为宋朝的净土派打下仪式基础的是一位被称作慈云遵式（964～1032 年）的和尚，他作为领军人物之一推动了天台宗在江南的重振。他曾在明州和台州的多处寺庙当过住持，并因此广受赞誉。1015 年，遵式法师被任命为杭州城外下天竺寺的住持，并在那里待了十六年。在这十六年间，下天竺寺由山顶上的一座朴素的小寺，发展成了最为繁荣的天台宗中心之一，构成了明州那些历史更悠久的天台宗寺庙的强劲竞争对手。遵式一直致力于改革民间的宗教实践，消除人们对邪恶的"血食之神"的祭拜活动。他提出了一系列既可帮助祈求者获得精神或物质奖励又可宣扬普度之法的佛事，希望用它们取代向地方神祇定期献上"血食"的民间祭仪。[38]

遵式对于他所生活的年代的殡葬实践尤其反感，常常抱怨称盂兰盆会已经堕落，变得同一般意义上悼念祖先的仪式几乎没有差别。根据遵式的记载，当时大多数寺院都对水陆庵和一般寺庙做了区分：在水陆庵中，接受祭品的是孤魂野鬼，这些鬼魂找不到可以为他们操办祭祖仪式的后人。遵式谴责了这种只强调孤魂野鬼的福利的做法（在他眼中，这意味着祖先崇拜具有优先地位），坚持认为祭品应该是献给所有亡者的。[39]他还谴责了当时人们对"饿鬼"的恐惧，强调称不应把"施食饿鬼"当成一种驱逐邪魔的行为，而应将其视作为不幸的饿鬼提供精神和物质给养的善举。[40]在遵式提出的用来替代民间血祭的佛事中，特别值得一提的有放生和金光忏。约在1020年的佛诞日（阴历四月初八），遵式将一些鱼放生西湖，开创了这一佛教仪轨，直接批判了为"血食之神"准备牲祭的做法。放生仪轨还包括替那些被释放的生灵念忏悔偈的环节，这样做可以帮助它们在重生后获得比现世更好的命运。遵式认为与盂兰盆会类似，放生关注的不是个体的祖先，它强调应帮助一切有情众生进入更好的轮回道。金光忏针对的则主要是僧人。尽管如此，它的主要构成要素——包括忏悔罪过，表达对佛祖、佛祖之教诲和佛门的信仰，准备清供（香烛与鲜花）——同时也是遵式鼓励普通信众完成的重要宗教实践。

然而即使是遵式也承认在佛事中获得福泽的不仅是不幸之人，还有施行仪式的人。遵式的弟子灵鉴编写的水陆法会仪轨的关注重点不仅有忏与度，还包括世俗层面的利益，如财富、子孙、长寿、亲族和睦。水陆法会的祈求对象范围很广，不仅有诸佛菩萨，还有一些不属于佛教的神灵，包括不同级别的土地神，甚至还有散播灾祸和疾病的鬼王。所有神灵都由雕塑或绘画代表，以帮助请愿之人集中精神。[41]绘有数百神佛的壁画或画卷成了举办水陆法会的一大标志性特征。[42]

　　修持天台宗的佛门中人建立了在家人的"社"，以培养俗世之人对诸佛菩萨的信仰，这些结社的成员定期会面，以一同拜忏、诵经、准备清供、行善。1009 年，明州天台宗寺庙之首延庆寺的住持智礼创立了一种一年一度的大型集会，其目的包括为僧众化缘、为俗众正授菩萨戒，以及宣扬念佛的实践。参加集会的人会收到用来记录他们每日念佛次数的历书。日常生活中的忏仪和发愿与净土理念在一定程度上存在相通之处，净土法门强调通过重复行为积累善业与量化个人的精神进展，并由此衍生出了记录功德簿的实践。[43]遵式还建立了莲社，但他主要将注意力投向了上层社会。之后，这些在家人结社——对它们的称呼有莲社、净土社、归西社、西资社，等等——与净土派倡导的宗教实践（如念佛）获得了天台宗的完全接纳。很快，建立莲社的做法被普及到了天台宗之外的其他宗派。到 12 世纪，未获得天台宗明确授权和监督的莲社开始遍布江南地区。尽管这些结社被天台宗的僧人斥为西贝货，但它们激发了富裕的地主阶层的虔信，并从他们手中获得了经济上的支援。[44]道民（莲社参与者的自称）们并没有构成独立的宗派，也不反对僧侣的存在；他们追求的是在精神层面向僧人靠拢，并同时保持世俗化的生活方式。为积累善业，这些佛家居士更多以个体而非群体为单位开展了各种各样的利他活动。例如财物上的布施就是十分重要的行善之举，这种布施不仅包括向僧众和他们的布教事业（如印刷佛经）捐献香火钱，还包括修桥等带有世俗目的的行为。但这些宗教结社中的佼佼者，例如茅子元（约 1086～1166 年）于苏州－嘉兴一带创立的白莲社，受到了来自僧人们的嫉妒和不时迫害。僧人们创立的莲社提倡通过做善功积累善业，但茅子元摒弃了这一莲社的基本特征，转而强调忏悔和念佛等简单虔信行为的重要性。到 13 世纪，白莲社在东南地区已经成为一种分布广泛的宗教运动，且在福建、江西等地扎下了根，因为白莲社与寺庙势力在这两处的竞争相比其他地方没那么激烈。[45]

在遵式和其他弘扬净土法门的台宗僧人推行的面向普通信众的佛事中，最为重要的是一种向观音菩萨祈愿的忏悔仪式。观音菩萨是《妙法莲华经》（即《法华经》）中一位法相万千的救世主，而《法华经》是天台宗也是整个大乘佛教的基础性经文。正如其名字的字面意思——聆听世间疾苦之声——所揭示的，观音在《法华经》中被描绘为一位慈悲为怀的菩萨，虔诚信徒祈求观音菩萨保佑自己避开灾劫、转危为安。早在大分裂时期就有大量观音显灵的传说在中国各地流传。[46]到唐朝，由于密宗元素的引入，观音的形象变为令人敬畏、具有千手千眼的守护之神大悲救苦观音菩萨（见图 21）。[47]观音的这一法身立下誓愿，将拯救所有于危难时在心中诚念《大悲观世音菩萨咒》的信徒，随后观音便成了中国通俗宗教中最为重要的救世主。[48]在宗教图像中，观音通常与地藏成对出现，这表示他们二位都是对在苦难中沉沦的世人心怀大慈大悲的菩萨。[49]

简单的虔信之举（如诵念观音咒）和真诚忏悔的表现（最突出的例子为身体上的自残行为）都是大悲观音菩萨信仰的内容。天台祖师智礼和遵式还发展出了一种以观音为核心的忏法。受天台宗大力推广的观音咒最终成了俗众忏仪的一部

148

图 21　千手千眼观音

图中四米高的塔形观音像有四十二只手臂，它们拿着不同法器，象征这位菩萨的不同法身。此外，在这层手臂周围还有第二层光晕似的手臂，与这些手臂相连的手掌是摊开的，且每个掌心都长有一只眼睛。在这尊菩萨石像的两侧还有观音二十八部众的浮雕。重龙山第 113 号龛，四川资中，约 780～850 年。资中县文物管理局提供。

分，而遵式的另一弟子辩才元净（1011～1091 年）在这个过程中发挥了主导性作用。1062 年，元净被任命为上天竺寺住持，在这间寺院中有一尊以治愈能力著称的观音大士像。元净善于在请观音的仪式中获取圣水为人治病驱邪，并因此获得了声望。[51]在他掌理上天竺寺期间，这间禅寺成了最为著名的观音道场，且或许还因寺中声名在外的观音大士像成了两宋期间最重要的朝圣地。[52]

宋朝初年还见证了观音变身为女性神祇的过程，这也是观音信仰史中影响最为深远的发展。这种变化发生的原因可

图 22　白衣观音

　　这幅画像综合了白衣观音和水月观音的图像元素。图中的观音姿态雍容，雍容是水月观音的典型特征之一。同时，他身着白衣，头戴宝冠，冠上搭着一块白色头巾。他左手持净瓶，右手执柳枝，这两个物件是观音治愈之力的象征。这些元素早在唐朝就已经成为观音像的基本特征。画面的右半部分是一位跪着敬拜观音的礼佛者（他同时也是一位供养人）。在这位礼佛者上方有两朵祥云，其中一朵上坐有一名端着小盘祭品的童子，童子的图像似乎表示供养人的求子之愿已经达成。在唐朝之时，求子已经是观音信仰中的一个标志性要素。佚名作敦煌遗画，10 世纪。故宫博物院提供。

通过《法华经》的内容来解释：在《法华经》列出的三十三种观音相中便有七种女性法身（比丘尼、优婆夷、居士妇人、宰官妇人、婆罗门妇人、童女、长者妇人），观音菩萨会根据礼佛者的需求和地位来决定自己应该以哪种法相现身。尽管如此，唐末的观音像仍以男性为主，或在某些情况下呈男女同体之相（见图 22）。完全将观音像塑造为女性的已知最早例子出现在开凿于宋代的大足石窟中。[53] 在 10 世纪成为民间宗教信仰对象的白衣观音很明显就是一位女性，这或许是因为在某些中国本土的经文中，白衣观音被描绘成了一位为富裕的礼佛者赐子的女性神祇。以灵验著称的上天竺寺观音大士像一般被认为是白衣观音，因此这尊菩萨很有可能呈女相。水月观音或许是在宋朝的绘画与雕塑中最常见的观音法身，当时他仍然以男女同体的形式出现。然而到明朝，人们总是将水月观音与宁波海域上的普陀山道场联系起来，而普陀山道场的观音像一般都以女性形象出现。普陀山是明清时期最重要的观音信仰朝圣地，这在很大程度上推动了观音形象的完全女性化。[54]

使观音菩萨的女性身份深得人心的观音像可能以妙善为原型。妙善神话的主角是一位生于皇室的年轻女子，她十分虔诚，放弃了婚姻的快乐和享乐的生活，决意用自己的余生供奉诸佛菩萨。她贸然拒绝成婚的举动惹恼了她的父王。为了使女儿回心转意，妙善的父亲剥夺了妙善的舒适生活与公主头衔，把她囚禁于一间尼姑庵，迫使她在那里从事繁重的体力劳动。不过妙善并没有因此改变心意，气急之下国王决定将她处死，但妙善奇迹般地逃脱此劫，然后被送到了遥远的香山。此后，妙善在香山削发为尼，开始了清净的苦修生活。

几年之后，妙善的父王染上重症，身上奇痛无比。没有人能治愈他的疾病，且看到他病容的人无不感到厌烦。得知他的病情后，妙善假扮成和尚，回到了父亲身边。她告诉父亲，他的病必须以人眼和人手入药才能痊愈，且献出眼与手的人必须毫无怨恨，否则药就会因怨气而受到玷污。在听到父王告诉她并不存在这样的人后，扮成和尚的妙善回答道，香山之上的苦修者就是愿意这样做的人。于是国王派出使者到香山提出这一冒失的请求，回到香山的妙善在听完使臣的话后立马挖出了自己的眼珠，砍下了自己的手臂。在服下用妙善的手与眼制成的药剂后，国王很快痊愈了，他决心前往香山亲自表达自己的谢意。当他的仪仗抵达香山后，王后认出他们的恩人不是别人，正是他们的女儿。得知女儿为自己做出的牺牲，国王大恸，发誓自己从此以后一定会一心向佛。这时，妙善告诉他自己是观音菩萨的化身，然后她变身成为令人敬畏的千手千眼观音法身。[55]

151

　　虽然妙善传说的起源已经无法考证，但与目连传说相似，它很可能是一个在中国编写而成的故事，是调和佛家出世之心与中国最重要的价值观孝道间矛盾的一种尝试。这个传说在11世纪末12世纪初首次在中国获得认可，当时的杭州知州从前在中部地区为官时听说了这个故事，于是他将其刻在了一块石碑之上。1104年，这块石碑被立在了上天竺寺，当时该寺已经是远近闻名的观音道场。[56] 由于上天竺寺是广受推崇的朝圣之地，妙善的故事很快就传遍全国各地。妙善还变成了民间宗教读物中的主要人物之一，明朝甚至出现了以她为主角的长篇小说。广为流传的妙善故事（其具体内容常常因听众不同而略微有所差别）使她成了观音菩萨最家喻户晓的化身。[57]

　　和目连一样，妙善是一位可以颠覆业力运作规则的奇人。她和目连都代表着孝的终极形式，且这种孝并不是对父母权威的简单服从。但他们的情况并不完全相同：目连的故事象征的是坚定不移地为父母献身，这使僧人的身份在崇尚孝道的文化大环境中找到了自己的位置；而妙善故事的关键则是对父权的否定。另外，妙善的自残行为体现出的无私情怀比目连传说中任何一个细节都更为极端。人们很难在实际生活中把妙善当作效仿对象。妙善信仰的重点更多在于把个体的崇奉引向一位具有惊人度世之力的伟大女性神祇。妙善牺牲自己眼睛与手臂的行为影射了这个属于肉体凡胎的世界本质上不过是幻象而已，而她现出千手千眼观音真身的行为则暗指虔信之人才能看到的世间真谛。

观音菩萨的女身法相和宋朝兴起的其他女神信仰[58]共同证实，当时一种可被描述为慈悲的女性化的趋势正在不断扩散。男性神祇通常都被塑造为刚正不阿的君主或大臣，也就是社会规范与不可妥协的道德伦常坚定不移的捍卫者。与之相反，女性神祇展现出了对有罪之人的深切同情。这些女神信仰的兴起与慈悲的女性化趋势共同说明，女性在宗教信仰领域扮演了越来越重要的角色。但是明确关注女性生活状况和她们关切的问题的信仰，在宋朝结束后才出现。例如送子观音出现于1400～1600年，尽管《法华经》早就对观音的这类特质特意做过说明。同理，中国北方地区的娘娘信仰也大概到明朝才开始发展。[59]

关于罪与赎的困扰、冥界的可怕景象、净土法门的传播，以及慈悲的女性化趋势等是宋朝宗教领域和社会生活中广泛存在的要素，与它们有关的远不止佛教学说和佛教信徒。宋朝时期中国宗教文化的最显著特征，便是出现了一种一体化的神灵世界，在这个世界中种类不同的宗教信仰和实践是相通相融的。[60]此处的"一体化"并不意味着中国宗教文化形式的单一化。相反，即使这个一体化神灵世界的最基本特征也在各自独立的社会和历史经验中，不断地被重新诠释与修正；而且在不同的时间、空间、社会环境中，宗教信仰与实践表现出了惊人的多样性。尽管如此，我们可发现，与神灵世界之本质和结构有关的基本设定，以及与仙凡关系有关的基本法则，都在宋朝变得更为具体化，而在帝制时代晚期的通俗宗教意识塑造中发挥关键作用的，正是这些基本设定和基本法则。为中国宗教结构建立概述性图解模型并不能帮助我们理解这些基本规则的重要意义；为达成这一目的，我们需要做的是研究它们在历史中的具体实例。

在宋朝宗教文化的影响下，人们逐渐意识到众神是人类历史的一部分。此处的历史并不是关于远古圣王的久远历史，而是属于地方社群的共同记忆，记忆中的人与事属于过去，但相关故事的讲述或相关戏曲的上演使人们不断对其进行回顾。神祇与信徒间的互惠关系（历史和信仰在这种关系的塑造中发挥了同等作用）可由仪式动作和集会庆典确认，共同记忆库中贮存的众神传说在这些庆典与仪式中得到了再现。记忆、民俗与仪式塑造了家庭和社群的宗教传统，这种情形并非没有先例。我们可以看到在汉朝之后的志怪小说、佛教灵验故事、戴孚《广异记》的逸事中也出现了相同的要素，这些载体都试图通过具体且可以证实的历史事件揭示神灵世界的运作规律。而宋朝及后世历史的创新之处则在于一种通俗化的宗教理解框架的出现。

宋朝期间，民间神祇体系中的神在普通人看来变得更加易于接近且有求必应。根据道教的神学理论，了解神的身份就赋予了人驱使他们的权力。以汉朝的天师道为基点的道教经文和

153

科仪的核心是获取与神祇的名字、神力、神阶有关的信息。只有在掌握了这些信息后，凡人才能驾驭神灵之力，从而运用它们满足自己的世俗之欲，因此对神的了解将赋予人可与现世的君权相提并论的权力。神祇的身份信息是受到严格保护的秘密，它只对优秀的教内之人透露；而对于凡夫俗子而言，他们能够做的只有请求宗教人士帮助，在后者的协调下向神明提出请求。到宋代，普通信众开始拓展可以更直接地与神进行沟通交流的渠道。[61]如施行掷珓、抽签等简易卜筮手段就无须借助宗教人士、宗教书籍或仪轨方面的知识。同样，地方性社群把它们不断增加的财力投入到神祇的创造中，这些神祇反映的既是当地的特有历史，又是本地居民的需求。在这个过程中，很多出现在宋朝的神祇都与他们的庇护对象变得惊人地相似。不同于道教中与星体有关的天神，也不同于更古老的"血食"崇拜中的文臣武将，宋朝新兴的地方性信仰崇拜的通常是因出生或死亡（更常见的情况）而具有了神力的平民。正是因为同属一个社群，当地百姓才能从这些神祇处获得感应。

但是僧人和道士在宋朝社会中仍然扮演了重要角色。尽管他们的重要性远远不如在中世纪的欧洲社群生活中占据核心地位的教区牧师，但在丧葬祭奠仪式以及一些节日庆典中，他们仍是不可或缺的（但在与出生和婚姻相关的纯家庭事务中，他们完全缺席）。然而无论是道士还是僧人都未能成为乡村社会中的领头人物。相反，他们是寺观祠庙的管理者和宗教领域的专家，只有在个体或家庭向他们发出请求时他们才前去满足请求者的需求。自唐代以降，有一大批僧道之人在地方社会中成了这类专业性群体，我们或许可以从仪式通俗化的角度解读他们所扮演的社会角色。换句话说，道士和僧人主持的最基本的仪式活动（例如道士通过疏文协助人们与神明进行沟通的仪式，或由僧人组织、安排的忏悔赎罪仪式）并不存在于一个孤立的神学与教派语境中，而位于普通信徒世俗生活的框架下。正如施舟人（Kristofer Schipper）曾经指出的，黄箓斋等道教科仪也曾经被用来实现多种公共用途。[62]道士并不强求请他们做法事的人皈依道教（但僧人在做法事时似乎更倾向于这样做），他们是向客户提供服务的人。尽管在道士和僧人的协调下发生的灵验奇迹激发了供养人的信仰和虔诚，但在奇迹未出现前供养人不会轻易产生皈依之心。人们在向神明提出请求时常常会做出一个承诺：如果神明可以回应自己的祈祷，那么自己一定会在神迹发生后奉上祭品或用行动表达自己的谢意。

除了僧人和道士外，宋朝还出现了一个成分各异但可统称为"法师"的群体，他们每人都精通一两种治疗仪式，可为中邪之人驱走邪鬼，帮助其恢复健康。[63]任何宗教的修行者都可被称为法师，不管他是否受戒或受箓，也不管他是大字不识的乡间灵媒还是熟读经文的博学大师。法师们的共通之处是他们都可以通过上身或变形的手段召唤出某个守护神，在这个过程中守护神将暂寄法师的肉体之内，同时把自己的神力恩赐给法师行使。法师们是灵力探查方面的专家，他们常常雇用孩童模拟使病人饱受摧残折磨的邪灵。一旦发现邪灵，法师们就会将其逼出病体，对其进行拷问，然后再将其放逐。戴安德（Edward Davis）提出佛教和道教的法师效仿了各类地方灵媒（巫）的驱邪实践，而巫又在守护神、仪式和咒语方面借鉴了制度性宗教的内容。[64]这两类法师的不同之处在于，在宋朝的相关记叙中，佛教或道教法师表现出了很强的流动性，为回应各地客户的请求他们常常云游四海；而被称为巫的法师则在守护神所在地的地方社会深深地扎下了根。无论属于哪种类型，法师们都促进了宗教仪式在宋朝社会中的传播及通俗化。

155　哪怕是最朴实的祠庙（甚至荒废的祠庙）也被一种神圣的氛围所笼罩着。民间传说中最常见的情节之一就是心怀不敬的祠庙访客因做出随意摆弄神像和其他圣物的渎神之举而受到严厉的惩罚。但祠庙是一种公共场所，面向希望向神明传达私人祈祷的祈求者开放。功德簿和纸钱的使用反映普通信众对世俗化的解脱之道有了愈发强烈的渴求，但他们与官定宗教的理念与制度间维系了辩证的关系。祠庙的掌理者会经常性地联系这些祈求者，可能会替他们操办、主持各类仪式。僧道集团的角色同中世纪时期的基督教教团类似，很少直接介入绝大多数人的生活和宗教实践。但随着净土宗（尤其是其推崇的观音信仰）等信仰体系的日益普及，普通信众与僧道之人的联系更加频繁。道士与僧人还会在重要的宗教节日（包括二月十九[65]或六月十九的观音诞、四月初八的释迦牟尼涅槃日①，以及七月十五的鬼节）主持集体祭典，也会参与社群内不定期发生的一些事件，如新立寺庙的开光或者为灾害（如持续性干旱）举行的祈禳仪式。［但在其他时节，包括新年（正月初一至正月十五）、为祖先扫墓的清明节（三月初三）以及仲夏的端午节（五月初五）等需从事驱邪活动的节日，宗教活动在很大程度上以家庭为单位进行，并不需要宗教专业人士的参与。］如白瑾（Jean DeBernardi）所言，这些仪式所尊崇的是

---

①　一般认为阴历四月初八为佛诞节，而释迦牟尼涅槃日的时间为阴历二月十五，此处疑为作者笔误。

所有神祇，尽管他们代表不同的教义或属于不同的宗派。[66] 由于每个地方社群都有自己的地方传统和关注重点，举办仪式的时节以及神界的科层秩序随地方社群的不同也会发生改变。同理，祭拜神灵的所在地也因时间和空间的不同而有不同的分布。在这种极具流动性的信仰体系推动下，人界与神界间的沟通调和不是某一类神职人员团体的专属事务，而是一项多样性和专业性兼具的事业。

我们很容易把宋朝和之后的通俗宗教文化同地方上的口述传说联系起来，与制度性宗教的经书和僧道传统对立起来。对于保存于教内经典的正统神学和教法仪轨，道门和佛门之人会严格地把它们同门类繁多且相互混杂的民间宗教信仰和实践进行严格区分。但没有证据证明普通人也拥有如此泾渭分明的宗教观。文字记录和口述传统可以多种形式发生碰撞，且读写能力并非学习经文的必要前提。传统经文中的戒律同神佛显灵的故事一样可以口口相传。正如韩森指出的，祠庙和塑像作为神明的有形存在成了普通人了解他们的关键途径，以此为参照人们可以在神明现身之时——他们常常出现在梦中或幻象之中——准确识别他们。但同时祠庙也是经文知识的储藏之处。祠庙中的神像和庙中宗教专业人士可以提供的成套法事服务把普通信众（无论他们是何等无知）带入了宗教经文的世界。

一个经文与民间信仰发生交叉的例子便是《度人经》。《度人经》是简短的单卷经文，成书于约 400 年，是收录灵宝教各类科仪的基本神启文本之一，在宋朝的文人间普及度很高。[67]1116 年，林灵素向宋徽宗（1100～1125 年在位）献上凌霄诸经，其中《度人经》被他视为万法之宗、群经之首；此时《度人经》已经被扩写为六十一卷，这一经历了大幅扩写的版本成了徽宗短命的道教政权的立身之本。[68]人们相信诵念《度人经》可以帮助祈求者和其过世的祖先升至天庭，从而免于遭受地狱中的苦难。与早期的道教文本不同，《度人经》反映了佛教对神圣经文之功能和性质的看法，扩大了度化的范围，提倡济度众生，而不仅仅关注个体的度化。[69]这本经书的文本主要由神秘的天神之名构成，且包含大量晦涩难懂的梵音转写。虽然早在林灵素之前，《度人经》就因善于神算的徐守信（1033～1108年）等道士而声名远扬，这些道人利用《度人经》中神秘莫测的话语替人卜凶问吉。徐守信答复问卜者的方式是写下一些短句（有时会写下一两个段落），这些文字看似是从《度人经》中随意摘抄的，但后来被证明是准确可靠的预言。徐守信在世之时广受推崇，获得了三朝皇帝（其中一位为表达自己对其的崇敬之情，专门修建了一间广至五百区的道教宫观）的青睐，但他仍以满足普通信众的需求为主。徐守信的知名度证实了真经的辟邪能力，以及能够掌握、运用这些经文的人所拥有的权威。[70]

　　徐守信并不是唯一能够做到这一点的人。《度人经》被用来预知未来一事也可由宋朝的很多民间传说证实。[71]吟诵真经还可以使信徒获得预防和治愈疾病的神力。自宋朝起，这种行为成了在普通信众和受箓道士间都十分常见的宗教实践。尽管杜光庭《道教灵验记》收录的许多传说都涉及诵念《度人经》的奇效（包括恢复健康、避开灾劫、超度在地狱中服刑的祖先），但这些故事的主角都是道士，且《度人经》本身在这些故事中也被描写成一种秘传经文。[72]与之相反，一位与他生活在同一时期的学者在为《度人经》做注时讲述了一些故事，这些故事以普通甚至大字不识的信众为主角。在其中一个故事中，一位盲人因诵念《度人经》而重获光明。在另一个故事中，因在一次宗教祭典中听到众人集体诵念《度人经》，一位跛脚之人的足疾获得痊愈。[73]民间传说也证实了《度人经》的辟邪功效。这份经文被大量复制，在冥界这些副本可以作为货币使用，个体可用其购买自己在地府科层体系中的职位，也可以购买豁免地狱刑罚的权利。[74]

不识字的百姓还可以通过图像接收《度人经》中传递的信息。例如，1146 年平江府的一间重要道观获得整修，它的两条走廊在这次整修中被画上了以《度人经》为原型的变相图。[75]贺登崧（Grootaers）在 20 世纪 40 年代研究了中国北方地区的真武庙内的神像，他发现这类宫庙壁画在神佛传说的普及和改写中发挥了关键性作用。他把 20 世纪北方乡间的真武庙壁画同两份晚明文献（分别为民间宗教读本[76]和通俗小说[77]）中的真武形象做了比较，发现这些壁画讲述的真武故事同用文字书写的故事有很大不同。有些壁画中出现了文本记录中没有涉及的情节，它们或许来自戏曲表演，或许源于宗教宣传册。贺登崧还发现壁画上的题字在字形和字音上都有许多错误，他因此得出结论：这些传说主要以口述形式传承。[78]《十王经》中地狱构想的普及过程也反映了带有说教目的的配图对于宗教学说（尽管来自非正统典籍）传播的重要意义。[79]

宋朝宗教文化的一大趋势是越来越多的人开始直接向神明提出自己的请求；与此同时，至少可追溯至汉代的用官场用语描述神人关系的做法，也逐渐发展成一种层次分明、尊卑有序的神官体系。神界科层制度的框架已经获得充实：神界具有了各个层级的官员，他们统一接受一位至上神的统领，这位至上神本身就是中国皇帝的一种镜像。和中国的皇帝一样，至上神

158

更多是以其名号而非本名被人提起。他拥有很多可交替使用的名号，包括"上帝""天帝"等古老称谓，以及源自道教的"玉皇大帝"或"元始天尊"。[80]宋朝官府试图将所有宗教信仰都整合在一个获得朝廷认可的标准崇拜与祭祀体系下，这种做法使神界为俗界官府的延伸这个观点变得更加深入人心。和之前的王朝一样，宋廷编写了对祭祀用品和形制进行规定的祀典。反映了周朝贵族社会形制的儒家礼制规范名义上规定，普通人只能崇奉自己的祖先和为数不多的家神，而其他形式的神灵信仰都被视作"淫祀"并被严令禁止。到宋朝时，对于从前只有贵族阶层（时已不复存在）才有资格完成的那些公共仪式，如向圣山圣河的献祭，官方总体而言持容忍态度。宋朝期间，可祭祀对象的范围变大，成百上千的地方性神祇被纳入祀典，他们为朝廷和地方社会施展的神迹为他们赢得了官府的认可。对宗教热情持批判态度的儒家学者抱怨称官员和地方望族已屈服于黔首的强烈呼声，与其同流合污，最终导致了淫祀的泛滥；但他们的指责几乎没有产生任何影响。对于这些所谓的淫祀，宋朝官府坚持采用收编并加以规范化的做法，给予它们官方认可，而不是一味地将镇压视作抑制民间宗教狂热的最有效方式。同时，宗教图像使人愈发清晰地认识到神界实际上是世俗权威的一种拟像，因为在绘画或雕塑中，神祇通常都身着皇帝和大臣的长袍和礼服（见图 23）。[81]

宋朝官府赋予民间信仰官方身份，希望以此规范、管理民间的宗教实践，这种做法并不是一种新鲜手段；但朝廷创造了一种囊括了官祀中的神祇和土地神的普遍适用的标准化神灵体系，这种尝试则是君权对宗教生活的一次史无前例的干涉。从宋朝起，朝廷开始用严厉的戒律对僧人和道士进行约束。正统

图 23 道教三清

以元始天尊为首的道教三清统帅着天界诸神。这个壁龛雕刻在石室正中的石柱上，该石室的墙上画着排成六层的三百六十位天尊。南山石刻第 5 号龛，重庆大足，12 世纪上半叶。参见重庆大足石刻艺术博物馆 1991。龙小帆摄。

经文的修编和印制必须依照朝廷的指令进行，朝廷还实际控制了僧道的受戒（箓），掌握了指派重要寺观道场住持的权力。作为狂热道教信徒的真宗皇帝（997～1022 年在位）对封赏道教神祇格外热衷，他使道教中的尊神拥有了可以与其自身帝王威仪相比肩的尊荣。[82]掌管冥界的泰山府君获得了"帝君"的头衔，并被晋为东岳天齐仁圣帝。宋真宗下令要求大宋境内的各府都必须修建祭拜东岳的祠庙，并且这些恢宏的祠庙应该有助于提升这位帝君的威严。宋真宗还加封了道教上神北帝（被改名为真武），然后 11 世纪宋徽宗进一步将其加封为帝君。后来，在各地获得官方认可的道教宫观佑圣观中，真武帝君成了最主要的祭拜对象。

160　　　　之后，尤其在 11 世纪晚期 12 世纪初期，朝廷对数量庞大的地方神祇进行了封赐，将源自古老的周朝贵族制度的封号（例如公、侯、伯）赐予他们。[83]此外，朝廷为这些地方神指派了具体的管辖区域（使他们成为神灵世界中的地方官），批准了以这些神祇之名立祠的申请，为他们的信徒确定了一年一度的祭祀之日。封赐的过程并非完全由中央主导，信奉不同民间神祇的信徒也为了使庇护自己的主神获得官方认可和荣誉展开了竞争。声称自己与这些地方性神祇有亲缘关系的地方望族不遗余力地游说朝廷赐予这些神灵以荣誉。在另一些事例中，不同类型的供养人加入了帮助地方神祇获得封赐的行动，他们包括地方名人、各个宗派的传教者及地方官员。信仰不同的祈求者间斗争异常激烈，在这种情形下供养人为推进自己的事业也开始不择手段，例如他们甚至做出了伪造文献或偷窃石碑的行为。官府对神灵予以认可（并在其后晋其神阶）的前提是他们展现了神迹，且只有在经过一套复杂的官方程序复审后这种认可才算生效，这个流程与罗马教廷封圣的仪节没有太大区别。到宋朝末年，被升至"公"的地方神祇不计其数，但只有东岳和真武获得了威风凛凛的帝君头衔。[84]

　　等级化的神灵和信仰体系是这种统一化神界的特征之一，宗教时间和空间在这种体系的基础上得到了构建。官府的批准在这种等级结构的形成中发挥了重要作用，但它的具体内容会因为民间信仰版图的变迁而产生相当程度的改变。为帮助理解，我们可以把这个等级结构分为四个层次：1）家神信仰；2）土地神信仰；3）统治神信仰；4）区域性信仰中心。现在必须强调的是，这四个层次并不是按照严格的主从关系排列的（或许有一个例外，即土地神隶属于统治神）；但如果以相关神祇神力大小和权威的辐射范围为依据，那么大致而言这种排列符合由小到大的顺序。此外，上述四层信仰都影响了普通民众的生活。尽管每种类型的神祇都有着他们自己的独特之处，但他们扮演的不是相互排斥的角色，且他们的管辖范围以同心圆状重叠在一起——最里层属于家神的界线明确的领域，最外层是广阔且很可能包罗万象的区域性信仰中心。同样值得一提的是，在不同地区占据这一神灵体系各层级的是不同的神祇，且该体系作为一个整体也在不断发生改变，新神被不断创造，旧神则渐渐没落。第一层（家神信仰）和第三层（统治神信仰）的神祇扮演的角色在很大程度上类似于铁面无私的官员，因此这两个层次相对稳定；第二层（土地神信仰）和第四层（区域性信仰中心）则相反，它们的存续与发展都直接依赖于信徒们的宗教热情。

家神信仰

我们应该首先将中国的宗教实践放在家庭祭拜及其历史的命题下进行考察。在"家神"这个类目下包含两类神灵：辖区不超过家户范围的神祇，以及在家中接受家庭成员祭拜的神灵。中国人自古以来就在自己的家中从事各种类型的祭祀活动，这些活动的核心是保护家人和整个家庭免受灾厄侵袭。在可以提供这类帮助的神灵中，灶神和门神是最常见的类型，且灶神还担负着监督家中成员的行为举止的职责。[85]每家每户都设立了家堂以供奉祖先的牌位。此外，家堂上还会放置在当地占据重要地位的统治神和土地神的神像。[86]

基于宋朝的宗教传说，我们可以发现人们愈发倾向于向个人的守护神求助，请求他保佑自己不必面对灾劫和恶灵。由于

162

图 24　真武

　　手中持剑的真武（前景）正站在道教天神行进队伍的队首。立在真武右肩之后的是天蓬，他是另一位发挥护法驱邪职能的神将。本图中的真武形象与始于 11 世纪的标准真武神像一致：他披头散发，赤脚站在在五行中象征北方的神兽玄武的背上。参见景安宁关于该壁画和画中神像的近期研究成果（Jing 1994）。本图截自山西平阳万圣观壁画《神仙赴会图》，13 世纪下半叶。加拿大皇家安大略博物馆提供。

《法华经》的盛行以及把观音菩萨描绘为无处不在之守护神的传说的大量存在，观音长期以来都被视为个体的度化者。在观音信仰中，易于携带的菩萨像（通常是小雕塑）和作为个人祷词的《观音经》（实际上是《法华经》第二十四品）占据了十分核心的地位。道教的荡魔大帝真武也以个体保护者的身份享有盛名。尽管在帝王的支持下，为真武修建的祠庙已经遍布大江南北，但为真武举行的民间崇拜活动的中心并不是这些道观，而是信徒们拥有的属于私人的真武神像。《夷坚志》涉及真武的故事主要描写了人们对可作辟邪之用的真武雕像或画像的敬拜，或者描绘了真武在虔信者间披头散发、手持枪剑的典型形象（见图24）。《夷坚志》中有十一个故事与真武有关，其中只有三个发生在真武庙中（且它们中有两个故事都以真武神像而非真武庙为叙事核心）。与之相反的是，《夷坚志》涉及东岳的十八个故事都对东岳庙做了特写。[87] 在许多地方，为庆贺真武大帝的生辰（三月初三，这一天也是以扫墓为主要活动的清明节）而举办的纪念庆典是重要的公众活动；[88] 但在宋朝的宗教生活中，真武主要扮演了一位守护神的角色，他的形象可保护人们不受邪力侵扰。

163

　　在戴孚的《广异记》中，我们已经看到人们认为自己很容易被邪灵侵袭，甚至在他们自己的家中也是如此。《夷坚志》的灵异故事中最为常见的母题或许就是家人或家仆受到鬼邪侵害或被其上身。洪迈讲述了发生在他的家人身上的一次中邪事件，当时他的父亲是秀州（今浙江省嘉兴市）的地方小官，这段描述向我们揭示了宗教在洪迈的家庭生活中扮演的角色。[89] 洪迈称秀州司录厅中有鬼魂出没，他们都是因故事发生之前一年的洪灾而丢掉性命的饿莩。甚至连洪迈当时只有九岁的兄长也亲眼看见了鬼魂的行迹。一只鬼魂附在了洪迈父亲的侍妾身上，但洪父旋即绑住了被附身的侍妾，然后对鬼魂进行了盘问。尽管洪父已经采取了各种辟邪手段，但侍妾还是被鬼上了身，对此他十分恼怒，于是质问鬼魂为何这些预防措施都失效了：

> 公曰："吾事真武甚灵，又有佛像及土地灶神之属，汝安得辄至？"曰："佛是善神，不管闲事。真圣每夜被发杖剑，飞行屋上，我谨避之耳。宅后土地，不甚振职。唯宅前小庙，每见辄戒责。适入厨中，司命问何处去？答曰：'闲行。'叱曰：'不得作过。'曰：'不敢。'遂得至此。"……公曰："吾每月朔望，以纸钱供大土地，何为反容外鬼？汝为我往问，明日当毁其祠。"曰："官岂不晓？[灶神]虽有钱用，奈腹中饥馁何？我入人家，有所得，必分以遗之，故相容至今。"

164

在这一事件发生的时候，洪迈还只是一个婴儿，他对于此事的了解自然来自家人的转述，这件事也被吸收成为洪家的家族传说之一。虽然洪迈的父亲受到儒学怀疑主义传统的耳濡目染，但他显然是一个十分虔诚的人。他视家神和真武为自己的守护者，小心翼翼地供奉他们，在当时多数中国人的家中这种做法十分典型。[90]

土地神信仰

　　或许宋朝的宗教文化最突出的发展之一是人们开始大批祭祀已成为地方神的真实或虚构历史人物。与帝制初期的地方神，也就是陆修静鄙夷的"败军死将"不同，许多新出现的地方神都被描述为为当地社会做出贡献的普通人，[91]但在大部分情况下，赐给他们神力的是他们的死亡而不是生前的功业。在民间宗教意识中，登仙成神仍是一个由死亡促成的转变过程，因此与昔日的"死将"一样，这些平民出身的神仙常常是早殇或凶死之人。[92]被尊崇为地方神的确都是在某个地方游荡的徘徊于生死之界的亡灵。使地方神与众不同的并非他们曾是现实中的人物这一事实，因为所有神祇都拥有与其生前经历相关的神话传说。实际上，地方神的首要特征不是其作为天庭地方代表的身份，而是他们与地方社会的联系，以及以此为基础的对所辖区域的在世之人的庇佑。尽管在儒与道两种信仰体系中他们的官职很低，但他们是与普通群众距离最近的神祇，也因此最能体谅民间疾苦，且最常回应百姓的请求。

在宋朝以前，"土地"一词被用来指代居所固定在某一特定地点的神祇，与在神界的地位或神阶无关。[93]在汉朝，土地指居于土壤之中的一种神祇，人们在开工动土、开垦农田、修建坟墓前必须对其进行安抚。据王充所言，在这样的场合，人们会准备一个鬼形土偶，巫人通过它提出请求，对其进行供奉，以弥补动土工程对其居所造成的干扰。[94]

汉朝墓葬中的敕令通常都会请求土地神代为照看墓中亡魂，且土地神也是陪伴死者前往冥界的小仙。[95]土地与木石之怪和山魈同属一类，在宋朝无所不在的丛祠中受到祭拜（见本书第六章）；但他们也是一种可以对地方的社会认同和民生产生巨大影响的守护神。他们几乎总是被描述为死者之魂而不是自然界中的精怪，但在某些情形下他们会被封为掌管一方水土的山神。这类新式土地神产生于晚唐，流行于宋朝，取代了

165

从前本性暴力、善恶难辨且形貌稀奇古怪的土地神。[96]施舟人
（Kristofer Schipper）的研究把我们的注意力引向了道教科仪和
地方性信仰的相互同化。这种趋势大约开始于唐朝，在它的影
响下地方神祇拥有了原本属于道教诸神的神力和神威。[97]另外，
宋廷的赐封赋予了某些神灵改善地方民生的重任。为适应当时
中国盛行的儒家伦常，这些神祇被重新塑造为忠孝节义的典
范。但宋朝的新式土地神崇拜和更为古老的对"败军死将"
的崇拜都起源于安抚死者之灵的仪式。[98]

我们可以从盛行于宜兴的周孝公信仰的发展演变认识从
地方性神祇到守护一方水土的土地神的转变过程。宜兴在宋
朝时为常州府辖下的一个县，它位于长江三角洲地区的太湖
西岸。周孝公生前的名讳为周处，是 3 世纪时以身殉国的一
位猛将。据传周处是鄱阳（位于今江西省）太守之子，他任
性妄为，与山中猛虎、水中恶蛟一同被当地百姓视为经常为
祸乡里的三害。桀骜不驯的周处以杀虎击蛟为己任，在实现
这一目标的过程中他曾沉于湖中长达三天三夜之久。乡亲们
以为周处已死，且虎蛟也已被消灭，为此欢庆不已。重新浮
出湖面的周处看到这一景象后，终于意识到别人对自己有多
么嫌恶，于是他决心改过自新。他前往江南地区，成了陆机
（261～303 年）和其弟陆云（262～303 年）的弟子。后来他
以武将身份先后出仕于吴国和晋朝（265～420 年），最终在
299 年战死沙场。[99]

尽管有人在周处死后于他的坟前立了一块纪念其英雄事迹
的石碑，但直到 10 世纪初期才有证据证明出现了以周处为祭
拜对象的民间信仰。周处很有可能从很久之前起就成了一位受
到当地百姓尊崇的"败军死将"。祭拜周处的实践在 12 世纪

进入了一个新的阶段，当时宜兴的百姓认为多亏了周处的庇护，他们在方腊起义（1119～1120年）中才没有遭受乱兵劫掠，后来周处获得了朝廷的加封。民间对周处的崇信似乎由三种因素激起：他的神迹（地方官员为此举行了大量纪念活动）、他为当地社会提供的庇佑（使宜兴免遭旱涝、瘟疫、强盗侵害），以及他的预知能力。一段写于1149年的碑文称供奉周处的祠庙因求签极准而声名远扬，"百里内外"的百姓都会前来此地求签。这些签文"奖善诛过"，教化人们"惟孝惟慈""惟忠惟谨"，或许这就是周处谥号"孝公"的由来。[100]周孝公庙在1176年经历了一次重要的扩建，发起扩建的是当时的常州知州，他认为多亏了周处的庇佑，自己与家人才没有在狂风暴雨大作之时溺死在太湖之中，因此他希望通过扩建工程向周处表示自己的感激之情。这座祠庙香火旺盛，不绝的私人捐赠使其获得了永久性的资助。一块纪念该庙1176年翻修的石碑上写道，庙墙上饰有壁画，壁画中画的是周处斩蛟搏虎的壮举以及"列宿天人"之像。[101]这种个人英雄主义与众多超凡之神的结合，反映了施舟人所描绘的道教科仪和古代文化英雄的相互交融。[102]

另一个可作为宋朝新式土地神例子的是李侯，李侯信仰发端于宜兴附近的湖州长兴县。李侯少时便以其神秘的预言能力闻名乡里。1121年，也就是十八岁时，他突然宣布自己将前往协助天子平定当时正为祸胶西的叛乱，并称自己或许在数年之后才会返回乡里。说完这些话后，他便以入定的姿态端坐而逝。乡人们为李侯修建了一间祠庙，希望该庙可以在其魂灵回归之前为其遮风挡雨。当地的巫觋则借用他的灵力施行卜筮之术。这座祠庙在1209年第一次获得了朝廷的认可，但从

1225 年起李侯才成为一位广为人知的神祇。当时有几名湖州人士曾密谋废黜即位不久的宋理宗（1225～1264 年在位），有传言称，多亏李侯的插手湖州的百姓才没有被帝王迁怒。[103]此后，李侯信仰开始得到更多关注。1250 年，当时颇具名望的道士邓道枢（他于 1240 年从蜀地迁居至平江府）在平江府下的常熟为李侯建了一间祠庙。[104]邓道枢称赞李侯为信仰的捍卫者，并在常熟最主要的宫观中为李侯设立了神龛。李侯在常熟宗教生活中的重要地位在元朝得到了确认。当时江南地区的谷物由海路运往大都（今北京），而常熟则是人们把谷物装载上船的漕运重镇。船员们向李侯祈求庇护，元廷也把李侯正式册封为漕运的护佑之神。常熟的百姓因此把李侯称为海神李王。[105]在整个明朝，李侯信仰和常熟的道教组织都保持了密切联系，当时民间直接把供奉有李侯龛位的道观称作李王宫。航海者把李侯当作自己的保护神加以祭拜，与此同时，常熟的李侯信徒还发展出了他们自己的李侯神话，这些神话内容丰富，且不同于李侯信仰发源地长兴的故事。[106]

李侯信仰从长兴到常熟的移植证明，宋朝的宗教信仰流动性不断增强。[107]然而土地神信仰扩散到发源地之外的趋势加剧了民间宗教实践和官方教条间的矛盾。宗教正典规定土地神（在人们的想象中，他们通常是山川或江河之神）同在世俗世界中与他们构成对应的地方官员一样，其职权范围仅限于他们负责管辖的区域，他们只应在获得官方承认的区域内接受世人的祭拜。然而宋朝不断增强的社会流动性使宗教信仰流向新的地域成为可能。尽管如此，对李侯等土地神的祭拜总体而言还是具有较强地域性的宗教实践。虽然据明朝方志记载，常熟为李侯修建了不计其数的祠庙，但很明显这种信仰并未扩展至邻近地区（或者并未在邻近区域留存下来）。[108]这类神祇的局限性在于他们对地方和历史记忆具有很强的依附性，这使他们的影响力很难扩展至除起源地之外的其他地方。[109]江南和福建的情形说明，土地神信仰——如对周孝公和李侯的崇拜——的传播是一个缓慢且有限的过程，地方性神祇的信徒很少能够分布在两个以上的州府。[110]

　　就土地神信仰而言，最重要的场合便是在相关神祇的祠庙中举行的春祭活动。在江南地区，居住区和村落的分布十分分散，只有少数村庄拥有自己的祠庙。每个村或庄都会组织一个被称为"社"的信仰团体，且所有信仰团体都会在斋日聚在相关神祇的祠庙中以举办被称为"会"的集体庆典。平江府治下的昆山县对马鞍山神（一般简称为山神）的祭拜就是按照这样的方式组织的。每年春天，来自不同村落的社都会聚在一起，通过一个盛大的集会向山神表示崇敬：

　　　　［四月］望日山神诞，县迎神，设佛老教，以祈岁事，并社为会以送神。自山塘至邑前，幕次相属，红翠如画。它州负贩而来者，肩袂陆续。[111]

举着山神像的游行队伍从距离城内数里远的城外祠庙行至县府衙门，他们在每个村落都会稍作逗留以接受村民们的供品。尽管从这段简短的描述中，我们无法得知由社携带他们自己的土地神神像的实践在距离现在更近的古代是否仍然流行，但我们可以确定，马鞍山神在昆山是最为重要的神祇，所有昆山居民都会对他顶礼膜拜。

　　来自稍晚时期的证据显示，社祭使江南乡村形成了一种以共居为基础的社会认同感，这种认同感并非平行于地方上的亲属关系，而是对其产生了割裂作用。[112] 作为某社成员的身份与作为某人亲戚的身份一样都属于先赋地位。相关文献不断强调，没有人能够拒绝加入这种信仰团体，或拒绝为其提供资金援助。在集会中，游行队伍带着神像穿过所有组织成社的村落，因此这种游行清晰地划分了不同土地神的管辖范围；但这种集会本身并未传达强烈的集体认同感。然而在城镇中，会将围绕更高层次的神祇（我称之为统治神）组织，这种会在集体认同感的强化和社会团结的巩固方面能发挥更强的作用。

　　宋朝的宗教信仰面对的是一种逐渐增强（且至宋末都未曾结束）的分层趋势，在这种趋势下土地神在天庭科层体系中的地位十分独特。到宋朝末年，多数土地神都被视为一种需要听命于高层神官并最终接受某位至上神号令的小仙，但在地方社会眼中他们同时又是最为可见且最易于接近的神祇。早在宋朝，"土地"一词就逐渐被用来指代不起眼的小神龛，其辖区极为狭小，通常不超出村落或社群的范围，有时甚至只能覆盖一个家庭（例如前文中提到的发生在洪迈自己家中的事件）。到明清时期，这种做法变得更为普遍。

统治神信仰

　　道教的一个显著特征是把神界等级体系按照帝制时期的官府结构组织起来，这种做法使得数量庞大的神祇拥有了各自的辖区和专有职责。朝廷努力将各类神祇纳入自己的控制之下，并对获得官府正式认可的信仰团体系统性地使用这种模型。然而遥远的至上神对普通百姓的影响力远远小于土地神。正如田海（ter Haar）曾经提醒我们的，地方性信仰中的神祇通常会被冠以"公"、"王"甚至"帝"的头衔——换句话说，这些头衔体现的不是官职的高低，而是统治权威的大小。[113]地方社会中的百姓把土地神视作自己所处地域的统治者，但与此同时，这些地方性信仰通常又在更大范围内构成了一种以从属关系为基础的网络，该网络的核心部分则是城镇之中的统治神信仰。

在明清时期，居于土地神和天神中间的是一类通常被称作城隍的神祇。从字面上理解，城隍是掌管城墙与护城河的神祇，然而在英文中这个词一般被译作"city god"（城市之神），这导致了诸多误解和不解。如果认为城市是由城墙圈定的（这种定义对所有州府都适用，但集镇被排除在了城市之外），那么将城隍视作城市之神或许算不上错；但是更为准确的做法是把城隍理解为一种官阶，与朝廷行政体系中的知府/知州/知县地位相近。从10世纪起，官府出于各种临时需求开始对众多城隍的地位加以承认，但城隍信仰的盛行所倚仗的更多是来自民间的主观努力而不是朝廷颁布的政令。[114]城隍最初出现在唐朝，当时他是一名形象与佛教中的伽蓝神十分接近的武将。[115]但从唐朝开始，城隍与地府间就形成了密切的联系。[116]在民间传说中，充当城隍的通常是已逝的地方官员，他们在死后仍然保留了生前拥有的权威。[117]《夷坚志》中有很多提到城隍的故事，在它们的描述中城隍通常扮演了地方统治者的角色，在自己的地界内负责约束、惩罚不守规矩的妖魔鬼怪——这也是道教神学体系中的城隍形象。

正如我在早些时候提到的，城隍信仰的扩散与宋朝城市的显著发展同时发生，因此某些学者提出，城隍神之所以如此广

170

受欢迎，是因为他们对于商人和其他重要市民来说，象征了一种仍在萌芽阶段的城市认同感。[118] 然而宋朝的城隍庙全都修建于一州或一县的行政中心，这种分布对应的更多是政治或行政等级而不是经济地位。在集镇中我们找不到城隍庙的存在。城隍庙在集镇层面的普及是一个较晚发生的进展：明太祖在14世纪晚期对城隍信仰实施了改革，城隍庙进入集镇便发生在这次改革之后（见本书第六章）。

在宋朝和元朝，东岳是最为重要的统治神（见图25）。宋真宗在全国推行东岳信仰的诏书违背了一条中国礼制的传统原则：人们只能在相关神灵的所在地从事对其的祭拜活动。因此在朝廷的许可下，大宋境内如火如荼地修建起了由私人或官府赞助的东岳庙。尤其令人感到震惊的是，甚至连缺少官府组织的城镇都兴建了东岳庙。一些集镇百姓为提升自己所在集镇的重要性，集资修建了献给东岳的"行宫"。[119] 的确，对于渴望成为县府或州府所在地的集镇来说，东岳庙是地位与体面的象征。东岳庙对乡间的土地神享有权威与统治权，这可由朝东岳的实践，也就是把地方神祇的神像送去参见东岳的"朝会"证实。例如根据湖州新市镇的镇志，"每岁孟春之节，数百里内，贵金帛而朝献［东岳］者，肩相磨也"。[120]

虽说东岳庙是一种独特的集镇认同感的诞生之地，但东岳信仰内涵极其丰富，吸引了各式各类的信徒。东岳继承了泰山府君判人生死贫富的职能，人们因此对其既畏惧又崇敬。每年三月末，人们都会举行集会纪念东岳寿诞，集会中不同背景、需求各异的信徒将聚在一起。正如下面这段文字所描绘的，在东岳诞辰前往临安各东岳行宫朝献的信徒中，有"专献信香者"，有"答重囚带枷者"，有"诸行铺户以异果名花、精巧

图 25　东岳与天庭地府

东岳大帝和其夫人淑明皇后坐在这座神龛的正中。七十二位身着官袍的男性在东岳和淑明周围排成五层，他们代表了天庭中的七十二司。在东岳和淑明王座的下方还有排成一层的十八位官员，他们代表了地府。石门山石刻第 11 号龛，重庆大足，12 世纪。参见重庆大足石刻艺术博物馆，1991 年。龙小帆摄。

面食呈献者"，有"僧道诵经者"，有"殿庑举法音而上寿者"。[121]另一份记录临安市民生活的 13 世纪文献提到，城内信奉东岳的社陌（信仰团体）数量十分庞大，没有哪一个东岳庙能够容纳所有信徒，因此在东岳生辰日这些社陌会各自前往分布在城内或城郊的五所行宫之一为东岳烧香。[122]福州的情况与临安类似，来自州内各县的地方性信仰团体在东岳生辰日于东岳庙"结社荐献"，当日人们甚至可以看到"纸钱飞雪"之景。[123]在杭州，社的建立通常以贸易路线或行业为依据，但为纪念东岳诞辰，人们还组建了钱幡社、重囚枷锁社等特殊团

172

体。[124]到 17 世纪（或许更早），人们在东岳寿诞之日行的忏仪中出现了一些极端的苦修行为，例如有些人会用火炙烧自己的肉体，然后把铁钩穿入手臂和胸前的皮肤，再在钩上挂上灯盏，从而把自己变成"肉身灯"。[125]

忏悔与赎罪成为东岳信仰和城隍信仰中的突出主题。东岳庙与城隍庙通常都装饰有描绘十阎王殿和殿中各种古怪酷刑的壁画。同其他宗教信仰一样，在东岳和城隍信仰中赎罪仪式无处不在，这再次证明了一个事实——人们对自己身上的罪孽感到深深担忧。道士们试图再次将地狱的概念化为己用，他们对十阎王的传说做了润色，并重申了东岳作为冥府最高统治者的身份。东岳庙内常常为东岳掌管下的七十来个神界专职衙门设立了单独的神龛或塑像。[126]它们通过阴森恐怖的细节展现了冥界小吏的形象，他们负责对被带到这些衙门接受审判的有罪之人施加刑罚。在一块为 1284 年泰山东岳本庙的重修而立的纪念性石碑上，碑文撰写者用赞许的笔触写下：祠中众多鬼神之像令人"寒心而骇目"，见过它们的人都被灌输了一种使他们不敢为恶的畏惧之情。[127]民众还通过东岳庙中的壁画雕塑加深了对制度性宗教中救世理念的了解。

民间传说中的东岳同样被刻画为不苟言笑、令人生畏的判官形象。《夷坚志》中与东岳有关的故事主要涉及三种主要情节。[128]第一，作为冥界之主的东岳和他的手下决定死后之人的命运。在这种故事中，鬼魂也就是死者的亡魂自然也必须臣服于东岳的权威。第二，东岳不时号令瘟神向凡界的有罪之人施加其应得的罪罚。第三，当人界的司法体系不能主持公道时，东岳庙成为凡人申诉冤屈、伸张正义的公堂。这三种主题也存在于与城隍神有关的民间传说中，但东岳传说和城隍传说的重点还是有所不同的：东岳最显著的身份是冥界主宰者，而对无法无天的妖魔鬼怪的惩罚则多在城隍传说中提及。尽管存在上述的细微差别，但可以肯定的是东岳和城隍在民间神灵体系中同属一类：他们是统治之神，负责掌管一方土地以及生活在该地域的所有神灵、精怪、鬼魂和人类。

在官府的支持和推动下，地方性信仰中的神界等级制度逐步完善，在这种趋势下，地方神祇所扮演的两种角色——地方社会的庇佑者与谦逊的神界最高旨意代理人——间产生了令人不安的矛盾。洪迈《夷坚志》中的一则故事是可以说明这种矛盾的一个例子。故事发生在 1195 年的平江府城（即苏州），其主人公是城内一位被称作周翁的居民。周翁身患疟疾，久治不愈。他听说疟疾为鬼祟作怪所致，于是为早日康复，他趁庙祝不备之时偷偷潜入城隍庙中，藏身于神座之下。夜半时分，他看见城隍及其座下兵卫的塑像全都神奇地活了过来。城隍向自己手下的所有土地神宣布，上帝下令要他们在平江行疫病。多数土地神都接受了命令，但有一人提出异议，告诉城隍说在他掌管下的孝义坊，居民都十分善良，他们中没有作奸犯科之人。听闻此言，城隍神严厉地告诫这位土地神说，他位卑职微，因此必须服从上天的旨意。这位土地神于是又请求城隍只让小儿染病充数，城隍妥协了。次日，周翁把自己的见闻告知左右之人，但听闻此事的人都嘲笑周翁，认为他在胡思乱想。一个月之后，城中疫疠大作，但在孝义坊中只有孩童染疾，城中之人此时方才醒悟周翁所言为真。为报土地神之大恩，人们为其修建了一间宏伟的土地庙。[129] 在洪迈的故事中，与不得不准确无误地执行朝廷指令的地方官员类似，地方神祇也不得不向上神们的意志低头（上神们显得反复无常，或至少难以揣摩，因为他们没有解释为何要在平江行疫）。但同时，这则故事也反映，人们希望地方性神祇（以及地方官员）对其治下的百姓可以做到宽大仁厚、慈悲为怀。

区域性信仰中心

在宋朝，许多地方神信仰都流传到了相关神祇诞生地以外的越来越广阔的地区，这一事实反映了宋朝社会流动性的增强。朝廷下令大量修建祠庙祭拜东岳、真武等帝国守护者，于是他们的行宫大量涌现在了全国各地。在佛教中则不存在只能在一个地方祭拜某一守护神灵的传统，观音菩萨、弥勒佛、无量寿佛等主要神祇甚至早在宋朝之前就已经受到各地信徒膜拜。地方性信仰也扩散到了周边地区。一些地方神祇甚至加入了不断扩张的远游和远距离商贸网络，并因此在距其诞生地十分遥远的地方社会扎下了根。

在流动性最强的信仰活动中，有一种供奉的是能够帮助年轻学子在科举考试中获得功名的神祇。如宜春（江西）的仰山王、邵武（福建）的广佑王、梓潼（四川）的梓潼神等地方神祇都因其可以揭示考生科考运势的神谕而闻名。为提前探知自己的考试结果，有资格前往国都参加会试的举子通常都会前往这些神祇的主庙谒拜。后来，对这些神祇的信仰被移植到了开封和临安，然而没有任何一位神祇获得了普遍推崇。1316年这种局面发生了改变，当时的元朝统治者在恢复科举制度不久之后，把梓潼神（后改名为文昌）加封为科举考生功名禄位的庇护之神。[130]

韩森（Hansen）把学界的关注引向了南宋时期地方性信仰扩散至诞生地之外的趋势，认为这种趋势的出现应归因于商贸网络的扩张与地域意识的形成。她列出了在这一阶段获得整个东南地区认可的四位神祇，他们是五显神、梓潼神、灵惠妃与张王。[131]在韩森的理论模型中，"区域性信仰"（regional cults）是从对平民出身的土地神的信仰转化而来的，它们的主要传播者是商人和其他四处远游的地方居民。考虑到东岳、观音等神祇与制度性宗教的联系，她没有将他们纳入讨论范围。但五显神、梓潼神、灵惠妃与张王这四位神祇在特质、起源、分布范围等方面已经显示出了巨大差异。

　　对灵惠妃更为人所熟知的称呼是清廷 1737 年为其加封的天后头衔，或是她的俗名妈祖。在韩森的研究完成前，妈祖信仰是上述四种区域性信仰中唯一获得较多学界关注的。[132]妈祖信仰的起源被掩盖在了神话的多重外衣之下，但该信仰的核心人物最有可能是具有超凡预知能力的年轻女子林氏。林氏因其预知未来的能力闻名乡里，她英年早逝，然后被其福建沿海地区的莆田同乡尊奉为神。和李侯一样，林氏不是一位普通的庶民，而是一位神算之人和巫者，因自己早殇的遭遇而被赋予了克里斯玛式的光环。人们相信林氏的死后之灵会对在暴风雨中陷入险境的航海之人进行施救。对她的崇拜在 11 世纪开始沿福建海岸线逐渐扩散。人们认为她庇护了一支官府遣往高丽的使臣船队，于是她在 1123 年获得了朝廷的赐封。但在 13 世纪之前，除了位于当时的国际贸易中心明州的灵惠妃庙外，其他所有妈祖庙都建在福建的范围之内。后来，妈祖信仰传播到了东南地区的所有沿海城市，它的影响力直到 17 世纪才开始向内陆地区（包括福建辖下的内陆地区）渗透。

　　张王或许是四位神祇中人们感到最为陌生的一位，但在南宋期间，对张王的信仰在东南地区的区域性信仰中占据了无可

175

比拟的地位（其重要性可由张王行祠的数量量化）。张王的本庙位于今日安徽省内的广德县，和其他区域性神祇的本庙一样，这里成了吸引远方信徒前来朝谒的一处圣地，它同时也是重大庙会活动的举办之地。韩森发现在张王的祭祀体系下还有许多属神也成了人们的祭拜对象。不仅张王的远近亲属被官府加封为神，众多与其没有血缘关系的神祇（例如李侯）也被纳入了以张王为主神的范围广阔的祭祀体系内。[113] 据说张王是一位生于汉朝的平民，但与他有关的传说却令人想起了圣王大禹散播文明的壮举，因此张王信仰与宋朝以前人们对传说中的南方早期迁居者的崇拜具有很多相似之处。

如前所述，梓潼神因其事先探知科举考试结果的能力而被尊奉为广大士子的守护之神。梓潼最初是四川北部地区的地方神祇，在残缺破碎的南宋版图上四川北部属于偏远的边陲之地。梓潼神从至少可追溯至 4 世纪的原始巴蛇崇拜衍化而来，然而到唐朝，他的巴蛇神形象已经被美化为正面的神人形象。

176　在 1168～1194 年，文人骚客们在梓潼本庙题写了一系列诗文，它们提升了他作为士人阶层庇护神的知名度，推动了 13 世纪梓潼信仰在东南地区的传播。在东南地区，梓潼庙都修在大城市，供养它们的大多是读书之人。[由于对五显神（被尊奉为神的五通）的祭拜是我在之后两章中将要详细讨论的内容，在此我只简要提出一点：该神祇不以历史中的任何一位平民或显贵为原型，且没有证据可以证明商人为五显信仰的传播提供了资助。]

这些区域性信仰间的差异显示它们并未遵循单一的发展模式。对它们来说最为普遍的一个特征是它们与某一特定圣地的联系——即使相关祭祀活动被传播到其他地区之后，这些圣地仍然是民间信仰的中心之地。宗教节日与朝圣活动的周期性可能促进了这些宗教信仰的扩散。正如桑高仁在不久前指出的，拥有神异之力的声誉并不是宗教崇拜诞生和传播的充分条件，宗教崇拜生命力的强弱最终取决于其是否能够验证信徒的社会经验与身份认同。[134]桑高仁强调称朝圣行为在宗教崇拜的扩散和延续中发挥了关键作用：它为来自不同社会群体的崇拜者创造了一种把他们联合在一起的神圣的时间和空间领域，并通过仪式和祭拜把他们不同的人生经历融合在一起。因此通过朝圣，一种宗教信仰可以从空间上突破它出生成长的地方社会，并对不属于该社会的外来者的精神体验同样做出肯定性回应。佛教的舍利崇拜被移植到了中国文化的土壤中，启发了中国人的宗教朝圣模式。古老的中国本土神圣观主张，处所的神圣性取决于居于此处的神明神力的强弱，舍利崇拜却强调，把神圣性赋予某一地点的是圣物中蕴藏的神力。[135]知名神祇的本庙举行的一年一度的庙会使全国各地的信徒汇聚一堂。他们在回家时会带上某种象征物，如本庙的一尊神像或其香炉里的一小撮香灰，它们代表了与本庙的实体联系，也是可孕育新的信仰分支和祠庙社群的种子。[136]虽然神祇的确会随着信徒四处流转，但相比于神祇诞生地的布道者，新兴宗教社群中的信徒是更为常见的信仰传播媒介。同时，我们不应该忽视僧道在传播法力强大的神明的相关信息时扮演的角色。正如我们在前文中看到的，道士邓道枢在李侯信仰向常熟散播的过程中发挥了关键性作用。其他区域性崇拜中的例子同样向我们指出了宗教专业人士在这类信仰的散播中的重要性。[137]

177

　　尽管东岳庙最早与朝廷对道教的支持有关，但东岳信仰在南宋时期的扩散模式与其他区域性信仰相似。和其他区域性信仰一样，对东岳的崇拜以一个全国性信仰中心为焦点。当然，在金人于 1127 年攻克北方地区后，只有最无所畏惧的朝圣者才有可能抵达泰山。在这种情形下，坐落于长江口的福山镇（属于常熟县）东岳庙成了一个替代性的朝圣目的地。它最初于 11 世纪 50 年代修建在一个小山坡上，但在 1100 年被搬到了长江边上一个更加方便人们拜谒的地点，然后在 1132 年经历了一次大规模整修。当地的支持者们知道皇帝可能只是暂时在临安停留，因此将福山镇的东岳庙称为"东岳离宫"。[138] 很快这里便吸引了成群结队的朝圣者。[139] 上到都城临安，下到江南地区的诸多集镇，东岳诞辰的庙会成了一年中最为隆重的宗教节日。因此，我们不能把东岳信仰简单地标记为制度性道教的一种表现形式。圣地的确定、从属于本庙的行祠的大量修建、民间支持（主要体现为朝圣和庙会）在信仰的维系中发挥的关键作用、以城市为中心的属性，以及情况各异的信仰分区全都说明，东岳信仰的发展轨迹与其他区域性信仰类似。

观音信仰也是以类似的方式扩散的。僧众组织自然积极推动了信众对观音的崇信，但某些被当作祭拜圣地或显灵之地的道场所具有的法力则来自具有神圣力量的有形器物，其中最为重要的便是观音之像。我们在前文中已经看到，杭州城外上天竺寺中的观音塑像是引来大批朝圣者的主要因素，而朝圣又使这座寺庙变成一处远近闻名的观音道场。对于不那么出名的道场来说，如位于太湖东岸的集镇光福（苏州）的观音庙，这种模式同样适用。1040 年，苏州城久旱未雨，一位本地人在光福寺旁的泥土之中发现了一尊观音铜像，这被视作一种吉兆。人们备齐了各类祭祀用具，向铜像发出祷告，然后雨立马就降了下来。[140] 这尊观音像神通灵感的美名很快便传遍了整个苏州城。每当该地区再次遭遇旱涝之灾，地方官员便会将光福寺的观音铜像请入城中，亲自操办祭仪向其表达敬意，希望以此获得这位女菩萨的援手。[141]1186年这尊铜像被人盗走，但在十一年之后又失而复得。1275年，蒙古大军兵临城下，光福寺中的一位僧人在逃亡时带走了铜像。当地人因此不得不用一尊木像替代原有的铜像，之后人们为这座木像镀上了金身，并用金银玉石装饰点缀其上。[142]正如为光福寺铜观音像撰写纪念性碑文的黄公颐（他的文学创作期为约1086~1094年）所言，观音菩萨的灵感事迹和显相是杭州上天竺寺、明州（今宁波）奉化寺、婺州（今金华）双林寺等成为重要观音道场及朝圣地的关键所在。[143]

区域性信仰中心是独立于统治神与地方保护神间嵌套型等级关系之外的一种存在。土地神掌管一方土地，要求居住在自己辖区内的民众对自己顶礼膜拜并献上祭品；而维持区域性信仰的，则是神力的不断展现（创造神迹或预示未来），以及可以把大批信众吸引到祠庙的庙会与朝圣活动。汇聚在朝圣之地的信徒通过共同的信念凝聚在一起，这与地方神结社那样的先赋性团体相反。为这些区域性信仰修建的祠庙也不同于局限在一定地域内的地方神祇的祠庙。区域性信仰的兴盛与否与其吸引到的民间信徒的数量多寡有直接的正相关关系。但除对观音菩萨及其化身的崇拜外，区域性信仰并没有增加人与神之间的亲密感。相反，它们重现了统治神信仰中的人神关系，也就是谦卑的祈求者匍匐在强大的神祇身前。"朝山进香"这个用于指代朝圣之旅的比喻性说法十分贴切地传达出了神与人间主从关系的内涵。[144]在区域性信仰中受到祭拜的神祇是普通人在神仙体系中能够达到的最大高度，因此他们在人们心中激起的敬和畏与人们对人界君王怀有的那种敬畏之情旗鼓相当。

　　宋朝因此见证了中国宗教文化的重大转变。对于死亡与赎罪的担忧、细节愈发繁复具体的地狱刑罚，以及神明在人心中触发的敬畏恐惧之情对民间信仰产生了十分深远的影响。但祭祀仪式和通神之法变得更加通俗化，佛教与道教之中也出现了适用于普通信众的新型斋祭实践，在这些因素的共同作用下，神祇对于一般人而言变得更加易于接近。面对不断变化的社会生活和宗教需求，更加细化的神祇与信仰的等级体系开始构建，这些信仰体系对祭仪的时间（宗教节日）和地点（祠庙）进行了重新定义，从而改变了中国的宗教版图。印刷文字和图像的传播加速了宗教传说的散布，更强的社会流动性也与信仰传播范围和信徒交流网络的扩大形成了呼应。官府和制度性宗教权威企图借用地方性信仰中的部分元素，使之为自己的需求服务，同时他们还把自己关于正统与异端的标准施加在了地方性信仰之上；然而结果显示，这些干预力量无法主导富有弹性和创造性的民间信仰。民间信仰中的神祇十分多变，反映了大众想象在神祇塑造过程中扮演的突出角色。无论是作为个体还是通过采取集体行动，虔诚的信徒试图与神明建立互惠互利的共生关系，他们奉上祭品与自己的忠心，希望以此交换神灵的保护和垂青。这种努力的一大体现，便是慈悲之情通过对观音菩萨和其他女性神祇的信仰而变得女性化。尽管如此，凡人从来没有忘记那些可以左右自己命运的神祇的强大力量，以及自己在面对他们的无上神威时的卑微渺小。

　　不同信仰的神圣世界在宋朝连成一体，成为盛行于帝制晚期的中国通俗宗教神界体系，且在中国人今天的宗教生活中仍然发挥着框架性作用。然而尽管宗教世界的整体架构呈现出了基本稳定的态势，但神界依然是一个不断发生冲突、谈判、交换的领域。人类社会内部的张力也可构成神界的压力，而在中国宗教领域中最能体现这些张力的莫过于对五通神的崇拜，因此下一步我们将对五通神进行深入的探讨。

第六章　五通：从魔到神

　　和对其他民间神祇的信仰一样，五通神信仰的起源已经在时间及神话的作用下变得难以追溯。许多南宋或更晚时期的资料表明五通神信仰始于唐代，然而这位神灵在现存文献中的最早现身发生在 11 世纪。自诞生起五通就有着邪恶的一面，且这些邪恶特质在他后来化身财神后变得十分突出。但五通同时也是一位救助患病者的善神。虽然五通神崇拜在宋朝获得了来自官府和道门的认可，但其前身为邪恶山魈的事实从未被忘却。事实上，这位在宋朝时具有多副面孔、天性复杂的神祇，在明清时期人们的眼中，其主要属性已然是山魈的妖邪，至少在江南地区情况如此。

　　正如我们在第三章中看到的，把赣江河谷地区（今江西省）与浙江、福建的东南沿海地带隔开的武夷山脉是山魈的主要栖居之地。洪迈对当时人们关于山魈的看法做了最为全面广泛的讨论，他认为五通最初就是生活在这一地区的一种山魈。[1]洪迈称南方的不同地区对于山魈有不同的称呼：在江南和江东（宋朝的江东包括今江西省东北部、安徽省南部，以及包括南京在内的江苏省西部，见地图 2），山魈被人们称作
"五通"；在赣江河谷和闽中地区，人们称其为"木下三郎"或"木客"；单足的山魈则被称作"独脚五通"。尽管名称各异，但这些山林间的有害生灵实则都是早期文献中记载的夔、

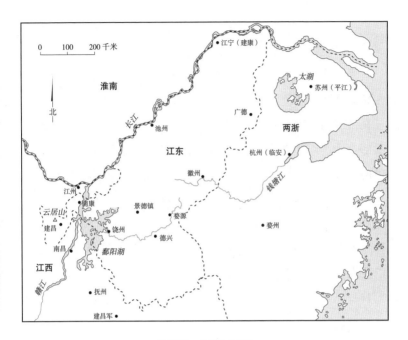

地图2　江东（宋）

罔两、山魈等木石之怪。洪迈提出，这些精怪同北方的狐魅十分类似。此外，他还将我们在讨论疫鬼时提到的野仲游光兄弟八人也看作山魈的一种类型。

　　洪迈还把他口中的木客同五通传说中的两大母题联系在了一起，它们分别是五通神助人获得不义之财的本事以及喜淫的天性。木客可以帮助供养者实现乍富，因此小人会对其供奉膜拜，但供奉者一旦稍有不合其意，木客就会收回曾经赐下的所有财富。[2]每值盛夏时节，木客便会下山贩卖木材。由于他们时常随意出现或消失，该地区的居民在与木客相处时总是万分谨慎，小心翼翼地奉上祭品以便获得他们的青睐。木客天生好色淫荡，常常将自己装扮为美男子以勾引不知情且心性不坚的女子。他们的本形如猿、

182

如狗、如蛤蟆，但可以随心所欲地化为多种体相，且行动十分矫捷。他们的触碰冷若冰铁，但阳具十分壮伟。

受到木客侵害的女子会失去意识，然后会浑身痉挛，僵卧在床好几天甚至好几周，甚至常常会进入濒死的状态。有些女子在恢复意识之后说自己被带入了一座华屋，并在那里过着纵欲的生活。与木客和山魈的接触使她们获得了神异之力，她们中的许多人因此变成了巫女。还有一些人则陷入狂乱状态，再也没能恢复心智。洪迈特别关注女子在与这种恶灵交媾后诞下的怪物。他列举了十来个相关事例，它们都发生在江东地区，且与木客或山魈的交合都导致了可怕的怀胎经历、怪胎的诞生以及女人的发狂与死亡（见表2）。宋朝的医学常识认为恶鬼尤其是死婴的游魂对于孕妇来说十分危险。[3]虽然人们可以采取各种预防中邪的措施，但无论医者还是巫者都对山魈的畸形子嗣无计可施。

表 2　洪迈《夷坚志》山魈故事中的母题

母题	故事编号													
	1	2	3	4	5	6	7	8	9	10	11	12	13	14
女子被附身			●											
与女人交媾		●			●					●				●
怀孕				●	●	●	●		●	●	●	●	●	
产下怪胎				●	●							●	●	
女子身故		●	●								●			●
嬉闹、恶作剧								●						

资料来源：洪迈，《夷坚志》丁志卷一九《江南木客》，第 695～697 页。

在中国南方多山的内陆地区的各个角落，人们都修建了用于祭祠木客或山魈的丛祠。丛祠通常面积很小、结构简易，多建于大树或陡崖之下，因为据说山魈经常出没在这些地方。换句话说，这些丛祠位于荒野之中，而非村落之内。[4]丛祠具有辟邪的功效，因此山林中的精怪无法接近丛祠，但这里同时成了地方上的驱邪师和巫觋的生意场所。1048年，一位在江浙任职的地方官员发起了打击丛祠的运动，因为这些丛祠成了群巫聚集之地，他们"掊货财，偶土工，状夔、獝（即山魈）、傀魅、洑阳、彷徨之象，聚而馆之丛祠之中"。[5]在列举丛祠中的神灵时，这位官员使用了大量文学典故，这反映出他其实并不清楚丛祠之中到底放了哪些土偶，但他使用的所有词语指代的都是畸形恐怖的山魈及其同族。[6]王令（1032～1059年）的《古庙》一诗生动地描绘了这些邪灵给人带来的惊惶恐惧之感。在一间年久失修的古庙中，王令发现双目瞠视的庙中主神（在诗中被称为"神君"）的形象令观者感到惊骇不已。他穿过了古庙一侧的漏风过道，然后突然停住了脚步：

> 直东之厢步逶迤，且益所见怪可噱。
>
> 马牛羊犬杂豕鸡，或戴以首旁四支。
>
> 间有人面身亦非，老祝趋前为众词。[7]

王令在庙墙之上看到的人首兽身怪很容易就让人联想起古老的《山海经》中形态古怪的异兽与图12中的人面兽身怪物队列。由于没有作为山魈的五通神的画作或雕塑流传至今，我们无法确定五通神是否也被塑造成了这类怪异的形象。图26中的雕塑很有可能就是宋朝时期的独脚五通像，它展现了邪魔形象所惯有的夸张面部特征，但除此之外它看起来和人像无异。无论

183

如何，我们几乎可以肯定的是，对五通神的崇拜就诞生在这些丛祠以及模仿这些丛祠的家祠之中。[8]

图 26　疑似独脚五通像

这尊源自南宋时期的雕塑被认为代表了独脚五通的形象。然而这尊雕像及它所在的洞龛并未刻有可以帮忙确认其身份的文字，认为它是五通的是一位在 18 世纪游览大足石刻的游客（参见 Liu Changjiu et al. , 1985：337，340）。与这尊石雕一起雕刻的还有一些道教神祇，包括玉皇大帝和东岳大帝（见图 25），这些雕像位于宝顶山石刻（见图 20）二十公里以南的石门山。无论这尊石像本身是否代表五通神，它反映了这位邪神在后世中国人心中的形象。石门山石刻第 7 号龛，重庆大足，约 12 世纪。参见重庆大足石刻艺术博物馆，1991年，图 213。重庆大足石刻艺术博物馆提供。

　　蔡雾溪（Ursula Angelika Cedzich）提出，最早用"五通"这个名字指代山魈等邪物的最有可能是试图阻止人们崇拜邪神的佛教僧人。在佛教中，五通指通过禅定修得的五种神通，但异教的巫觋通过服用药物或念诵咒语也可以获得它们。拥有这些神通的人在佛教经文中被称作"五通仙人"。在佛教的鬼神学传统中，这类邪灵与中国本土的山魈十分类似。[9]高僧永明延寿（904～975 年）在他综合了禅宗与净土宗思想的佛学杰作中，把第五通称为妖通，并把它与可化作人形的狐精和木石精怪联系了起来。延寿指出神通既可被用于正道，又可成为作恶手段，只有得道之人才能做到辨伪存真，而俗间之人则因此多为邪伪所惑。[10]

关于五通神崇拜的最早可信记载出现在一篇题为《撤土偶文》的文章中，它写于 1016 年，作者是天台宗僧人智圆（976～1022 年）。智圆是杭州玛瑙院的住持，他发现寺中竟然供奉有土地神与五通神的土偶，于是立马撤下五通土偶，并把土地神更名为护伽蓝神。他还发现在杭州城的居民间流行着一种可憎的宗教实践，也就是在家中祭拜土地神与五通神。他说"五通"本是佛教用语，却被俗众胡乱使用以掩盖这位邪神"魍魉妖孽"的本性。[11]从智圆之言可知，五通神崇拜在 11 世纪的江南地区已经相当流行，但这篇文章除了把五通神同精怪联系在一起外，几乎没有提供与这种信仰的属性相关的其他细节。一位 13 世纪的地方官员为五通神崇拜的专属场所宝云寺上善堂作了一篇文章，称作为佛教护持者的五通神在民间广受推崇。他的证词说明智圆在玛瑙院中发现的那类土偶被人们视作令人敬畏的寺庙守护神祇。[12]

宋朝的新兴道教门派主要关注斋醮科仪的驱邪治病功能，他们也将五通神定性为邪恶的山魈。12 世纪早期和之后的道教驱邪经书便把五通与山魈归为一类。[13]元妙宗的《太上助国救民总真秘要》（可追溯至 1116 年）是天心派现存最早的道法典籍之一，该书提出山魈是"五行不正之精"，他们肆意游荡于凡人之间，"诈称贤圣，私通妇人，起水放火，抛掷砖石，引弄六畜"。[14]另一本可能成书于南宋的驱邪秘书对五通神做了类似的描述，并着重强调称这类鬼精喜好化身为美男子，"淫乱生人之室"，玷污神圣的婚姻关系。[15]洪迈的《夷坚志》中有很多关于法师运用驱邪之术赶走五通邪神的叙

185

述，其中一例使用的便是天心派的雷法科仪。[16]五通还在巫觋崇拜中发挥了重要作用，巫觋（通常为女巫）在与神灵世界沟通时会向五通神寻求帮助。[17]项安世（亡于 1208 年）的叙述证实了山魈或五通在巫觋传统中的重要地位。他说根据澧阳（位于今天的湖南省）方志中的记载，"五通神出屈原《九歌》，今澧之巫祝呼其父曰太一，其子曰云霄五郎、山魈五郎"。[18]13 世纪，一位在今天的湖南省任职的地方官员也提到了这种关于五通神起源的说法，此外他还补充说五通神实际上是名为"夔"的独足山精，共有兄弟二人，但被后人误认为是五只山精。[19]

佛学理论家和道家法师因此都把五通同邪异的山魈联系在了一起。同样，在民众心中，五通尤其是化为人形的五郎或"独足五通"实际上就是一种山魈。[20]民间传说中的五通神形象具有道教驱邪典籍中的五通的所有缺点，但它们对某些特质的强调尤为明显。在这些特质中最为重要的一点是，五通同财富的获取和失去关系十分密切。从这个方面看，虽然人们将五通视为一类山魈，但五通并不只是中国人观念中的一类神力持有者；实际上，五通财富之神的身份预示了宋朝社会中一种不断兴起的现象：宋朝的竞争性货币经济中的成功或失败将导致个人运势的突变。因此，中国人在解释个人财富方面的迅速变化时会提到五通神也就不足为奇了，但有一点值得我们注意：中国人的关注对象五通神是很具有道德矛盾性的神灵。

作为山魈的五通所展现出的任性妄为也是他在充当财神时具有的一个特征。藏书家、笔记小说作家吴曾讲述了发生在 11 世纪中期的京师开封的一个故事，故事的主人公是一位在开封最高档的街区开设帽肆的制帽商人。一日，他在城中碰到了正在蹴鞠的五位意气风发的少年。他与其中一人相约痛饮，之后该年轻人向帽商的店铺投入了一大笔钱。后来，帽商发现了自己这位生意合伙人不为人知的秘密。当晚，帽商在这位投资者的家中过夜，并对左右两间房进行了偷窥。他发现在其中一个房间的四壁之上钉满了妇人与婴儿，而另一间房则挤满了锁链加身、哀声号泣的囚犯。见到此景帽商不禁骇然，但他还是接受了五通神的资助，且他的生意十分兴隆。吴曾没有从道德的层面对这个故事做出解读，而只是简单指出开封的百姓把这五位少年称作五通神。[21]

《夷坚志》中也有许多故事可以证明，五通神成了一位广为人知的财富之神。在一则故事中，每当某位"小民"的财产即将增加或减少时，五通神都会提前向其发出告知。[22]在另一则故事中，原本以编织草鞋为生的小贩吴十郎由于转行卖菜油而走了财运。吴十郎的迅速致富引起了邻里的怀疑，在附近的富人遭到贼寇劫掠后，人们都指控他是盗贼并把他抓住送了官。面对狱中酷刑的威胁，吴十郎坦白了自己获得财富的经过：他梦到了一位一脚神，该神称只要吴十郎能够恭敬地供奉自己，那么自己就将为吴十郎赐下丰厚的钱财，于是梦醒后吴十郎对周围一座被废弃多年的独脚五通之庙进行了修缮。获释后他又为五通设立了家祠，且每天夜里都用"血食"祭祀这位神祇。在祭拜五通神时，他的全家"不论男女长幼，皆裸身暗坐，错陈无别"。地方传说称这种违背礼教的行为使五通神与吴十郎的妻子得以暗通曲款，吴十郎的妻子之后还为这位神祇诞下了子嗣。多年之后，吴十郎的长子娶了一位官家小姐为妻，这位具有良好教养的女子拒绝祭拜五通神。无法淫占这

187

位吴氏新妇的五通神十分愤怒，把疾病之灾降到吴家。吴十郎、他的妻子以及他们的新媳妇相继抱病而亡，吴家从前积攒的钱财也全都被大风刮走。有鉴于此，吴十郎的家人向五通诚心谢罪，这位邪神方才停止作害。此后，吴氏一家仍同从前一样祭祀五通神。[23]

这个故事中的若干要素后来都成为五通神信仰的标志性特征：与一位不光彩神灵的邪恶交易，受到诱惑或奸污的妻女，悲剧的结局和家族不义之财的烟消云散。即使做到对五通神全心全意地供奉也不能保证一定会有善报。在洪迈讲述的另一个故事中，一位庄户是五通神信仰的狂热信徒。有感于他的虔诚，五通神在这位庄户跟前显形，要求他献上更多的"血食"祭品。庄户不顾自己的财务状况，耗尽家财，努力满足五通神各种得寸进尺的要求。几个月过后，该名倒霉庄户的妻子和女儿都"暴疾而死"。最后，这位贪得无厌的邪魔被天庭派出的正义神使擒获，不过庄户已经遭受的损失没有获得赔偿。[24]和多数其他涉及五通神的故事一样，在这则故事中，该邪神的关照为其在凡间的崇拜者带去的是代价高昂的崇信活动与悲哀惨淡的结局。

洪迈讲述的故事中只有一则把五通神描绘为道德正义的施行者，但即使在这则故事中，由兄弟五人构成的五通也与严于律己的儒家道德典范或嫉恶如仇、施行天谴的道家神官几乎没有相似之处。相反，这五位神祇被描述为重视感官之欲者，他们的形象十分接近拉伯雷式幽默讽刺小说中的人物。在这则叙述中，他们在临安的一座酒楼痛饮达旦，为这座酒楼提供酒水和吃食的酒垆老板因此大赚一笔。这五位神祇奢侈铺张的作风引发了这位酒垆老板的贪欲，他鲁莽地向五通神提出请求，希望他们能够赏赐他更多钱帛。这五位神祇笑着满足了他的要求，但他们最终同他开了个玩笑：在返回家中后，这位酒垆老板发现五通神不只吩咐手下为他准备财物，还命他们对他家中的橱柜做了手脚，柜中的值钱器物全都不翼而飞。[25]

因此，五通神的民间形象带有几分其在驱邪典籍中具有的邪性。与此同时，五通神以财神的身份抓住了民间的想象力，但与现代盛行的神话中人们十分熟悉的慈如长辈的财神不同，此时的五通神被讽刺性地刻画为一种任性妄为的形象，在其带来的横财下隐藏着导致不幸的因素。然而这只是五通神多面性格的一个方面。在这一时期，五通神不仅广受崇敬，还获得了朝廷赐封；此外，他还成了一位佛教中的菩萨与道教法师常常召唤的驱邪灵官。

与在《夷坚志》中占据大量篇幅的邪神不同，在地方信仰中作为主神受到崇敬的五通神扮演的是一种积极正面的角色。在南宋五通神信仰源自何方的问题上有很多种不同的说法，但无论如何鄱阳湖盆地都是五通神的起源地。在相关地方传说中，五通神被描绘为一位土地神，常常帮助地方社会减轻疠疾造成的痛苦。最早把五通神描绘为善神的文献，是李觏为一间五通神祠撰写的一篇纪念性文章，该神祠坐落在他的故乡江西建昌军的城墙外。李觏在这篇文章中对五通神表达了感激之情，因为在1034年爆发的大疫中，多亏有五通神出手相助，他的家人及父老乡亲们才保住了性命。[26]这些地方性信仰同民间传说中的邪灵关系为何，我们不得而知。当然我们可以推测或许他们分属两种不同的信仰体系，但我更倾向于认为鄱阳湖盆地的五通善神是恶意的五通神的一种变体。由恶魔到佛祖仆从的转变是旨在道德教化的佛教故事中的一种标准情节，也是后世提到五通神起源的文学作品的一个组成部分。

或许正是因为其与佛教式显灵的渊源，人们才把五通当作一种驱疫之神。一份说明五通神信仰起源地的文献特意提到了其与佛教的联系。在一块立于 1233 年的石碑的碑文中，张大猷提出李缯（1119～1193 年）在其《神传》中把江东路建昌县云居山上的大禅刹视作五通神信仰的起源地。[27] 张大猷前往189 云居寺验证这一说法，那里的一位老和尚告诉他说，对五通神的崇拜源于道瑢禅师与"五神人"的相遇，"五神人"捐出了自己的居住之地，命道瑢禅师在上面修建了这间云居寺。后来，道瑢禅师将这五位神祇尊为安乐公。[28] 洪迈在一则发生于 11 世纪末的故事中写道，云居山大禅刹中祭祀的五通神名为安乐公，他们十分灵验。[29]

德兴是因银矿开采而在初唐形成的城镇，其居民在比云居寺更早的时候便提出德兴是五通神信仰的诞生之处。根据德兴的地方传说，五通神在 651 年显形，为当地的一位猎户指出了银矿的位置。[30] 德兴人认为五通神帮助他们实现了经济上的富足，因此为了让官府认可他们关于五通神发源地的主张，他们积极奔走、活动。有趣的是，在洪迈讲述的二十四则涉及五通神的故事中，有四则发生在德兴，且有三则都把五通神描绘为十分正面的形象。在其中一个故事中，五通神对当地遭受疫病折磨的民众施以神药，这一仁慈之举令人想起了李觏在 1034 年获得的来自五通神的帮助。[31]

然而获得宋朝官府承认的五通神信仰发源地不是德兴，而是德兴的邻县婺源。根据婺源的地方传说，五通神崇拜始于

886 年，当时五位神祇从天而降，告诉当地居民上天指派他们来做婺源的地方守护神。当地人为他们建立一间祠庙，他们十分灵验，为当地人提供了诸多帮助，他们的名字也因此传播到了其他地方。[32]10 世纪 80 年代，这片地区又发生了大疫，婺源知县在梦中被五通神传授了禳解疫疠之法。这个梦发生在四月初八也就是佛诞之日，婺源的百姓会在当天举办香会庆祝他们躲过了这次的疫病侵袭。[33]1109 年，宋徽宗将题有"灵顺"二字的匾额赐予婺源县的五通神祠庙。该祠在十年之后毁于方腊起义，但宋徽宗又重新为其赐下匾额，并为五通神兄弟五人封了侯。[34]

但在两次赐额之间的那个时期，开封发生了一件怪事：宋徽宗颁布了一道指令，将人们对五通神和其他两种神祇的崇拜之所列为"淫祠"。宋徽宗同时还下诏命开封府"毁神祠一千三十八区，迁其像入寺观及本庙"。[35]显然，这些诏令的目的不是彻底消灭民间崇拜的对象，而是加强朝廷对这些民间信仰的管控。徽宗是狂热的道教信徒，在神霄宗师林灵素的建议下，他对民间祠庙和信仰采取了史无前例的集权措施，对它们进行了系统化的管理。徽宗的兄长哲宗皇帝允许地方官员自行组织地方祀典的编写，但徽宗没有沿用这一政策，而是试图命人统一编写全国性祀典。最重要的是，徽宗还制定政策，试图抑制巫觋的通神活动，规范宗教礼仪，明确受戒僧人与受箓道士在教内的职责。[36]虽然徽宗没有在诏令中点明，但可以确定的是，供奉山魈的丛祠及这些丛祠中的巫人是首要的打击对象。此外，对开封府五通神崇拜活动的禁令也与朝廷的一条宗教祭仪方面的规定相吻合，即只有在神祇管辖范围内的祭拜活动才是合法的。

190

有一种可能性极高的推测是，1111 年的诏令针对的是山魈身份的五通神，而不是婺源获得官方认可的五通神信仰。无论如何，徽宗加强中央对地方宗教控制的努力落空了。1119年，江浙地区爆发了方腊起义，江东地区随后也受到波及，徽宗因此不得不改变原有政策，广泛加封地方神祇。这场大规模的暴动暴露了徽宗统领下的宋廷的严重缺陷，其后续性影响之一便是为了重建自己在人们心中的形象，朝廷对那些据说在起义镇压中提供了帮助的神祇赐予了官方认可。江南与江东地区的众多地方性团体抓住这一良机，成功游说官府为自己的保护神赐下封号。[37]这样看来，1123 年对婺源五通神祠的认可似乎就是这场加封大浪潮中的一部分。在南宋，婺源的五通神信仰继续享有官府支持。1174 年，作为婺源保护神的五通神被擢升为"公"，并被改名为五显神。1202 年，五显神又获得了"王"的封号。

互为邻县的德兴与婺源对五通神（或五显神）所有权的争夺十分激烈。著名理学家真德秀称，他在 1213～1215 年出任礼部侍郎时，婺源所属的徽州和德兴所属的饶州都曾奏请朝廷为当地的五显神加封。[38]两地的奏请者都将五显神视作姓萧的兄弟五人，这使五显神看起来更具人类血统，削弱了他们与山中精怪山魈的联系。洪迈认为五显信仰起源于德兴，且《夷坚志》中的一则故事讲的就是德兴县民为争取朝廷对五显神的加封而付出的努力。[39]然而朝廷支持的始终是婺源的奏请。[40]这种偏向性造成的影响很大，因为一个地方如果对某种神祇崇拜拥有了专属权，通常就会成为一个信仰中心，从而可吸引全国各地的信徒前来大手大脚地敬献香资。婺源的确在南宋时期变成了这种类型的重要朝圣地。[41]前往婺源县五通庙朝拜的高峰日是每年的四月初八，也就是 10 世纪 80 年代五通神将当地民众从瘟疫中解救出来的周年日，以及九月二十八，也就是传说中五通神 886 年在婺源首次显灵的日子。[42]

　　无论是德兴人还是婺源人，其提出的主张显然针对的都是五通善神。不管谁的声明更加接近事实，在婺源五通神信仰的正统性获得官府承认后，南方其他州县的五通庙都开始试图与婺源的本庙建立联系。根据零星的史料记载，到 10 世纪，除了乡下的丛祠与智圆提到的家堂外，主要城市也都设立了五通庙。[43]扬州著名的后土祠附近有间五通庙，该庙被认为是前商贾王捷与一名道士于 11 世纪初在真宗支持下炼金的地方，据说这里有王捷炼金配方中的一样关键原料。[44]同样，也有证据可以证明在 11 世纪早期，福州城中就有五通庙的存在。[45]1022年，有传言称江陵（今湖北省荆州市）的知府做出了拆毁一间五通庙的渎神之举。[46]邪恶的五通神形象于 11 世纪中叶传至京师，1111 年徽宗对开封五通神祭祀活动下达的禁令显示，五通神在开封吸引到了很多信徒。根据洪迈搜集的相关传说，12 世纪，在与现在的江西、江苏、安徽、福建及浙江省大致相同的地区，五通神是人们恐惧但虔诚供奉的神祇。而五通神善神形象的骤然兴起则似乎发生在 1123 年，也就是朝廷认可五通神信仰并为五通神加封之后。

　　正如智圆观察到的，在中国南方，小街坊或家庭为五通邪神设立的祠堂相当普遍，这一点也可在洪迈的《夷坚志》中得到证实。在朝廷的支持下，各地都开始修建用于祭祀五通神的公共性庙宇，不过通常这些祠庙都采用了五通神的官方新名字五显。例如苏州城内的第一座五显庙于 1127～1130 年建在

192

织里桥（又名吉利桥）旁。在皇帝将五显神的头衔提升为王后，五显庙雨后春笋般大量兴建。1203 年，苏州的一位僧人把"五王"木像从婺源带回自己退居的寺庙。[47]不久后，这间坐落于苏州西南部最繁荣街坊的祠庙明显吸引到了大量信徒。僧人很快获得充足资金，购入邻近之地，将这座祠庙修缮一新，并于 1225 年加修了一间阁楼以供奉五通神的另一化身华光菩萨。[48]1209 年，另一套来自婺源的五通刻像被安置在了道教的光孝观中。[49]13 世纪 20 年代早期，织里桥老庙的主殿得到了修缮，之后祠中又加建了两处名为华光的楼阁。除以上两间祠庙外，苏州还有一间五通庙，它在明清之时成了五通神信仰的中心。这间五通庙建在太湖楞伽山的山顶之上，此地从前是一间佛寺。这座祠庙建于 1265～1274 年，位于苏州城西南方约十公里外。[50]

13 世纪，五显神获得了朝廷的全面支持及民间的广泛崇奉，为其修建的祠庙的数量也十分庞大。宋朝末年，临安及其近郊至少修有九间五通庙或五显庙，其中有六间属于佛寺的管辖范围（见表 3 与地图 3）。鄱阳湖口（鄱阳湖水汇入长江处）的港口城市江州（今江西省九江市）及嘉兴各有五间为五通神修建的祠庙。[51]江西的其他地方也修建了行祠。福州修建的五显庙被认为是婺源本庙的分庙。[52]总是批判民间淫祀的陈淳在其 1217 年撰写的文章中以遗憾的口吻承认了他所谓的"世祀淫祠五通庙"的普遍存在。[53]根据一份明朝文献的记载，13 世纪上半叶，五显神在官定神仙体系内的地位不断提升，敬献给这位神祇的祠庙因此在全国各地迅速涌现："自是以后，祠庙寖广，香火之盛，几与道释神等。"[54]

本幅图卷中的主角是五瘟使者，
他们每人都手持一件驱魔法器。

刚卯

由玉、象牙、金属或桃木做成的腰饰，
上面刻有辟邪咒语，
一般成对佩戴。

地狱变相图

粪秽地狱（左上）、矛戟地狱（蓝衣夫妇前）、
铁轮地狱（右下）和镬汤地狱（最右）。

东岳大帝和其夫人淑明皇后（正中）

宋朝时，掌管冥界的泰山府君
获得了"帝君"的头衔，
并被晋为东岳天齐仁圣帝。

千手千眼菩萨石像

其内圈手臂手持不同法器，
外圈手臂各与一个掌心长有一只眼睛的手掌相连。

白衣观音

这幅画像综合了白衣观音和水月观音的图像元素。

道教三清

分别是玉清元始天尊、上清灵宝天尊和太清道德天尊。

石 湖

苏州石湖西畔的楞伽山（也称上方山）
是明清时期五通神信仰的中心。

進財

武強

五路

赵公明和五路财神

清朝后期，
获得武财神之称的赵公明和他的四位部下
被并入了五路财神信仰。

《神仙赴会图》

道教的荡魔大帝真武（正中）
与道教天神组成行进队伍，
以对抗妖魔侵袭。

表 3 南宋临安的五显祠庙

地点	修建时间	
1. 九曲城（钱塘门外）	约 1130~1166 年	被人们称为五圣庙,祠庙中的壁画为著名人物画家苏汉臣(活跃于12世纪20年代至60年代)所绘
2. 瓶场湾（候潮门外）	12 世纪中后期	
3. 北高峰（灵隐寺后山）	早于 1213 年	1213 年重建,据说吸引了远近信徒前来朝拜
4. 普济寺（候潮门外）	1213 年	1230 年毁于大火之中,1236 年重建
5. 宝山院（太和坊）	1233 年	由丞相郑清之重建为五显祠;明朝时俗称华光庙,且其正对的街巷也名为华光
6. 灵感寺（钱塘县）	1235 年	
7. 南高峰顶荣国寺五通殿	约 1237~1246 年	与北高峰的五显庙相对而建,1270年安抚使潜说友加建华光宝阁
8. 圆通禅庵	1254 年	被建为五显庙
9. 徐村（六和塔以南）	早于 1275 年	

资料来源:吴自牧,《梦粱录》卷一四,第 253 页;《淳祐临安志辑逸》(1252 年)卷一,第 9 页上栏;《咸淳临安志》(约 1265~1274 年)卷七六,第 18 页上栏;同上书,卷七八,第 10 页上栏~下栏;同上书,卷八二,第 8 页下栏;居简,《北涧集》卷八《南高峰建五通殿疏》,第 38 页上栏。

注:除灵感寺和圆通禅庵的位置无法确认外,其他五显祠庙的位置都标记在了地图 3 上。

许多五显庙,如苏州的那几间以及杭州荣国寺地界上的那间,都拥有的一个主要建筑特点是一座为华光菩萨修建的楼阁。[55]华光是佛教中的一位小神,五显神与他有何关系仍然迷雾重重。《法华经》的第三卷提到了华光这个名字,释迦牟尼的弟子舍利弗（Sāriputra）在成佛之后就会变成华光如来。然而,关于五显神或华光的民间传说从未明确提及舍利弗之名。华光这个名字也被用来指代佛教中的火神安湿缚羯拏（Aśvakarṇa）。

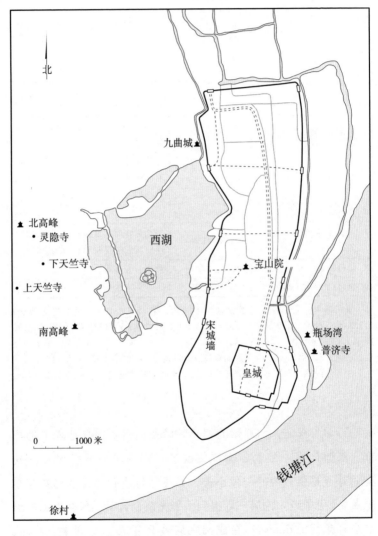

地图 3　南宋临安的五显祠庙

在 16 世纪的通俗神魔小说《全像华光天王南游志传》（又称

《南游记》）中，华光是天火的化身，且书中还有许多对华光
与安湿缚羯拏关联的暗示，如华光的父亲是一位被称为马耳山
王的天神，而马耳是安湿缚羯拏的另一个名字（见下文）。但
宋朝的文献并没有提及华光的本质及出身，也没有在华光与安
湿缚羯拏间建立明确联系。

　　华光与五显信仰的最早关联，也就是 13 世纪建于五显庙
中的华光楼，是神像层面的联系，而不是文学意象层面的联
系。13 世纪 40 年代或 50 年代，鲁应龙在其著作中特意指出，
"五显灵官大帝，佛书所谓华光如来"。这种身份认定在后来
的明清文献中被反复提及。[56]洪迈的故事没有将五通与华光联
系在一起，但在某一处，洪迈以如下方式描述在五显神中行四
的神祇："素好道，斋戒专务施药，以积阴功。"[57]常常被认作
华光的正是这位行四的五显神。从举行祭典的时间上看，五显
神与华光的联系更加明显。他们的诞辰在同一天，即农历九月
二十八；[58]且他们都与四月初八的公共祭典有关，而纪念释迦
牟尼的浴佛祭也在这天举行。[59]最早将华光同五显信仰中心婺
源联系在一起的证词是 14 世纪初的一首诗，其中描写婺源标
志性景观的诗句为"灵顺王封庙，华光佛氏楼"（灵顺王即五
显神）。[60]与华光联系在一起的一直是五显而不是五通，这意味
着作为五显神佛教化身的华光产生于婺源的五显信仰。

　　在婺源的五显神本庙，被称为至善无碍大斋的集会在四月
初八举行，它吸引了许多远道而来的朝拜者。[61]无碍会（或称
无遮会）始于梁武帝（502～549 年在位）发起的大斋会，其
举办目的是向佛祖祈祷以禳除病邪，以及向其表达感激之
情。[62]佛教的多数斋会的参与者都仅限于僧人，而无碍会与它

们不同，它把信奉佛教的僧众与俗众聚在一起，共同为世间的

196　生者与亡魂祈求福报。[63]对于无碍会与华光或五显间的关系，我们只能自行猜测；但我们应该记起一件事，即一年一度的五显香会举办的最初目的，是纪念五显神在四月初八显灵帮助婺源百姓免受疠疫之苦。

　　婺源举行的五显大斋的知名度在南宋时达到了巅峰。在洪迈讲述的一个故事中，主人公于1196年四月初八前往婺源拜谒那里的五侯庙，在那里拈八日香后方才返回池州（位于今安徽省）的老家。[64]婺源的一部地方志自夸称该香会甚至还吸引了来自海外的朝拜者。[65]宋末之时，蜂拥至婺源参加五显香会的香客引起了江东提刑的警惕，他曾经颁布禁止该集会的禁令，但无济于事。[66]在蒙古人征服中原不久后的13世纪80年代，每年四月初八，信奉五显神的"四方民"继续前往婺源参加香会。这一被五显神的虔诚信徒称为"佛会"的香会极大地促进了当地经济的繁荣。朝拜者的庞大数目使五显香会成为南宋规模最大的年度庙会之一，婺源也因此成了"天下商贾辐集"之地。[67]元朝《昆山县志》的编纂者沮丧地发现，昆山百姓对于前往婺源拜谒五显神本庙具有极大的热情。[68]宋末，一位僧人从婺源本庙奉香火回到昆山，然后建立了一座供奉五显神的行祠。[69]

　　于四月初八举行大型五显香会的习俗在13世纪时传到了江南地区。在13世纪40年代初期，平江府的两大五显庙（庙中都立有华光阁）开始在四月初四和初八组织抬着五显神像全城游街的迎神赛会（四月初四也是一个与佛祖释迦牟尼有关的日子）。在城内的绕行会一直持续到夜幕降临之后，迎神赛会期间的灯烛、马车、装饰华丽的神像及各类礼服的齐备程

度甚至超过了该市著名的灯会。自此以后，这些游行和与游行一起进行的"台阁百戏"成了城中居民"岁以为常"的大事。[70]在南宋末年的临安，每年四月初八都是"诸社朝五显王庆佛会"的日子。[71]明朝每年四月初八举行的华光会很可能是这种实践的延续。15世纪80年代，杭州城的居民开始于九月二十八在北新关组织华光会，北新关是明朝的一大主要税关，在宋朝这里也是一间五显庙的所在地。1494年的集会吸引的庞大人群甚至压垮了北新桥，这一事件最终造成三十余人身亡。[72]由于发生了这场悲剧，地方官府禁止了这一活动，但其他地方的华光会仍在举行。16世纪初，松江居民在每年的四月初八召开华光会。但到清朝，这一习俗似乎已经消失了。[73]

197

正如蔡雾溪发现的，道教使五通神最初的负面形象经历了最具戏剧性的转型：他们现在变成了可以被道教法师召来驱邪的灵官，而他们的前身山魈却属于驱邪的对象。复原这一转变过程是一项复杂的工作，因为在《道藏》中回溯相关文献相当困难，但它最有可能发生在13世纪下半叶。《道藏》中有三种典籍提到了五显神，在其中两种中五显神是以驱魔灵官的形象出现的。由于这两种典籍都用朝廷的赐号称呼五通神，因此它们的成书时间都不会早于1265年。[74]余下的那份文献是《太上洞玄灵宝五显灵观华光本行妙经》，它没有被收录在1444~1445年刊行的《正统道藏》中，而是属于1607年刊印的《续道藏》。[75]在这部经书中，昔日伤风败俗的五通神实现了彻底的转型：五显神听从灵宝教最高神祇元始天尊的派遣，是"救度众生、摄伏群魔"的华光五大天帅。他们在人间有多种化身，是道教中的菩萨，担负着帮助凡人渡过冥府之路上重重险关的重任。他们有一大帮听从号令的手下，包括雷公电母、城隍神以及各地土地神。具有讽刺意味的是，他们的敌人中恰好就有山魈木客！

有充分的证据可证明在 1202 年被皇帝敕令加封为王之后，五显神才变成了法力高深的驱邪灵官。在五显的例子中，撰写神仙传记的道门人士显然遵照了朝廷的指示。五显神从朝廷加封中获得的正统性不仅使其拥有了合法地位，还加强了他们的神力。之后，驱邪师们把五显神加入了灵官之列，五显神因此与过去的五通邪神形象完全割裂开来了。

198　　但至少有一种道教文本将华光与五显的混合体视为与五通邪神形象相近的邪魔妖灵。在守护神温琼 1274 年的道教神仙传记中，华光菩萨是池州五显庙的主要供奉对象。在这份文献中，华光菩萨看上了一位地方官员的侧室，于是他摄去了该侧室的魂魄，最终导致了她的死亡。官员手下的小吏劝官员向当地一名擅长召出天将驱邪的道人求助。在道人的作法下，华光现身了（他自称"本州五王庙第四位花光藏菩萨"）。道人命华光放还侧室的魂魄，但华光拒绝了他的要求，道人因此不得不向温琼求助。温琼击败了华光，斩下了他的首级。尽管世俗世界的统治者后来拆毁了池州的祠庙和庙中神像，但不知悔改的华光继续嘲弄道人的不自量力，称自己是"五岳四渎、山川秀气结成"，虽然自己在池州的香火已绝，但其他地方的五显庙香火依然旺盛。[76]

除了与华光有关联外，南宋的五显信仰还使用了"五圣"这个名字。最早使用别名五圣的是杭州的五显神分庙，但考虑到五圣与五显的密切联系，这个名字很有可能出自婺源。[77] 出生婺源的胡升（活跃于 1269 年）用带有歉意的口吻为婺源五显信仰的合法性进行了辩护，他宣称："或者以五圣为五通，非也。"[78] 显然，他的言外之意是不应把婺源获得朝廷认可的五圣（即五显）信仰同五通邪神混为一谈。五圣之名在洪迈的《夷坚志》中只出现了一次，故事发生在 1177 年，主人公是

199

图 27　五圣

　　这幅木刻版画来自元代的宗教读本《新编连相搜神广记》，它将五圣描绘为五位身着儒袍、头戴儒帽的年轻男子。参见《新编连相搜神广记》前集，第 49 页。中国国家图书馆提供。

一位福建考生，据说他曾在临安钱塘门外的"五圣行祠"祈祷自己能够登科。在这则故事中，这座祠庙是德兴而不是婺源

五显庙的分庙。[79] 13 世纪的杭州方志可证实在这个地方确实有一间五圣庙（见表 3 第一项），但它们没有提到它到底附属于德兴还是婺源的五显庙。在《夷坚志》记录的另一则奇闻中，一只山魈称自己是"五通九圣"，洪迈在此处加了一个注释，称无论九圣、五通还是山魈，都是可以交替使用的对同一类邪魔的称谓。[80] 一个令人信服的推测是五圣这个称呼综合了五通和九圣两种叫法。但在元明时期，道教典籍和民间神仙传记都认为五圣等同于五显，而不是邪神五通（见图 27）。[81]

但是从五通到五显或五圣的转变并没有完全消除这类信仰中的邪性。然而据洪迈所言，虽然会稽（今浙江省绍兴市）的五通祠不是正统的祭祀场所，但它是当地规模最大的祠庙之一，且对它"民俗甚敬畏"。[82] 也有许多五通祠庙未能转型为五显祠庙。在民间传说中，五通与山魈等邪魔之灵的联系也依然存在。金朝学者元好问在 13 世纪为《夷坚志》撰写了续集，其中一个故事提到一位妇人被山魈奸污，她的家人称山魈为五郎。山魈为这户人家带来了丰厚的回报，其中包括送给这位无嗣妇人一个婴孩，但该名孩童长到六岁就病逝了。[83] 14 世纪的一份杂剧名录甚至列出了题为《独脚五郎》的院本。[84]

到宋末，五显信仰在中国南方已经十分普遍，五显神也成了一位广受尊崇的神祇。根据从现存地方志中搜集的关于宋朝祠庙的零散数据，在民间信仰中，祠庙数量超过五显神的只有张王。[85] 具有正统身份的五显神在元朝仍然得到了朝廷的支持。虽然婺源的五显本庙毁在了蒙古人的征伐中，但婺源最殷实的家族汪氏重建了五显庙，并向其永久性地捐献了土地若干亩。[86] 1314 年，在汪氏的游说下，朝廷为这座祠庙赐下一块庙额，上面的题字为"万寿灵顺五菩萨之庙寺"，这使五显庙从另一种层面得以复原。[87]由于朝廷的眷顾，类似的重建工程也发生在其他地方。1317年，苏州吉利桥的五显行祠被改名为万寿灵顺祠，祠中还加修了一座宝殿。在此前二十年，有人把一些可以出租的地产捐赠给了该祠庙，第二座华光后阁便在此时修建。[88]到14世纪末，朝廷指定的婺源的五显祖庙重要性显著下降，拥有多间五显祠庙的杭州变成了信仰中心。元末，华亭（隶属于松江）的百姓模仿杭州的风俗，组成了祭拜五显神的"会社"。[89]明朝的文献都把婺源当作五显神的故乡，但它们同时把杭州居民看作五显信仰最狂热的信徒。

　　明朝在14世纪下半叶的建立使民间尤其是江南地区的宗教生活受到了极大的震动。为把民众的宗教生活纳入朝廷的管辖范围，明朝的开创者朱元璋（1368～1398年在位）采取了前所未有的措施。在其统治初期的1370年，朱元璋为捣毁"淫祀"并代之以管理严格的官方祭祀体系，发动了影响深远的宗教改革。民间信仰中的神祇性格分明，具有克里斯玛式的光环；而明朝官祀则与之相反，充斥着乏味单调的等级制度和毫无个性的各级神官，这些特质在世俗官府的科层制度中也广泛存在。从城隍信仰的转型中我们可以一窥明朝官祀的典型特征。在朱元璋推动建立的官方信仰新体系下，城隍神成了各级行政部门——从京城的朝廷各部，到省、州、县的地方官府——都重点关注的崇拜对象。于是过去城隍神所拥有的鲜明个性被抹去了，从前具有明显人类特质的城隍神像也被题有御赐头衔但没有写上私名的简单木质牌位取代。只有在官定的春祭和秋祭，城隍庙才能举办祭祀活动，且祭典必须由地方官员主持。[90]

　　与此同时，官府禁止私人祭祀其他所有神祇，且规定人们

201

在家中只能举行与先祖或灶神相关的祭仪。为培养民众的道德情操并向他们灌输社群的共享价值观，明朝官府要求子民参加每年春分、秋分各办一次的公祭活动。其中一类祭典试图复兴向社神和稷神表达敬谢之意的古老祷告仪式；另一类则以祭祖仪式为原型，在祭仪中人们向孤魂野鬼献上祭品，以此帮助他们像自己的祖先一样获得永恒的安宁。[91]尽管地方志中的记录显示地方官员确实为社稷之神与未获安息的亡灵设了祭坛，但朱元璋的宗教新秩序并未深入乡间，在他驾崩之后，乡间的宗教图景中便很难再找到与这场改革相关的迹象。

然而，朝廷禁令对城镇的影响远大于乡下。多数时候发生在城墙之内的城隍祭拜活动的的确确经历了根本性的转变。朝廷草率下令禁止的宗教活动包括公开建斋设醮、为神祇造像，以及扶鸾、"上表"、画符等通神实践。可以想见，在这样的禁令下，城镇居民不再公开展示自己的虔信程度。此外，朱元璋还做了一件在他之前的历代君王都未曾做过之事：他在敕令中指出，佛道二教同愚昧百姓信奉的神祇一样，也是滋生淫祀的温床，因此朝廷必须对其密切监控、严加规范。为了避免出现邪教因僧道团体的庇护而广为传播的情况，朱元璋下令对寺观进行了大规模的归并裁撤，规定一地只能保留一间佛寺或道观。尽管最终结果显示这种削减祠庙数量的严厉政策可行度不高，但相较于生命力顽强的各类民间信仰，制度化的佛道二教更容易受到这种唐突政令的影响。例如在吴江县，只有二十一间佛寺和一间道观在归并浪潮后被保留下来，被撤建的祠庙共有一百一十多间。[92]永乐皇帝（1402～1424 年在位）在 1403 年放宽了归并寺观的法令，但许多庙宇的香火和声誉都遭受了不可逆的损害。

在朱元璋眼中，白莲教等教派在南宋和元朝的俗众间激起的狂热信仰尤为有害，尽管他自己就与白莲教有很深的渊源。1370 年，朱元璋把白莲教归为邪教，并对所有疑似信徒进行了无情镇压。长江三角洲的精英家族之前已经震慑于朱元璋的经济和社会政策，为抹去自己身上的宗教异端污点，这些上层人士小心翼翼地避免与白莲教的任何宗教团体和宗教实践发生关系。"白莲"一词后来成了一个令人不快的标签，它可被用来指代任何不容于明廷祀典的宗教团体或活动。[93]

虽然朱元璋采取了严苛的宗教政策，但五显神在其推行的宗教版图中地位十分崇高：1388 年，朱元璋在其新都南京城外修建了"十庙"，其中便有五显神的祠庙。[94]一篇官府撰写的献辞指出，对于婺源百姓希望摆脱旱涝疫病灾害的祷告，五显神总是"随祷而应"。同时，它还用抽象的语言将五显神描绘为"妙万物而宰化元者"。[95]如此一来，五显信仰成了被官府明确列入官祀的为数不多的民间信仰之一。[96]然而，朝廷在 15 世纪 20 年代迁都北京后，未能继续向五显信仰提供积极支持。尽管明朝官员继续在南京城外的祠庙举行每年两次的祭祀典礼，但永乐皇帝及其继任者们对五显神兴趣不浓。朝廷的资助主要向真武、关羽、妈祖等神祇倾斜。

在明朝期间，多处的五通或五显信仰都逐渐衰落。在这一信仰的诞生之地江东或江西地区，民间对五显神的供奉也在减少。尽管五显祠庙在该地区仍然十分常见，但婺源不再吸引大批前来朝拜的信徒。[97]有趣的是，在不断壮大的瓷器生产中心景德镇（位于婺源下游）的宗教版图中，华光变成了重要的祭拜对象。景德镇因接收来自婺源等邻近地区的外来移民而规模不断扩大，于 16 世纪发展成为一座主要城市。一座为京城生产陶瓷器具的景德镇陶厂旁立有一间华光庙。好几次朝廷官员都试图把这间华光庙改建为公署，但均遭到当地匠人的拒绝，他们称华光的帮助保障了窑中瓷器的顺利烧制。[98]

以善神五显或华光为祭拜对象的民间信仰在福建蓬勃发展，但邪神五通基本消失了。多山的福建内陆地区长期以来与山魈传说联系在一起，在那里祭拜五通神的实践逐渐被来自婺源的五显或华光信仰取代。13 世纪中期的建宁知县报告称，在九月用奢靡的方式为"五王"圣诞举行祀典是闽地习俗，很显然这里说的正是九月二十八的五显社日。[99]1258 年的汀州方志列出了三间位于汀州城内或其周边区域的五通祠庙，其中至少有两间的修建时间可以追溯至 12 世纪。在 13 世纪上半叶，共有四间五显行祠在汀州的附属小城镇落成，其中建于 13 世纪 20 年代的行祠在 13 世纪 50 年代还加修了华光阁。[100]另一份 16 世纪的方志可以证明官府对五显信仰的支持力度减小了：在该方志中，只有一间五显祠被提到，另外两间在明初的宗教改革后改祭其他神祇；然而在新近开发的偏远地区又有四间五显祠庙落成。[101]后来华光成了这一民间信仰中的重头戏，这种情况一直持续到了当代。尽管华光仍被视为与五通神或五显神等同，但人们已看不出华光神原有的邪魔身份，也看不出他和四周山野中的山魈的联系。[102]

相传福州的五通庙在宋朝曾获得地方望族的慷慨资助，但到明朝它开始走向衰落。[103]原来的五通庙在某个时候被废弃了，但后来人们在福州的主城门通津门楼上又立起了一间五显庙。另有一间建在布政司衙门中的五显行祠，它的修建时间为 1388 年，当时五显灵顺祠正好被列入"十庙"。[104]而到明朝晚期，通津门楼上的五显庙已经基本上被废弃了。[105]但在周边地

区，对五显或华光的信仰仍然十分盛行。[106]到 17 世纪初，一组 204
被称为五帝的瘟神成了福州最受推崇的祭拜对象之一。五帝有
可能是五显神的一种变体。虽然无论从神话还是祭礼的角度出
发，五帝与五显都差别显著，但五帝信仰与其他瘟神信仰，如
与福州相邻的浙南地区的温琼信仰相似度很高。[107]

尽管在南方的很多地方，祭拜邪神五通的实践在明朝经历
了衰退或消失，但在江南地区，五通神信仰已经潜移默化地影
响了大众的心态与民间的宗教生活。五通邪神的持续性影响体
现在对这位神灵的称谓中。明代的注疏家写到，在江南他有时
被称为"五通"，有时被叫作"五郎"，但对其最常见的称呼
可能还是"五圣"，五圣的叫法与杭州的五显崇拜关系密
切。[108]明朝中后期已经很少用到"五显"之名，它通常出现在
祠庙的名字中。到明朝中期，出自婺源祖庙的仁慈善良的五显
形象已经近乎消失。多数明清文献把五显或五圣与阴险邪恶的
五通神混为一谈。官府资助翻修的五显大庙在明朝未能成功吸
引来自俗众或僧道的长久支持。例如在苏州，城外楞伽山上的
五通庙重要性逐渐上升，最终取代城中的五显行祠成了祭拜活
动的中心。[109]明朝之时，五通神的影响力几乎渗透了江南的家
家户户，甚至还包括最为显赫的大族，但这种影响力主要体现
在家庭祭祀而不是大型公共祭典中。

16 世纪初，几乎所有描述五通神信仰的文本都用十分明显
的沮丧口吻称，装饰精致的五通小庙差不多在每一座江南院落
中都可找到，通常就修在面朝外街的家门之内。[110]这些只有三四
尺高的小庙还带来了一种奇怪的传言，称五显信仰是由明太祖
创立的。根据这种说法，在击败对手后，朱元璋梦见了为自己
四方征讨并因此身亡的兵卒千万，他们恳求朱元璋为自己奉上

血食，以安抚自己仍然游荡的灵魂。梦醒之后，朱元璋下令江南的所有人家为这些兵卒的亡魂立庙祭祀（这些兵卒以五人为伍，因此每个家庙都祭祀五人）。[111] 许多清朝的文献都提到了这一传说，但这些文献无法与现存的朱元璋时期的史料相互印证（或者说在我看来，也无法与任何明朝时期的史料互为印证）。[112] 如前文所述，朱元璋是五显信仰的支持者，但这种支持不太可能延展至五通神，且无论如何，五通神信仰都远比五显信仰古老。[113] 然而这个故事可以证明一点，即五通神的祠庙在当时十分普遍。此外，这个毫无疑问纯属虚构的传说使五通神信仰获得了一种正统性，这使其免于遭受儒家卫道士的直接抨击。

15 世纪末 16 世纪初的文献最早对家户中的祭祀活动进行了较为全面的描述。[114] 无处不在的家庙内通常都设有代表五圣的五尊神像（他们都"官服如王者"），以及身着后妃服饰的五圣夫人像。庙中还有五圣母亲（人们一般称呼她为"太妈"）之像、其他常见神祇（如观音、城隍神、土地神）的神像，以及构成五圣部下的神官之像。[115] 如果因贫困而无法在家中设立如此精致的小庙，但同时也不希望怠慢神灵，则可以把手绘或印制的神像挂在一块木板之上。黄暐的描述向我们展现了时人对这类"圣板"的崇奉之情：在把"圣板"和神像迎回至家中祭坛时，一家之主会在前往工匠作坊的路上焚香以示尊敬。[116]

除太妈外，五通神信仰还衍生出了一小群其他陪神，他们本身也形成了拥有自己的祠庙与信众的信仰体系。在五通的这些"从官"中，最出名的是马公，一般认为他是五通神的叔父，但很明显这位神祇的原型是五显神的另一个化身道教灵官马元帅（参见后文页边码第 213~220 页）。还有一位被称作宋相的"从官"，他是道教水府地狱中的一名灵官，一般被描绘为与死亡有关的可怕形象。在明末的苏州城中，至少有三间祠庙是为宋相修建的。最初在德兴受到崇拜的周宣灵王也被认作五通神的部下。[117]出于机缘巧合，这位神祇的神像被带入了苏州的一间佛寺，并在那里声名远扬、香火不断。[118]

茶筵是五通神信仰的最大特色。在这类持续一整夜的仪式中，巫者用难懂的"叹歌"召出五通之灵，向其转达雇主的心愿。在这些巫觋中，地位最高的是自言"能为收惊见鬼诸法"，且声称在与五通神交媾的过程中习得"阴教"的妇人。[119]在仪式过程中，设筵的家庭应向五通神献上灵钱、血食等丰厚祭品。[120]一位观察者报告称，还有很多其他神祇也在茶筵中受到祭拜，包括华光。[121]一旦遭遇任何形式的困境，所有家庭无论贵贱都会通过茶筵向五通神寻求帮助。

五通神在明朝通俗文化中的形象反映了一个事实：尽管官府与佛道组织试图赋予五通神更高的神圣性，但这并未改变人们对这位神祇的看法，五通神仍然是会主动侵害意志薄弱者的恶人甚至邪魔。被雇来确定疾病根源的卜者常常得出五通神作祟的结论，在这种情形下，他们会告知患者他已经药石罔效，因此不如停止就医慢慢等死。在有的故事中，五通神只是扰民的恶作剧者，他们或是随意挪动家具，或是把门打破；在其他一些时候，五通神则被控诉做出了偷窃贵重财物或纵火烧家的行为。人们在五通神前祭祀祈祷，但他们的主要目的是消灾免难，而不是祈求神灵的庇佑。

通过分析陆粲《庚巳编》（成书于16世纪初）中收录的十五个故事，我们可以看到五通神民间形象的两个不同侧面。[122]在第一类故事中（见表4故事编号1~7），五通神就像爱好恶作剧的顽童，很容易被开罪，一不如意便会制造灵异事

206

件。例如在一个故事的开头，一位秀才的朋友做出了朝五通神像小便的渎神行为。愤怒的五通神于是开始骚扰秀才及其家人的生活，他拍打秀才的家门，并在其屋内随意扔掷粪便。有一次一小袋钱在他的把戏下凭空消失了，当听到家仆对恶作剧者的咒骂后，他又把钱袋从空中掷下，导致钱币在家中四处散落，在被拾起时钱币仍然带有一定温度。其他描述五通神恶作剧的故事则没有讲明为何他会如此行事。用祭品安抚五通神的尝试似乎也不怎么管用。在这类故事中，受到侵扰之人往往会在五通神怒气平息之前就采取驱邪措施或毁掉相关五通祠庙。

　　第二类故事（见表4故事编号9～15）展现的五通神形象更加阴险邪恶。这些故事的中心主题是通过诱使女子灵魂出窍

207　　　　表4　陆粲《庚巳编》（约1520年）五通神故事中的母题

母题	故事编号														
	1	2	3	4	5	6	7	8	9	10	11	12	13	14	15
出现															
亵渎神祠或神像			●			●									
显形	●	●		●	●		●								
附身女子									●	●	●		●		●
（婚后附身）										●			●		●
与女子交合									●	●		●	●		●
表现法力															
术法			●			●				●		●			
作乱		●	●	●	●	●	●								
耗空财物		●													
豪华宫室									●				●		
施予法力														●	●
施予财富	●											●			●

续表

母题	故事编号														
	1	2	3	4	5	6	7	8	9	10	11	12	13	14	15
造成灾难性后果															
疯癫										●	●				
夭亡					●				●						
无法成婚													●		
结局															
毁神祠						●									
驱邪		●	●				●								
安抚（未成功）		●						●							
上级神官插手		●												●	
被家人接受								●			●	●			
五通神厌弃女子并离开												●		●	

资料来源：陆粲，《庚巳编》卷四，第 40～41 页；卷五，第 51～54、65 页；卷六，第 73 页；卷九，第 101 页。

或与女子交合，五通神占有了她们的肉体。在某些故事中，女子突然被五通神附身，然后便开始发癫，她们通宵达旦地唱歌跳舞，再也没能恢复神智。[123] 在另一些故事中，五通神以相貌英俊、身着华服的青年身份，迷惑因处于人生转折期（进入青春期、订立婚约或成婚）而易受鬼邪侵扰的年轻女子，引诱她们同自己交合。作为回报，五通神会向女子及其家人提供财富。对于这种显而易见的失贞或不忠，女子的丈夫或父亲并不总是视为不幸；相反，他们从五通神的慷慨赠予中获取利益，并鼓励他的再次到来。[124] 然而五通神的关注和慷慨程度都是难以预测的，在多数情况下这些赠物最终会被其收回，这一点可由下面的故事体现：

208

> 江阴米商有女，年及笄，色美，忽为神物所凭。尝见一美丈夫入房与交合，自称为五圣。父母为延师巫治之，百方不能止，后无可奈何，亦任之。女每有所须，虽远方非时之物，一指顾间可致。时出金银珠贝之类充牣于室，然一玩即复摄去，不肯与女。女尝见金数千锭积屋隅，试取之，入手便化成瓦石，或是纸所为者，返之则又成金矣。

在上述故事中，面对一位缺乏主见、易被他人左右的年轻女子，五通神用金银珠贝吊其胃口，但最终这些财物和五通神本身一样难以长久。五通神馈赠的稍纵即逝与该神灵丑恶的根本目的在下面的故事中更加显露无遗。在这则故事中，五通神不仅用物质财富进行引诱，还送来了可能最为珍贵的礼物——男嗣。

> 沈生妻吕氏，名家女，工容皆绝人，年十九。忽厥死，两日始苏，云："被五圣灵公召去侍宴，出金首饰一笥，衣十六笥示之，绚烂夺目，而形制小。神谓曰：'能住此，此物皆汝有也。'我泣拜求归，夫人复劝解，乃放还去，云：'容汝十年。'"
>
> 自是魅数来其家，呼妇为娘子。时闻异香扑鼻，有美男子盛服而来，与寝处。十年后复死，旋活，言神云："更乞与汝一年。"前后生五男，将姓，辄见男子抱一儿遗之。产时无血，但下黑汁，儿极娟好，及周岁日："吾今携儿去矣。"如是辄天。最后得一女，方免身，血逆奔上，遂死。距前复活时恰一岁矣。[126]

五通神欢心的不定性明确传达了一个道理：耽于肉欲只能带来短暂的欢愉，却将很快导致悲剧发生。

209

表 5　钱希言《狯园》（1613 年）五郎（五通）故事中的母题　　210

母题	故事编号																		
	1	2	3	4	5	6	7	8	9	10	11	12	13	14	15	16	17	18	19
五通神特质																			
归为山魈一类	●			●														●	
独脚				●	●														
状如美少年或王公贵族			●								●	●						●	
祭拜五通神																			
茶筵							●						●						
家中设祭							●										●	●	●
祭拜者为年轻男子																		●	●
五通神显灵																			
恶意玩闹	●								●										
令女子受难（生病或肢体受损）		●									●			●					
霸占已婚妇人（私通）			●	●	●	●			●				●			●			
引诱（未婚）女子											●	●		●	●	●			
与年轻男子有断袖之欢																			●
赐予女子金银丝帛						●	●	●						●	●				●
丈夫或家人用女子换取富贵			●	●		●					●				●				
结局																			
女子身亡														●	●		●		
除受难女子外有其他人身亡									●									●	●
驱邪		●											●		●				
停止侵害							●				●	●							
（婚后或再婚后停止）							●				●								

资料来源：钱希言，《狯园》第一二，第 1 页上栏~第 16 页上栏。

　　第二类故事中的女子大多结局悲惨，她们面临的是陷入疯癫、死亡或因嫁不出去而生不如死。陆粲笔下的五通神为以财富为饵、在梦中勾引年轻且心志不坚的女子与自己私通的淫邪之魔，这个形象在同一时代的其他逸闻中得到了进一步确认。[127]到17世纪，五通神这方面的特质已经压过了其热衷于恶意玩闹的属性，成为五通民间传说中的主要母题。钱希言在《狯园》中讲述了十九个与五通神有关的故事，其中有十三个都涉及私通或引诱妇人的情节，另外还有一个年轻男子被五通神占有的故事（见表5）。尽管在钱希言的故事中仍然存在山魈的母题，但其重要性显然次于用女子交换财富这个情节。和一个世纪之前的陆粲的《庚巳编》类似，在钱希言的叙述中，丈夫或其他家人是乐于用女子换取自己的富贵前程的。16世纪正是妇人的贞洁观大为发展之时，当时的社会十分推崇拥有贞妇——也就是严格守节、重视贞操保护的女子——的家庭，并要求失贞女性自绝谢罪。[128]考虑到这一点，上述五通神信仰的特征就显得更加引人注目了。对于被邪魔附身或失身于邪魔的女性，像陆粲一样的儒家学者所表达的更多是惊骇与遗憾而不是鄙夷。但用昂贵的祭品敬奉五通神会招致严厉的谴责，同样会被谴责的还有矫称自己具有神力、欺骗愚夫愚妇的巫女。在15世纪末与16世纪初，对邪神五通的崇拜十分风行，地方官员因此对五通神信仰采取了旨在根除的手段。

　　1445年，新近上任的苏州知府李从智下令捣毁五通家庙。然而不久之后，李从智就重病身亡了。他的死很自然地被解读为触怒强大且睚眦必报的五通神的后果，据称由于被这段可以展示五通邪力的过去所震慑，后来的知府都不敢再对五通神信仰如此公然地表达敌意。[129]1488年，常熟知县毁掉上百座五通神像,① 把被拆毁的神祠改建为学校、仓库、楼橹、公馆等。[130]数年之后，苏州知府下令禁止祭拜五通神，并将其在苏州城内的神像全都焚毁。但他一去任，民间对五通神的崇拜就卷土重来了。[131]1520 年，也就是陆粲完成《庚巳编》前后，松江的一位官员毁掉了城中主要五通庙中的五通神及其随从之像，随后该庙被改建为祭祀唐朝名臣陆贽的祠庙，相比五通神陆贽更能算作儒家美德的典范。[132]同样，1496 年，江阴知县将城内的五通庙改成了祭祀一位唐朝将领的祠庙。[133]

尽管地方官员针对五通神信仰发起了愤慨的镇压行动，但这并未能完全阻止民间对该神祇的虔信。1520 年之后，压制五通神崇拜的公开行动在很大程度上停止了，这一信仰在整个江南地区以前所未有的速度繁荣发展。或许因为想到消灭五通神信仰这一顽敌的努力全都无功而返，地方长官明显放弃了与其的斗争，对五通神的公开祭祀又重新兴起。[134]尽管常熟的五通庙在 1488 年被拆毁了，但 17 世纪初，在该城主要城门的城楼中仍然有一间福德五通庙。[135]根据 1611 年一份关于南京祠庙的详细调查，城内共有十四间五显庙，这一数字仅次于观音的祠庙，远远大于真武庙、关帝庙或妈祖庙（见表6）。

表6　明朝末期南京与北京的祠庙　212

南京的祠庙		北京的祠庙	
观音庙	19	关王（关帝）庙	20
五显庙	14	观音庙	10
真武庙	7	天仙（碧霞元君）庙	8

① 根据作者所列参考文献中的内容，1488 年捣毁神祠的实际上是昆山知县。

续表

南京的祠庙		北京的祠庙	
关王(关帝)庙	5	真武庙	8
天后(即妈祖)庙	5	地藏庙	6
东岳庙	3		

注：表中数据只包括了位于城墙以内的祠庙。

资料来源：南京祠庙的情况参见祁伯裕《南京都察院志》卷二一、卷二二；北京祠庙的情况参见沈榜《宛署杂记》第一九卷，第232~233页。

　　面对五通神信仰的顽强生命力，江南文人显然也只能听之任之、做出让步。对通俗文学或话本中记录的稀奇古怪、充满性暗示的五通邪神的故事，他们继续吹毛求疵，但他们接受了五通神的化身五显，认可他为获得明朝开国者支持的合法祭拜对象。[136] 但令人吃惊的是，我们找不到任何证据证明明朝官府曾经试图将五通神信仰纳入官祀，而这是宋廷惯用的一种策略，可将民众关于神灵存在的狂热信仰转化为合乎要求的表现模式。在悬挂于太常寺的画卷上，朱元璋建在南京城外的五显灵顺庙依然可见；但在1421年明廷迁都后，没有一间五显祠庙在北京落成。对江南地区五显祠庙的日常维护，官府提供的支持也减弱了。无处不在的五通邪神成了法外之徒，既没有获得朝廷的加封，又不能享用官方的祭品。尽管信徒们基于朱元璋的支持声称五通是一位具有正统地位的神祇，但明朝官员通常把五通甚至五显标记为民间的"土人私祀"。[137]

　　把五显神从民间信仰中消除的努力还导致华光从五显信仰中脱离出来，成了一位独立的崇拜对象。虽然名义上华光为佛教神话中的人物，但在明朝文献中他一般被描绘为道教中的驱魔神将而不是佛教中的菩萨。道教的科仪典籍和神仙传记为华光创造了一个被称为马元帅的新化身。在明朝后期的小说、戏剧以及旨在教化的宗教读本中，马元帅与华光合二为一，并同时与邪恶的五通划清了界限。如此一来，围绕华光形成了独立的信仰体系。

14世纪中叶的道教仪式典籍《泰玄酆都黑律仪格》在处理五通神模棱两可的属性时把其分为了三等：上部五通是地位崇高的神灵，由构成物质世界的五行之气凝结而成；构成中部五通的仙灵（包括华光）是获得玉帝加封的神官；而下部五通"乃草木之气结成"，会使凡人遭遇飞来横祸。[138]因此这份道教文本挑出了华光，将其纳入了天界神仙体系。其他13世纪或14世纪的道教文献把华光与驱邪禳灾的道教神将马元帅联系在一起。在宋代的驱邪雷法中，马元帅是令人敬畏的南斗星君、火中之精。据称马元帅有三只眼睛（华光在明末文献中的一个标志性特征），也修成了五通，可以运用多种兵器（一支金矛、一块三角金砖，以及各种火系武器，其中包括一个火轮和装有五百只火鸦的火瓢）消灭山魈、五通等妖魔鬼怪（见图28、图29、图30）。[139]实际上，在道教文献中，五通由本性不端的邪魔转化成了天神座下嫉恶如仇的元帅，从这个方面看，马元帅本质上与佛教中的华光别无二致。[140]

佛教菩萨华光与道教驱魔神将马元帅的结合在明朝的小说与戏剧中体现得更为明显。在明末中篇小说《北方真武祖师玄天上帝出身志传》（又称《北游记》）中，华光在被真武降服之前是一个不尊玉帝旨意的放浪、易怒的无赖。他介绍自己为"花酒马灵官"，这暗示了他与五通邪神的渊源，影射了他的好色喜淫。这本书中的华光拥有道教科仪典籍中的马元帅所具有的一切特质：三眼六臂、金矛、三角金砖、火系神兵。在与真武斗法失败后，华光表露改邪归正之意，被真武收为一位

213

214

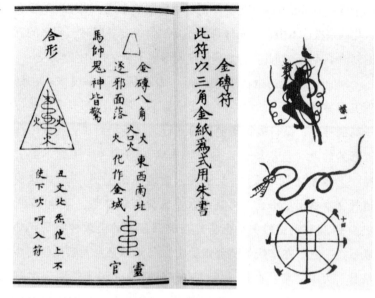

图 28 和图 29　马元帅符

　　图 28 取自一份道教科仪文本，传授的是制作金砖纸符的方法。金砖符是
马元帅的标志性神兵，呈三角形，砖身上刻有四个"火"字符。参见《正一
吽神灵官火犀大仙考召秘法》，《道法会元》卷二二二，第 13 页下栏～第 14
页上栏。图 29 是在醮仪中用来召唤马元帅的符文，上面画有马元帅手持金矛
的剪影、一条龙，以及马元帅的另一标志性神兵火轮。参见《正一吽神灵官
火犀大仙考召秘法》，《道法会元》卷二二二，第 17 页下栏。

以斩妖除魔为己任的部将。在小说的最后一卷中，华光被玉帝
加封为"正一灵官马元帅"。[141] 在其他明朝通俗文学作品中，
华光与马元帅也被描绘为同一本体的两个分身。[142] 虽然《北游
记》因其对道教教义过于通俗的解读而受到批判，但它将华
光同时描写为祸害和救星，十分巧妙地准确捕捉了华光（或
五显）同正统典籍中的秩序捍卫者间暧昧不定的关系。[143]

　　在约可追溯至 16 世纪初的杂剧版《西游记》中，"华光
天王"是玉帝为前往西天求取真经的唐玄奘差遣的保官之一。

215

图30 马元帅符（召唤火鸦之咒）

这则召唤马元帅周身的火鸦的咒语念作："叮咛德嘈！乌鸦千只，闻吾呼召。飞至坛席，奉令急速啄杀鬼、贼、疾。"参见《正一吽神灵官火犀大仙考召秘法》，《道法会元》卷二二二，第25页上栏。（"叮咛德"只是单纯的拟声词。）

在一段唱词中，华光称自己是一位获得佛道两教承认的神祇，是镇守南方、掌管火部的驱魔神将。华光还称自己在佛会（或许指以华光之名在四月初八举行的集会）中被称作"妙吉祥正受天王"。在中国的早期佛教文献中，妙吉祥是文殊菩萨这位佛陀最重要的一大高徒的音译之名；但后来的华光传说都没有显示华光与文殊有任何明显联系。该杂剧还将"五瘟神"和"五显圣"描绘为华光的部下。[144] 如此一来，这里的华光便与婺源人对逐疫之神五显的崇拜联系在了一起。

在明朝文学作品中对华光最出色的刻画是由十八个章回构

图31与图32　华光大战哪吒

刊行于1631年的《南游记》在本书本每一页的顶部插图都配有插图。这两幅插图展现了华光（图32，即右图）大战哪吒（图31，即左图）的场景，后者受玉帝派遣前去降伏华光。华光手里是拿着他的金矛，他的头上是扔向哪吒的三角金砖。金矛和金砖都是属于马元帅的神兵（见图28、图29）。参见《全像华光天王南游志传》卷三，第20页上栏～下栏。大英图书馆提供。

成的《南游记》，它的刊行时间可能是 16 世纪 70 年代或 80 年代。[145] 在这本小说中，华光的形象很容易就会令人联想到五通神，他鲁莽大胆，处处惹是生非，因肆意妄为而被玉帝多次贬至凡间（见图 31 与图 32）。但这位华光也有其高尚的一面。他扶正祛邪，努力根除人祭等宗教邪行。他曾三次投胎转世，对每一世的父母都竭力尽孝，无论其是仙是凡，堪称孝子典范。华光为其在神界的父亲马耳山王报了杀父之仇，且曾做出深入地府解救其人界之母的壮举（对目连救母经典情节的一种重现）。华光在人界的第二世投胎成了婺源（朝廷认可的五显信仰起源地）萧家庄一位长者家中的五胞胎之一（当然，他生于九月二十八）。这一世的华光在凡界的母亲不幸被某种邪物附体，变成了不知餍足的食人恶魔。她的孽行引起了一位龙王的关注，龙王于是将她镇入酆都深处。目连故事早期版本的重中之重要么是佛陀的度化之力，要么是阴曹地府的恐怖景象。与之相反，《南游记》则在华光的冒险经历（以及其连环画般的悲惨遭遇）上花费了大量笔墨，例如详细地描写了他如何假扮观音等受人尊敬的神祇，如何偷出可以治愈母亲食人之癖的仙桃，以及如何用仙桃将正在忍受酷刑的母亲从地狱赎回。[146]

　　《南游记》中的华光形象把明朝小说常见的多种文学意象糅合在了一起，且与百回小说《西游记》（一般认为其作者是吴承恩）中性格暴躁的美猴王孙悟空相似度很高。同时，华光与五通神信仰的渊源也体现得十分明显，例如在小说中他投胎为萧家庄长者的五子之一。书中甚至还间接提到了旧时五通神的一个标志性身体特征：在这部中篇小说的末尾处，华光在他人的诱骗下砍掉了自己的一只脚。由一百回构成的《西游记》也隐约提到了《南游记》中关于华光的神话传说。《西游

217

记》在行将结尾的地方写道，唐僧和他的徒弟们经过了一间华光行院。此处对华光的说明为"华光菩萨是火焰五光佛的徒弟，因剿除毒火鬼王，降了职，化作五显灵官"。[147]这条附加说明文字中的信息显然源自《南游记》或对华光做相似描述的其他更早的文本。

一本题为《三教源流搜神大全》（成书于 16 世纪末）的民间宗教读物进一步强调了华光同马元帅间的关联。[148]在这份文本中五圣（即五显）与马元帅各自拥有独立的条目。马元帅的小传称其为"至妙吉祥化身如来"，他一开始就因渎神而被贬入凡，化为人形（见图 33）。该条目的剩余内容简要地重

218

图 33　马元帅

这是明代民间宗教读本《三教源流搜神大全》中的插图，图中马元帅身着官袍，手持标志性金矛，头上飞有两只火鸦。见《三教源流搜神大全》卷五，第 8 页上栏。日本国家档案馆提供。

述了《南游记》中的情节，两份文本显然采用了同一个资料来源。这段短小的叙述文字的末尾写道，马元帅基于其功德被玉帝封为真武座下的部将，这一点与《北游记》中华光的经历类似（虽然在这本书中，马元帅是西方而不是南方的灵官）。

《南游记》中出现的华光与五显形象的混合体也通过戏剧传播扩散。明末的通俗文学评论家沈德符（1578～1642年）抨击了某些民间杂剧，称它们"太妖诞"。他特意列出的一个例子是一出名为《华光显圣》的剧目。沈德符谴责大众对这类娱乐的嗜好，认为这证明了世人的无知与轻信。[149]虽然我们无法得知已经失传的《华光显圣》具体内容为何，但清代的二十七折剧目《享千秋》基本上重述了《南游记》中华光故事的情节和基调。[150]无论其文学价值是大是小，这些作品证明了形式多变的五通神信仰的生命力和复杂性。

道教经文和《南游记》等通俗小说显示，在制度化的宗教体系中，华光或五显在很长时间内都扮演了伏魔者的角色。在文学著作和历史文献中，我们都可以一窥以华光与五显的综合形象为核心的信仰体系。在杭州宝山院的华光庙，也就是冯梦龙的故事《假神仙大闹华光庙》的发生地，人们已经很难区分华光与五显。在故事中，两位妖精假冒道教仙人吕洞宾和何仙姑，以科考高中为饵，诱使一位年轻学子与自己肆意云雨（包括断袖之欢），五显灵官因此被召来捉拿他们。在叙述中，冯梦龙煞费苦心地强调，民间把五显等同于五通的做法显然是错误的（但他没有提及的一点是，五通与这些假冒神仙的精怪在习性上具有相似性）。[151]《南游记》还宣称人们基于对这位神祇的误解才形成了五显或华光为胡作非为、生性好淫之神

219

的看法，这也是该书的一个重要主题。无论在《南游记》还是在冯梦龙的故事中，这位神祇都没有犯下五通等妖邪通常被指控犯有的罪行。事实上，我们可以将《南游记》等作品看作一种辩解书，它们试图消除华光与邪神五通间的"错误"关联，以此恢复华光的善神之名。有趣的是，尽管宋朝的华光明显是一位佛教传说人物，但在明末文学作品对他的刻画中道教元素占据了上风。当《南游记》中的华光做出与前往地府救母的目连相似的举动时，他假扮成了太乙救苦天尊。《南游记》中的主要内容，也就是华光与妖魔鬼怪间的斗争，也可视作关于道教驱邪法事的一种文学表现手法，在这些法事中华光被法师召出以降伏包括山魈在内的邪魔之物。[152]

文学作品还证实，在明朝末年华光一直是一位独立的祭拜对象。在《南游记》的末尾作者写道，华光受到了求男求女之人、希望在华光的庇佑下"买卖一本十利"的商人，以及渴求金榜题名的读书人的崇奉。[153]同样，《三教源流搜神大全》中的"灵官马元帅"条目称马元帅会应答信徒的"妻财子禄之祝"（此处的"禄"可能指长寿），但他也可受巫觋所召，助其化解冤屈或完成客户委托。[154]《南游记》等作品宣扬了华光的神通广大和有求必应。

220

尽管负责主持科仪的道士试图将正义的华光或五显从原来的五通神信仰中剥离出来，但他们的努力并非完全奏效。《南游记》称华光为"妙吉祥菩萨"，这也是杂剧版《西游记》和《三教源流搜神大全》用来区分华光和五通的名字，但是某些关于五通庙的记录特意指出庙中主神之名为妙吉祥菩萨。根据汀州16世纪和17世纪的方志，五通在地方传说中被视为"华光藏王妙吉祥菩萨"的化身，它们称华光和目连一样因其从冥界救母的壮举受到尊崇。因此这里提到的五显是不同于华光的五位神祇。[155]很明显，当地的华光或五显信徒知道《南游记》中叙述的华光的故事，但他们中的某些人继续在"五通"的称谓下祭祀这位神祇。此外，一本同样称华光为妙吉祥菩萨的明末杭州方志提到，华光大士的神像出现在了为五通神准备的茶筵中。[156]尽管道门之人为区分华光与五通神进行了多番努力，民间却依旧将他们混为一谈。

　　五通神信仰的早期发展因此生动地展现了民间信仰、官方认可的宗教活动，以及道教经文间复杂的相互作用。通俗宗教文化远非经典宗教粗陋的残留物，它是影响官祀或佛道正典形成过程的积极要素。当然，五通神或五显神信仰是有拥护者的。为争取朝廷对"他们的"守护神五显的加封，江东构成竞争关系的地方社会都理所当然地决定把他塑造为一位仁慈良善的神祇。商贾们或多或少对五显神信仰在江南的传播起到了促进作用，但目前没有任何证据证明他们用特有的方式为这种宗教信仰提供了支持与赞助。[157]最为重要的是，五通神之所以被纳入官祀，是因为民众都普遍相信他法力高深；而五通神的邪恶一面丝毫没有削弱这种信仰，它可能还起到了强化作用。221
在道教文献中，五通神由讨厌的妖魔转变为上神们的忠实仆从，这种转变体现了其在官祀等级制度中的地位上升；或许也可将地位提升视为因，身份转变视为果。然而，官方和教义上的认可都间接反映了民间观念的重要性。如果认为关于五通的民间观念就是崇高神学的通俗化形式，那我们就大错特错了。正确的结论与之相反：对这位具有多副面孔的民间神祇来说，正统信仰中的五显神形象只是一种夸张的、片面的刻画。

第七章　财富的魔力

　　钱的使用在中国由来已久，但在明末钱作为一种符号的重要性达到了前所未有的高度。当时，国民经济迅速增长，海外白银大量流入，它们都使钱的使用频率急剧增加。在中国商业化程度最高的江南地区，各种形式的钱几乎渗透了每家每户的日常生活，不仅促使了一系列新型交易关系的生成，还引发了一种新的论调，在这类论述中由货币经济引起的社会变迁以钱为象征符号。在很多人看来，钱的普及释放出了成群的玛门①，损毁了维系道德经济（moral economy）统一性的微妙互惠纽带。徽州的一份方志曾做出了"金令司天，钱神卓地"的描述，而当地的商贾和放贷者则彰显了财富势不可当的影响力。[1]甚至支持传统道德标准的儒家道统拥护者在著书立说时都屈服于金钱强大的隐喻特征。劝善书的著者采用了记账体系，其读者可以据此计算自己善行的总和，行更多积善之举，保证自己的功德在功过账目中有所盈余。[2]"积""存""债""管"等市集中的用语被用来描述新型的宗教虔信，它们展现了以获取和保持"善本"（moral capital）为中心的道德教化。[3]

　　在大众的想象中，金钱还被赋予了文化意义。在明朝末年的江南地区，财神成了金钱最为显著的符号表征。对于当代中

---

① 玛门（Mammon）是《圣经》中出现的恶魔，代表对金钱的贪欲。

国人而言，财神是家庭祭仪和新年礼俗中的一位标志性神祇。现代的财神信仰实际上涉及多位神话人物，每位神仙都代表财富的不同方面：和合二仙象征与生意伙伴化解矛盾，这对于取得商业成功至关重要；乖巧可爱的刘海代表丰裕和慷慨；孔武有力的关帝是忠义诚信的化身，有了忠义诚信交易才能顺利进行。[4]尽管在家里的供桌上和公共寺庙中他们的神像十分普遍，但绝大多数人都不知道民间宗教中的财神信仰根源为何。从18世纪起，被统称为五路财神的五位神灵便成了江南地区财神信仰的核心人物。在由道教神仙构成的天庭科层体系中，五路财神是掌管世间财富的最高神祇。他们不是上古之神，而是五通神的变体。

五通在明朝末期以司掌财富分配之神的身份成为江南地区的主要崇拜对象。财神在当时并非一个全新的概念。道教小神利市仙官最晚可追溯至宋朝，明代早期的禄神神像在形式上也与当代财神十分相似。[5]然而在明末的江南地区，五通神的形象支配了民众关于财神的想象。五通神的邪性是以五通为中心的信仰的最显著特征。五通神不是文化英雄，也不是人类美德的化身；相反，他体现的是人类最丑陋的恶习、贪婪和欲望。他会主动欺凌软弱之人，在很大程度上构成了现代财神的对立形象。

江南的五通神信仰在明朝经历了长足的发展。五通神渗透进了家庭和公共宗教生活的各个层级。尽管在南宋和元朝，为给五通正名，人们曾试图用正面的五显神和华光取而代之，但五通神信仰在明朝末年的江南地区保留了其独有的邪恶形制。这位神祇真身为何的问题使卫道者们感到困惑，这种情绪反映在了王志坚（1576～1663年）撰写的《五通王辨》中：

223

五显、五通［苏州］旧志分为二神，然吴俗往往混称。按五显虽婺源土神，高皇帝［朱元璋］尝立庙于南都，其为正神无疑。至诸小说所载及流俗相传妖异淫昏之事，或称五圣，或称五郎，或别有崇焉，未可知也。又言神为兄弟萧姓，有母称太母，皆流俗妄传，了无依据。[6]

人们确实常常混称五通神的各种名字，但具体使用哪个特定名字同样也反映了各地特有的地方认同。

虽然朱元璋的承认使五通神在官祀中获得了一席之地，但五显这个官方加封的称号在明末的文献中很少出现，且即使出现也主要见于历史悠久的祠庙之名。在江南地区，五显这个名字在杭州及其周边使用率最高，这是因为杭州是13世纪地位突出的五显信仰的中心。正如我在早些时候提到的，江南百姓通常把五通神称为五圣，这个名字的使用也可追溯至南宋时期的临安。在明朝期间，五圣之名在杭州一带的丝绸产地尤为常见，这一地区除了杭州府外还包括嘉兴和湖州，因此此地又被称为杭嘉湖地区。五通和五郎这两个名字多见于靠北一点的水稻和棉花种植区，也就是苏州府与松江府。苏松二府的居民也以祭拜瘟神五方贤圣著称，这种崇拜与五通神信仰的关系后来变得十分密切。

13世纪和14世纪是土地神信仰逐渐整合的时期，整合之后的信仰形式直到今天仍然存在。江南的多数土地神都是从元朝起获得官方认可的。元廷准许了地方信仰的存在，并把地方性神祇封为总管。总管是元朝一个十分常见的头衔，可以用来指代司掌各种事务的人，但就地方官的任命而言这个称谓显得尤为重要。宋朝为土地神加封尊称的实践在元朝得到了进一步发展，元朝官府也为土地神划分了特定辖区，并把他们视作当地的总管。在元朝之后的明清二朝，该地区的百姓都把总管用作对土地神的统称，且所有总管的身份都是地方上的历史人物。[7]在江南地区的总管信仰中最引人注目的是对金总管的祭拜，它最初似乎是对周庄显贵的金氏一族成员的祭拜，[8]周庄作为一个集镇隶属于苏州府昆山县。据称元廷对金家的金元七和金昌授予了总管之衔，以表彰他们对贡船的庇佑，这些贡船从长江三角洲出发经海路最终抵达大都。在他们身故之后，当地居民便开始祭拜他们，把他们尊奉为土地神"金总管"（他们有时被分开祭祀，有时被当作一个整体）。到 17 世纪，金总管已成了江南的区域性信仰中最常见的神祇。[9]

另一位在明清江南地区广受祭祀的神祇是刘猛将。刘猛将崇拜可能始于宋末，但是后来在重重神话的包装下，其原本的形态已经很难辨清了。[10]根据这位神祇在祀典中的履历，也就是 1724 年官府赋予其正统地位时的说法，刘猛将是在朱元璋推翻元朝时自杀殉国的忠烈之士。在清朝，他以保护百姓免受蝗灾之苦的土地神身份受到崇奉，然而驱蝗的属性——在清朝以前的文献中未出现类似说法——似乎是不久之前的一种新创造。刘猛将信仰最早出现在苏州府北部的县城，但清廷的认可加速了其在长江三角洲的散播。在乡间，刘猛将与农业生产周期的关系十分密切。每年春天（农历新年、清明节）和秋天（在八月稻穗收割完之后），乡民们都会以他的名义举行庆典。游行是秋天丰收庆典的一大特色，在游行中，刘猛将的神像会被带着巡遍其所在神祠管辖范围内的所有土地。

考虑到只有少数江南村庄修建了庙宇，人们在村落中、道路边及田野间修筑了小型祠堂，以便直接向土地神奉上自己微薄的心意或诵念祷文。尽管五通神未能像金总管与刘猛将一样成为区域性信仰中的主神，但为五通设立的祭坛遍布江南地区。钱希言评论称："苏杭民间凡遇大树，下架一矮屋，如斗大，绘五郎神母子、弟兄、夫妇于方版上，设香烛供养，以时享之不废者，此名树头五圣。"[11]五圣还被人们奉为了"家堂之神"。[12]从这些方面看，相较于地方上的土地神，五通或五圣与日常生活关系更为紧密。

五圣崇拜在养蚕业发达的杭嘉湖地区同样普遍，该地的兴衰与商品经济的波动起伏密切相关。杭州府辖下的塘栖镇是当时的丝绸贸易中心，在那里每年最主要的节日就是清明时分的五显神寿诞，它标志着产丝季的来临。在16世纪，这个日子的重要性已经凸显。当时，当地一位小有名气的诗人吕需（1514～1593年）作了一首诗，描述了五显神同桑蚕业兴盛的关系。[13]根据湖州当地史家的记载，每个村庄都在村口设有五圣堂子，它们结构简陋，高约一米，内置五显的塑像或画像。[14]为驱魔赶鬼，乡民们把五通神像挂在了很多地方，如家中、酿酒器中、鸡窝中、猪圈牛圈中。[15]这类做法在苏州和松江也十分常见。[16]在江南，"五圣"这个名字本身（就如同佛教中的"菩萨"一样）成了一种对神的通称，许多神祇的名字中都被加入了"五圣"二字，最典型的例子便是被称为"蚕花五圣"的蚕神。[17]

早前五通或五显神把人们从疫病中救出的记忆也在江南地区留存下来，它在一位被称为五方贤圣的神祇身上体现得最为集中。五方贤圣和五通神之间具体有何联系我们不得而知，虽然在想要根除五通神或五方贤圣信仰的清朝官吏眼中，他们有着十分密切的关系。五方贤圣信仰出现的时间不会早于1522

年。苏州府甪直镇的镇志显示，嘉靖（1522～1566 年）初年，该镇的居民建立了五瘟庙用以供奉五方贤圣。[18]我们在第四章已经了解到，在宋朝以前，对瘟神最常见的称谓是五瘟使者。五方贤圣可能就是五瘟使者在甪直镇的名字。在离此地不远的常熟，一间五仙庙直接与五瘟使者挂钩，此处的"五仙"明显是对五方贤圣的简称，因此这座祠庙也是五方贤圣信仰的一部分。[19]

227

苏州文人王稚登（1539～1612 年）在一篇短文中对 17 世纪初苏州纪念五方贤圣的奢靡庆典做了详细描述。[20]王稚登不能确定五方贤圣的身份，但他发现民间普遍认为该神司主疾疫。因此，同其他驱赶疫鬼的祭仪一样，五方贤圣的庙会也设在五月。王稚登还提出每逢旱灾或其他灾害，当地人都会举办祭祀关王（即关帝）、观音、刘猛将的庙会，但"今郡中最尚曰五方贤圣会"。在甪直镇，五月十八的五方贤圣会同样是每年最主要的四大宗教节日之一。[21]但王稚登没有提及五通神与五方贤圣的联系。最能说明两者间关系的是一本同期民间传说集中的话："金陵土俗多惧一足山魈，谓之五通圣贤。"[22]尽管从名字上看"五通贤圣"与"五方贤圣"十分相近，但此处五通贤圣的形象为常见于五通传说中的在梦中奸淫女子的妖邪，而不是瘟神。

五方贤圣似乎是一种地方上对五路大神，也就是道士在驱邪科仪中召来逐疫的伏魔神将的称谓。根据 14 世纪的道教斋醮科仪纲要《道法会元》，五路神就是五瘟使者。[23]拥有驱瘟除疫之能的五路大神在祭祀温元帅和五瘟使者等瘟神的遣瘟送船仪中发挥了十分关键的作用。[24]在道教科仪以及关于这些仪式的通俗化记叙中，五路神又称五猖鬼。[25]同五瘟使者一样，五

猁鬼也有着雅努斯般的两面性，既是恶鬼又是伏魔神将。例如
恶月（即五月）之时，一些土地神的祠庙中会上演平安戏，
平安戏通常围绕目连地狱救母的剧情展开，五猁鬼则在作为平
228 安戏环节之一的净身仪式中被召出。[26]妖魔的扮演者在戏台周
围上蹿下跳地惊吓观众，直到最终被神祇驱赶。张岱
（1597～约1684年）描述了这些目连剧目中的恐怖场景，并
评论说观众们尤为害怕的套数便是《招五方恶鬼》。[27]在上述例
子中，五猁鬼的身份都是需要驱赶的邪魔。但在另一些仪式戏
剧（ritual opera）中，五猁鬼本身又扮演了伏魔者的角色。同
样，五路神也具有此种矛盾性，下面这段来自嘉定县地方志的
文字可以揭示这一点：

> 岁甲子（1684年），远近忽传五路神肆虐，凡行道者
> 或从背后呼其名，一应即仆不救。或谓以康熙钱背有福字
> 者，佩之则吉，[28]验之良信。江村福钱，一时胜贵。[29]

总的来说，五方贤圣似乎源自那些把五瘟使者及其化身五路神
和五猁鬼混在一起的古老民间传说。正如我们之后会看到的，
五路神和五通神在17世纪逐渐相互融合成为一位财神，五方贤
圣信仰在清朝则在很大程度上与邪神五通的形象等同起来。

正如我们已经看到的，在宋明两朝的民间传说中，五通神
与财富有着很强的关联：这位神祇将财富赐予凡人，同时向其
索取高昂的回报，这个代价至少是对某位女性身体的占有。而
在这些故事中，女子的父亲和丈夫看起来都自愿接受条件。16
世纪下半叶，五通神开始变成专门的财神，但他的特性几乎没
有发生改变：他邪恶的一面得到了保留，而不是被刻画为勤勤

恳恳的农夫或节俭度日的掌柜。

明确提出五通神具有"运"财的神异之力的是16世纪中叶的一则声明，这段文字后来被化用在了1609年杭州方志对五通神的定义中："杭人最信五圣，原委无考……或云能运财帛、淫妇人、行祸福。"[30]大约在同一时间，把五通当作财神祭拜成了新年祭祀的环节之一。1598年的《长洲县志》记载，岁终之时（这是清算账务之时，也是向那些在过去一年负责上报家人行止的神祇博取欢心的时候），城内居民会铺张地向五通神献上祭品。[31]最迟从宋朝起，江南城镇的居民就开始祭祀祈拜各路神灵，希望他们带来"利市"。[32]到17世纪晚期，乡村和城镇居民都开始用这种方式奉祀五通神（这一实践被称为"烧利市"）。[33]"烧个利市"本指烧纸钱这一安抚神灵之举，但到明朝晚期，它成了一句形容突然发了大财的俚语。[34]在这种语境下，五通神崇拜代表的是对一夜暴富而不是总体致富的渴求。

大约在同一时期，五路财神以五通神替身的身份出现了。最早提到要在正月初五祭拜五路财神的是17世纪初的一本常熟方志。[35]另一份同一时期的文献称："又过了两日，是正月初五。苏州风俗，是日，家家户户祭献五路大神，谓之烧利市。吃过了利市饭，方才出门做买卖。"[36]此后，在正月初五生意重新开张时祭拜五路财神的习俗开始扩散至江南各地。1694年的《常州府志》称人们在元月五日祭祀五路神，祈求这位神祇帮助自己获得更丰厚的利润。[37]在杭州，人们直接把五圣当作财神祭拜，而无须借用五路神之名。杭州的店肆主人每月初五都会祭祀五通神，而不是只在正月初五。[38]新年是前往五通神大庙朝拜的高峰期，从钟鼎之家到游商走贩的各阶层信众挤满了五通祠庙，他们前来祈求五通神解决经商或婚姻难题。[39]

以五通神为财神的信仰有一间新的主祠，它就位于苏州西南方十公里外的楞伽山上。楞伽山在石湖西侧，是长期以来深受文人骚客喜爱的风景优美之地，例如宋朝著名诗人范成大就以石湖居士为号。楞伽山因山上一间建于7世纪初的佛寺得名。楞伽寺只是建在这里的众多佛教庙宇之一，但山巅上醒目的七层宝塔尤其引人注目（见图34）。在经历了10世纪末的重建及17世纪30年代的大修后，该塔直到今日依然矗立在山顶之上。[40]南宋末年，人们在楞伽寺中修建了一间五通祠。这间祠庙在早期并未获得特别关注，但到明末之时，它一跃成为该地区的主要朝拜中心之一。

明朝末年，苏州民众多称楞伽山为上方山，后来上方山这个名字同山上的五通祠庙紧紧地绑在了一起。上方山以北数公里外有一个名为横塘的小镇，从那里人们可以望见楞伽寺塔。横塘的一位当地文人描述了这间五通庙在明朝末年时的情况："入山门（主门），门内因山势，为殿二重，其前观音，后五通，两翼各有神宇，岁时穰赛不绝。"[41]钱希言证实了这段话的真实性，他称上方山上的五通庙"管弦填咽，酒肉滂沱，每岁烹割，害命无数"。[42]1636年，在这间祠庙中修行的僧侣获得了足够的香火钱，开始对其进行修缮。为重修后的佛塔撰写的碑文称，尽管不知道这间祠庙是在何时与五显发生关联的，但从山顶往下望人们便可看到从横塘远道而来的接连不断的信徒。这座宝塔被称为五显忏业塔，它本身成了一个十分重要的祭拜对象。[43]其他一些资料也证实，前往上方山的信徒构成了庞大的队列，与他们相伴的还有箫鼓画船，它们的喧闹声在通

231

图 34 石湖湖畔的楞伽寺塔

这幅写实风格的全景画是纪念乾隆 1755 年临幸上方山的作品，描绘了苏州郊区的景色。在本图中，左上角的楞伽寺塔俯瞰着供人们游乐的石湖。楞伽寺的五通祠庙自 16 世纪起就成了五通神信仰的主祠。徐扬绘《姑苏繁华图》（1757 年）（局部），参见辽宁省博物馆，1988 年。辽宁省博物馆提供。

往山顶的道路上不分日夜地响个不停。[44]

由于五通神作为财神的名声，上方山和石湖分别获得了肉山和酒海的戏称。[45]在拥向上方山朝拜的人群中，商人是一个尤为显眼的群体，他们将自己生意上的成功归因于五通神的帮助，这种帮助是一种必须连本带息偿还的借款，供上丰厚的祭品就是他们做出偿还的方式。一般认为，一旦把从五通神处借得的钱财用来经商，借贷者之后就必须支付高倍利息。此外，当行商之人需要向别人借钱或把钱借给别人时，他们都感到必须向五通神献上祭品，以更好地保障债务的全部偿还。钱希言描绘了财富在五通神和其信徒间的流动过程：

今吾乡（苏州）市厘贸易之夫，每岁首立契，向五圣乞贷。先买大纸锭往献于神，仍持归，悬于家庙中，供养惟谨。至岁终，加其小者于外，以为子钱，赴上方山焚之，名曰纳债。[46]

一份关于"借阴债"实践的近期研究显示，神婆在这种交易中扮演了中间人的角色。借者供上香烛、"钱粮"（用稻草绑在一起的纸钱），以及其他代表金、银、纸币、铜钱的各式冥币。在进入"出神"状态，也就是所谓的被五通老爷上了身后，神婆开始念诵借贷条件，要求借者接受。之后借者从供桌上拿走四个纸制元宝，带回放在家堂里面。[47]几天以后，如果元宝没有变形，则表示可以从五通神处借贷；如果元宝瘪掉，则说明借阴债的请求被拒绝了。借了阴债之后，借户须每月初一、十五在家为五通神烧香化纸。一年之后，借户会回到上方山的祠庙奉上祭品，还付本息，进行"清偿"。[48]

自宋代以来，人们就普遍相信业债的存在，相信业债须以货币交换的形式（纸钱）偿还。侯锦郎（Hou Ching-lang）的研究证明，烧纸钱最常见的一个作用，便是偿还之前贷得的旺运或受生债（具体来说，此处的债务指个体享有的寿命，因此又可写作"寿生债"），从而补充个体在天界的"财库"。根据一份约可追溯至 13 世纪的道教经文的说法，每个人在出生之时都从天库获得了由肉身和阴债构成的"禄"，"禄"将决定个体在一生中可以获得的财富多寡。[49]然而，充裕的生活将导致"禄"的折损，因此个体有必要通过烧纸钱的行为为自己"补运"。于是在仪式的帮助下，个体可以偿还受生债，并同时保障自己的福运。

深受道德均衡理念影响的明代通俗文学常常用说教性的故事说明财富的不可持久性，以此强调物质上的富裕是无意义的。财富在此时的增加必然意味着其在彼时的减少。积累财富之人常常无子无孙，这充分证明不同形式的"财"——包括生育能力、寿命以及物质意义上的财产——本质上可以相互替代。过高的收益，尤其是过高的商业利润预示着未来的败落，父辈来之不易的积蓄往往都被败家子挥霍而空。所有债务最终都将严格按照交易规则进行偿还。遭受不公的无辜者最终都会获得补偿，如果他在有生之年等不到这一天，那么补偿就会落实到他子孙的身上。只有舍掉物质上的财富，个人才能保有更加珍贵的无形财富，也就是可以传宗接代的男性继承人。[50]

然而，"舍"这一佛教伦理显得过于极端了。明朝晚期的大儒们猛烈抨击了通过宗教行为提升个人运势的做法；他们倡导的是一种积极的道德观，即个体当以德行立命。明末所谓的善书（尤其是功过格这个类型）提出，个体应明智地多行善举，将其作为保障自己及家人福祉的可靠方式。行德积善（此处的积善应是世俗而非宗教意义上的）可以带来切实可见的回报，这种回报不只体现为钱财的增加，还包括一些更宝贵的奖励：科举高中、多子多孙，以及更为广泛的社会福祉。[51] 在这种理念的影响下，明末的儒家精英阶层对慈善事业的关注越来越多。[52] 这些人同样奉行节制，视酒色财气为必须远离的人生四恶，但这种社会道德观的前提是适度与克制，而不是无我无物。[53] 该理念使功利性的目标被包裹在了道德的外衣之下，财富的积累和保存因此变得合情合理。最为重要的是，代表这类价值观的"中和的自我"（tempered self）能够掌握自己的命运，不必再受困于无情的业报法则，在这类人看来，业报不过是一种迷信而已。

234

在民间层面，财富与运势也与寿命和命数密切相关。但是信徒与五通神间"借阴债"的交易所体现的命数概念，既不符合佛教的道德均衡理念，又与儒家强调的积极行德相异。实际上，祈求者的道德品性从未经受考察。得到五通神庇佑的前提是按照程序一丝不苟地奉上祭品并卑微地向其意志臣服，而不是践德与自律。祈求者一旦接受神惠，就会陷入一张义务不断加重的大网，最终不得不受制于反复无常的五通神。我认为，我们现在谈论的"债"与强调不断增加财富的资本主义伦理观是不相容的。正如道教的"补运"概念向我们传达的，每个人都始终处于一种负债的状态。好运道并不能确保美满的未来，反而还会引发忧虑——人们害怕分配给自己的寿数、财产、气运将会很快耗尽，于是就有了请求神通广大的庇护之神为自己续运的需要。这类与阴界之神的交易，例如向五通神这般不辨善恶的神祇"借阴债",不属于资本主义性质的交易。[54]
用纸钱同神进行的交易实际上反映了深受金钱之苦之人的无能
与脆弱。

尽管五通成了江南地位崇高的财神,但这并没有消除他的
邪恶天性。相反,用女人换取财富的母题仍然是构建民间五通
神信仰的核心要素。我们可以看看下面这则关于五通神的逸
闻,它的记录者是 17 世纪中叶的沙溪镇镇民,沙溪是苏州府
常熟县下辖的重要棉花贸易中心:

> 吾苏故有五通神,庙立吴山之颠。神兄弟五人,能司
> 祸福,间亦游戏人间,择好子女,与之冥通。当其意,即
> 能变致金银。凡所祈求,无不随手至者。其家往往以此暴
> 富,而亦卒无所害。
>
> 吾镇有某族,亦著姓,妻妾四、五,而一女方当冰
> 泮,忽神降其家,与之绸缪婉好。神绣袍花骢、韶美少
> 年,矫言即五通神。每至必舆骑杂沓,赫如王侯。而旁人
> 不见,女即冥冥如与之通,虽笑言如故,而精神已潜合
> 矣。间或随神至其所,则洞天福地,别一世界……
>
> 如是几月余,而其妾亦端丽,别有一神来降,矫称州
> 城隍神。据其妾,不得与某通。某至寝所,即时捽其妾作
> 苦。某无以为计,召善符箓者登坛作法,神附人吐言,大
> 为诟厉。而所谓五通神者,为之调人,许彼此各轮一宿,
> 成议而罢。
>
> 先是,女已及笄,订丝萝矣。其夫家闻之,必欲改
> 婚。而某婪于财,闻五通神最能变致金银,而神实许其于
> 旬日内获银数万,于是订吉期如人间受聘礼。后所言渐已

235

不应，乃稍稍觖望。而更闻海虞有善符水术者，复召之
来，设法驱逐，天神皆降，其物亦微现形。大约如龟豸之
属，而不可明了。后亦渐敛戢，而某亦移虞山，不复知
所终。[55]

17 世纪还流传有很多与此相似的传说。其中一则称一人于
1669 年在嘉兴置宅安家，宅内的书房中供有五通神像。在屋
主的女儿及笄后，一位陌生男子来到她的闺房。这位陌生人向
她求欢，并威逼利诱道："从我，令汝家富贵顺遂；不从即祸
至矣。"陌生男子每夜都来到这位少女的闺房，她因此日渐憔
悴。家人见状，怀疑有五通神作祟，于是卖掉了这间宅院并移
居他处。然而不久之后，这位少女就香消玉殒了。[56]蒲松龄在
其知名著作《聊斋志异》（1679 年）中也收录了两则涉及苏
州富商妻女的五通故事。两个故事中，淫邪的五通神（这里
出现的是四郎）都做出了逼奸女子的行为：他强奸了一位商
人的妻子，且欲用白银百两强娶另一位商人之女为妻。后来，
五通神被一位刚强勇猛之人赶走了，这位斩妖除魔的英雄还砍
断了五通的一只脚，于是五通神获得了他标志性的独足特征，
此后只能蹒跚而行。[57]

获取财富和霸占女人间的联系在宋人对五通的看法中早已
有所体现，但到明朝末年它变得格外突出。对五通神进行安
抚、讨好需要借助黑暗的阴力，这种阴力与死亡、无序以及女
人的危险的力量有关。渴望财富本身就是一种破坏性力量。想
要满足这种欲望，原有的财富分配即便不用被完全颠覆至少也
需要做出调整，既有的规范秩序继而也会经历改变。正如当代
人类学家指出的，为一己私利求助于神的人通常会选择女性神

左侧页码：236

祇作为祈求对象，因为她们在人们眼中更容易被个人请求触动。就这点而言，女性神祇代表的是没有道德属性的神异之力，在人为操纵下可以被用来为个人目的服务。[58]五通神在神灵世界中扮演的角色与她们十分类似，且相较于天上的尊神，五通更像是来自冥界的妖魔与恶鬼。代表阴的女人既是软弱的，又是强大的，以她们为媒介人们可以与五通这一神灵世界的黑暗面建立联系。但这条致富道路是十分险恶的，处处都是陷阱。五通神同女人一样喜怒不定，甚至连其信徒都可能因其走向毁灭。因此，关于财富的普遍看法与对女人的传统刻画具有惊人的相似之处：财富与女人都颇具诱惑性，但也同样反复无常且蕴藏毁灭之力。

尽管五通神崇拜无疑构成一种"淫祀"，但明代官府一直没有采取决定性的禁绝措施。他们也没有效仿宋朝皇帝处理地方信仰的手段，没有将五通神吸纳为官祀中具有正统地位的神祇。而清政府则采取了完全不同做法。在将主要精力由征服转向统治后，清廷立马开始了根除非正统宗教实践的努力。虽然官府为禁绝五通神信仰付出了多番努力，且公开崇拜的现象似乎已经不多见了，但直到20世纪仍有人在家中暗中祭祀这位神祇。不过随着人们对财富的看法发生了改变，五通神江南财神之首的地位也被动摇了。

1685年，甫任江苏巡抚的汤斌（1627～1687年）十分坚定地发起了禁毁五通淫祠的运动。[59]汤斌对江南五通神信仰的了解很显然来自一位本地人递交的诉状，递交诉状者认为自己的女儿在将嫁之时，被五通神摄走了神魂并玷污了清白。这位悲痛欲绝的父亲为解救女儿数次奉上祭品，但毫无成效，女儿还是断送了性命，于是他前往官府伸冤，请求地方官为自己主持公道。汤斌的首要打击目标是香火最旺的五通祠庙，也就是苏州城外上方山上的那一间。在为上方山五通祠庙准备祭品一事上，信徒们的奢费（有人估算得出"计一日之费，不下数百金"，还有人称"几破中人十家之产"）让汤斌深感震惊，于是他差人封了该祠的山门。但在那些虔诚信徒的眼中，神祇之怒比抚台之令更具威慑力，于是他们聚在庙前，对负责看守的官差纠缠不休，想让他们把自己放入祠庙。汤斌因此亲自上山，监督五通神像的销毁。在他的命令下，数尊五通神像先被剥去冠带并以锁链拴在一起，然后各自又被杖责四十。最后，这些木制神像被付之一炬，留下的灰烬也被倒入了石湖。庙中原来放置五通神像的位置被换上了堪称忠君典范的关公的神像。[60]

汤斌于是发起了在省内彻底整治淫祠邪祀的运动。他明确提出，"五通、五显及刘猛将、五方贤圣诸名号"皆为巫觋用以迷惑愚夫愚妇的"怪诞之说"。[61]汤斌还独辟蹊径地上奏皇帝请其颁布特旨，希望以朝廷禁令确保自己的继任者也会采取措施杜绝五通淫祀的死灰复燃。[62]1686年春，朝廷批准了汤斌的奏请。后来全国都发起了禁毁运动，甚至连五显信仰的发源地婺源都未能幸免——当地的五显神像全被销毁，原来的五显庙也被改建成了关帝庙。[63]

在其呈递给皇帝的奏疏中，汤斌专门指出，商贾市肆之人——他们有些甚至不远万里而来——贷于五通的习俗，以及妇人易于中邪的属性是五通神信仰最为邪恶的特征。[64]每当有年轻女子突然身染重症，传言必会将其病症归因于五通神摄走未婚女子魂魄的偏好；曾经患有寒热之症并在病时口吐胡言的女子康复之后都常常宣称自己已与五通神订立婚约。根据汤斌的说法，江南地区的地方官员每年都会上报好几十起五通神附身的事件：当嫁之龄的女子突然神识恍惚，清醒后自称已与神欢好，此后身体逐渐羸弱，最终香消玉殒。一班"无耻奸恶"的女觋在听闻有妇人患病后，便会向女子的家人宣布病因是五通作祟，他希望将病者收为婢女或纳为妻妾。为救回亲人，家人不得不向五通献上祭品。[65]在汤斌看来，最为可恨的一点是，在女子死亡后，他们的家人不以为哀，反而认为五通神必会厚偿自家的损失。[66]

汤斌的控诉准确地抓住了民间传说中表现的五通神的特性——他既是财神，又是喜淫人妇的淫神。这两点都是宋代民间传说中的母题，但在五通神向善神五显或华光转型的过程中它们都被淡化了。多数宋朝和明初的文献通常报告称，就像他们祭祀土地神的实践一样，愚夫愚妇会祭拜五通神，祈求其庇佑自己免受洪涝疫疠之苦。然而在明末的江南，五通神的影响力则多被限定在贸易与嫁娶的范畴之内。当然，婚姻在很大程度上也是一种经济上的交换关系，因此五通神堪称财富获取方面的专家。

同时，视五通神为梦中奸淫女子之魔的文化传统是希望摆脱婚姻义务的年轻女性在绝望之中可以采用的一种策略。同一个陌生人订婚或成婚很容易引发抑郁、狂躁及其他各种心理疾病，这种事不用多想就可以知道。毫无疑问，很多女子在面对未卜的命运，以及性成熟引发的生理与心理压力时，的确生病了，在极端的情形下还可能断送性命。[67]一旦五通神上身的想法在民众心中同这类身心机能的失调联系在一起，它就成了对女性异常之举的一种符合文化常规的解释。这一文化构建也为女性提供了一种逃避强加于她们身上的婚姻义务的方法。陆粲称一旦妇人被五通神占有，她们的丈夫大多就不敢再与之同寝，即使有人"强卧妇房"，也会"辄为魅移置地上"。[68]在不许已经被自己占有的女子与其他男性发生关系一事上，五通神十分坚持。在前文讲述的发生在 17 世纪的沙溪的不具名故事中，这种独占欲也是一个母题。女性可以对五通神的这个特征加以利用，通过讲述自己受到奸淫和伤害的悲惨经历，她们可以掩饰自己与除丈夫之外的其他男人的私情。冯梦龙讲述过这样的故事，在这个例子中，一位年轻女子为掩饰自己两性关系上的不检点，称自己被五通神的随从周宣灵王诱奸了。[69]似乎许多品行可疑的神祇都有类似行为。

　　五通神信仰在性政治中扮演的角色充分体现在了据说发生于汤斌禁毁时期的一则奇闻中。[70]故事的发生背景是苏州的赛会，它十分盛大，冠绝全省，吸引了大批看客。女子通常被藏于深闺之中，但这个赛会为她们提供了一个在临街之楼凭栏俯视楼下游街场面的罕见机会。青壮男子因此也有了同等罕见的机会一瞥自己未来妻子的容貌。在苏州城内，这些年轻男子百十成群，一边随着游行队列在街上来来去去，一边打望楼上的女子，并对她们的容貌进行比较、评判。然后，这些年轻人聚在一起，用好几天的时间讨论哪位女子堪称这一年的"状元"。之后"状元"的父母往往会被成群而来的求娶者围堵，这些人都对他们的女儿表现出了垂涎之意。

　　故事的主人公是倒霉的钱局伙计赵五官。一日，他发现被选中为"状元"的女子不是别人，正是自己的未婚妻，因此变得心急如焚。赵五官社会地位较低，岁俸也只有微不足道的十吊钱，养活自己与母亲尚且不够，更不用说承担娶妻之后的开支了。因此面对无数的竞争对手，他的未婚夫的地位岌岌可危。赵五官从母亲口中得知，其已故的父亲生前曾入过一个钱会，钱会中的成员皆可提出从会中借取铜钱一百来吊的请求，但能否借到则靠掷骰子决定。赵五官于是决定向五通神寻求帮助，他谒拜了五通祠，并保证称若能如愿以偿获得贷款，成婚后自己一定会携妻子同来叩谢神灵之恩。赵五官成功掷出了最高点数三十六点，因此借到了完成采纳、迎娶等成婚步骤所必需的钱财。

在洞房花烛之夜，赵五官欣喜若狂地发现自己新娘的姿色果真不负其"状元"之名；新娘却对自己丈夫的丑陋相貌感到十分嫌恶。婚礼过后，夫妇二人备好祭祀用的牲口和甜酒，前往五通祠表达他们的感激敬仰之情。当晚，赵五官走入妻子的寝房，欲行夫妻之事，却看到了令人困惑的一幕：妻子又重新穿上婚服，还戴上了婚礼所需的全部配饰。妻子制止他的进一步动作，先是否认自己已嫁为赵家妇人，然后告诉赵五官五通神马上就会前来迎娶自己。最后，她将赵五官赶出房间，威胁他说只要他再敢动自己一根手指，五通神必会降怒于他。赵五官认为妻子显然得了疯病，因此立马外出寻医。然而待他回到家中，妻子已然逝去，只留下异香满室。

在中国的宗教文化中，认为早夭的女子被神灵纳为夫人是一种十分普遍的观念。[71]虽然汤斌轰轰烈烈地开展了对五通神信仰的镇压运动，但根据历史学家赵翼的目击证言，在整个18世纪，人们仍习惯于将年轻女子的疾病或死亡归因为五通神作祟。按照民间的说法，这类现象属于"神和病"。[72]由于女子本质为阴，因此她们更容易招致邪祟，但她们的通灵体质也是可以汲取力量的源泉。赵五官的新娘一心只愿委身于其灵界的伴侣，在这一点上她同《庚巳编》中描述的女觋一样，因与五通神交合而获得了神力。与五通神这样法力高深的神灵交合虽然可能导致疾病，但至少为女性提供了一个机会，她们可以借此摆脱试图定义、限制她们的社会意义的男权机制。[73]

与其他由朝廷发起的限制民间信仰的大多数努力相比，汤斌禁绝五通淫祀的行动取得了更大的成功。主要神祠都被拆毁或改作他用，在某个时期甚至供奉五通的家堂都消失不见了。在汤斌的命令下，五方贤圣的祠庙也成了打击对象。[74] 一部常熟方志提出，除了五通神祠，为该神的其他化身如太妈、五仙（五仙是五方贤圣的别名）等所立祠庙也尽数改作其他公共用途。[75]然而17世纪末18世纪初就有文献称汤斌根除了民间对五通神的崇拜活动，这一结论还为时过早。[76]到18世纪中叶，已有儒家卫道士用悔恨的口吻承认，这种信仰又在新的伪装下再度兴起了。[77]汤斌的想法是把神像已被移除的五通祠庙用于兴办官学，[78]然而它们多半被用来祭祀其他信誉同样存疑的民间神祇。嘉兴濮院镇五通庙的香火在明朝时超过了与其毗连的东岳庙，此时它被改建为祭拜东岳的场所。[79]尽管最初上方山改祭关帝，但后来它又变成供奉金总管的祠庙，且最后又被还原成一间五通祠。[80]南京主城门外的五显庙也被改为关帝庙，但是五通神信仰在同一街区继续繁荣发展。[81]

1732年，江苏的另一位巡抚发起了禁绝五通神信仰与五方贤圣信仰的新一轮运动。[82]这次的努力也只发挥了一时之效，数年后，苏州府下的吴江县和震泽县都报告称开设茶筵的习俗卷土重来了。在茶筵的神龛上，居于中位的神祇具体名字不详，人们称其为郡主，据说她正是五通神的母亲，而五通神的画像通常就挂在她的旁边。[83]在附近的周庄镇，一位方志编写者提出与五通神有关的女觋信仰始于18世纪末。[84]

　　五通崇拜（通常以五圣的名义）在杭嘉湖地区也继续风行。在湖州，五圣和土地神金总管以财神身份成对出现："又有金元六总管、七总管，市井中目为财神，建庙尸祝，每月初二、十六日用牲醴，与五圣同飨，名曰拜利市。"[85]在清明的前一天，杭州府塘栖镇"百里之内"的百姓都为祈蚕聚集在镇外的五显庙内。[86]到19世纪初，五圣信仰在湖州的丝织中心双林镇已经完全恢复了从前的势头："农家兼祈田蚕，祀猛将，祭马头娘（当地的蚕神），一切总管堂子、门神水神，无处不拜，清明尤盛，谚谓清明大于年也。湖俗信鬼，祀五圣堂子最盛。"在年底、春季的清明、夏季祭祀瘟神的端午，双林镇的居民都要祭拜五圣。[87]

　242

　　尽管官府对五通神信仰极力压制，但它在江南地区依旧盛行，虽然相比从前它已经远不是那样高调显眼了。[88]为了规避关于五通崇拜的禁令，人们常常祭拜太妈（或称太姆、太母，即五通神的母亲）与马公（即马元帅）作为替代。[89]在19世纪与20世纪，五通神信仰在江南乡间始终存在，这种情形在杭嘉湖地区尤为显著，但苏州府和松江也出现了类似情况。[90]五通神令人恐惧的一面也被保留下来了。19世纪40年代，南京一间五显庙中的神像被描述为面目狰狞可怖且手持、足踏小儿的凶神恶煞。[91]19世纪的精英阶层在描写五通神时都普遍提到了这位邪神喜淫人妇的恶名，且大多都未涉及他所扮演的财神角色。[92]19世纪，五方贤圣信仰在某些地方同样十分风行。在苏州乡下，村中的会社在春社（通常祭祀土地神）时节举办五方贤圣的赛会，在秋社时节则为刘猛将或其他当地神祇操办赛会。[93]

　　相当有意思的是，不仅批判通俗宗教的精英阶层出于其禁毁五通淫祠之举在怀念汤斌，他还被神化成了一位可抗击邪魔侵袭的伏魔之神。1823 年，汤斌被朝廷追赠谥号，并成为从祀孔庙的圣贤之一。① 写有汤斌之名的木制牌位被安置在庙学之内。后来那些相信自己因五通作祟而经历痛苦之人会把汤斌的牌位从庙学带走放入家堂，希望汤斌能帮自己驱赶五通。94 然而这种向汤斌寻求神助的做法只不过进一步强调了一点，即对于五通神对凡人生活的干涉民间深信不疑。尽管汤斌等人为禁绝五通神采取了一系列措施，但人们仍然认为五通神会对普通人构成影响，诗人、散文家袁枚（1716～1798 年）在其笔记小品集《子不语》中讲述的一个故事就以此为主题。在这则故事中，一位南京人看不惯当地一间佛寺将五通神供奉在关帝之上的做法，于是擅自调换了两尊神像的位置以改变他们的高下关系。一位自称"五通大王"的愤怒神灵当晚便造访了这名男子。神灵说自己尽管无力与汤斌、尹继善等高贵、正直的朝廷命官抗衡，但绝不会轻饶该名男子这类"市井小人"的渎神之举。该名男子于是病得开始说胡话。尽管其家人为平息五通神的愤怒准备了丰厚祭品，但他还是在不久之后便魂归西天了。95

　　1835 年，时任江苏按察使的旗人裕谦报告称，恶僧巫觋再次狼狈为奸，在上方山干起了他们的老勾当，假称可令五通现形，蛊惑乡民花费大笔钱财烧香还愿。裕谦还抱怨道，同汤斌之时一样，商贾市肆之人称通过向五通神借债可以致富。在"借阴债"时，他们并不直呼五通之名，而是求于马公与太

---

① 据《清史稿》卷二五六记载，汤斌于乾隆元年（1736 年）获谥"文正"，于道光三年（1823 年）从祀孔庙。

母。[96]为制止这种行为，裕谦率领当地官员采取了严厉措施，捉拿了上方山上的僧人，下令将祭祀五通、五显或五方贤圣的祠庙全数拆毁。然而四年之后，他承认自己针对民间顽固迷信的行动并没有太大成效。[97]

除了抨击"借阴债"的实践，裕谦还严厉谴责自称可以与五通神相通的女觋。[98]这些被称为师娘的女觋把病中女子视作自己的猎物，将她们的病因诊断为五通作祟。愚昧轻信的家人会听从她的指示，将女子送至一处五通祠堂，然后师娘便会在庙中对女子施行一种被称作叫喜的治疗法术。[99]师娘还主持一种名为"太母忏"的治疗仪式，由于这种神秘的忏仪非僧道所能知，因此它比其他具有治愈之效的仪式都花费更高。另外，师娘继续在客户家中设置茶筵（在此处茶筵被称为待筵），以此治愈病者或为婚嫁之事祈福。裕谦发现尽管上方山上的僧人不敢公然祭拜五通神，但他们用帘布掩住没有设立神像的空龛，供希望求得五通神庇佑之人崇奉。除此之外，他们还向公众高价出售各类辟邪物，包括易于挪动的小型神龛，五通、太母、马公的纸马，刻有"趋吉降福"的木印。许多家庭小心翼翼地把神龛设在卧室或茅房等外人无法发现之处，而不愿意把五通神像放在家中任何一处的人则花钱将神像寄于巫觋家中。[100]

244

五通神信仰在北京几乎没有引起当局注意，在整个清朝，京城百姓继续祭拜获得朝廷认可的五显神，将其视作一位财神。实际上，在 18 世纪，北京的财神主庙便是广安门外的五显财神庙。[101] 18 世纪末，北京彰义门①外的五哥庙据说是为

---

① 广安门的旧称。

"南方之五通神"修建的祠庙。据北京风土人情的观察者绍兴人余蛟所言，纸制的金银锭在五尊擐甲持兵的神像前堆积成了小山。"求富者"首先要斋戒沐浴，然后才能前往神龛"借"出自己需要的钱财数量。数月之后，借贷者会带着备好的牲醴前来还愿，然后归还数量为借出数额两倍的纸锭。余蛟拦住了一位信徒，问其是否真的获得了借出的纸锭所代表的钱财。这位信徒的回答是"未也"，但他又补充说：尽管自己什么都没得到，但自己以此表达了诚心，因此可以期待神祇会在日后提供帮助；但如果他减少祭品，之后肯定就难以获得致富的良机了。[102]

正如五通神的好色喜淫被继续用来解释盛年女子的疾病或早夭，他也继续以财神身份受人祭拜。然而在整个 18 世纪，财神这个理念本身就经历了根本性转变。这种转变之所以会发生，在很大程度上是因为城市中的市肆之人和富有商贾开始崇奉财神，他们同时也是开始发展集体创业、协同一致等资产阶级伦理的那群人。资产阶级意识的最早萌芽可在明末的说教性民间文学作品中找到，这些作品推崇一种重视道德操守、精明投资和慈善事业的综合性伦理观，认为其优于假道学以及守财奴所坚持的缺乏变通的节约原则。与制度性宗教强调的虔诚不同，这种推崇道德节制的伦理观强调用善行切实表达诚心，以及慷慨待人以为自己及后人赢得更多财富。这种观念不仅支持自力更生、勤奋工作、个人创业，还鼓励人们进行道德反思，积极为善，投身于社会福祉的提升。因此在纵欲者的奢侈浪费和苦行者的俭朴节约的两极间，这种新观念提供了一种对城市中产阶级、自力更生的店肆之主、小商贩、手工艺人都别具吸引力的中间路线。[103]

明末和清朝的儒家精英话语提升了对商贾和经商所得财富的接受程度，这进一步巩固了倡行道德节制的伦理观。[104]更为重要的是，节制的理念从 17 世纪起迅速扩散，成了包括行会、同乡会、慈善组织、宗教会社在内的商人团体的一大标志。[105]这些团体的成员都希望通过宗教仪式加强内部团结并实现共同繁荣，守护神和土地神成了他们重点关注的对象。行会和其他商人团体令人毫不意外地用物质财富阐释共同繁荣的理念，于是许多守护神本身就成了财神。18 世纪，晋陕之地的商贾和票号商人通过商业合作和生意往来建立了广泛的关系网络，构成了最具影响力的商业组织。他们习惯性地将自己在商业上的成功归功于神通广大的守护神关帝。久而久之，关帝开始以财神身份为人所崇奉，关帝信仰也扩散至全国各地。[106]

在江南地区，五通神本身令人不快的特质和官府禁令的阴影令五通神信仰很难成为资产阶级寄托抱负的理想载体。城中的店肆掌柜改拜的财神名为五路财神，他们与五通神无关。顾张思在其 1799 年的著作中写道，"五路神按旧谓之五圣"，在汤斌禁毁五通神信仰之后，该神"易其称曰五路，亦曰财神"。[107]五通神在正月初五祭财神习俗中的地位逐渐被五路财神取代。清朝文献将这一天和头天晚上的仪式称为"接路头"。对于这一本质上属于店肆之主的礼俗，丝织重镇双林镇 20 世纪初的地方志进行了如下描述：

> 初四夜四五更时，备牲醴，祀财神，谓之接路头。爆竹声不绝，较除夕尤盛。太平桥庙塑五路财神像，商家结社赛会，先于初四晚鼓乐娱神，夜半以仪仗迎神像，历四栅几遍。[108]

246

"借阴债"对于五通神的财神地位至关重要，这种向财神借债的实践延续到了五路财神信仰中。每逢正月初五，商人们便会完成向财神"借元宝"的仪式。他们借出纸钱，作为回报须在当年向财神敬献祭品，然后第二年应双倍或十倍偿还借出的数量。[109]在"接路头"时通常还需要完成另一项仪式，即把纸质元宝贴在一对活鲤鱼上，再把两条鲤鱼挂上房梁。这对疯狂跳动的"活元宝"被视作一种吉兆，预示该户人家今后可以成功克服财富获取之路上的重重困难。[110]

五路财神的信徒们不加掩饰地追求物质利益，但为净化该信仰并抹杀其邪恶的过去，他们创造了一系列关于五路财神起源的理论。顾禄记录了 19 世纪初的苏州民俗，在自己的书中他接受五路财神原本为顾野王之子的说法。顾野王是 6 世纪出生于苏州的名臣，这样一来五路财神被顾禄赋予了正当起源，五路财神信仰则成了一种对儒家道德典范的效仿。但顾禄同时也承认该信仰在明朝时发展成了汤斌后来试图禁断的淫祀邪道。[111]

在很大程度上，为财神信仰披上正统道袍的努力可谓是成功的。18 世纪，完全不提五通的财神庙遍布整个江南地区，显然这种祠庙的修建完全获得了地方官员的许可。[112]例如 1773 年，苏州知府与地方名绅共同出资置地并在其上修建了一间五路财神庙；[113]苏州分别在 1796 年、1807 年、1818 年又加修了几间财神庙；至 20 世纪初，苏州乡下已经修建了无数供奉财神的祠庙。[114]在一些会馆中，财神也是商贾们供奉的主要神祇，但行会尤其带有同乡会性质的那些行会集中供奉崇拜的，往往是守护神而不是一般性的财神。[115]

与此同时，江南的普通市民修建了小规模的祠堂以祭拜五路财神，人们称其为"五路堂"。在该地区的纺织中心和集镇，包括南浔、双林、震泽、平望、南翔、角直、沙溪、璜泾，这类小型祠堂十分风行。在苏州，人们很难发现五路财神和五通神之间有任何联系；然而上述集镇的方志毫不避讳地指出五路财神就是五通神。例如璜泾镇18世纪末的方志就记载道，正月初五"市人祀五通神，俗名五路财神"。[116]

除五路财神外，久受崇奉的瘟神赵公明也是一位具有忠义美德的财神。同五显神的化身马元帅一样，赵公明也是天庭四大元帅之一，他的名字很早就出现在了驱邪雷法典籍中。[117]根据文字晦涩难懂的14世纪道教科仪汇编，赵公明及其座下的双生兄弟和合二仙与生意上的运气有关，作为天官他有责任确保商业的兴旺及商界的和睦。[118]明朝的民间宗教读本几乎全文照搬了这份文献对赵公明出身、神通及财神角色的描述。[119]尽管道教经文称赵公明是一位在秦朝的黑暗统治下避世隐居的道教修士，但16世纪的小说《封神演义》将他塑造为邪恶的商纣王麾下的一员猛将，称他后来败于周武王带领的神兵天将。但是在小说结尾，赵公明选择弃恶从善。至上神元始天尊因此封其为玄坛真君，赋予他惩恶扬善的职责。他还有四位可协助他完成工作的部下，这四位神仙的名号——招宝天尊、纳珍天尊、招财使者、利市仙官——清清楚楚地点明了他们的财神身份。[120]尽管赵公明在当代尤其是当代中国的南方地区是一位广受崇奉的财神，但在19世纪以前，关注中国民间礼俗的学者对他很少提及。[121]清朝后期，获得武财神之称的赵公明和他的四位部下被并入了五路财神信仰（见图35）。[122]

因此五通神并没有消失；在多数情况下当人们找到可以替代他的神祇后，他便把自己藏在了人们对那位新神的信仰中。

248

图 35　赵公明和五路进财

　　位于这幅为迎接新年而作的版画中央的是聚宝盆，盆中长出了一棵摇钱
树。桌子左边手拿铁器的是武财神赵公明。桌子右边是拿着如意的文财神。
站在桌子前方的是双生兄弟和合二仙，其中一人拿着一串铜钱，另一人拿着
一个半开的圆盒。图片顶部的题字为"五路进财"。这幅年画是河北省武强县
的清朝版画的复制品。参见 Po and Johnson 1992。TPG images 提供。

　　然而随着人们把财神的邪恶特质从财神形象中去除，并将其重
新塑造为传统美德的捍卫者，五通神也淡出了人们的视野。这
种转变并不是官府压制五通神信仰的直接后果；它之所以发
生，是因为商贾市肆之人逐渐抛弃了将金钱视为邪恶根源的财
富观，转而开始支持一种新的资产阶级伦理。最终，财神信仰
的功能发生了变化：财神不再是既有秩序的扰乱者；相反，他
通过对既有秩序进行进一步的确认，使自己的供养人，也就是
那些商人的富裕生活变得合理合法。

249　　　例如我们可以看看民间宗教读本《财神宝卷》（它在 19
世纪中期广泛传播）中呈现的五路财神的形象。[123]这个版本的

财神传说的发生时间被设定在远古时代，一对富裕但没有子女的老年夫妇决定用自己的家财广施善行，希望上天可以赐下一个孩子作为奖赏。他们的善举引起了玉皇大帝的关注，于是他为他们赐下了五个儿子，每个儿子都生于正月初五这一天。[124]在这些儿子长到十六岁时，他们希望从政、从军、经营店肆、出海经商或开设当铺。他们的父亲劝阻了他们，称务农才是最崇高的事业。因此五个儿子凭借过人的天赋打理家中田产，依靠敏锐的眼光把农产品拿到市场贩卖，为家里赚取了很多钱。有一次，他们以低价从集镇上的商人手中买入了木炭，然后利用后来秋天降下的反常大雪赚了一大笔。还有一次，兄弟五人在炎热夏日已过之时买光了一个商贩手中的所有扇子，当年冬天却酷热难当，他们又把扇子全部销掉，获得了不菲的利润。兄弟五人也会做一些表现宗教虔信之事，例如从鱼贩手中买来一条鲤鱼再把它放生。后来他们发现这条鲤鱼竟是龙王之子，对于五兄弟的慈悲之举，龙王此后一直感念在心。在故事的末尾，玉帝封五兄弟为五路大将军，命他们以天官身份监督人世间的财富分配。[125]

《财神宝卷》中充斥着传统的社会价值观，例如务农在道德层面优于其他职业这一老生常谈。这个故事表现了世俗化的倾向（兄弟五人在做生意时既未寻求也未获得神灵相助），暗示了财富获得同个人道德与善行间持久不变的联系，彰显了五通神信仰同新兴的现代财神信仰间的巨大差异。在故事最开始，宝卷就重申了一个在明末说教性文学中已十分常见的观念——物质财富的过于充裕必将导致其他财富的减少（缺少男嗣）。[126]然而五位儿子的成就最终确认了明末和清朝的功德簿中宣扬的道理，即道德资本是可以积累的。

250

图 36　文武财神

在画面前景的中间是一个聚宝盆，盆中装着体积硕大的铜钱、银锭及珊瑚树。聚宝盆左边是和合二仙之一，他手里拿着个半开的盒子（他的兄弟在这幅局部图的画框之外）。位于聚宝盆右边的是身负铜钱、脚踏蟾蜍的刘海。在图画后景的供桌两端分别坐着文财神和武财神。19 世纪。Rodova 1988, plate 94. 圣彼得堡州立宗教历史博物馆提供。

与其前身五通神信仰不同，五路财神信仰强调的是典型的商业美德：勤奋、谦逊、节俭、正直。总而言之，它强调运用自己的智慧与才干赚钱，而不是靠与邪神做不正当交易。财富的获得不再意味着需要借助黑暗神秘的阴力来颠覆现状。相反，财富被视作一种阳德，与关帝、赵公明等勇猛且刚正不阿的神祇相关。19 世纪与 20 世纪的年画不加掩饰地歌颂了富人和权贵们所享有的形式多样的财富——地位、金钱，以及最为重要的幸福美满的家庭（见图 36）。在这种财富的"阳化"趋势前，对残忍的五通神的信仰以及对可以替代他的同伙如太妈等的崇拜最终逐渐没落了。[127]

面对现代财神和五通神显著的个性差异，我们不禁要问，为何现代财神的出身竟是如此污秽堕落？没有任何人认为五通神有任何值得效仿的可取之处。用最友善的眼光看他也至少是个捣蛋鬼；在更普遍的情况下，他被看作一个主动作恶、奸淫女性、扰乱家庭生活、致人疯癫死亡的邪神。五通神带来的财富和好运常常是虚假或短暂的；偶尔他还会扮演小偷的角色，或是使人失去自己原本掌有的财富。曾向五通神求助的商人的认知都是自己在靠借来的钱财为生，且终有一日要为此支付巨额利息。简而言之，五通神信仰的演变反映了普遍存在的因金钱而发生的焦虑：该如何赚钱？更为重要的是，该如何保住手中钱财？在民众心中，金钱的获取依靠的不是高尚的品行或谨慎的投资与规划；相反，人们相信金钱受到一种邪煞之力支配，且这种邪力的不可靠是众所周知的事实。在我看来，这种财富观念反映了 16 世纪货币经济的兴起所引发的深深不安。而 18 世纪稳定的市场经济则与之相反，它使金钱在人们心中的形象更为正面。

251

　　五通神信仰完全渗透了江南地区，证明货币和市场对个人心理和家庭经济造成了明显冲击。明代晚期的江南经济十分强健，但也很不稳定。而面对货币经济的崛起，社会和经济机制的调整十分缓慢。国家和市场无力稳定货币体系这一事实便能充分说明这种滞后性的存在。在 16 世纪的最后几十年，中国从新世界和日本进口了大量白银，这些白银满足了商业扩张的需要，启动了一轮长期增长的周期。与此同时，白银的大量涌入使国内的货币体系遭受严重破坏，而支撑这种体系的是铜钱与银锭间兑换率方面的脆弱平衡。[128] 实际上，早在外国白银流入中国之前，白银就因铜钱的缺乏而成了货币价值事实上的主要标准。早在 16 世纪初，明廷就已经开始提升铜钱产量，希望以此重新控制货币供给。然而在整个 16 世纪，中国都面临着严重的钱荒。除了两京和经济发达的大运河沿岸地区，铜币在其他地方都几乎停止了流通。对钱币的需求导致了私铸伪币的行为，这反过来又使官府维持铜币面值的努力受到挫败，法定货币最终因此严重贬值。16 世纪下半叶，无论在市场还是国家财政方面，因进口而储量大增的白银都取代了铜钱的多数功能。然而，未被铸成钱币的银锭是一种原始的且实际上退化的货币形式。它的货币价值完全取决于它的固有价值，而想要确定这种固有价值就必须先对它的重量和纯度进行效率低下的测量。白银的广泛使用促进了商业增长，但也加深了经济交换的不稳定性。

　　在城市经济中铜钱依然存在，因为日常的小额交易需要更加便捷的支付手段。然而正如官员们悲伤地承认的，这些铜钱实际上都是私钱。在明朝统治的最后一百年间，掌管财政的官员在保守政策和扩张性政策间摇摆不定。官府任何试图控制货币供给的努力，都会促使商贾、钱商和普通市民为保护自己的收入采取新的对策。私钱铸造在整个 17 世纪上半叶都相当猖獗，迫使官府开始发行品质更劣的铜钱，引发了货币贬值和通货膨胀。任性的国家货币政策还导致江南城市中暴乱与骚动频发。在许多平民眼中，实体形态的金钱——无论白银还是铜币——是邪恶且反复无常的，而这种特质又被人们归因于决定财运的财神本身的任性。

因此，经济交换的新形式激发的更多是恐惧与不安，而不是乐观的情绪和更高的期望。货币经济的快速发展推进了城市化的进程，而可以帮助农村移民更好地融入陌生城市环境的社会制度，或是可以保护他们不受货币经济波动伤害的社会制度，却未能同时形成。行会组织还处于初期发展阶段；罗威廉（William Rowe）笔下的那些社会团体，也就是那些在 19 世纪的汉口推动市民意识发展的团体，在明朝晚期的城市中还没有开始发挥显著作用。因此，因货币经济的初期发展而出现的财富观毫不出人意料地认为，分配金钱的是无常的邪力。

从 18 世纪起，形象多变的财神开始发展为一位更加标准化的神祇，也就是一位人们很容易操纵的神祇。财神体现了对私德和公德的欧赫墨罗斯化。这样的财富观显然很对官府和成功商人的胃口，然而仅靠意识形态层面的吸引力是不足以赢得大众认可的。要理解五通神在 18 世纪是如何转变为五路财神的，我们必须把这个过程放到更加稳定的商品经济（尤其是货币体制的稳定）和城市化的社会环境的背景中。经济状况在 18 世纪的稳定性与明末令人困扰的大起大落形成鲜明对比。从 18 世纪 30 年代起，云南的铜矿获得大规模开发，清政府从此可以铸造足够数量的铜钱，进而建立稳定可靠的货币体系。

253

由于货币的交换价值具有了可预测性，且人们对铜银两种货币形式都普遍存有信心，铜钱的使用频率大幅提升，再次成为占据主导地位的交易媒介。[129]在18世纪的多数时间，中国的经济状况都以可靠的货币和稳定的价格为标志，这一时期也是同乡会、行会、社会福利机构等社会团体发展壮大的阶段，它们在市场和城市生活的紧张节奏中为人们提供了庇护。[130]因此货币经济和城市社会都带来了稳定感和安全感，这种感觉在16世纪则是完全不存在的。根据同样的思路，在缺乏物价管制机构和帮助集镇居民抵御经济冲击的缓冲机构的明朝末年，为何货币经济最初让人把财神视为邪恶而非良善之力，也就不难理解了。

然而就算朝廷实施了压制性政策，就算不断壮大的城市中产阶层用节制的虔信替换了原有的伦理观，五通神还是没有完全从江南的宗教版图中消失。尽管五通神已基本从城市，尤其是那些官府存在感很强的市镇的宗教生活中消失，但在乡村的宗教生活中，五通神崇拜依然占据了中心位置。20世纪初，人们依然可以常常在村口或田头看到放有一尊塑像或一幅画像的简易小型堂子，这种堂子自16世纪起便成了五通神信仰的标志性特征。有些堂子的结构十分简单，甚至只由三块砖头组成，其中两块分立两侧，第三块砖头则横搭在它们的上端，在这块石砖下粘有一张写着五通神名字的纸条。[131]根据一份20世纪40年代对嘉兴市嘉善县的调查，在县里的580间祠庙（不包含佛寺与道观）中五圣庙占了289间。这份调查还报告称全县的783间庙宇（包括佛寺与道观）中共有五圣老爷像1455尊，这个数字远远超过了其他任何一位神祇。[132]与清朝的情况相同，此时对五圣的崇奉最为狂热的是杭嘉湖地区。民间神像一般将蚕花五圣塑造为一位三眼六臂的男子，他的手上拿着养蚕缫丝所需的各类工具。在制丝的每个阶段，人们都会祭拜蚕花五圣。[133]除蚕花五圣外，人们还祭祀窠笼五圣、车头五圣与机神五圣。尽管我们现有的文献没有说明这些神祇是善还是恶，但是在 20 世纪上半叶的桑农眼中，多变狡猾的五圣一定十分贴切地象征了使他们深受困扰的不稳定经济状况。[134]

因此在乡下，对五通神的信仰以及该神祇同财富、好运的联系都被保留下来，甚至还发扬光大了。[135]在为祈求者主持的赕佛仪式中，歌手（即灵媒）会设筵招待多位神灵。在受邀的财神中，五通神依然排位靠前。赵公明是在仪式中获得邀请的财神之一，关帝却不在其列。[136]从 20 世纪初的一幅木版画中我们可以看到，上方山和掌管它的神祇在关于财富、运势消长的民间传说中依然扮演着重要角色（见图 37）。图中的箴言充分肯定了财富可以带来权势的事实，但也警告称贪婪和不义之财将不可避免地招致毁灭。此外，我们还可以发现"才〔财〕可通神"的简短明确陈述。在虔诚之心的驱使下，人们为了获得神助更加频繁地进行幸福主义宗旨的献祭，而不是停止这种行为。

尽管现代的政府也都间歇性地干涉过上方山上的五通神祭拜，但这个信仰中心一直是香火旺盛的朝拜之地。现今，五通的母亲太姆已经取而代之成了上方山祠庙中的主神，最重要的香会现在在中秋之后的八月十八举行。然而，使人们前来此处祭拜的主要动因依然是"借阴债"。[137]面对多轮意识形态的控制浪潮，五通神信仰都能适应，这种能力的一个集中体现便是挂在供桌两侧的一副对联。这副对联对五通最著名的仇人汤斌大加赞赏，把他塑造为了"正"的典范。[138]此处，国家权力

255

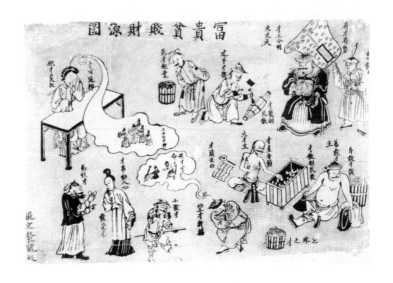

图 37　富贵贫贱财源图

这幅 20 世纪初的苏州木版画中有数位穷人和富人，他们每人身旁都写有与财富得失相关的箴言。画面左上方坐在桌前的女子梦到了"上方山五才［财］神"。在代表梦境的云形中，有五个身穿官服之人正在作揖。这位女子的脑袋两边写着的文字是"才［财］可通神"与"他才［财］莫敖"。Bijutsu Kenkyujo 1932, plate 33.

的符号和工具再次被普通人利用以增强其崇拜对象的神圣性，就像中国各处的地方神祇都穿了朝廷大典中的礼服一样。

五通神的发展历程证明，认为通俗宗教保守且本质上拒绝改变的常见假设是错误的。我们也不应该错误地认为这一通俗宗教文化扩散到了所有阶层和社群，因此成了一种可以消除社会摩擦、加强社会团结的文化外壳。18 世纪江南地区的五通神信仰揭示了一点：通俗宗教无法接纳、升华地方社会中相互矛盾的价值观与身份认同。城镇中正在形成的中庸文化，以及与之配套的倡导自强的资产阶级道德规范与传统的儒家伦理，与通过巫卜手段追求财富的实践——这种自我中心主义的追求也是五通神以财神身份受人祭拜的前提——发生了冲突。最终，城市和集镇中的五通神信仰逐渐走向没落。然而与此同时，在乡村，尤其是乡民最容易被市场紧急的波动影响的杭嘉湖地区的乡下，人们愈发认同反复无常的五通的财神身份，并加深了对其的崇奉。近来的五通神信仰并没能实现城乡宗教文化的统一，而是进一步彰显了它们间的差异。

结　语

257　　在宋朝时，强调理性反思和冷静寻求至善之境的儒家学说的影响力辐射到了最偏远的角落。在这种彬彬有礼的大氛围下，形态多变的五通神以及对其男女不忌的欲望的夸张描绘似乎显得格格不入。或许五通神最多不过是早前的愚昧思想和陈风陋俗在宋朝的残留。然而五通神信仰是属于那个时代的一部分，它表现出的财富的诱惑、野心和欲望集中反映了宋朝及后世发生的社会风俗方面的剧变。

　　宋朝的宗教文化中充斥着夸张的情绪和惊悚的场景：十阎王殿施下骇人的酷刑；忏罪者在东岳庙的迎神赛会中将铁钩刺入自己的手臂和胸腔，然后在铁钩的另一端挂上燃烧的灯盏，从而使自己变成"肉身灯"；妙善为了治疗父亲的恶症献出了自己的眼珠和手臂；成群的乞丐装扮成钟馗麾下的诸鬼，在除夕之夜挨门逐户地行乞。无论这种感官上的骚动是否真实，它都深刻昭示了自汉朝就已出现苗头的对罪孽、死亡和赎罪的关注。细节充实的亡者崇拜着重关注地狱之刑的痛苦，它使宇宙以道德均衡为基的观点变得更具说服力，并增强了其与现实生活的相关性。而内敛的儒家学说很少帮助人们缓解他们关于末258　世的不安。对在自己轮回往生过程中累积的业债，人们感到愈发绝望，但这种情绪违背了儒家的修身理念。同样，对迫切希望改善现世或死后困窘之境的灵魂来说，儒家主张的对运命的克制隐忍能够提供的慰藉也微不足道。

从远古时代起，由死亡带来的转变在中国人的宗教中就占据了中心位置。商朝与周朝早期高高在上的统治者虽然拥有超然于世的地位，但受制于不知节制的祖先及祖先们对祭品的贪婪胃口。自汉朝以降，亡者本身成了神明审判和惩罚的对象，因此后人对祖先变得同情大于恐惧。后人仍须尊敬祖先，但不用再畏惧他们了。祖先们曾以克里斯玛式的威严笼络在世的后人，但这种威严渐渐消退，因为由冥府的严厉神官发出并由牛头马面转达的传唤所代表的前景更加令人恐惧。但和过去一样，在宋朝的通俗宗教中，地方信仰的核心是因死亡而得以神化的凡人。多数神祇，尤其是被尊奉为土地神的那些，最初都被视为鬼魂，也就是因阳气未尽而滞留人世的亡者之灵。这些亡灵在死后保留了他们生前展现过的克里斯玛——在凡界，他们或为文臣，或是武将，或能通神，或可先知。他们因灵验而受到他人膜拜，但不能简单地把这种崇拜理解为敬重，它更多是一种安抚手段，以免这些亡灵给生者造成困扰。如果人们认为某位神祇对祈拜者的请求（提出请求的同时往往还需献上祭品、做出保证）十分灵感，他们就会将其视为地方社会的守护神。然而就像宋廷用文官政治削弱了武将的权力，在由文官构成的新型神灵体系下，早期地方信仰中的"死将"被降至了附属地位。新神灵体系中的神官拥有科层权威，他们依据严格的律令而不是蛮横的意志实行统治。在世之时拥有的权势和身份可以转换为死后的崇高地位。人们一般认为，文职官员在死后会任职于地府或成为地方上的城隍（我们可以看到，城隍和地府官员属于神界中官僚化程度最深的体系）。但身份卑微却拥有克里斯玛光环的个体也可位列仙班，以土地神的身份造福于自己的社群。

帝制初期的中国人一眼望去，看到的是一个被施了术法的世界，它的居民包括令人生畏的山神、残忍狡猾的精怪、可能突然成精的古木古石、在埋骨地周边游荡的怨魂，以及每方土地上都驻有的灵物。凡人如果想要开辟属于自己的土地，则必须通过定期祭祀、小心崇奉的方式安抚居住在这个地头上的所有灵物，因为修建房屋、开垦田地等活动都会冒犯他们。随着南迁进程的不断推进，宋朝出现了一类新的地域性信仰，在这类信仰中神祇的管辖范围界限分明，不会超过几个村或一个镇的大小，有时只包括一些很小的村落或一个街坊。与一个地方自带的灵物不同，把这些被称为土地的神祇与当地绑在一起的，是他们对自己生活过的地方社会的熟稔和感情。土地神与他们服务的地方社会拥有共同的过去。他们有的是品行高尚、事迹光辉的显要人物，有的是神秘的先知或方术施行者，还有的是因伟大功绩而仍然活在人们心中的古代英雄。他们的坟墓令他们在某个地方扎下了根，而祠庙则使他们具有了一定程度的活动性，他们因此能够在遥远的他乡也安定下来。土地神与天庭众神的关系十分微妙。他们是天庭在人界的编外人员，但不会简单地对上级天神唯命是从。同时，他们还是地方社会的守护神，是地方百姓的牧守。他们缓解旱灾、平息洪水、减轻疫病、抵挡流寇匪兵，通过上述显灵方式，他们同地方社会的联系得以巩固，民众对他们的虔信也得到保障。尽管土地神处于神灵体系的最底端，但他们每一位都是自己区域内的主宰。因此不管是否获得朝廷的认可，他们都被受其庇护的凡人尊奉为王。

仪式和通神手段的通俗化推动了土地神信仰的形成。进表与安神的道教科仪完成都需要道士协助，但净土宗的兴起促生了一种普通信众可直接祈求于救世神的信仰模式。对观音、真武等神祇的信仰广为扩散，鼓励了祭仪朝通俗化的方向发展，普通人从而可以直接通过简单的祷告和祈求接近神祇。无论佛教还是道教，它们的发展壮大倚仗的都不是接受教法管辖的正规庙观，而是与神祇的出生地社会紧密嵌合的宗教团体。无论受戒与否，法师都会把宗教理论和仪式疗法用于功利性目的，以赢得神佑、消灾免难并驱赶无处不在的妖魔。其中许多治疗方法被佛道两教化为己用，但制度化的佛教和道教本身就由地方传统聚合而成。一些当代学者曾提出，中国宗教是"萨满基底"（shamanic substrate）上不同传统的本质统一。[1] 爱德华·戴维斯（Edward L. Davis）对这个说法做了修改，认为驱邪或治疗仪式中由法师引导的起乩（spirit possession）才是中国宗教实践的共同基础。[2] 有了法师的协助，普通民众可以任意选用名目繁多的佛道法事，神力和神佑变得更易获得。在许多情况下，本地的巫会扮演法师的角色。但实际上巫扎根于地方，与该片土地上的神灵建立了密切联系；而法师则可以带着他们掌握的法事一起云游四海。

　　巫与其守护神间的密切对应关系可能在土地神信仰的诞生过程中发挥了重要作用。滨岛敦俊（Hamashima Atutoshi）提出，不仅巫推动了江南地区总管信仰的形成，总管神本身就是这些巫觋的神格化的祖先，且巫属于一种世袭职业，他们划分了各自的专属区域。[3] 这些巫觋是否真的同守护神具有血缘关系我们不得而知；但巫觋为证明自己同守护神间的精神联系，常常提及他们的名字。[4] 但值得注意的是，江南总管信仰兴起于13～14世纪，当时受戒僧道在地方社会中享有极高的地位和

260

权威。在争夺信众的过程中，地方望族之长、财主（富有地
主和商人）、克里斯玛型僧道形成了联盟；在决定应由哪些神
祇代表地方的整体利益时，他们提出的意见无疑是很有分
量的。

　　僧道之众和官府都试图利用、收服这些地方神祇，从而确
立自己在神界和人界的权威。教派领袖和朝廷命官都希望为自
己的神灵体系引入合适的新成员，以在他们各自信奉的正统学
说上打上自己的印记。然而，政治上的需求常常让步于地方利
益，对于流离至临安、极度渴望民心的南宋朝廷来说，这一点
尤为明显。面对民众的意志和在民间已经根深蒂固的信仰，经
济资源有限的僧人与道士也很难逆势而为。尽管要从不同角度
证实神迹显得困难重重，但仍有很多地方神祇被纳入官方祀
典，这个过程扩展而不是缩小了正统信仰的范畴。在僧道组织
和朝廷的追封下，一种结构复杂的神灵体系形成了，它上下尊
卑等级分明，却仍然有足以接受周期性增员和地方性调整的弹
性。信仰并没有因其自身的扩散变得一致，而是不断改变以适
应地方上的不同情形。人们对于仪式时间和空间的定义具体体
现为祠庙的修建和宗教节日的确定，在这两个方面中国各地的
情况展现了显著的差异性。

　　从陆路交通到水陆交通的转移使宋朝的流动性获得进一步
提升，进而促进了宗教信仰和信仰所基于的相关神祇之名的传
播。由于印刷术的发展和朝拜难度的减小，神话传说和神像被
带到了边远之地。在民间祭祀活动、制度性宗教任命，以及朝
廷加封的某种综合作用下，地方神祇可以获得新的辖区，从而
突破其原有的信仰体系，进入主流宗教文化。在极少数的情况
下（关帝和天后是最为突出的例子），土地神出身的崇拜对象

261

也能跻身官定神灵体系的顶层并获得普遍认同。但在朝廷赐予的荣誉之外，包裹着密集的官方宣传，它们对崇拜形式和含义做出了指示。然而即便在这种情形下，正统教派的高层仍然未能把一致性强加于中国人的宗教。杜赞奇（Prasenjit Duara）使我们注意到，传说和文化符号（我们也可以把仪式行为包括在内）同时具有连续性和非连续性。从村落到帝国的不同群体都会书写他们对文化符号和实践的各自解读，这种解读拓宽了这些符号和行为的"解释性场域"（interpretive arena），并重新定义了它们的内涵。随着时间的推移，各种解释层层叠加，杜赞奇把这个过程称为叠写（superscription）。根据他的观点，叠写创造的并不是霸权话语（hegemonic discourse），而是一套通用的文化词汇，不同群体都可用它表述自己的世界观，且当他们这样做时并不一定会质疑或削弱其他解读的正当性。[5]康豹（Paul Katz）在杜赞奇分析的基础上做了改进，他提出共生（co-generation）以作为叠写的替代性概念。共生强调的不是神话和相关解读历时性的层层叠加，而是信仰的各层含义同时生成，并通过祭拜和仪式活动同时体现的动态过程。[6]五通神是可以说明信仰的这种动态性，以及神祇与相关祭仪被赋予的多重含义的一个实例，他在官祀、教内神话和仪式、民间信仰中所拥有的不同形象被赋予了各式各样的象征性意义。

　　通过五通神信仰的复杂历史，我们可以看到在中国宗教文化中，对神灵世界的通俗化解读可以十分灵活。神灵在道德层面的模棱两可显得尤为显眼。祝福和灾祸来自同一个源头，且人们借助神灵之力既可行善也可作恶。许多神通广大、品性完美的神祇都有着邪魔的出身，他们后来被迫加入了善的一方。魔的皈依是佛教神话中的一个永恒主题（最夸张的例子或许就是育有众多子女但喜食小儿的鬼子母的传说），它同时也是道教神学中的中心主题，真武和五显的成神过程都可以证实此点。赵公明的经历也体现了这种皈依过程：初始身份为一只疫鬼的他先是被改造为正直的伏魔神将，然后成了对作恶者降下惩罚性疫病的五瘟使者之首，最后又化身为武财神。但是，并非所有妖魔鬼怪都能被驯化、改造。比如说山魈就始终是处于文明边缘的他者，他们与人类的接触只会导致灾难与不幸的发生。

五通神的邪性源自山魈传说，到宋朝初年，这些传说在中国东南地区已经广为流传。与其他形成于这个时期的信仰不同，五通神信仰的源头既不是对死者的敬奉，也不是宗教正典，而是人们对异土、荒郊、野林以及夜间喧闹的恐惧与担忧。人们对这些未知之境认识十分模糊，却能明显感知其间的凶险。五通神在10世纪成了从疫病中解救婺源百姓的佛教圣徒，该事件在五通神从邪恶精怪到尊贵神祇的转型中发挥了关键作用。婺源和江东的其他州县激烈地争夺对这位善神身份的五通的所有权，且尽管五通神同这些地方没有私交或历史关联，但当地居民还是接受了他的土地神身份。朝廷对婺源五通神信仰的认可无疑激发了民间对五通神的信任，同时婺源成了南宋时期的一大主要朝拜圣地，五通的威名因此逐渐扩散至偏远的州县。受戒僧人与受箓道士迅速估量了五通神的名望，把对他的祭拜归入自己教派的宗教实践，并同时将他重新塑造成佛教恩典或道教美德的化身。

263　　　尽管在塑造更加正直向上的五通形象一事上，官府和僧道人士付出了诸多努力，但五通神邪恶的一面一直未曾消失。实际上，随着五通在明朝末年成为江南的掌财之神，他身上的邪神特质和难以餍足的财色之欲变得比以往更加显眼。神威赫赫、宽宏大量的五显神高坐于苏杭等市的大庙接受香火供奉；与此同时，以未经悔改的五通神为祭拜对象的小型祠庙遍及城镇的偏僻小巷和广大乡村地区，将这位邪神之像置于家中壁龛的人家也不计其数。这位五通是属于巫觋的神祇。在这些巫觋中，最为显眼的是被五通神盯上的那些妇人，她们曾在梦中与之交合，并因此获得了接近五通的优先权。和法师一样，这些巫接受的是私人委托，而非服务于地方社会整体。但施行劾鬼克妖之术的法师之威高于邪灵，而巫却不具备这种威仪。他们是五通跟前卑微的祈求者，视五通为主，并同时试图讨好这位神祇。

五通神的邪恶特性展现了在面对神灵时普通人的惊惶恐惧之情。在凡间犯下的罪孽会招致天谴这个理念贯穿了帝制时期的宗教文化，一切宗教行为的首要动机都是为自己或已故的祖先赎偿罪孽及减轻往生之后的惩罚。另外，尘世间生活着无数的邪灵，神明有时也会将妖兵鬼将纳入麾下，委托他们执行惩罚。民间的医者和巫觋提供了多种法术以驱赶邪灵、安抚不满的先祖、获取神灵襄助，然而与神灵世界的交易仍然充满了不确定性。就五通神信仰的兴起而言，对其怨怒的恐惧和对于神助的渴望发挥了同等重要的作用。

五通神信仰还展示了幸福主义的祭祀与辟邪方案在中国通俗宗教中的重要性。宗教崇拜方面的话语反复强调，决定能否获得神助的不是个人的道德品行，而是在祭祀和祭品的准备中是否虔诚与用心。虽然官府、儒家精英与上层僧道推崇的是由正义天神支配的宇宙道德均衡，但是这种理念没能改变人界与灵界关系的幸福主义本质。道德均衡的取向在明末江南城镇的

264　印刷文化中占据了主导地位。该取向完全渗透了明清时期的通俗文学，该事实最为明显地反映在了《西游记》《金瓶梅》及冯梦龙小说等文学大作中，但在善书、劝导型宗教文学（如宝卷），以及书坊刊印的用于消遣或说教的各类小说（记叙华光壮举的《南游记》是十分具有代表性的例子）中也有所体现。但直到 18 世纪，道德均衡与天谴的理念才开始在城市的中层宗教文化中占据主导地位。而就乡村地区的宗教生活而言，幸福主义的取向则一直盛行到了 1949 年。

　　然而，五通神"意识形态化"［这个词应按照魏乐博（Robert Weller）的方法理解］的变体，也就是具有官府或正统佛道印记的五显神、马元帅、华光，对通俗宗教仍然构成重大影响。同其邪神形象一样，意识形态化的五通形象的传播和复制通过祠庙、神像、仪式典籍和民间传说的扩散实现。事实上，五通神和他的众多化身派生出了历史与文化各不相同的多种地方信仰。五通神扮演的角色，包括阴狠的无赖、强大的伏魔神将、慈悲的菩萨、奸诈的财神，充分展现了神力在中国宗教文化中的多价性，说明对神灵进行严格归类的做法并不能帮助我们充分理解这种宗教文化。这个道理对于其他信仰无疑也是成立的，且对于被扩散至帝国各个角落的关帝信仰或观音信仰，它或许会显得更加明显。

　　中国的宗教文化因此并不是对社会秩序和基本价值观的简单反映，但是宗教信仰和实践对社会关系的巩固、再生产和转型都是必不可少的。中国的某些宗教构架展现了长期稳定性。例如宋朝也就是中国宗教的转型阶段形成的神官体系及其等级秩序，以及出现于同一时期的通神科仪，被一直沿用到了 20 世纪。但是这些架构——我们可以将其视作一个"解释性场域"（杜赞奇语）——的稳定性掩盖了真实宗教实践中的显著变化，也掩盖了与社会经济关系的演变一起发生的宗教内涵的转变。

普通民众试图理解、掌控自己的命运，而中国通俗宗教中的神灵世界观在很大程度上就是这种努力的产物。对于不同的群体来说，神祇具有不同的象征意义。一大批势力，包括官府和各个教派，都试图对通俗宗教文化施加影响，然而宗教信仰和实践向意识形态标准的靠拢都只是表面上的。在多数情况下，通俗宗教中的神祇都具有多重内涵，既会展现善的一面，也有恶的一面。神祇的这种易变性恰好证实了创造他们的大众想象所扮演的重要角色。因此，我们只要仔细观察不断变化的通俗宗教世界，便可以一窥不同的时代背景对普通中国人的生活和思想潜移默化的影响。

注　释

　　导　言

1. 洪迈：《夷坚志》支甲卷一《五郎君》，第 717～718 页。

2. "左道"的字面意思是"左边的道路"。正如拉丁词"*sinister*"（左）暗含邪恶、恶性影响之意，"左道"也把左与邪僻联系在了一起。

3.《礼记正义》卷一三，第 1344 页上栏。除非另有说明，所有汉语文献的英文翻译都由我自己完成。

4. 虽然直到 1 世纪晚期《礼记正义》仍未完全形成广受认可的修订版，但在公元前 1 世纪的诉状中，"执左道"的控诉频繁出现，说明引文中的内容已被编入律法，例如参见《汉书》卷七五，第 3193 页；《汉书》卷八二，第 3347 页；《汉书》卷八三，第 3408 页；《汉书》卷八五，第 3464。关于"不道"这类汉律中十恶不赦之罪的讨论，参见 Husewé 1955：156－204。

5. 例如参见《汉书》卷二五下，第 1260 页；卷七五，第 3193 页。

6. 最为著名的案例发生在公元前 93 年（见本书第四章，页边码第 100 页）。对汉朝及之后朝代的"咒诅"的研究，参见 Sawada 1984：174－212。

7.《汉书》卷九三，第 3731 页；卷九七下，第 3982～3983 页。

8. 郑玄（127～200 年）在注解正文中所引《礼记》段落时，将左道解释为"若巫蛊及俗禁"。参见《礼记正义》卷一三，第 1344 页上栏。

9.《三国志》卷二，第 84 页。

10. 将"执左道"入刑的做法可在唐律中找到。参见《唐律疏议笺解》卷一八，第 1299～1303、1311～1318 页。

11. 正如宋代判例汇编《名公书判清明集》（卷一四，第 547～549 页）所示。

12.《宋会要辑稿》礼二〇,第 10 页上栏 ~12 页下栏。更多对夏竦发起的针对巫觋的运动的讨论,参见 Nakamura Jihei 1978:67 - 70。

13. 官府就异端邪说发布的禁令的详细列表,参见沈宗宪(Shen 1995)的研究。

14. 马伯乐(Maspero 1928)为当代中国宗教中的神祇做了百科全书式的编目,但他没有提及妖魔。杨庆堃(C. K. Yang 1961)关于当代宗教的社会学研究也没涉及这点。人类学家 [尤其是魏乐博(Weller 1987)与王斯福(Feuchtwang 1992)] 已经认识到妖魔在中国宗教文化构建中的重要性。对恶灵的简单分类可参见施舟人(Schipper 1971)在台湾的田野调查成果。已经有一些以瘟鬼为话题的扎实研究,参见施舟人(1985a)、康豹(Katz 1995)及本书第四章。对于神祇模棱两可的本性的研究,可参见夏维明(Shahar)与魏乐博 1996 年合编文集中的文章。关于神明和神明崇拜的重要历史研究,参见 Seidel 1969;Johnson 1985;Hansen 1990;Schipper 1990;ter Haar 1990;Dean 1993;Kleeman 1994a;Katz 1995,1999;Shahar and Weller 1996。

15. Poo 1998:69 - 85.

16. 中国的史书中存在关于宗教团体及其活动的刻板印象,对这一问题的研究参见田海(ter Haar 1992),尤其是第 11 ~ 15、44 ~ 63 页。

17. Wolf 1974.

18. Ahern 1981;Feuchtwang 1992.

19. 关于武雅士模型的批评和对其的修改,参见 Sangren 1987;Weller 1987;Shahar and Weller 1996。

20. 但"民间信仰"这个表述名声不太好。虽然它摒弃了"民间信仰"等同于愚昧的迷信思想这一潜在观点,但仍然有重复精英与大众的人为对立之嫌。

21. Yang 1961:20 - 21.

22. Hansen 1990.

23. Ebrey and Gregory 1993;Zürcher 1980:146;Shahar and Weller 1996:1 - 2.

24. Shahar and Weller 1996:1 - 2.

25. 请参见白恺思(Catherine Bell 1989)对这一争论具有说服力的回顾和评述。

26. Yang 1961；Freedman 1974.

27. Watson 1976，1985.

28. Sangren 1987.

29. Weller 1987.

30. 对这一论点最为积极的倡导者是华琛（James Watson），请参见其 1988 年的论文。

31. Weller 1987：172.

32. Yang 1961：294 - 300.

33. Weller 1987：142 - 143，168 - 171.

34. Ahern 1981：92 - 108.

35. Watson 1988.

36. Paper 1995：26.

37. Sangren 1987：55.

38. 参见罗友枝（Rawski 1988）对华琛无视信仰的做法的评述。当然，不是所有的人类学家都拒绝承认信仰是中国宗教文化的关键成分，请参见王斯福（Feuchtwang 1992：9）对此的不同意见。姜士彬（David Johnson）1989 年与 1995 年文集中的文章在关于仪式与信仰的重要性问题上取得了平衡。

39. Schipper 1985b，1985c.

40. Schipper 1985c：40.

41. 我把"幸福主义"定义为以提高人类福祉（这种福祉既包括个人福利又可指集体福利）水平而不是超验的道德规范为核心的价值体系。我使用这个古老的说法并不是想暗示它与柏拉图或其他希腊先哲的幸福论有直接联系。

42. Poo 1998：3 - 4.

43. Ibid.，58.

44. Campany 1996b：343 - 362. 根据康儒博对中国思想的分类，"天人说"是一种独立于佛教、道教、儒教的传统。在这里我要对他的定义稍作修改，在我看来天人说并不是另一种不同的传统，而是影响三教世界观的一种根本取向。

45. Ibid.，356.

46. Sangren 1987：211.

47. Burkert 1985：179 – 191.

48. Ibid.，332.

49. 类似评论请参见 Yang 1961：79；Weber 1951：240 – 242。近期的民族志研究显示，将金钱与绝对道德准则联系在一起的犹太教 – 基督教话语（无论把金钱当作诱惑与罪恶之源，还是视其为实现自由与解放的工具）是独一无二的。与它们相比，大多数文化在涉及金钱在道德层面上的暧昧性时，都远没有那么明显的二分论倾向。相关文章参见 Parry and Bloch 1989。

50. 关于这个问题的讨论，参见 Ginzburg 1980：xiv – xxii。

51. Bakhtin 1968.

52. Sabean 1984：3.

53. Rawski 1985：32.

第一章　远古中国的祖先、鬼和神

1. 现存的甲骨卜辞都属于迁都至安阳之后的殷商晚期（约公元前1250 年 ~ 公元前1050 年），参见 Keightley 1978b。在贵族的住所还发现了仪式用的未刻字甲骨，但刻字甲骨只属于商王和与其对立的周的侯伯。请参见 Eno（1996）对部分甲骨卜辞的翻译。

2. 后文在探讨商朝宗教信仰时的主要依据有：Keightley 1976，1978a，1991，1999，2001；K. C. Chang 1980，1983，1990；Childs-Johnson 1998。

3. Weber 1987，1：399 – 401. 对商朝亲属关系克里斯玛属性的讨论，参见 Levenson and Schurmann 1969：19 – 22。

272

4. 商人也用"帝"来称呼商王的祖先，但多数学者都对作为至上神的"帝"和被称作"帝"的先祖之灵做了区分。伊若泊（Eno 1990b）对关于"帝"的这种理解表示质疑，但他的解读，即"帝"是一族所有祖先的统称，没有获得广泛接受。周朝早期文献将他们的至上神称作"上帝"或"天"，但在现存的商代甲骨卜辞中，"上帝"一词几乎从未出现。

5. 蒲慕州（Poo 1980：236）强调了这种交换道德上的中立性，他将其描述为与神灵之间的以物易物（*do ut des*）关系。

6. Chang 1980：236.

7.《春秋左传正义》卷二〇，第 356 页上栏（文公十八年）。饕餮一词在周朝文献中被用来比喻狼吞虎咽的贪吃者。最早将其与早期青铜器上的兽面联系起来的是公元前 3 世纪的文献。参见《吕氏春秋校释》卷一六，第 947 页。

8. 认为应将商朝艺术中的饕餮及其他怪物纹饰解读为帮助生者与亡者沟通的守护神兽的观点，参见 Chang 1983；Allan 1991，1993。艺术史领域的学者普遍拒绝对饕餮进行图像学解读，他们倾向于研究其形式，例如见 Bagley 1987，1993。柯思纳（Kesner 1991）曾试图协调这两种对立观点，在拒绝做图像学解读的同时强调饕餮纹饰的宗教意义。但他提出饕餮是商朝统治阶级支配性的社会和政治地位的一般表示，这个主张过于模糊，未能公正评价该纹饰所具有的特性。此外，柯思纳承认商朝青铜器的重要价值源于其在祭礼中的实际使用，而不是其用来标志身份地位的象征性价值（这属于周朝晚期的情况）。这种观点间接支持了解读青铜器物字面（即图像学）含义的做法，因此对于他提出的殷商图像只有象征性维度的观点，这种承认似乎削弱了其说服力。江伊莉（Childs-Johnson 1998）最近提供了支持饕餮纹饰图像学解读的有力论点。她提出饕餮图像主要以四种常常沦为王室狩猎对象或祭品的野生物种（虎、牛、鹿、大角羊）为原型。她还提出饕餮是表示形态变化的符号，象征着人类祭司（包括商王）召唤先祖之灵的能力，而这种能力只能通过戴上兽形面具操办祭典才能获得。

9. Akatsuka 1977. 吉德炜（Keightley）批判了赤冢忠的研究方法，但赞同他对商朝政体的总体描述，具体参见 Keighltley 1982；1983：551 – 554。

10. Keighltley 1976：19；1978b：177.

11. 最后两代商王在他们的头衔中加入了"帝"字。在周朝用来证明自己的统治具有合法性的传说中，对商的权力的篡取之所以能被正当化，正是因为商王做出了自封为神的不敬之举。

12. 关于这一点，请参见 Schwartz 1985：22 – 25。

13. 关于城市最早是仪式活动中心的论述，参见 Wheatley 1971。

14. Chang 1990；Hayashi 1990；Li Xueqin 1993. 带图片的说明还可参见 Yang Xiaoneng 1999：117 – 135.

15. Chang 1900：14. 中国学者倾向于认为良渚文化和商文明在纹饰

273

风格上或多或少存在连贯性，例如见李学勤（Li Xueqin 1993）与巫鸿（Wu Hung 1995：28－44）的论述。但根据柯思纳（Kesner 1991：49－50）的观察，在商朝早期的青铜器中已经找不到良渚玉器上的纹饰风格了，因为前者所展现的形象从各方面看都比后者更为粗陋。柯思纳认为虽然商朝铜器在纹饰风格上与良渚文化有一些重合，但这些纹饰在良渚文化中的宗教意义在商王朝已不复存在。相反，江伊莉（Childs-Johnson 1998：19－20）则提出良渚和龙山文化的玉雕兽面头饰图案和殷商青铜器饕餮纹饰间的连贯性不仅体现在表达形式上，还体现在宗教信仰层面。吉德炜（Keightley 1998：786－788）发现良渚殡葬仪式中十分关键的玉器在商朝的陪葬品中显得并不太重要，但考虑到与青铜冶铸技术发展同时发生的祭仪方面的变革，这种变化或许并没有特殊意义。

16. Chang 1980：33－34，192－193.

17. Chang 1983：54. 其他贵族也会通过"宾"祀与自己的祖先交谈。张光直（K. C. Chang）将"宾"祀与萨满的冥想过程联系起来，认为商王在"宾"祀中进入了出神状态并拜访了先祖居住的世界。吉德炜（Keightley 1998）反对商王进入了萨满式的出神状态或以任何方式进行了精神之旅的说法。他提出不是"宾"祀让君王开始了精神之旅；情况相反，商王在"宾"祀中"招待"了前来拜访自己的祖先。不管认可哪种解读，毫无疑问，这个仪式需要由君王（或家族首领）亲自主持，他的参与必不可少。

18. 对商被周征服的具体时间，学界一直争论不休。此处的公元前1045 年是夏含夷（Shaughnessy 1991：217－235）经过细致分析确定的时间。无论如何，大多数学者都倾向于认为这一事件发生在公元前 11 世纪中叶，而不是传统说法中的公元前 1127 年。

19. Von Falkenhausen 1993：152－161；Rawson 1999a：364－368.

20. 当然，商朝的甲骨文和商周的青铜铭文是中华文明最古老的文字记录，但甲骨直到现代考古学出现才开始为后世中国人所知，而青铜铭文从未被认可为文学作品。孔子（公元前 551 年~公元前 479 年）对《诗经》和《尚书》的推崇证实了它们在周朝贵族间的神圣地位。

21. 关于"天"对周朝政治秩序的意识形态整合作用，参见 Eno 1990a：19－27；Creel 1970：93－100。

22. "天"的道德属性与"帝"的道德无涉性形成了鲜明对比，它在周的基础文本《尚书》的早期篇章中得到了最好体现。一种长期以来的观点是这种对比在周攻克商时已经十分明显，但近期研究发现建朝之前及初期的周在宗教文化方面与商的区别很小，且此处描述的关于"天"的新概念在周立国约一个世纪后才出现，而当时周王室的皇权正在遭受质疑。参见伊若泊（Eno 1990）、夏含夷（Shaughnessy 1991：185）、蒲慕州（Poo 1998：30）的讨论。夏含夷最近提出，在周朝建立不久后发生的关于皇权构成的辩论中，周承天命的概念已经出现。

23. 与世界变得秩序化的过程相关的主题研究，参见 Bodde 1961；Birrell 1993；Loewe 1982；Lewis 1990：195。

24. 对于社祭是否为受封仪式的一部分，顾立雅（1970：370－372）提出了疑问。但是小南一郎（Kominami 1987）提出，在把诸侯同周王室代代相传的统治权联系在一起的过程中，社坛与社祭起着关键作用。他认为周朝的社祭源自其早期部族文化中的图腾信仰，祭坛（它可以是一块石头、一棵树，或是一个高于地表的土质平台）在这种宗教文化中代表天与地的结合以及由此衍生的上天对天下宗主周王的支持。在周朝范围基于早先领土大为扩张的背景下，社坛帮助天子与其祖先之地建立了物质联系。周朝诸侯国社坛上的土块因此一方面代表诸侯对于周天子的臣服，另一方面也巩固了诸侯与天命间的联系。

25. 《春秋左传正义》卷一〇，第 197 页上栏（庄公二十八年）。参见 Wheatley 1971：174。

26. Von Falkenhausen 1994：1－5. 对周朝使用青铜器的仪式情境的论述，还可参见 von Falkenhausen 1994：146－152。

27. 面对犬戎时的军事失利加速了王权危机的到来，一般观点认为这种危机开始于周穆王治下（公元前 956 年～公元前 918 年在位）。为了巩固王室的权力，周穆王采取了更加集权且官僚化的理政手段，但他的改革未能遏制周朝控制力的衰退，甚至周自己分封的诸侯都不再听命于王室。参见 Shaughnessy 1999：323－321。

28. 考古记录证实公元前 9 世纪早期，仪式用器具尤其是青铜器发生了巨大转变，标志着其完全脱离了商朝祭祀传统的影响。具体参见罗森（Rawson 1999a）、罗泰（von Falkenhausen 1999）、夏含夷（Shaughnessy 1999：331－332）的讨论，他们都将"祭仪革命"同周穆王的政治改革联系在一起，尽管罗森（Rawson 1999a：306，434）认为宗教革命发生在稍晚的时候，即公元前9世纪头五十年。这些祭仪革命的宗教学意义还有待进一步研究。仪式用具发生的改变显示出标准化程度的增加、对诸侯头衔等级的重视，以及仪式执行的律例化。具有讽刺意味的是，尽管周王的权威显著减少，但在周人的居住之地上精英文化的统一化与同质化倾向发展扩散，这意味着出现了一套共同的政治、宗教价值观。参见罗泰（von Falkenhausen 1999：543 – 544）。

29. 关于血食在周朝祭仪中的重要性的讨论，参见 Kleeman 1994c。

30. Lewis 1990：17 – 28.

31. Von Falkenhausen 1994：3 – 5.

32. Eno 1990a：24 – 27；Poo 1998：38.

33. Lewis 1990：28 – 52.

34. Creel 1970：348 – 349.

35. 《春秋左传正义》卷一七，第228页上栏～下栏（僖公三十一年）。

36. 《春秋左传正义》卷四四，第763页上栏～764页中栏（昭公七年）。

37. 《春秋左传正义》卷四四，第763页上栏～764页中栏（昭公七年）。

38. 这段来自《左传》（公元前4世纪）的引文第一次提到了肉体可分为魄与魂两个部分的二重性概念。魄这个词在更早的文献中出现过，魂则是后来提出的。魂由缥缈无形的精纯之气构成，魄包含的则是更粗浊的有形之气，这种观点在汉朝早期的精英文化中早已形成，虽然当时它仍未被大多数人接受。参见 Loewe 1979：9 – 10；Yü Ying-shih 1987a：369 – 378；Seidel 1987a：226 – 227；Brashier 1996；Poo 1998：62 – 67。

39. 孔子的陈述请参见《论语》，雍也第六，第22章。

40. 对于从身体、仪式、治疗层面实现长生不死的理论与方法，李约瑟（Needham 1974：71 – 154）提供了最为全面的记叙。

41. 参见本书第二章页边码第58～60页。与西王母有关的文献数量十分庞大，最近的研究请参见 Loewe 1979：86 – 126；Fracasso 1988；Wu Hung 1989：108 – 141；Cahill 1993；James 1995。

42. 对关联性宇宙论更全面的概要性描述，参见 Schwartz 1985：

275

350 - 382；Graham 1989：33 - 382；Lewis 1999；Harper 1999。

43. Schwartz 1985：180.

44.《史记》卷二八，第 1355 页。

45. Kleeman 1994b：227 - 228. 同时参见 Mori 1970：123 - 147。

46.《史记》卷二八，第 1358 页。这段文字的英文翻译请参见 Kleeman 1994b：228 - 229。

47. 虽然在汉朝及之后关于五帝的标准名册中（例如见《史记》卷一）少昊之名已不见踪影，但在某些流行于战国时期及汉朝初期的历史记载中，他被视作五帝之一。例如参见《春秋左传正义》卷四八，第 835 页上栏 ~ 838 页上栏（昭公十七年）；刘文典撰《淮南鸿烈集解》卷三《天文训》，第 88 ~ 89 页。

48.《史记》卷二八，第 1364 页。黄帝击败炎帝一事，参见《史记》卷一，第 3 页；Lewis 1990：179 - 183。

49. 关于秦始皇帝治下的秦国官方信仰，参见 Poo 1998：104 - 106。秦国明令禁止"奇祀"的举行和"鬼位"的修建，参见 Harper 2000。

50. Kominami 1994：52.

51. 对于罗马化拼音拼写相同的中文词语，本书用上标字母做了区分。

52. Le Blanc 1985 - 86：45n1.

53. 之后关于黄帝神话的概述都引自陆威仪（Lewis 1990：195 - 212）的著述。同时参见 Mori 1970：149 - 174；Le Blanc 1985 - 86。

54. 这一版本的黄帝传说最早见于成书于公元前 3 世纪的《尚书》，后来它成为司马迁权威之作《史记》（卷一，第 1 ~ 9 页）中黄帝"本纪"的基础素材（英文版的全文翻译见 Lewis：1990：174 - 176）。

55. 多数学者认为把黄帝刻画为掌控雷雨之神的故事反映了古老口述神话的遗留痕迹。普鸣（Puett 1998）对这一观点提出了质疑。他提出黄帝最初被描绘为一位寿数有限的圣王，象征统治者运用合法化权力建立文明社会的必要性，被神化的黄帝形象则是后人在这个基础上美化加工的结果。有种观点认为关于黄帝存在前后连贯的单一传说，对这种看法普鸣做出了适当的批判。他的主张是黄帝作为文明世界模范统治者的形象，实际上是战国晚期政治话语的产物，而不是多数人认为的口述传统的产物，这种看法或许是正确的。然而司马迁的立场，即秦国统治

276

者自公元前 5 世纪就开始祭拜黄帝和炎帝，且很有可能把他们作为雨神和太阳神祭祀，仍然不容忽视。或许同西王母的情况类似，关于黄帝的神话传说也因地域不同而不尽相同。

56. 对于蚩尤传说的研究，参见 Lewis 1990：183 - 212；Puett 1998；Bodde 1975：120 - 127。

57. 陆威仪（Lewis 1990：183 - 185）将蚩尤描写成黄帝的一个化身，他跟黄帝一样与龙和暴雨有关，这种解读可在森安太郎（Mori 1970）的研究中找到支持论据。艾兰（Allan 1991：67）却将蚩尤等同于炎帝，也就是黄帝的对立面。

58. Puett 1998：347 - 348；463 - 467.

59. 《龙鱼河图》（现已失传），转引自唐代之人对《史记》的一则评论。参见《史记》卷一，第 4 页注 3。对《龙鱼河图》的讨论，参见 Chen Pan 1991：414 - 423。与之类似的关于蚩尤的大致描述可参见《山海经校注》海经新释卷一二《大荒北经》，第 430 页。另一则早期神话称蚩尤是心怀不轨、具有背主之意的炎帝下属，在炎帝的要求下，黄帝帮忙终结了蚩尤的作恶。参见《逸周书》卷六《尝麦解第五十六》。

60. 《龙鱼河图》，转引自《史记》卷一，第 4 页注 3。

61. 任昉：《述异记》卷上，第 2 页上栏。

62. 陈奇猷编《韩非子集释》卷三《十过第十》，第 172 页。此处的英文翻译在陆威仪（Lewis 1990：181）译文的基础上做了修改。

63. 在至少一种黄帝神话中，风伯与雨师原本是蚩尤与黄帝之战中蚩尤的盟友，他们与蚩尤有着相似的命运，后来被接纳为黄帝的扈从，参见《山海经校注》海经新释卷一二《大荒北经》，第 430 页。风伯和雨师都是汉代墓葬艺术中的常见母题，参见 Hayashi 1988：162 - 165。

64. 刘文典撰《淮南鸿烈集解》卷三《天文训》，第 94 页。英文翻译见 Major 1993：71。另可参见 Seidel 1987b：29。

65. 刘文典撰《淮南鸿烈集解》卷一七《说林训》，第 561 页。

66. 马伯乐（Henri Maspero）从相反的意义上对中国的宗教使用了"欧赫墨罗斯化"这一表述，即用其指代从神灵转变为历史人物的过程。参见 Maspero 1924：1 - 2。多数学者都效仿了他的做法。的确，欧赫墨罗斯化——或用鲍则岳（William Boltz）更准确的表述"逆欧赫墨罗斯主义"（reverse euhemerism）——是战国和汉朝的中国神话具有的普遍特点。就如同鲍则岳（Boltz 1981：142）曾表示的，"如果我们说希腊人为历史添加了神话色彩，那么中国人就是在神话中增添了历史基调"。同样参见 Bodde 1961：372 – 376。

67. 最近一些学者提出，早在公元前 3 世纪，太乙就已经被尊崇为向凡人提供庇护和恩惠的神祇。参见 Li Ling 1995 – 96；Haper 2000。

68. 关于汉朝官方信仰的论述，参见 Loewe 1971, 1982：127 – 143.

277   ## 第二章   汉朝的亡者崇拜和救世信仰

1. 由于至今仍未发现周朝王陵，我们无法确定周天子的殡葬实践与诸侯或他们之前的历代商王相比是否不同。

2. Thote forthcoming；Thorp 1991；Rawson 1999b.

3. 以下文献讨论了战国王陵不断扩大的建筑规模及它们对当世君王实际住所的模仿：Wu Hung 1988：90 – 96, 1995：110 – 121；von Falkenhausen 1994：6 – 7；Kominami 1994。

4. Von Falkenhausen forthcoming.

5. 对这些母题的说明，参见 Weber 1968。

6. Rawson 1999b, 2000.

7. 罗森（Rawson 1999b）强调这些陵墓建筑和陪葬品的变化通常起源于周人定居地的边陲，尤其是南面的楚国；但在秦汉完成大一统事业后它们扩散到了帝国全境，最终完全取代了源自周王朝中心地带的墓葬传统。

8. 虽然巫鸿（Wu Hung：1988, 1995：110 – 112）强调，在商朝和西周的宗教文化中，坟墓和宗祠发挥了不同功能（且在距离上相隔很远），但罗泰（von Falkenhausen 1994：3 – 4）辩称，陵墓和祠堂中发现的青铜礼器不存在明显差异，这很可能表示祭品既可在坟墓中供上，又可在祠堂中献出。小南一郎（Kominami 1994：11 – 17）认为，商朝时供于墓前的祭品作用仅限于使身居高位的强者之灵（他们也是潜在危险来源）获得安息，因此这些祭仪的性质是驱邪大于献祭。但考虑到祖先神暧昧不明的立场，即他们既能带来恩泽，又会施加诅咒，小南一郎对献祭仪式和驱邪仪式的区分似乎有些武断。

9. Von Falkenhausen 1994, forthcoming.

10. Kominami 1994：6 – 7.

11. 对这件非衣帛画最深入的研究，参见 Loewe 1979：17 - 59；James 1996：5 - 33。关于马王堆在汉朝墓葬艺术中的地位，参见 Powers 1991：50 - 58。

12. 将尸体封进大小合身的玉制殓服显然是始于公元前 1 世纪的做法，它后来一直延续到了汉末，似乎是皇族成员的专属安葬方式。参见 Thorp 1991：35 - 36。对这种实践的带图研究，参见 Yang Xiaoneng 1999：390 - 393。在墓中陪葬大量作为辟邪护符的玉璧、玉牌的习俗到公元前 3 世纪已十分普遍。参见 Rawson 1999b：49 - 50。

13. 诸如此类的镇墓兽形象最早见于楚文化圈。参见 Fong 1991b；Thote forthcoming。

14. Fong 1991b：86 - 89.

15. 对这一理论的详细阐述，参见 Loewe 1979。

16. 王明撰《抱朴子内篇校释》登涉卷一七，第 300 页。　278

17. Brashier 1995.

18. 作为葬器的铜镜或许是对玉器保存肉体和魄灵功能的补充。汉墓在玉器方面令人印象最为深刻的是中山靖王刘胜与其妻的金缕玉衣。参见 Thorp 1991。

19. 公元前 6 世纪起就有在葬仪中向司命星君献上祭品的描述，参见 Inahata 1979：3；Poo 1998：142 - 146。

20. Harper 1994.

21. 转引自吴荣曾（Wu Rongzeng 1981：59）的论述，此处的英文翻译在索安（Seidel 1987b：28 - 29）译文的基础上做了修改。对黄神和其治下的地下世界人们所知不多，但一般推测"黄神"只是对黄帝的另一个称谓。地府之王与黄色的关联最有可能来自黄泉的概念（黄泉是关于死者安息之地最为常见的比喻说法），以及关联性宇宙论建立的黄与土之间的对应关系。

22. 考古学家在这一符箓木片的附近还发现了一块封泥，上面文字为"天帝使者"。见江苏省文物管理委员会（1960：20）的文章。

23. Seidel 1987a，1987b；Kominami 1994；Poo 1998：169 - 176.

24. 蒿里是一座海拔高度低于泰山的山。

25. 173 年的另一份镇墓文提到，在墓中置放人参是为了"持代生人"，而放置铅人（而不是蜡人）则是为了"持代死人"。考古学家在很多汉代古墓中都发现了铅人。有一份文本将铅人描述为"能舂能炊，上车能御，把笔能书"的多面型劳力。参见 Kominami 1994：42；Poo 1998：171 – 173。人参很有可能是一种礼物，在其帮助下，生者可免于分担已故祖先被判处的责罚。把人参作此用途，或许是因为人参根块和人体形状十分类似，也可能因为人参所拥有的被夸大的延寿功效。

26. 转引自 Kominami 1994：33。由于这个陶罐并不是在科学考古项目中出土的，因此其来自何处仍是未解之谜。

27. Kominami 1994：33.

28. Kominami 1994：56 – 57；Maruyama 1986.

29. 这些描写来自《山海经》中的古老篇章（成于公元前 4 ~ 公元前 3 世纪）。参见《山海经校注》山经柬释卷二《西山经》，第 50 页；《山海经校注》海经新释卷一一《大荒西经》，第 407 页；Fracasso 1988：8 – 13。

30. Dohrenwend 1975.

31. Wu Hung 1989：108 – 141；James 1995，1996：70 – 91.

32. Erickson 1994：37.

33. 刘文典撰《淮南鸿烈集解》卷一三《氾论训》，第 460 ~ 461 页。

34. Harper 1994：14.

35. 《汉书》卷三八，第 1991 ~ 1996 页。

36. 对该祠庙建立的时间我们不得而知，但是它在 1 世纪前已经存在。当时城阳景王深受齐巫推崇，齐地一直以来就以巫文化著称。《后汉书》卷一一，第 479 页；卷四二，第 1451 页。

37. 应劭：《风俗通义校释》怪神第九《城阳景王祠》，第 333 ~ 334 页。

38. 应劭：《风俗通义校释》怪神第九《城阳景王祠》，第 333 ~ 334 页；《三国志》卷一，第 4 页。同时参见 Stein 1979：80。

39. 干宝：《新校搜神记》卷五《蒋山祠（一）》，第 35 页。与蒋子文崇拜及其在钟山的祠庙有关的其他传说，参见干宝《新校搜神记》卷五《蒋山祠（二）》至《蒋山祠（五）》，第 35 ~ 37 页。

40. 《宋书》卷一七，第 488 页。同时参见 Stein 1979：79 ~ 80。

41. 关于伍子胥的传说和伍子胥崇拜的论述，参见 Johnson 1980。关于项羽崇拜的研究，参见 Miyakawa 1964：386 – 414。

42. 根据道教教义，在天师道于 2 世纪末创立之前，汉朝的宗教信仰被所谓的六天（鬼神之主）淫祀所支配。"六天故气"指令人厌恶、贪得无厌的妖魔，他们嗜好血腥、腐烂的祭品。在道教的语境中，六天指代邪魔之力，与之相对的是代表善神的三天。对这些道教术语源头的讨论，参见 Kobayashi Masayoshi 1990：498 - 503。

43. "五伤之鬼"极有可能是对蚩尤及其五兵的隐喻。蚩尤当然是蚩尤信仰的崇拜对象（见第一章，页边码第 39~41 页）。

44. 《陆先生道门科略》（道藏 1119），第 1 页上栏。英文翻译引自 Nickerson 1996：352。

45. 在本书中，"道教"一词所指的始终只有从 2 世纪的天师道中衍生的宗教传统。对于西方读者来说，"道教"几乎总让人联想到与东周时期的《道德经》和《庄子》有关的神秘主义哲学。这一通常被学者称为"玄学"的神秘主义传统在更晚的 3 世纪初期，也就是汉王朝覆灭之后才开始发展，它与我们本书的讨论无关。

46. 关于天师道以及道教早期历史的一般性综述，参见 Robinet 1997：53 - 77；对该话题更加具体化的研究，参见 Fukui 1952；Ōfuchi 1991；Kleeman 1998。关于《道德经》的可能作者老子的神化及其转化为救世主老君的过程的讨论，参见 Seidel 1969。

47. Cedzich 1993：27；Nickerson 2000.

48. 《三天内解经》（道藏 1196）上卷，第 6 页上栏。同时参见 Stein 1979：68 - 71。

49. Robinet 1997：60.

50. Cadzich 1993：32.

51. Maruyama 1986；Strickmann 1981：144 - 159；Nickerson 1994：52 - 55。一些道教领域的学者如劳格文（Lagerwey 1987）对授箓道士和巫做了严格的区分，用后者形容未经培训（通常也没有文化）的被灵体上身的灵媒。在本书中，我用巫一般性地指代在神灵与人类祈求者间起到居间协调作用的任何宗教职业者。

52. 对中国佛教早期历史的杰出研究，参见 Zürcher 1959。

53. Bokenkamp 1989.

54. 对上清派早期发展史的论述，参见 Strickmann 1977，1981；Robinet 1997：114 - 148。

280

55. Strickmann 1977：6 - 9；Robinet 1984，I：64.

56. Nickerson 1994：63 - 66.

57. Strickmann 1977：15 - 30；Robinet 1984，I：127 - 128.

58. Robinet 1984，I：59 - 70.

59. 关于灵宝派早期历史的论述，参见 Bokenkamp 1983；Robinet 1997：149 - 183。

60. 《度人经》全称《太上洞玄灵宝无量度人上品妙经》。关于其经文构成的讨论，参见 Bokenkamp 1983。对其的翻译，参见 Bokenkamp 1997：373 - 438。

61. Robinet 1997：164.

62. Zürcher 1980：102.

63. Kamitsuka 1996：44 - 50.

64. 对志怪文体历史性而非虚构性的讨论，参见 Campany 1996b：161 - 201。

65. Campany 1996b：343 - 362.

66. Campany 1991.

67. 对大分裂时期的故事的引用，参见 Campany 1996b：247。镇墓之像被赋予生命的情节在唐朝的鬼怪故事中也有出现，参见 Kobayashi Taiichiro 1947：192 - 193。在战国时期和汉朝十分典型的带角护墓兽像在大分裂时期已经被长着人脸的怪兽取代，从 6 世纪起则全部变为了人类武士像。

68. 对《太上洞渊神咒经》的讨论，参见 Mollier 1991；Strickmann 2002：89 - 97。这些具有神启性质的教派不同于大分裂时期三大主流道家经学传统（天师道、灵宝派、上清派），他们把对太平之日的渴求融入了对天国而非尘世奖励的寻求。一些佛教"异端"教派也出现了与此类似的倾向，相关讨论见 Zürcher 1981。

69. 对"种民"概念的介绍，参见 Kobayashi Masayoshi 1991：336 - 341；Bokenamp 1997：157。

70. Mollier 1991：47 - 52，72 - 77.

71. 《太上洞渊神咒经》（道藏 335）卷一，第 9 页上栏。

72. Shinohara 1977：232 - 234；Mollier 1991：104，114.

73. Shinohara 1977：235 - 236；Mollier 1991：37 - 38，75.

74. Stein 1979：59.

75. 关于中国观音信仰早期发展的论述，参见 Campany 1996a；Yü 2001。

第三章　山魈

1. Thomas 1971：606 - 614；Ivanits 1989：64 - 70.

2. Campany 1996b：122.

3. Ibid.，106.

4. 此处的螭魅罔两是两种精怪的统称。东汉经学家服虔（125 年~约 195 年）对螭魅的注解为"山林异气所生"之人面四足兽。参见《春秋左传正义》卷二〇，第 356 页上栏（文公十八年）。根据杜预（228~284 年）对此句的注解，螭指山神，魅指怪。这个时期的其他文字学家认为螭魅是"山林之神"，而罔两是川泽之神。参见江绍原（Kiang 1973：72 - 99）。或许如鲍则岳（William Boltz）提出的，罔两、罔象及对鬼怪的其他类似称呼（方良、方相、黂羊）都源自古汉语中读作"BLjiang-BZjang"的词。参见 William Boltz 1979：432 - 433。

5.《春秋左传正义》卷二一，第 368 页上栏 ~ 中栏（宣公三年）。关于此则及其他大禹神话的论述，参见 Birrell 1993：146 - 159。对大禹九鼎的进一步讨论，参见江绍原（Kiang）1973：130 - 147。

6. Schaberg 1999.

7. 此处的"中国"应理解为"中央之国"而不是现在的中国，它指向周王室宣誓效忠的那些政治实体。

8.《史记》卷七四，第 2344 页。

9. 这种编写原则在《国语》以及《尚书》的《禹贡篇》中体现得尤为明显。约成书于 2 世纪的《神异经》及 300 年前后的《十洲记》等作品也使用了这一原则。参见 Campany 1996b：43 - 45，53 - 54，102 - 126。

10. 尽管这类人面兽身怪物在中国的历史中早已存在，可以追溯至商周信仰中的传说与图像，但到汉朝它们的内涵已经发生了改变。不同于商朝帮助人类统治者通过卜筮和预言与神灵沟通的图腾，在后世，此类怪物通常被视为威胁人类生存的凶兽。对周朝文化中人类世界与动物世界间不断升级的对峙的讨论，参见 Loewe 1978。

281

11. Fracasso 1983：670 – 671；Nagahiro 1969：107 – 112. 根据长广敏雄（Nagahiro）的说法，《山海经》中描述了成百上千种生物，但其中只有四种是吉物。

12. Campany 1996b：293 – 294.

13. 《云笈七签》（道藏 1026）卷一〇〇纪传部纪一《轩辕本纪》，第 19 页上栏 ~ 下栏。这则传说最晚可追溯至 4 世纪早期，葛洪在当时写道，黄帝是完全掌握关于精怪的学问，将白泽的言语记了下来。参见王明撰《抱朴子内篇校释》极言卷一三，第 219 页。

14. 《白泽图》。根据一份唐朝的文献目录，该文本最早有 320 则条目。参见 Chen Pan 1991：280。索安（Anna Seidel 1987b：28 – 29）认为《白泽图》是汉朝晚期的纬书。

15. 《白泽精怪图》。该手稿有两份残卷被保留下来，一份存于大英博物馆（斯 6261 号），一份存于法国国家图书馆（伯 2682 号）。高国藩十分具有说服力地提出两份残卷原本属于同一份卷轴。关于《白泽精怪图》的研究，参见 Gao Guofan 1989：342 – 368；Rao Zongyi 1969；Chen Pan 1991：273 – 292。

16. 《白泽图》中多次提到这点。

17. 《诘咎篇》的英文全文翻译见 Harper 1996。对这篇文本的研究参见 Harper 1985；Liu Lexian 1993。

18. 祁泰履（Kleeman 1994c：231n35）发现，"精"最初指食物输送给人体的能量。合成词"精气"则指存在于实体中的无形生机。涉及精怪学问的精气与成形于汉代的中医顺势疗法中的精气，完全属于不同的概念。在医学领域，精气表示对某种特质的提纯，例如纯阳构成火之精气，纯阴则构成水之精气。参见 Unschuld 1985：110。

19. 干宝：《新校搜神记》卷一九《五酉》，第 148 页。具有怀疑思辨精神的东汉哲学家王充（27 年 ~ 约 100 年）的文字也说明了这种观点的普遍性："一曰：鬼者，老物精也。夫物之老者，其精为人；亦有未老，性能变化，象人之形。"参见刘盼遂撰《论衡集解》卷二二《订鬼第六十五》。

20. 干宝：《新校搜神记》卷六《妖怪》，第 41 页。

21. 干宝：《新校搜神记》卷一二《刀劳鬼》，第 93 页。

22. 干宝：《新校搜神记》卷一二《倏囊》，第 91 页。马国翰将此条收录进了《白泽图》。

23.《论语》述而第七，第 21 章："子不语怪、力、乱、神。"

24.《国语》卷五鲁语下，第 68～69 页。公元前 2 世纪的《淮南子》中有一段文字嘲笑了世人将陌生生物视为邪灵显形的做法，该段文字对异怪之物的分类与《国语》稍有不同："山出枭阳，水生罔象，木生毕方，井生坟羊，人怪之，闻见鲜而识物浅也。"参见刘文典撰《淮南鸿烈集解》卷一三《氾论训》，第 458 页。这段文字中提到的水井与坟羊的关联显然源自《国语》中这则关于孔子的逸事。（关于枭阳是什么的讨论，参见本书页边码第 90～91 页。）《庄子》至少确认了其中的一些说法，书中写道，管仲告诉齐桓公："水有罔象，丘有峷，山有夔，野有彷徨，泽有委蛇。"参见王叔岷撰《庄子校诠》外篇《达生第十九》，第 694 页。

25. 后世对这段文字的多数解读及《淮南子》等文献对其的转述都采用了"坟羊"的写法，这样做使孔子对于土中之羊的解释显得更加合理。

26.《春秋左传正义》卷四一，第 708 页中栏（昭公元年）。

27. Kleeman 1994c：226 – 231.

28. "血食之鬼"指需要用"血祭"（如肉类）安抚的灵物。人们相信"正神"只用素食类祭品，"血食"成了邪神和异端崇拜的隐喻。对"血食"及相关禁令的讨论，参见 Kleeman 1994b。

29. 王明撰《抱朴子内篇校释》金丹卷四，第 76 页。

30. 王明撰《抱朴子内篇校释》登涉卷一七，第 273～282 页。了解葛洪驱邪之法的更多细节，参见 Kleeman 1994c：230 – 231。

31. 王明撰《抱朴子内篇校释》遐览卷一九，第 308～309 页。

32. 对《五岳真形图》复杂的文本演变历史的研究，参见井上以智为（Inoue 1926）研究。井上以智为很有说服力地提出，保存在《道藏》之中的《洞玄灵宝五岳古本真形图》是《五岳真形图》现存最古老的版本。对自 4 世纪以来的题为《五岳真形图》的那些泰山上的碑文和图形，沙畹（Chavannes 1910：415 – 426）做了研究。但是正如井上以智为所示，这些图形与《洞玄灵宝五岳古本真形图》中的图形有很大差别，它们是五岳信仰发展到唐朝之后的产物。根据《洞玄灵宝五岳古本真形图》中据说由西汉奇士东方朔（活跃于公元前 130 年前后）所撰的伪序，黄帝亲自为众山岳画下了图形，然后为之命名"五岳真形图"并把它们传给了后人。参见《洞玄灵宝五岳古本真形图》，第 2 页上栏。在记述黄帝生平的《轩辕本纪》（《云笈七签》卷一〇〇纪传部纪一，第 22 页下栏）中也有相似的陈述。

33. 王明撰《抱朴子内篇校释》遐览卷一九，第 309 页。在另一处，葛洪提到了"三皇内文召天神地祇之法"。参见王明撰《抱朴子内篇校释》金丹卷四，第 61 页。井上以智为（Inoue 1926：80 - 81）推测，《三皇文》和《五岳真形图》最初属于同一文本，后者是对前者的图注。对《五岳真形图》最权威的研究，参见 Ōfuchi 1964。

34. 王明撰《抱朴子内篇校释》登涉卷一七，第 282 页。

35. 王明撰《抱朴子内篇校释》遐览卷一九，第 306 页。

36. 参见 Gao Guofan 1989：361 - 366。有种观点认为敦煌手稿（《白泽精怪图》）的文本与葛洪搜集经文中的《白泽图》可能相同，高国藩对此进行了批判。他的观点是敦煌手稿中的内容源自葛洪的《抱朴子》及其他类似文献中的古老精怪传说。高国藩（1989：354 - 361）还发现《白泽精怪图》对吞噬噩梦的妖怪伯奇的描述与出土于睡虎地的公元前 3 世纪文本《诘咎篇》相同。这些辟邪用文本间显然存在连续性的传承，尽管我们现在还不清楚它们的具体谱系关系。

37. 王明撰《抱朴子内篇校释》登涉卷一七，第 277 页。与葛洪的描述略有不同的文字参见李昉等编《太平御览》卷八八六，第 8 页上栏 ~ 下栏。

38. 《白泽图》，转引自李昉等编《太平御览》卷八八六，第 7 页下栏。

39. 《山海经校注》山经柬释卷五《中山经》，第 156 ~ 157 页；海经新释卷九《大荒东经》，第 261 页；Mathieu 1983，I：322 ~ 323，546。

40. 对夔的神话最为全面的综述参见 Granet 1926，1：310 - 312；2：505 - 515。同时参见白安妮（Birrell 1993：134 - 135）书中的短小条目。

41. 《国语》卷五鲁语下，第 69 页。

42. 《山海经校注》山经柬释卷三《北山经》，第 77 页。狟和夔在发音上的同一性或许说明了它们属于同源字。

43. 参见本章注 24 中的相关文字。

44. 《山海经校注》海经新释卷五《海内南经》，第 270 页。此外，高诱（约168~212年）在为《淮南子》加注时对枭阳做了几乎完全相同的描述（他明确将枭阳定性成一种山精）；在《山海经》较晚的篇章中，同样的文字又被用来形容据说生在中国南部的"赣巨人"（几乎可以肯定的是，"赣"指中南地区的赣江河谷）。参见刘文典撰《淮南鸿烈集解》卷一三《氾论训》，第458页；《山海经校注》海经新释卷一三《海内经》，第455页。

45. 《逸周书》卷七《王会解第五十九》。

46. 《尔雅》释兽一八，第30页下栏。王逸（活跃于约125~144年）在《庄子》中的注解也认为枭阳就是狒狒，且补充道他是"山精"。汉朝辞书《说文解字》关于阔阔（音同"狒狒"）的解释也使用了类似的描述。参见许慎《说文解字诂林》第十册，第6951页上栏。离现在较近的古代文献（如明代著名药典《本草纲目》）则将狒狒视为一种猿类动物。《山海经》写到在西部的瑜次之山上有一种形似猿猴的嚣，以及一种名为橐蜚的人面枭身单足之鸟。参见《山海经校注》山经柬释卷三《西山经》第26~27页；Mathieu 1983，I：53-54。

47. 段成式：《酉阳杂俎》卷一六，第161页；对于这段文字的翻译见Schafer 1967：232。段成式称，根据古老的传说，狒狒拥有反踵，而猎人却认为狒狒没有脚踵。

48. 参见《白泽图》，第4页上栏（独足）；王明撰《抱朴子内篇校释》登涉卷一七，第277页（独足与反足）。

49. 参见《山海经校注》海经新释卷五《海内南经》，第270页（枭阳国）；海经新释卷五《海外北经》，第232页（柔利国）；海经新释卷一三《海内经》，第455页（赣巨人）。提及独足的其他例子，参见《山海经校注》山经柬释卷二《西山经》，第61页。

50. 参见韦昭对《国语》的注释，《国语》卷五鲁语下，第69页；《玄中记》，转引自李昉等编《太平御览》卷八八六，第6页；《永嘉郡记》，转引自李昉等编《太平御览》卷九四二，第6页。

51. 见公元前4世纪的古希腊作家克特西亚斯（Ctesias）与麦加斯梯尼（Megasthenes）的描述，他们的原著只有部分篇幅得以留存至今，被收录在了普林尼（Pliny）的《博物志》（*Natural History*）、索林诺斯（Solinus）的《奇妙事物大全》（*Collectanea rerum memorabilium*）等罗马帝国晚期著作中。对这些文字的拉丁语文本和可能的印度原始资料的讨论，参见 André and Filliozat 1986：80 - 81，152 - 155，355n121。对印度传说中的"ekapada"的讨论，参见 André and Filliozat 1986：355 - 356n121。

52. 王明撰《抱朴子内篇校释》登涉卷一七，第 280 页。

53.《尔雅》释兽一八，第 30 页下栏。

54.《南康记》，转引自李昉等编《太平御览》卷八八四，第 6 页下栏～7 页上栏；任昉：《述异记》，转引自李昉等编《太平御览》卷八八四，第 7 页上栏；干宝：《新校搜神记》卷一二《山都》，第 94 页；《异物志》，转引自叶廷珪《海录碎事》卷二二上，第 24 页上栏。

55. 祖冲之：《述异记》，转引自李昉等编《太平广记》卷三二四，第 2569～2570 页。

56.《南康记》，转引自李昉等编《太平御览》卷八八四，第 6 下栏～7 页上栏。

57. 张华：《博物志》卷三《异鸟》，第 2 页下栏～3 页上栏；《南康记》，转引自李昉等编《太平御览》卷八八四，第 6 页下栏～7 页上栏；干宝：《新校搜神记》卷一二《越地冶鸟》，第 94 页。

58.《湘州记》，转引自李昉等编《太平广记》卷四八二，第 3974 页；《南康记》，转引自李昉等编《太平御览》卷八八四，第 6 页下栏～7 页上栏。

59. 唐朝之时，与无法用语言进行沟通的异国之人做的无声交易被称为"鬼市"。参见 Yoshida 1981：31 - 36；Sōda 1997：11 - 52。"鬼市"的说法也影射异国商人的言语令人难以理解。在一位唐代文人的笔下，鬼市是都城长安的集市之一，无论天气多么糟糕，商人们刺耳的喧哗之声总是从早到晚吵闹不止。他还写道："秋冬夜多闻卖干柴，云是枯柴精也。"《辇下岁时记》，转引自 Yoshida 1981：34。

60. 顾野王：《舆地志》，转引自李昉等编《太平御览》卷四八，第 8 页上栏。

61. 然而这种区别十分模糊。薛爱华（Schafer）引用了一位唐代文士的话，该文士声称自己曾目睹南方之地的猿猴在同伴受伤或死亡之时，现出了悲伤之情，这个例子显示即使"形为鸟兽也可能拥有人类之心"。转引自 Schafer 1967：233。

62.《莫猺歌》，英文翻译引自 Schafer 1967：51。含沙是南方的一种爬虫类怪物，它将口中的沙粒射向人的影子，被射中的人会因此被致命毒物感染。

63. Schafer 1967：57.

64. 周次吉：《神异经研究》，第 49 页。

65. 《国语》卷五鲁语下，第 69 页。

66. 祖冲之：《述异记》，转引自李昉等编《太平广记》卷三二三，第 2560 页。几乎完全相同的文字还出现在了同本文选的其他地方（李昉等编《太平广记》卷三五九，第 2855～2856 页），但其给出的资料来源为《搜神记》，然而在现存版本的《搜神记》中并没有出现这段文字。

67. 《永嘉郡记》，转引自李昉等编《太平御览》卷九四二，第 6 页下栏。

68. 对中国南方猿猴类动物及其在唐代文学作品中的形象的讨论，参见 Schafer 1967：231–233。

69. 段成式：《酉阳杂俎》卷一五，第 144 页。

70. 《会昌解颐录》，转引自李昉等编《太平广记》卷三六一，第 2870～2871 页；薛用弱：《集异记》，第 16 页下栏～17 页上栏；洪迈：《夷坚志》支甲卷三《段祥酒楼》，第 734～735 页。

71. 洪迈：《夷坚志》甲志卷一四《漳民娶山鬼》，第 119 页。

72. 《广韵校本》卷一，第 149 页。10 世纪的一套地理志同样认为山魈是汀州和邻近区域的特产。参见乐史《太平寰宇记》卷一〇〇，第 11 页上栏；卷一〇二，第 6 页上栏。

73. 《记闻》，转引自王象之《舆地纪胜》卷一三二，第 1 页下栏。这则故事没有出现在《太平广记》收录的《记闻》内容中。唐宋时期许多与山魈有关的故事都发生在汀州。参见《会昌解颐录》，转引自李昉等编《太平广记》卷三六一，第 2870～2871 页；以及注 76 中引用的《夷坚志》的内容。

74. 王象之：《舆地纪胜》卷三二，第 7 页上栏、9 页上栏、31 页下栏。

75. 《临汀志》，转引自《永乐大典》卷七八九三，第 15 页下栏。也可参见黄忠昭《八闽通志》卷三八，第 810 页。一则 9 世纪的逸闻讲述了另一位在汀州为官的唐朝官员的故事。这位官员拒绝杀牛祭祀山神，于是山神兴起了一场疫病，最终这位官员及其家人二十口都因此而亡。参见《记闻》，转引自乐史《太平寰宇记》卷一〇二，第9页上栏。

76.《夷坚志》中三次提到了汀州的七姑崇拜。参见洪迈《夷坚志》乙志卷七《汀州山魈》，第 240~241 页；支甲卷六《七姑子》，第 761 页；支景卷八《汀州通判》，第 945~946 页。

77. 周密：《癸辛杂识》前集《闽鄞二庙》，第 19 页。

78. 戴孚：《广异记》，转引自李昉等编《太平广记》卷四二八，第 3480~3481 页。宋朝的著书者把戴孚的描述当作关于山魈及其特征的权威之言。吴曾：《能改斋漫录》卷七，第 172 页；叶廷珪：《海录碎事》卷二二上，第 26 页上栏；朱胜非：《绀珠集》卷七，第 35 页上栏。杜德桥（Dudbridge 1995）对戴孚的《广异记》进行了十分细致的研究。

79. 闯入南方的中原移民对土著民的怪异相貌做了讽刺性的描绘，相关研究参见 Schafer 1967：48 – 61；von Glahn 1987：11 – 16。

80. 托马斯·巴菲尔德（Thomas Barfield 1989：8 – 16）指出，这两种角色都是草原游牧文明与华夏农耕文明的关系中不可分割的部分。汉人为草原游牧社会的物质基础提供了基本的补充，为从汉人手中获取贸易方面的特权和赔款，草原游牧民族采取了强迫与勒索并行的方针。

第四章　疫鬼与瘟神

1. Unschuld 1985：17 – 28；Harper 1982：69 – 70.

2.《春秋左传正义》卷二六，第 451 页上栏~中栏（成公十年）。这个故事的英文翻译见 Watson 1989：120 – 121。

3. Kiang 1937：55.

4. 对蛊有哪些含义的讨论，参见 Kobayashi Taiichiro 1947：176 – 178；Bodde 1975：100 – 101；Unschuld 1985：46 – 50；Harper 1998：74 – 75，300 – 302。

5.《春秋左传正义》卷四一，第 708 页上栏 ~710 页上栏（昭公元年）。

6. Loewe 1970, esp. 190 – 196. 关于汉朝宫廷命妇使用巫术的指控，相关讨论见同一著作的第 3~4 页。

7. 例如一份公元前 2 世纪的医学文献认为麻风病之所以发生，是因为一种会钻孔的虫子吃掉了作为其宿主的人的血肉。参见 Harper 1998：75，249 – 250。同时参见本书页边码第 115 页关于三尸的讨论。

8. Harper 1998：148 - 183；Unschuld 1985：35 - 45. 对驱邪疗法中使用咒语的讨论，参见 Sawada 1984；Strickmann 2002。

9. 这些观点并不是汉朝才出现的全新观点，它们也出现在了前文提到的《左传》关于医和的描述中。医和告诫晋平公要节制各种欲望，避免各种过量行为（也就是要避免"淫"），包括过量进食饮酒、过分暴露于阴阳风雨晦明六气、过分沉溺宴乐女色。参见《春秋左传正义》卷四一，第 708 页上栏 ~ 709 页中栏（昭公元年）。这段文字带有很浓重的阴阳五行宇宙观色彩，说明它体现的是公元前 4 世纪《左传》成书时的流行观念，而非医和与晋平公的对话发生时的流行观念。

10. 对马王堆医学文本的研究和翻译，参见 Harper 1998。

11. Porkert 1974：140 - 146.

12. Unschuld 1985：17 - 28；另见 Schipper 1978。

13. 王明撰《抱朴子内篇校释》地真卷一八，第 299 页。英文翻译参见 Sivin 1987：58 - 59。

14. 作为医学文本集合的《黄帝八十一难经》（成书于约 2 世纪）反映了气医已经发展成熟，对于此的讨论参见 Unschuld 1985：84 - 85。

15. Hou 1979：205 - 209.

16. 参见刘盼遂撰《论衡集解》卷二三《谰时第六十九》，第 473 页；卷二四《难岁第七十三》，第 492 ~ 498 页。

17. Unschuld 1985：68 - 69.

18. 刘文典撰《淮南鸿烈集解》卷一七《说林训》，第 567 页。

19. 长江的上游河道，是传说中的颛顼故乡。

20. 参见刘盼遂撰《论衡集解》卷二二《订鬼第六十五》，第 450 页；卷二五《解除第七十五》，第 505 页；蔡邕：《独断》卷上，第 14 页下栏。王充称自己在论述疫鬼时引用的文字来自一本题为"礼"的文献，但这段文字出现在了汉朝纬书《礼纬》而不是儒家经典《礼记》中。参见李昉等编《太平御览》卷五三〇，第 6 页上栏。对疾病起源的类似描述还可参见干宝《新校搜神记》卷一六《疫鬼》，第 116 页。

21. 蔡邕：《独断》卷上，第 14 页下栏。

22. 为方便区分，之后我会把宫廷仪式称为"大傩"，把民间仪式称为"傩"。

23. 参见张衡《东京赋》，载《文选》卷三，第 123 页。在大傩中

287

被消灭的疫鬼还有夔和罔象，从前文的讨论中我们已经得知它们属于山魈一类。动词"食"通常既被用来描述鬼怪的侵袭，又被用来指代歼灭这些鬼怪的方法。经学家马融（79～166年）也在其词赋中记叙了汉代宫廷的大傩，他叫出了包括罔两、游光（见页边码106～108页的讨论）、坟羊在内的五种疫鬼的名字。参见《后汉书》卷六〇上，第1964页。

24. 对大傩的深入研究，参见 Bodde 1975：75-138；Kobayashi Taiichiro 1947：117-182；Granet 1926，1：298-337。

25. 《周礼注疏》卷三一，1，第851页上栏～中栏。有一种看法是方相披的是虎皮，参见薛综对张衡《东京赋》的注解，载《文选》卷三，第123页。

26. William Boltz 1979：431.

27. Namely Ode 209，转引自 Falkenhausen 1993：148-152；刘文典撰《淮南鸿烈集解》卷二〇《泰族训》，第678页。

28. 葛兰言（Granet 1926）及小林太市郎（Kobayashi Taiichiro 1947）主张，应将大傩主要理解为一种驱逐瘟疫的驱邪仪式。卜德（Bodde 1975：112-117）列举了大傩消除的各类鬼怪，以作为反驳他们观点的证据。但几乎所有提及大傩的汉朝文献都特地提到了它与逐疫的关联。参见《后汉书》卷九五，第3127页；李昉等编《太平御览》卷五三〇，第5页上栏～7页下栏。

29. 刘盼遂：《论衡集解》卷二五《解除第七十五》，第505页；蔡邕：《独断》卷上，第14页下栏。

30. 《龙鱼河图》，转引自 Chen Pan 1991：414。

31. Éliasberg 1984. 关于钟馗的介绍，见页边码第122～128页。

32. 这个名字可以写作"野仲"、"野重"或"野童"。从语义学角度讲，"野童"似乎是其中最为合理的写法。

33. 参见张衡《东京赋》，载《文选》卷三，第124页。

34. 《白泽精怪图》，载《敦煌宝藏》第123册，第287页。一部5世纪的词典将游光定义为"火精"，但4世纪的干宝在写作《搜神记》时，在引用某位不可考证的"王子"之言的基础上把游光定义为"木精"。参见《广雅疏证》卷九上，第1077～1078页；干宝：《新校搜神记》卷一二《贲羊》，第91页。5世纪起，游光鬼也出现在了载于佛教驱邪典籍记载的妖魔鬼怪的名录中。尽管这些名单只列出了鬼怪的名字而没有提及他们的天性或特征，但它们总是将游光与荧惑归为一类。荧惑指火星不吉的一个方面，也是一种火精。参见《佛说摩尼罗亶经》（大藏经1393）卷二一，第910页；《佛说灌顶摩尼罗亶大神咒经》（大藏经1331）卷二一，第520页。

35.《大智度论》（大藏经1509）卷二五，第165页。《五十二病方》中记载了一种驱邪之方：为捕捉并带走疫鬼，巫医造一辆微型板车（其车轮是彩色的葫芦，底盘是簸箕），由一头黑猪拉着从病人家中经过。参见 Harper 1998：302（Recipe 277）。

36.《礼记正义》卷一六，第1370页上栏 ~ 中栏。

37. 应劭：《风俗通义校释》佚文，第414页。相关文字的翻译和对应劭这本著作的讨论，参见 Bodde 1975：302 – 308。

38. Moriya 1949：382.

39. Harper 1982：104 – 106；Harper 1998：259 – 262（Recipes 118，120，125）.

40. Berger 1983：41 – 43.

41. Lewis 1990：174 – 195.

42. 尽管将这块画像石上的内容认定为对大傩场面的描绘是一种十分具有争议性的做法，但这仍是可信度最高的假说。最先将这个场景与大傩联系在一起的是小林太市郎（Kobayashi Taiichiro 1947：119），然后是孙作云。参见卜德（Bodde 1975：117 – 127）的相关讨论。在卜德看来，这个论点具有一定可信度，但并非完全令人信服。近期林巳奈夫（Hayashi Miano）对这一假说提出了质疑，他认为它表现的是黄帝驱逐三苗（三苗在远古时期滥用刑罚和暴力，使民众饱受折磨）的场面。在林巳奈夫眼中，画中的主角不是蚩尤，而是天帝使者。参见 Hayashi 1989：169 – 170。但考虑到在汉朝时蚩尤和天帝使者职责相似，这个区别可能无关紧要。

43. Bodde 1975：12 – 123；Berger 1983：50.

44. 这些镇魔之神被称为"喷者"，在《五十二病方》记载的许多驱魔咒语中，他们都是人们寻求帮助的对象。参见 Harper 1998：164 – 165。另外，有个病要求巫祝首先念出如下咒文："啻（帝）右（有）五兵，玺（尔）亡。不亡，洿刀为装。"然后他需要向病人发生病变的身体部位吐七次唾沫（如果病人是女子，则吐十四次），以此将鬼邪驱逐出体。此处的"五兵"指像蚩尤五兵一样具有辟邪功效的法器。参见Harper 1998，294（Recipe 234）。在《五十二病方》为蛊病开出的五个病方中，有两个建议使用女子的癸水；还有一个病方建议烧掉符箓，将其浸入水中，再让病人服下符水。参见 Ibid.，300 - 302。将符箓焚烧再将其浸入水中后来成了太平道治愈仪式中的核心内容（见后文）。"唾"也是后世的道教治愈仪式的一个环节，相关论述参见 Strickmann 2002：29 - 31；106 - 107。

45. Miyashita 1959：229.

46. 刚卯一般成对佩戴，人们先用丝带穿过贯穿整个刚卯的竖孔，然后再将其挂于腰间。戒奢法令规定了制作刚卯应该使用的材料，但几乎所有现存的刚卯都由玉石制成。刚卯上雕刻的文字（如图15中的刚卯）与汉书中记载的礼文几乎完全一致。参见《汉书》卷九〇下，第4109 ~ 4110 页；《后汉书》志第三十，第3673 页。近期从汉墓中出土的样本参见亳县博物馆 1974：190。

47. 《洞玄灵宝五岳古本真形图》（道藏 441），第1页上栏。

48. 参见 Liu Lexian 1993；Harper 1996。

49. 在汉朝的传说中，神荼和郁垒是用魔绳把恶鬼捆绑起来喂养老虎（老虎因此和吞食妖魔的过程有了关联）的强大神祇。例如参见刘盼遂撰《论衡集解》卷二二《订鬼第六十五》，第452 页。对这两位神灵的镇宅神角色的论述，参见 Bodde 1974：127 - 138；Fong 1989。

50. 刘盼遂撰《论衡集解》卷二二《订鬼第六十五》，第448 页。与山魈等鬼怪相关的类似论述，参见刘文典撰《淮南鸿烈集解》卷一三《氾论训》，第458 ~ 459 页；英文翻译见 Larre et al. 1993：190。

51. 转引自李昉等编《太平御览》卷五三〇，第10 页下栏。参见王叔岷撰《庄子校诠》，第1388 页。

52. 具有讽刺意味的是，这里王充使用的通称"蛊"也可具体指代某种邪灵。据《山海经》记载，蛊牛形蛇尾，"行水则竭，行草则死，见则天下大疫"。参见《山海经校注》山经东释卷四《东山经》，第116 页。

53. 刘盼遂撰《论衡集解》卷二四《辨祟第七十二》，第488 ~ 489 页。

54. 刘盼遂撰《论衡集解》卷二三《言毒第六十六》，第457 ~ 458 页。

55. 刘盼遂撰《论衡集解》卷二五《解除第七十五》，第 505 页。

56. 王充在提及"灾异"时提出"天神谴告人君"。参见刘盼遂撰《论衡集解》卷一四《谴告第四十二》，第 295 页。

57. Ōfuchi 1991：87 – 93；125 – 129. 虽然在两个道派中，忏罪谢愆都是一种基本宗教实践，但太平道人在治疗病人时借助符咒和符水，而天师道人并没有使用它们。参见 Fukui 1952：88。

58. Kaltenmark 1979：45. 现存的《太平经》源于约 6 世纪。它与曾在早期道派中流通但现已佚失的《太平经》关系为何，这在学界中是一个具有一定争议性的问题（见 Kaltenmark 1979：45 及其附加讨论）。尽管如此，最近一项研究总结道，"支持现存《太平经》创作于汉朝的观点压过了反对的声音"。参见 Beck 1980：171。然而我们无法确定现存文本是否真的就是汉朝天师道使用的文本，尽管很多证据都可证明它们所基于的是同一套宗教救世信仰。

59. 王明撰《抱朴子内篇校释》微旨卷六，第 114 页。

60. 在葛洪笔下，灶君（即灶神）也是一位看守之神，他在每月的最后一天向天庭汇报一个家庭所有成员的功过得失。但在汉代秘闻中，灶君是会为家庭带来疾病和死亡的凶灵。参见 Chard 1995：5 – 6。这是一个恶鬼在道德秩序力量约束下成为庞大天官体系中的一个小神的又一个事例。

61. 除了鬼主，该文献还列出属于不同月份、日期、时辰的瘟鬼，以及在听从鬼主号令使违反教规者患上疾病的九蛊之鬼。参见《女青鬼律》（道藏 789）卷六，第 2 页上栏 ~ 5 页下栏。

62. 对《女青鬼律》中治愈疾病的驱邪仪式的讨论，参见 Strickmann 2002：80 – 87。

290

63. 陶弘景：《登真隐诀》卷下，第 11 页上栏、20 页下栏 ~ 21 页上栏。

64. 干宝：《新校搜神记》卷五《赵公明佐参》，第 38 页。

65. 陶弘景：《真诰》卷一〇《协昌期第二》，第 18 页上栏 ~ 下栏。

66. Kobayashi Masayoshi 1991：389 – 400.

67.《历世真仙体道通鉴》（道藏 296）卷一八，第 8 页下栏 ~ 12 页下栏。虽然这是一份深受宋元时期道教发展影响的后期文献，但它记载的张道陵生平的详尽程度远远超过了早期的文献，可能结合了大量历史悠久的记录张道陵丰功伟绩的传说。

68.《太上洞渊神咒经》（道藏 335）卷七，第 6 页下栏。

69.《太上洞渊神咒经》（道藏 335）卷一一，第 9 页下栏。

70.《新编连相搜神广记》后集，第 128、125 页。

71. 庄绰：《鸡肋编》卷上，第 16 页上栏。12 世纪的长沙（湖南）和 13 世纪的赣江河谷（江西）也被证实有舟船逐疫的实践。参见洪迈《夷坚志》三补，第 1808 ~ 1809 页；黄震：《黄氏日抄》卷七九，第 21 页下栏 ~22 页下栏。

72. 请分别参见 Katz 1995；Szonyi 1997；Schipper 1985a。后文（页边码第 128 ~ 129 页）中也有对温琼的讨论。

73. Li Fengmao 1993：448 – 450.

74. 对宋朝道教斋醮科仪新传统的起源和发展的讨论，参见 Strickmann 1978；Judith Boltz 1978：23 – 49；Davis 21：21 – 44。

75. Davis 201：41 – 42.

76. 对北帝信仰的讨论，参见 Mollier 1997。

77. 对宋朝雷法传统中治病科仪的讨论，参见 Davis 2001。关于四圣的论述，参见 Davis 2001：67 – 86。天蓬起初是与北帝有关的驱邪神咒，但最晚从 10 世纪起，这个词就成了一位具有驱魔法力的天神之名。参见 Liu Zhiwan 1987；Mollier 1997。

78. 参见《太乙捷疾使者大法》，载《道法会元》（道藏 1210）卷九六。张元伯、刘元达，以及其他一些人（但不包括赵公明）在《太上三五傍救醮五帝断殟仪》（道藏 808，第 1 页上栏）中同样被认定为效力于五帝的瘟神。

79. 例如可见可追溯至宋元之时的《太上洞渊辞瘟神咒妙经》。参见 Li Fengmao 1993：448 – 459。

80. 用法扇驱赶疫鬼是明朝民间文学中的常见意象。参见 Katz 1995：57 – 59。

81.《梓潼帝君化书》（道藏 170）卷一，第 8 页下栏。可比较阅读此处的英文翻译和祁泰履（Kleeman 1994a：108 – 109）的翻译。祁泰履推测，第三位五瘟使者被形容为"貌若人者"可能是一个错误，他提出应将此处的"人"改为"犬"。但根据其他描述五瘟使者的文字，我们可以确定他们五人之一确实长着人脸，或者至少长着类人的妖魔之脸。

82. 《正一龙虎玄坛大法》，《道法会元》（道藏 1210）卷二三六，第 4 页上栏 ~ 下栏。

83. 该画卷是保存于保宁寺的一大套水陆画中的一幅。保宁寺位于山西省北部的右玉县城内，建于 1460 年。保宁寺画卷可能也在这个时间点或稍晚的时候诞生。参见山西省博物馆 1985：57。对水陆法会的讨论，参见本书第五章页边码第 145 ~ 146 页。

84. 对钟馗起源及宗教意义的相关零散证据的回顾，参见 Éliasberg 1976：6 – 42。

291

85. 《太上洞渊神咒经》（道藏 335）卷七，第 12 页上栏。

86. 孟元老：《东京梦华录》卷七，第 43 页。英文翻译见 Idema and Wet 1982：41 – 42。

87. 孟元老：《东京梦华录》卷一〇，第 61 ~ 62 页；吴自牧：《梦粱录》卷六，第 181 页。

88. 孟元老：《东京梦华录》卷一〇，第 61 页；吴自牧：《梦粱录》卷六，第 181 页；陈元靓：《岁时广记》卷四〇，第 435 ~ 437 页。

89. Éliasberg 1976：33 – 34.

90. 《野人闲话》，转引自陈元靓《岁时广记》卷四〇，第 436 页。

91. 对文人画中钟馗主题的讨论，参见 Fong 1977；Little 1985；Lee 1993。

92. 后世石刻、木刻版画和水墨画中的鬼神形象延续了吴道子的绘画风格，与此相关的论述参见 Fong 1989。艺术史学者们显然还没有注意到《新编连相搜神广记》中描绘的钟馗形象。

93. 以下关于温琼信仰的简介文字以康豹（Katz 1995）的研究为基础。温琼崇拜的历史到底有多长，我们不得而知。已知最早的供奉温琼的祠庙位于相较温州州府更加内陆的平阳县，它建于 1210 年。1264 年，南宋都城临安专门为温琼修建了温元帅庙，但直到 14 世纪 20 年代，温州才有了第一间温琼的庙宇。但是在其拥有独立的祠庙之前，温琼信仰似乎已经发展得颇具规模了。

94. Katz 1995：104 – 106.

95. Ibid., 106 – 114.

96. 参酌比较 Levi 1989：207。

第五章　中国宗教文化在宋的转型

1. Hartwell 1982；Hymes 1986.

2. 由于自宋朝起，五通神信仰便在江南地区或者普遍意义上的南方地区发展，本章将主要关注其在江南的情况。

3. 伊懋可（Elvin 1973）的论述比多数著作都更为详细地展现了宋朝时期经济变化的"革命性"维度。斯波义信（Shiba）1968 年的著作是至今无人超越的对宋朝经济革新的最好研究。关于宋朝在 13 世纪和 14 世纪的世界经济中的关键地位，参见 Abu-Lughod 1989。

4. 方回：《续古今考》卷一八，第 14 页上栏 ~ 下栏。

5. 《咸淳临安志》卷七五，第 1 页上栏。

6. 寺庙建筑对于宋朝时期的城镇发展十分重要，相关论述参见 von Glahn 2003b。

7. Hasen 1990.

8. Johnson 1985：418 – 424.

9. Dudbridge 1995. 留存至今的《广异记》并不完整，但约有 328 个故事在宋朝初期的《太平广记》和其他文献中得到了保留。

292

10. Dudbridge 1995：49.

11. Ibid.，59.

12. Mollier 1997：336 – 340；Strickmann 2002：12 – 14.

13. Teiser 1994. 关于唐朝之时十殿阎王神话的论述，参见 Mollier 1997：341 – 345。

14. Yūsa 1989：35.《太上救苦天尊说消愆灭罪经》就是道教经文用太乙救苦天尊替换地藏菩萨的一个例子。

15. 对变相这种艺术形式的讨论，参见 Mair 1986；Wu Hung：1992。

16. 对宝顶山石窟的集中性研究，参见 Howard 2001。如需更多图像，请参见重庆大足石刻艺术博物馆 1991 年的著作。刘长久 1985 年编写的文集收录了石刻中的题字。关于宝顶山石窟中的阴曹地府表现形式的研究，参见 Kucera 1995。

17. Teiser 1994：44 – 48.

18. 杜光庭：《道教灵验记》（道藏 590）卷五，第 1 页上栏 ~ 3 页上栏；英文翻译见 Verellen 1992：240 – 242。对《道教灵验记》中记载的救苦天尊显灵故事的分析，参见 Yūsa 1989：20 - 23。对"灵验记"这一体裁尤其是杜光庭著作的讨论，参见 Verellen 1992。傅飞岚（Verellen）提出这类体裁的道教典籍在很大程度上借鉴了佛教典故，且它们同时体现了各种思想的碰撞以及教派间的对立。同时参见康儒博（Campany 1996a）的文章，它关注的观音显灵的故事是杜光庭《道教灵验记》和其他灵验记中观音故事的模板。

19. Makita 1957；Yoshioka 1957.

20. Ebrey 1993：231.

21. Chikusa 1982：111 - 143；Miyamoto 1992.

22. 参见方回《桐江续集》卷三六《善应庵记》，第 10 页下栏 ~ 12 页下栏。佛教和道教仪都被吸收入了坟墓前进行的祖先崇拜相关实践中，相关论述参见 Matsumoto 1983；Ebrey 1991；Miyamoto 1992。

23. Rawson 1996. 对汉朝至唐朝的坟墓修建和墓葬装饰的研究，参见 Fong 1991a；Yang Hong 1999。3 世纪掀起了一阵薄葬之风。尽管坟墓建筑仍然模仿了真实世界中的居住环境，但汉朝之时拥有多间墓室的坟墓已经被单室拱形墓取代。然而到 5 ~ 6 世纪，倡导繁复的墓葬结构与装饰的风潮又卷土重来。

24. Rawson 1996：37.

25. Liao Xianhui 2001：193 - 207. 但廖咸惠提出，尽管在普通百姓心中，被地府授予职务是莫大荣誉，宋朝的官员们却为此感到惊慌忧虑。

26. 库恩（Kuhn 1994：102）发现，南宋时期最常见的简易土坑墓"不再是缩小版的房屋住宅"。库恩认为，这种背离北宋风格的变化之所以发生，是因为儒家倡导的简朴谦逊的墓葬方式具有了越来越大的影响力。

27. Brokaw 1991：28 - 52. 用簿册计算善恶得失的做法自 4 世纪或更早之前起，已经成为一种重要的道教实践，或者说至少对于已经入教的人而言情况是这样的。参见 Kohn 1998。

28. Dudbridge 1995：54 - 55.

29. Hou 1975.

30. 这类叙事的出现可追溯至公元前 3 世纪中叶。参见夏德安（Harper）1994 年的著述及本书第二章页边码第 52 页的讨论。

293

31. 洪迈：《夷坚志》丙志卷一〇《黄法师醮》，第 448 ~ 451 页。

32. 尽管这则故事只涉及道教的祭奠活动，但即使用类似的佛教元素替换其中提到的道教的法师、祭仪和学说，故事的发展也不会受到影响。

33. 本段文字提到的道教经文题为《九天生神章》，它或许指明代《道藏》中的《洞玄灵宝自然九天生神玉章经》。

34. Teiser 1988. 敦煌遗书中目连变文的英文翻译版，参见 Mair 1983。

35. 参见姜士彬（Johnson 1989）论文集中收录的文章。

36. 对杭州在 11 世纪成为天台宗中心的过程以及它与明州间竞争关系的讨论，参见 Satō 1988。与杭州的精英阶层对天台宗的捐助有关的讨论，参见 Huang Chi-chiang 1999。

37. Getz 1999.

38. Stevenson 1999.

39. Makita 1957：177. 洪迈在《夷坚志》中收录的故事可证明这种强调的存在。

40. 对施食仪式的论述，参见 Yoshioka 1957；Orzech 1996。

41. Makita 1957：177. 11 世纪的知名诗人、画家苏轼描述了水陆法会中神佛画像的陈列方式，参见苏轼《苏东坡全集（后集）》卷一九《水陆法像赞》，第 659 ~ 661 页。

42. 水陆法会画像的现存例子包括：（1）一套由百幅画卷组成的《五百罗汉图》，创作于 1178 年到 12 世纪 90 年代，最初为宁波的一间寺庙绘制，现散存于京都大德寺、波士顿艺术博物馆、弗利尔美术馆（Ide 2001）；（2）毗庐寺壁画（今河北省石家庄市近郊），从 1342 年开始绘制，然而在之后的两个世纪中经历了数次变更（陈耀林 1982；中国美术全集编辑委员会 1988b，图 159 ~ 172）；（3）藏于吉美博物馆的一套由 37 幅画卷构成的水陆画，创作于 1454 年（Gyss-Vermande 1988，1991）；（4）保宁寺保存的约 1460 年的水陆画，共含 136 幅画卷（山西省博物馆 1985；本书图 16）。

43. Getz 1999.

44. 关于宋朝俗众的佛教结社，现有文献十分丰富。参见 Ogasawara 1963；Overmyer 1976；Chikusa 1982；ter Haar 1991。

45. 论述白莲社在宋朝末年和元朝的发展的研究，参见 ter Haar 1991：16 - 113。

46. 相关例子参见 Campany 1996a。

47. Stein 1986.

48. 在洪迈的《夷坚志》中，共有 49 则涉及念咒的传说，其中 11 　294
则使用的是《大悲观世音菩萨咒》；共有 12 个故事涉及在驱邪治病时念
诵神灵之名的做法，其中 7 个与观音菩萨有关。参见 ter Haar 1991：19。

49. Howard 1990：56.

50. Yü Chün-fang 2001：263 - 291.

51. Stevenson 1999. 洪迈称元净"特善咒水，疾病者饮之辄愈，吴
（即江南地区）人尊事之"（《夷坚志》丙志卷一六《陶象子》，第498 ~
499 页）。在这则掌故中，元净设了一个法坛，在上面置了一尊观音像，
然后沾了少许圣水洒向患病的男孩，以此驱赶附在男孩身上的"幽
独鬼"。

52. Yü Chün-fang 1993.

53. Howard 1990：55.

54. 对观音像的演变以及本土女身观音像的产生的讨论，参见
Howard 1990；Yü Chün-fang 1994，2001：223 - 262。

55. 这是 1161 年一位和尚笔下的妙善传说版本，转引自 Dudbridge
1978：25 - 34。

56. 《宋重立大悲成道传》，载《两浙金石志》卷七，第 6 页下栏 ~
11 页上栏。这段碑文的英文翻译见 Dudbridge 1978：223 ~ 262。

57. 妙善的故事在后期的观音传说中具有十分特殊的地位，这可由
在明朝广泛传播的民间宗教书籍《三教源流搜神大全》证实：本书中介
绍观音的条目就是妙善传说的缩略版。参见《三教源流搜神大全》卷四
（观音菩萨），第 10 页上栏 ~ 11 页下栏。对妙善和其他女身观音的传说
的论述，参见 Yü Chün-fang 1990，1994，2001：293 - 486。杜德桥
（Dudbridge 1978）记录了妙善传说后来的一些版本，它们很多都经过了
美化润色。妙善传说中后期加入的内容包括一次冥府之旅，她在地府中
大显神威，对正在经历酷刑的灵魂实行了解救。从这个角度看，妙善传
说和目连传说的内容有一定程度的重合。

58. 后土也在唐宋时期变成一位女性神祇，见廖咸惠（1996）的

论述。

59. Yü Chün-fang 1993；Hiraki 1982.

60. Kleeman 1993：61 – 64.

61. Hansen 1990.

62. Schipper 1985b：823 – 834.

63. 以法师为研究对象的权威性著作，参见 Davis 2001。

64. Ibid.，146.

65. 此处和之后本书涉及的日期都为中国农历的日期。

66. DeBernardi 1992：256.

67. 对《度人经》的研究和英文翻译，参见 Bokenkamp 1997：373 – 438。对该经书在灵宝派建立初期的地位的论述，同样参见 Bokenkamp 1983。

68. Strickmann 1978. 流传于未受箓者间的《度人经》可能使用了更为简略的版本，例如南宋藏书家晁公武（亡于 1171 年）收藏的《度人经》有三卷版和两卷的加注版。参见晁公武《昭德先生郡斋读书志》卷一六，第 1 页上栏；附志，第 18 页上栏。中国国家图书馆藏有三份 1499 年的《度人经》，该版本用四种篇幅短小的文本把原来的一卷内容扩充为两卷，添加的内容都可用作助人抵御邪力侵害的护身符咒。参见《北京图书馆古籍善本书目》子部，第 1661 ~ 1662 页。

69. Yoshioka 1989：188 – 189.

70. 章炳文：《搜神秘览》卷上，第 22 页上栏 ~23 页下栏。徐守信的名气在很大程度上是通过一份记录他言行的传记散播出去的，该传记至少在 1088 年之前就已经广为流传。文人们对徐守信的描述主要关注他与苏轼、王安石等知名人士的交往。他的弟子编写的《虚静冲和先生徐神翁语录》就展现了这些著名的友谊。但这本书中收录的多数事迹还是将关注焦点放在向徐守信寻求帮助的泰州（徐守信的家乡）当地的百姓身上。《道藏》中收录了《虚静冲和先生徐神翁语录》1187 年的版本。

71. 相关例子见洪迈《夷坚志》乙志卷一七《女鬼惑仇铎》，第 329 页；以及《夷坚志》作者不详的元朝续作《湖海新闻夷坚续志》后集卷一，第 172 页。

72. 杜光庭：《道教灵验记》卷一〇，第 1 页下栏 ~2 页上栏；卷一二，第 8 页上栏~9 页下栏、9 页下栏~10 页上栏。

73.《元始无量度人上品妙经注》（道藏 88）卷下，第 48 ~50 页。

74. 洪迈：《夷坚志》支乙卷二《大梵隐语》，第 804 ~805 页；支景卷九《丘鼎入冥》，第 953 ~954 页。

75. 范成大：《吴郡志》卷三一，第 1 页。与《度人经》相关的配图可追溯至唐朝，尽管当时它们还没有获得变相这一专有名称。一幅最初属于苏州一间道观的 1406 年的变相图（现藏于台北中央研究院历史语言研究所），同时描绘了威严壮观的天庭和遍布妖魔鬼怪的“下三界”。参见 Rao 1974：260 – 266。

76.《三教源流搜神大全》卷一（玄天上帝），第 13 页下栏~15 页上栏。该文本中记载的真武传说摘自元代的《新编连相搜神广记》，据说它的最初版本载于题为《混洞赤文》的道教文献中。

77.《北游记》，其全称是《北方真武祖师玄天上帝出身志传》。沈雅礼（Gary Seaman 1987）将清代版本的《北游记》译成了英文。

78. Grootaers 1952.

79. Teiser 1994.

80. 玉皇大帝的名号最早出现在陶弘景的《真诰》中，但在之后很长时间里，玉皇大帝一直都未被官方认作最高尊神。到 10 世纪这一情况才开始发生改变，当时，南汉和后来的宋都把玉皇大帝当作众神之首和凡人的守护神。参见 Yamuchi 1981。

81. 对宋代诸神祇神像的考察，参见 Jing 1994。

82. 研究宋真宗对道教的大力支持的著作有 Cahill 1980；Jing 1994：142 – 144。

83. 关于宋朝官府加封地方神祇的研究，参见 Hansen 1990：79 – 104；Sue 1994；Mizukoshi 2002。水越知（Mizukoshi）的研究显示，这种加封在宋神宗（1068 ~1085 年在位）、宋徽宗（1100 ~1125 年在位）和宋高宗（1127 ~1161 年在位）治下最为频繁，且促成这三次加封浪潮的是不同的政治动因。徽宗进行大规模加封是为了加强中央对地方祠庙及祠庙内的神祇的管控，但神宗和高宗批准的加封反映的则是这两位帝王在政治上的弱势而非强势。

296

84. 元朝官府在 1316 年把文昌封为了帝君（见后文），明朝则在 1614 年把关羽晋为帝君（此后便有了“关帝”的说法）。须江隆（Sue）

提出地方神祇的频频获封及他们晋升为"公"的速度反映了朝廷对加封过程控制力的显著下降，真正掌握主动权的人变成了地方上的信徒。

85. 对灶神崇拜和灶神神话的演变的研究，参见 Chard 1995。

86. 与宋朝时期的家神崇拜有关的证据都是孤例。我即将发表的一项研究描绘了 18 世纪流行于某特定地区的家神崇拜的大致轮廓。

87. 洪迈的《夷坚志》中与真武有关的故事有：甲志卷一五《毛氏父祖》，第 134 ~ 135 页；乙志卷八《秀州司录厅》，第 250 ~ 251 页；支甲卷八《晁氏蛊异》，第 777 页；支丁卷三《卞山佑圣宫》，第 989 页；支戊卷六《婺州两会首》，第 1100 页；支癸卷二《武当真武祠》，第 1231 ~ 1232 页；支癸卷五《刘居晦醮设》，第 1260 页；三志辛卷二《永宁寺街女子》，第 1397 页；三志壬卷九《杨母事真武》，第 1538 ~ 1539 页；补卷一五《雍氏女》，第 1690 ~ 1692 页；补卷二四《贾廉访》，第 1769 ~ 1770 页。与东岳相关的故事有：甲志卷六《胡子文》，第 47 页；乙志卷二《赵氏珖》，第 202 页；乙志卷一六《赵令族》，第 322 ~ 323 页；乙志卷一七《宣州孟郎中》，第 327 ~ 328 页；丙志卷一一《赵哲得解》，第 458 页；丙志卷一七《沈见鬼》，第 507 ~ 508 页；丁志卷一四《孔都》，第 656 ~ 657 页；丁志卷一五《张珪复生》，第 666 页；支甲卷一《淑明殿马》，第 714 ~ 715 页；支乙卷二《大梵隐语》，第 804 ~ 805 页；支乙卷七《姚壮士》，第 846 页；支乙卷七《朱司法妾》，第 847 ~ 848 页；支景卷一《峡州泰山庙》，第 883 ~ 884 页；支丁卷八《陈尧咨梦》，第 1030 页；支戊卷三《张子智毁庙》，第 1074 ~ 1075 页；支戊卷八《黄戴二士》，第 1115 ~ 1116 页；三志己卷三《支友璋鬼狂》，第 1324 页；三志辛卷三《朱安恬狱》，第 1392 ~ 1393 页。

88. 例如根据婺州（今浙江省金华市）的乡俗，在真武生辰日（三月初三）"共建黄箓醮"可以禳灾请福。参见洪迈《夷坚志》支戊卷六《婺州两会首》，第 1100 页。

89. 洪迈：《夷坚志》乙志卷八《秀州司录厅》，第 250 ~ 251 页。对该则掌故的论述，参见 Hansen 1990：29 - 31, 171 - 712。

90. 宋朝儒学传统宣扬的世俗主义哲学倾向同精英阶层实际生活中的宗教和仪式行为形成了明显对比，对此的讨论参见 Ebrey 1991；廖咸惠 2001。

91. 韩森（Hansen 1990）强调了这些地方神的平民地位以及他们可

以辨认的历史人物身份。

92. 田海（Barend ter Haar 1990）得出的一个结论是，福建崇拜平民的实践大多源自对死期未至人却先亡的"饿鬼"的安抚，且在很大程度上是因对"饿鬼"的恐惧而做出的。在从安抚和恐惧发展成一种经久不衰的信仰的过程中，饿鬼的邪性逐渐消失，变成了接受度更高的传统地方神。

93. "土地"一词的常见英文翻译为"earth god"，但与西方神话中的大地之神不同，土地并不特指富饶之神，也不只指代活跃于乡间的神灵。

94. 刘盼遂：《论衡集解》卷二五《解除第七十五》，第 506 页。北田英人（Kitada 1996：114）提出鬼形代表亡者之魂，但我认为它指的就是土偶的可怕外形。

95. Kitada 1996：114 – 115，124 – 127.

96. 金井德幸（Kanai Noriyuki 1979，1980，1982，1985）在其发表的很多文章中都提出的论点是，土地神信仰的性质在宋朝发生了巨大转变。据其所言，在宋朝之前，中国乡村宗教生活的核心是安抚和感谢自然之神的仪式，这类仪式被统称为社祭。在金井德幸眼中，每个村庄都有自己的社祭，这有利于地方社群的团结和社会分化的缓解。然而在宋朝，社祭逐渐衰落，土地神崇拜开始兴起，且这类新型土地神的形象十分接近属于地方精英阶层的绅商。因此他得出结论：宋朝的土地神信仰加剧了社会分层，强化了精英阶层对乡土社会的统治。但金井德幸将宋朝以前的乡间描绘为田园诗般的平均主义社会，而把土地神崇拜批判为一种阶级统治工具，这种观念过于刻板，且存在对现存证据的严重误读。他最突出的问题是认为土地神标签下涵盖的神灵类型是恒定一致的，从而忽略了这种分类内部的多样性。从方法和实证角度对金井德幸论点的批判，参见 Hamashima 1990b；Matsumoto 1993，1999。

297

97. Schipper 1985b. 同时参见 Akizuki 1978。

98. 参见北田英人（Kitada 1996）对此的论述。他还彻底反对大分裂时期新生的土地神崇拜起源于古老社祭的说法（同上书，第 128 页）。

99. 周处的事迹（但不包括那些具有神话色彩的成就）被陆机写入了一段碑文。参见陆机《陆士衡集》卷一〇《晋平西将军孝侯周处碑》，第 68～70 页。最早把周处当作崇拜对象的文献是徐锴的《宜兴周将军庙记》（10 世纪初）。参见《咸淳重修毗陵志》卷二一，第 1 页上栏 ~3 页下栏。

100. 参见胡靖《英烈王庙签记》（1149 年），载《江苏金石志》金石一一，第 38 页下栏 ~ 40 页下栏；刘宰：《宜兴复周孝公茔兆记》（1123 年），载《咸淳重修毗陵志》卷二一，第 14 页上栏 ~16 页上栏。"孝公"是周处死后晋廷为其追封的谥号，但刘宰是第一个把"孝公"同民间对周处的崇拜联系在一起的人。

101. 《重修英烈庙记》，载《江苏金石志》金石一一三，第 1 页上栏 ~3 页下栏；《英烈庙置天檀越题名记》，载《江苏金石志》金石一五，第 22 页上栏 ~26 页上栏。其他与周孝公有关的宋朝碑铭大多已字迹难辨，参见北京图书馆 1990（第 40 册第 64 页、第 43 册第 107 页、第 43 册第 111 页、第 44 册第 78 页）。

102. 宜兴的周孝公信仰明显引发了周边地区的模仿。在太湖另一侧的常熟，另一位周姓神祇也获得了"周孝公"之号（这位周孝公是常熟当地人）。明朝的文献称常熟的周孝公信仰始于 13 世纪。滨岛敦俊（Hamashima Atsutoshi 2001：47－52）对这种说法提出了质疑，他认为常熟的周孝公信仰始于元朝。我的观点是，根据明朝文献中常熟周孝公传说的精确细节和传说涉及的日期推断，对这位周孝公的崇拜实际上也开始于宋朝。明清时期，苏州府下的其他地方也兴起了对周孝公的崇拜。

103. 《赐显应庙额尚书省牒》（1209 年），载《长兴县志》（1875 年）卷三〇上，第 44 页上栏 ~ 50 页下栏。同时参见《长兴县志》（1875 年）卷一二，第 9 页上栏 ~11 页上栏；《常熟县志》（1539 年）卷三，第 67 页上栏 ~69 页下栏；《新编连相搜神广记》后集，第 116 页。

104. 现存的宋代碑文中记载有邓道枢在常熟的逗留。参见《邓道枢题名》，载《江苏金石志》金石一八，第 1 页上栏 ~ 下栏。邓道枢为何要资助修建祭拜李侯的祠庙，我们不得而知。据说李侯的后人移居到了常熟附近的江阴，并于 13 世纪中期在该地为李侯修建了一座分庙，但我们尚不清楚修建江阴祠庙的时间是否早于常熟的祠庙。参见高思得《耻堂存稿》卷五《题长兴李王显应集序》，第 13 页下栏；《江阴县志》（1548 年）卷八，第 7 页下栏。

105. 《常熟县志》（1539 年）卷三，第 67 页上栏 ~69 页下栏；卷一〇，第 92 页上栏 ~ 下栏；卷一二，第 47 页上栏。

298

106. 元朝的碑文除了强调对海员的庇佑外，还提到了李侯的治愈神力：来自李王宫的香灰、烛膏甚至柏叶被人们用来治疗热病、疟痢、溃疡和痢疾。元朝的文献还提出，李侯会像地方行政官一样抓捕、审问罪犯。转引自《常昭合志稿》（1904 年）卷一五，第 24 页下栏 ~25 页下栏；卷四五，第 10 页上栏 ~ 下栏。

107. 这是韩森（Hansen 1990）试图论证的主要观点之一。

108.《常熟县志》（1539 年）卷三，第 69 页下栏。据 20 世纪初期的志书记载，在宋元之时的常熟范围内（包括常熟、昭文、太仓）共有十一间为李侯建立的祠庙。参见《常昭合志稿》（1904 年）卷五，第 1 页下栏 ~22 页上栏；卷四五，第 10 页上栏 ~ 下栏；《太仓州志》卷二，第 12 页上栏。

109. 另一个影响范围有限的地方信仰是吴江的明王崇拜，明王是唐太宗第十四子李明，他曾在苏州任刺史。明王崇拜的影响范围只局限在平江府治下的吴江县内。在北宋晚期，该县共修建了十二间明王庙，但明王并未吸引太多来自府内其他州县的信徒。参见《吴江县志》（1747 年）卷五一转引的一份 1100 年的碑文（第 34 页上栏 ~ 下栏）。

110. 福建的情况参见 ter Haar 1990；Kojima 1991；Dean 1993。江南的情况参见 Hamashima 21；von Glahn forthcoming。

111.《玉峰志》（1251 年）卷上，第 17 页下栏。

112. Von Glahn forthcoming.

113. Ter Haar 1995：4.

114. Johnson 1985.

115. 韩森（Hansen 1993）提出，城隍的原型是佛教中可以抵御妖邪的多闻天王。

116. Hansen 1993：93.

117. 这是洪迈志怪小说中第一个故事的主题。参见洪迈《夷坚志》甲志卷一《孙九鼎》，第 1 ~2 页。同时参见这本书的三志辛卷一《界田义学》，第 1382 ~ 1383 页。姜士彬（Johnson 1985：424，436 - 438）同样发现，模范官员，尤其是亡于任上的官员，有很大几率被加封为城隍神。

118. Johnson 1985，esp. pp. 418 - 424.

119. 金井德幸（Kanai Noriyuki 1987）分析了东岳庙作为集镇的主

要祭祀场所的重要性。但他提出东岳庙信仰主要与乡村而不是城市社区相关，这是一个古怪且不太具有说服力的观点。

120. 参见姚谷《大宋湖州府德清县新市镇新建东岳行宫记》（1334年），载《新市镇志》（1516年）卷五。对南宋时期福建地区朝东岳实践的描述，参见陈淳《北溪大全集》卷四三《上赵寺丞论淫祠》，第15页下栏~16页上栏。（陈淳还描述了当地家庭不惜举债也要供奉东岳的行为，他认为这是东岳信仰一大令人发指之处。）

121. 吴自牧：《梦粱录》卷二，第150~151页。

122. 《西湖老人繁盛录》，第117页。

123. 《淳熙三山志》卷四〇，第6页上栏；卷八，第15页下栏。

124. 吴自牧：《梦粱录》卷一九，第300~301页。我无法确定"钱燔"到底有多重要，但它似乎构成了宋朝时期杭州东岳诞辰日的最为独到之处。同样参见吴自牧《梦粱录》卷二，第150页；《西湖老人繁盛录》，第117页。

125. Von Glahn forthcoming.

126. Goossaert 1998：56 – 59.

127. 沙畹（Chavannes 1910：354 – 360）的著作收录并翻译了这一碑文。该则碑文还提出，祠中数量庞大的鬼神之像带给人们的森然之感甚至比吴道子736年为长安赵景公寺绘下的《地狱变相图》还强烈。北京东岳庙中的七十六司龛位中也有展现面目凶狠的判官与毛骨悚然的地狱之刑的塑像，据说它们都创作于宋朝晚期。参见 Goodrich 1964：23，242 – 255。

128. 参见本章第87条注释。

129. 洪迈：《夷坚志》支景卷六《孝义坊土地》，第927~928页。

130. 关于宋朝时期科举信仰的研究，参见 Liao Hsien-huei 2001：22 – 84；与梓潼神或文昌信仰相关的论述，参见 Kleeman 1993，1994a。这类神祇都擅长预测科考结果。《夷坚志》中收录了六个与仰山王信仰相关的故事，它们都涉及对及第与否的预言。参见洪迈《夷坚志》支甲卷五《龚舆梦》，第746页；支甲卷五《汤省元》，第748页；支甲卷七《钟世若》，第768页；支乙卷二《吴虎臣梦卜》，第808页；支乙卷二《王茂升》，第810~811页；支戊卷八《仰山行宫》，第1114~1115页。

131. Hansen 1990：128 – 159.

132. 对妈祖信仰源头的讨论，参见 Li Xianzhang 1979；Watson 1985；ter Haar 1990：356 – 357。灵惠妃是宋廷为妈祖林氏加封的最高头衔（加封于 1192 年），韩森对其的称呼天妃则是 1278 年忽必烈封赐的称号。

133. Hansen 1990：151.

134. Sangren 1987：200 – 206.

135. Naquin and Yü 1993：15.

136. 对设立分庙过程中分香实践的讨论，参见 Schipper 1977，1990。

137. 祁泰履（Kleeman 1993：59）提出在梓潼信仰向江南地区传播的过程中，道士发挥了十分关键的作用。僧人在五通神（五显神）信仰的扩散中也扮演了重要角色，相关讨论参见本书第六章。

138. 参见《重修琴川志》（1365 年）卷一三第 46 页下栏所载碑文《重修福山岳庙记》（1132 年），以及《常熟县志》（1539 年）卷三第 63 页上栏 ~64 页上栏所载碑铭（1358 年）。

139. 元朝《昆山县志》（昆山是常熟的邻县）编纂者谴责了当地百姓前往福山镇东岳庙朝圣的热情。参见《昆山县志》（1344 年）卷一，第 2 页下栏。

140. 参见黄公颔《铜观音像记》（1301 年），载《吴郡志》卷三三，第 7 页上栏 ~8 页上栏。

141. 参见黄公颔《铜观音像记》（1301 年），载《吴郡志》卷三三，第 7 页上栏 ~8 页上栏；《光福寺铜观音象感应诗》（1301 年），载《江苏金石志》金石一九，第 25 页上栏 ~27 页下栏。

142.《光福寺铜观音象记》，载《江苏金石志》金石二一，第 1 页上栏 ~下栏。

143. 参见黄公颔《铜观音像记》（1301 年），载《吴郡志》卷三三，第 7 页上栏 ~8 页上栏。解释观音圣地何以形成的传说通常都会提到这位女菩萨的显灵与显相。参见 Yü Chün-fang 1993。在光福寺的观音铜像被发现的十七年前，曾有一尊观音木像神奇地从海面漂到了附近的江阴县。当天夜里，观音托梦给一位当地人，指示他为这尊缺少右手的观音像换上一条新的手臂。后来，这座观音像被立在了江阴的主要佛教寺院寿圣院中，且同光福寺一样，这尊观音像为寿圣院吸引了大量的朝圣者和功德捐赠。参见王孝竭《寿圣院泛海观音记》（1124 年），载北京图书馆编《北京图书馆藏中国历代石刻拓本汇编》第四十二册，1990 年，第 146 页（对这份碑文的部分翻译以及石碑上刻有的观音图像，参见 Yü Chün-fang 2000：254 – 256）；王象之：《舆地纪胜》卷九，第 8 页；胡应青：《乾明广福禅寺重建观音殿记》（1320 年），载《江苏金石志》金石二〇，第 30 页上栏 ~33 页下栏（这块石碑的拓本被收录在了《北京图书馆藏中国历代石刻拓本汇编》第四十九册第 76 页）。

144. Naquin and Yü 1993：12.

第六章　五通：从魔到神

1. 洪迈：《夷坚志》丁志卷一九《江南木客》，第 695 ~ 697 页。

2. 洪迈的同代之人也证实，人们普遍相信山魈可以恩赐或夺走财富。南宋文人储泳嘲笑了山魈可以"运致宝货"这一在时人心中根深蒂固的观念。参见储泳《祛疑说》，第 15 页上栏。陶宗仪（活跃于约 1360 年）在一首以财富的易失属性为主题的讽刺诗中表达了相同观点，他评价称一旦"山魈木客相呼唤"，金银钱米就会很快消为尘垢。参见陶宗仪《南村辍耕录》卷一七，第 211 页。

3. Furth 1999：107 – 108. 朱彧在其 1119 年的著作中提出，畸形儿（他称之为"鬼形者"）在被杀死之后，其魂灵会回到母体身边以获得母乳，然后母体就会因此患上疾病甚至死亡。这类死婴之魂的俗称为旱魃，这个词也是对造成干旱的妖魔的旧称。参见朱彧《萍洲可谈》卷三，第 58 页。

4. 中村治兵卫（Nakamura Jihei 1980：15，1982：64）提出，丛祠是唐宋之时前往南方的开拓者修建的一种新型祠庙。在他眼中，丛祠体现的是迁居之地身份认同的价值与当地社群的福利，它们因此是帝制晚期的土地神的孕育之所。中村治兵卫还提出丛祠与巫女关系密切。对于中村治兵卫的主张，即丛祠代表土地神信仰形成过程中的一个新阶段，有一些学者（参见 Kanai 1982：353 – 354；Davis 2001：12 – 13）表示认同，但我找不到任何可以证明丛祠与新建村落间存在联系的证据。事实上，"丛祠"这一表达多见于江东地区；在江南、闽中、江西等在宋朝迁入了大量居民且经历了人口剧增的地区，人们很少使用这种说法。我认为中村治兵卫的假说站不住脚，且我的观点是丛祠的修建更有可能与南方的山魈信仰一同始于大分裂时期。基于中村治兵卫的假说，戴安德（Davis 2001：12－13，211）提出村中的巫人以所有人的身份牢牢控制着丛祠，且丛祠巩固了村中居民在面对外部世界时的内聚力。我当然同意巫觋和在丛祠中接受供奉的山魈关系十分密切的观点，但这类邪灵不太可能是土地神的前身。

5. 苏颂：《苏魏公文集》卷六四《润州州宅后亭记》，第 6 页下栏。宋朝的文人总是习惯性地把丛祠和丛祠中的巫觋与邪神崇拜联系在一起。在洪迈叙述的一个故事中，一位地方官员在追踪一名巫女的过程中随其来到了一所"中才容膝"的小屋前，并在进入屋内后发现"所画鬼神怪绝，世所未睹"。参见洪迈《夷坚志》三志壬卷四《化州妖凶巫》，第 1498～1499。同样参见中村裕一（Nakamura 1978：66－70）引用的诗文和其他文本。

6. 夔和（山）猓当然是我们熟知的对山中精怪的称谓。"傀魅"一词并不多见，但同更加常见的"魑魅"一样，它是妖怪的一种通称。泆阳与彷徨出自《庄子》，在《庄子》中它们分别指生活在偏远之地和荒野之地的奇兽。参见王叔岷撰《庄子校诠》外篇《达生第十九》，第 694、697 页（第三章第 24 条注释已经引用了这段文字中涉及彷徨的部分）。

7. 参见王令《广陵集》卷五《古庙》，第 8 页下栏～9 页下栏。

8. 洪迈在《夷坚志》中两次提到丛祠中的五郎或五通崇拜。参见洪迈《夷坚志》丁志《江南木客》，第 695 页；三补《护界五郎》，第 1803 页。他也提到了在家中为五通神设立的神龛。参见洪迈《夷坚志》支甲卷七《邓兴诗》，第 765 页；支甲卷八《王公家怪》，第 773 页；支癸卷五《连少连书生》，第 1255～1256 页。对五通神和丛祠关系的讨论，还可参见 Kanai 1994。

9. Cedzich 1985：34－35；1995：159－161.

10. 永明延寿：《宗镜录》（大正藏 2016 部）卷一五，第 494 页中栏～下栏。

11. 参见智圆《闲居编》第十七《撒土偶文》，《大日本续藏经》第 101 册，第 52 页上栏～53 页下栏。智圆大师是试图融汇释儒之道的领军人物，他对于这些土偶的否认基于的既是儒家礼教，又是佛学思想。"五通仙人""五通神仙""五通大仙"等词继续被人们用来指代在佛教水陆法会中被召出的一类神灵。参见苏轼《苏东坡全集（后集）》卷一九《水陆法像赞》，第 659 ~ 661 页。在石家庄附近的毗卢寺，有一幅壁画把五通大仙描绘为五位身着官袍的仙人。参见中国美术全集编辑委员会 1988b，图 159。

12. 参见幸元龙《重编古筠洪城幸清节公松垣文集》卷五《奉新县宝云寺上善堂记》（1232 年），第 2 页下栏 ~ 3 页下栏。

13. Cedzich 1985：37 – 40.

14.《太上助国救民总真秘要》（道藏 1217）卷一，第 2 页下栏。

15.《太清金阙玉华仙书八极神章三皇内秘文》（道藏 854）卷上，第 12 页上栏 ~ 下栏；《道法会元》（道藏 1210）卷一〇四，第 5 页上栏，转引自 Cedzich 1985：38；《道法会元》（道藏 1210）卷二五〇，第 1 页下栏。

16. 洪迈：《夷坚志》三志壬卷三《刘枢干得法》，第 1484 ~ 1486 页。其他例子参见丙志卷一《九圣奇鬼》，第 364 页；支景卷二《孙判官》，第 890 页；支戊卷六《胡十承务》，第 1098 ~ 1100 页。

17. 洪迈：《夷坚志》甲志卷一一《五郎鬼》，第 97 页。14 世纪的道法书文汇编《道法会元》中涉及雷法的部分规定，道士不得崇奉山魈或五通，不得向其祷告，不得视其为护观神，也不得为其举行游街活动。参见 Cedzich 1985：43。

18. 项安世：《项氏家说》卷八，第 1 页下栏。《九歌》是描述天界神游之旅的一组乐歌，一般观点认为其作者为湘楚地区的著名诗人屈原。

19. 参见幸元龙《重编古筠洪城幸清节公松垣文集》卷五《奉新县宝云寺上善堂记》，第 2 页下栏 ~ 3 页下栏。

20. 洪迈：《夷坚志》支景卷二《孙判官》，第 890 页；支癸卷三《独脚五通》，第 1238 ~ 1239 页。

21. 吴曾：《能改斋漫录》卷一八，第 256 页。吴曾提出这个故事发生在嘉佑年间（1056 ~ 1064 年），且故事发生时他的临川同乡晏殊（亡于 1055 年）已官至宰相；然而晏殊任宰相的确切时间实际上是 1042 年的农历七月至 1044 年的农历九月。

22. 洪迈：《夷坚志》丁志卷一五《吴二孝感动》，第 667 ~ 668 页。

23. 洪迈：《夷坚志》支癸卷三《独脚五通》，第 1238 ~ 1239 页。

24. 洪迈：《夷坚志》补卷一五《李五七事神》，第 1692～1693 页。在另一个故事中也出现了同样的母题：一位贪心的商人因没有经受住五通神抛出的财富诱惑而变得一贫如洗，最终他向一位天师道的修道者寻求帮助，后者作法为他驱走了五通神。参见洪迈《夷坚志》丁志卷一三《孔劳虫》，第 647～648 页。在另外一个例子中，故事的主人公对五通神小心供奉，但家中财物仍然时常失窃，直到他家中的"五侯泥像"被迁到当地的城隍祠，这类事件才停止发生。参见洪迈《夷坚志》支甲卷八《王公家怪》，第 773 页。

25. 洪迈：《夷坚志》补卷七《丰乐楼》，第 1692～1693 页。明朝晚期的著名小说家凌濛初在讲述他自己的故事时用这则掌故做了开场语。参见《二刻拍案惊奇》卷三六《王渔翁舍镜崇三宝 白水僧盗物丧双生》，第 1 页上栏～4 页上栏。

26. 李觏：《李觏集》卷二四《邵氏神祠记》，第 267～268 页。

27. 在此我要提醒读者，建昌县属于鄱阳湖盆地西侧的南康军，而李觏的家乡建昌军则位于武夷山西侧，它们不是同一个地方。

28. 《新编连相搜神广记》前集，第 50～54 页。

29. 洪迈：《夷坚志》支癸卷一〇《古塔主》，第 1295～1296 页。洪迈称五通神的神龛居于寺中宝塔的上层，尽管人们看不到他们的身形，但可以听到他们如五六岁孩童一般的说话声。

30. 王象之：《舆地纪胜》卷二三，第 9 页下栏。一份清朝史料认为这件事发生在隋朝，称在 669 年五通神就获得了"五通侯"的赐号，后来又在南唐封公，北宋封王。参见《古今图书集成·方舆汇编·职方典》卷八五九，第 4 页下栏。

31. 三个故事都来自《夷坚志》三志己卷一〇，第 1378～1380 页。

32. 《新编连相搜神广记》前集，第 50～54 页。这件事转引自一本题为《祖殿灵应集》的著作，它可能收录了发生在婺源各个祠庙中的神祇显灵事件。一块立于宋朝的石碑则提出五通神崇拜始于 627 年，五位神祇在该年的五月十三（当日也是关帝圣诞）从天而降，于疫疠中保全了全城百姓。参见《徽州府志》（1502 年）卷五，第 37 页上栏～下栏。另一份史料称五通神获得了更加显赫的封号。根据一份明朝方志的记载，503 年，在来自婺源的才身故不久的兄弟五人的帮助下，黄岩县（位于今浙江省）的民众得以在大疫中安然无恙。梁朝朝廷于是将他们封为"五圣应显灵官",后世为他们加封的其他称号都以它为基础。参见《黄岩县志》(1579 年)卷七,第 8 页下栏 ~9 页上栏。但上述内容几乎都是杜撰,因为黄岩的传说同婺源传说有很多矛盾之处(例如兄弟五人的姓氏、五通庙的名字以及他们获得的封号都与婺源的说法不同)。此外,虽然该县在宋朝有许多为五通神修建的祠庙,但《黄岩县志》提到的祭祀五通神的庙宇在宋朝的地方志之中并不属于五通神。参见《嘉定赤城志》卷三一,第 7 页下栏、第 15 页下栏。黄岩县的传说或许将一种更古老的信仰与宋末及之后广为盛行的五通神崇拜混在了一起。

33. 《徽州府志》卷五,第 42 页下栏。在《夷坚志》收录的一则故事中,婺源的五通神拒绝疫鬼进入当地行疫,扮演了类似于土地神的角色。参见洪迈《夷坚志》乙志卷一七《宣州孟郎中》,第 327 ~ 328 页。

34. 《徽州府志》(1502 年),卷五,第 42 页下栏;《宋会要辑稿》礼二〇,第 157 页下栏 ~ 158 页上栏。

35. 参见《宋会要辑稿》礼二〇,第 14 页下栏 ~ 12 页上栏。南宋李埴的《皇宋十朝纲要》(卷一七,第 8 页上栏)给出的被毁坏的神祠数目大于一千零三十八座。

36. Mizukoshi 2002：635 – 642.

37. Ibid., 645.

38. 真德秀：《西山文集》卷五二《梅山庙祝文》,第 10 页下栏。

39. 洪迈：《夷坚志》三志己卷一〇《吴呈俊》,第 1379 ~ 1380 页。考虑到洪迈是鄱阳人,而鄱阳和德兴都属于饶州,因此在五显神的归属问题上他很可能因同乡关系而偏向支持德兴。

40. 婺源的地方志《星源志》(1269 年)也对德兴和婺源的竞争有所提及。转引自《新编连相搜神广记》前集,第 50 ~ 54 页。至宋末,人们普遍认为婺源为五显神崇拜的发祥地。例如参见祝穆《方舆胜览》卷一六,第 6 页下栏;吴自牧：《梦粱录》卷一四,第 253 页。在明朝早期,婺源的主张也获得了道教第四十三代天师张宇初(1361 ~ 1410 年)等权威人士的认可。张宇初偏向性最为突出的体现是他贸然否认了佛教徒说法,即最早见到五显神显身的是云居寺的道瑢禅师。参见张宇初《岘泉集》卷四《上清市五通庙题缘疏》,第 60 页上栏 ~ 下栏。

41. 参见祝穆《方舆胜览》卷一六,第 6 页下栏。

42. 参见方回《桐江续集》卷三六《辅德庙碑》,第 27 页上栏。

43. 现在已经佚失的编于 1021 年的苏州方志提到，在苏州城三里外就有一座五通庙。参见《苏州府志》（1379 年）卷一五，第 24 页上栏。南宋和元朝的文献也分别提到了常州和镇江建于 10 世纪之前的五通神庙。参见《咸淳重修毗陵志》（1268 年）卷一四，第 5 页下栏；《至顺镇江志》卷八，第 8 页下栏 ~9 页上栏。

44. 这种说法出自现已佚失的扬州地方志《广陵志》（1190 年），宋末元初学者俞琰对此做了转引。参见俞琰《席上腐谈》卷下，第 13 页下栏。居于这座祠庙中的神祇也有其邪恶的一面，南宋文人郭彖讲述的一则故事对这一点有很清楚的体现。在这个故事中，一位牙校的妻子因神魂被五通神捕获而身亡。参见郭彖《睽车志》卷五，第 9 页下栏 ~10 页上栏。

304

45. 据南宋的地方志记载，这座祠庙建于 10 世纪；一段可追溯至 1040 年的碑文同样提到了这一史料。参见《淳熙三山志》（1182 年）卷八，第 16 页上栏。

46. 参见刘斧《青琐高议》补遗《陈公荆南》，第 260 页。

47. 五通神"祖籍地"婺源生产的神像在地方的五通庙中扮演着十分关键的角色，它展现了分庙和本庙间合法联系的建立。在今天的台湾，分庙的建立必须有来自本庙的香灰。在这种分香仪式的作用下，分庙同本庙信仰间的联系变得神圣化。参见 Schipper 1997：652。

48. 参见刘铉《况知府重建五显王行祠记》（1439 年），载《吴县志》（1642 年）卷二一，第 17 页下栏 ~18 页上栏。

49. 《苏州府志》（1379 年）卷一五，第 24 页上栏。这间道观至少在宋末时由一位擅长驱邪的道士掌管。参见《长洲县志》（1598 年）卷一四，第 45 页上栏 ~下栏。

50. 参见《苏州府志》（1379 年）卷一五，第 24 页上栏；顾儒宝《万寿祠记》，载《吴县志》（1642 年）卷二一，第 19 页下栏 ~21 页上栏。

51. 《江州志》（约 1240 ~1279 年），转引自《永乐大典》卷六七〇〇，第 6 页上栏；《至元嘉禾志》卷一二，第 4 页上栏 ~下栏。嘉兴的祠庙多名为五圣庙而非五显庙。

52. 《临川志》，转引自《永乐大典》卷一〇九五〇，第 8 页上栏。

53. 陈淳：《北溪大全集》卷九《韶州州学师道堂记》，第 6 页上栏。

54. 参见张宁（1454 年中进士）撰《方洲集》卷一八《句容县五显灵官庙碑》，第 7 页上栏。

55. 文献中最早提及的华光阁于 1225 年和 13 世纪 40 年代修建于苏州。荣国寺的华光楼修建于 1270 年。参见《咸淳临安志》（约 1274 年）卷七三，第 14 页上栏。吴江最受推崇的佛寺之一于 1283 年加修了一座华光楼，且吴江县内宏伟的五显庙也在 1385 年重修时加建了华光楼。参见《吴江县志》（1488 年）卷七，第 23 页上栏；《吴江县志》（1747 年）卷一一，第 34 页上栏～下栏。常州的五显庙中也有一座华光楼，它的修建时间不详，但不晚于 1268 年。参见《咸淳重修毗陵志》（1268 年）卷一四，第 5 页下栏。1434 年，句容县的地方名士六十四人在"募民得钱数万缗"后重新整修了五显庙，在主殿外修建了华光、灵应楼阁。参见张宁《方洲集》《句容县五显灵官庙碑》，卷一八，第 7 页上栏～8 页上栏。

56. 参见鲁应龙《闲窗括异志》，第 2 页。祝允明在提到五显神的同时，还提出"佛典则为华光藏菩萨之化"。祝允明：《祝氏集略》卷三〇，第 3 页下栏。

57. 洪迈：《夷坚志》三志己卷一〇《周沅州神药》，第 1378～1379 页。

58. 将五显神诞辰确定为农历九月二十八的有：祝穆：《方舆胜览》，卷一六，第 6 页下栏；李一楫：《月令采奇》（1619 年），卷三，第 39 页下栏；《诸神圣诞日玉匣记等集目录》（道藏 1470），第 4 页下栏。但是《梦粱录》记录的（错误）日子是九月二十九（卷一九，第 299 页）。《乌程县志》（1638 年）列出的华光诞辰是九月二十八（卷四，第 28 页下栏）。五显神与华光的联系还可由杭州的华光庙证明，因为据说五显神是这间祠庙中的主要祭拜对象。参见《钱塘县志》（1609 年）纪志，第 25 页上栏（与这间华光庙有关的内容还可参见页边码第 219 页）。

59. 在中国，四月初八是僧人和俗众聚集在一起为佛像沐浴的日子。浴佛的实践衍生自印度的佛舍利崇拜，是一种十分有效的积攒功德的方式。

60. 方回：《桐江续集》卷三六《送徐如心如婺源三十韵》，第 6 页上栏～7 页上栏。一篇纪念婺源五显神祖庙 1397 年重建的文章提到了华光楼。参见《徽州府志》（1502 年）卷五，第 42 页下栏～44 页上栏。

61.《星源志》，转引自《新编连相搜神广记》前集，第 50 ~ 54 页。

62. 志磐：《佛祖统纪》（大正藏 2035 部）第三十七《法运通塞志》第十七之四，第 350 页中栏 ~ 下栏。具体见中大通元年（529 年）、大同元年（535 年）、大同二年（536 年）的内容。

63. Ōtani 1937：48 – 63.

64. 洪迈：《夷坚志》补卷一五《李五七事神》，第 1692 页。

65.《星源志》，转引自《新编连相搜神广记》前集，第 50 ~ 54 页。

66. 黄震：《黄氏日抄》卷七四《申诸司乞禁社会状》，第 27 页。

67. 参见方回撰《桐江续集》补遗《饶州路治中汪公元圭墓志铭》，第 40 页。

68.《昆山县志》（1344 年），卷一，第 2 页下栏。

69.《玉峰志》（1251 年）卷下，第 20 页上栏。

70.《苏州府志》（1379 年）卷一五，第 24 页上栏 ~ 下栏。

71. 吴自牧：《梦粱录》卷一九，第 299 页。苏州吉利桥附近的五显庙在 13 世纪 60 年代"月有阅经之会，岁修庆佛之仪"。参见顾儒宝《万寿祠记》，载《吴县志》（1642 年）卷二一，第 19 页下栏。在蒙古人占领中原后以佛教居士身份弃官隐居的黄公绍（1265 年中进士）发现，在他的家乡福建邵武，五显庙会定期举行庆佛会。参见黄公绍《五通庙戒约榜》，《在轩集》，第 29 页上栏 ~ 30 页上栏。《淳熙三山志》中有对福州城自 1082 年起的四月初八庆佛会的详细描述。12 世纪中叶，参加这些集会的僧、尼、道、俗共有六千余人。1168 年，饥荒降临这座城市，于是时任福建路安抚使王之望将庆佛会的资产钱三千余缗没收充公以赈济灾民。自此以后，庆佛会便不再举行了。然而私人组织的乡社延续了这一传统，信徒们会在几日内汇聚于虔诚乡民的家中或社庙之中，"闾阎翁妪辍食谇语来赴者亦数百人"。参见《淳熙三山志》（1182 年）卷四〇，第 6 页下栏。

72.《仁和县志》（1549 年）卷一三，第 36 页上栏 ~ 下栏。

73.《华亭县志》（1521 年）卷三，第 3 页上栏。1663 年的《松江府志》（卷五，第 9 页上栏）引用了 1521 年《华亭县志》中的内容，但并没有提出这一活动当时仍然存在。

74.《大惠静慈妙乐天尊说福德五圣经》（道藏 1183）与《五显灵观大帝灯仪》（道藏 206）。"五显灵观（官）大帝"是人们最早用来指代五通神灵官身份的可以追溯确切使用时间的称谓，它在 13 世纪 40 年代或 50 年代的世俗著作中第一次出现。参见鲁应龙《闲窗括异志》，第 2 页。元朝所修的南京方志在介绍五显华光楼时提到，对于五显神，"道书尝谓之灵观大帝。祠庙所在有之，江东尤盛"。参见《至正金陵新志》（1344 年）卷一一上，第 23 页下栏～24 页上栏。

75. 《太上洞玄灵宝五显观华光本行妙经》（道藏 1436）。

76. 黄瑾：《地祇上将温太保传》补遗，第 1 页下栏～2 页下栏。

77. 蔡雾溪（Cedzich 1995：163）声称在 11 世纪的苏州，五圣之名已经开始为人所知，且已经有人开始祭拜该神。我认为这个观点难以令人信服。她列出的证据是城外虎丘云岩寺中立有五圣塔。参见《吴郡图经续记》卷中，第 35 页。然而，没有证据可以证明五圣塔与五通神或五显神有关，且没有文献在描述五圣塔的同时提到五显信仰。除了将五圣解读为五显神外，这个名字在儒释道的不同传说中还有其他不同含义。此外，云岩寺后来也与五通或五显信仰没什么关系。

78. 胡升：《题五显事实后》，载《新安文献志》卷二三，第 8 页上栏。

79. 洪迈：《夷坚志》三志己卷一〇《林刘举登科梦》，第 1379 页。

80. 洪迈：《夷坚志》丙志卷一《九圣奇鬼》，第 364～369 页。

81. 《新编连相搜神广记》前集，第 50～54 页。

82. 洪迈：《夷坚志》三志己卷八《五通祠醉人》，第 1364 页。

83. 元好问：《续夷坚志》卷一《神哥》，第 17 页。

84. 陶宗仪：《南村辍耕录》卷二五，第 308 页。

85. Hansen 1990：133. 在韩森的表格中，为观音、真武、东岳等佛道神祇修建的祠庙被排除在外。

86. 1282 年，重修五显祠庙的汪元圭（1233～1290 年）被新建立不久的元廷任命为县尹。在四月初八的盛大佛会上，汪元圭除对汇聚婺源的商贾收取"额办官课"外"丝发无取"。对于他的这种克制，为其撰写墓志铭的方回表达了赞赏之情。参见方回撰《桐江续集》补遗《饶州路治中汪公元圭墓志铭》，第 40 页。

87. 程钜夫：《楚国文宪公雪楼程先生文集》卷一三《婺源山灵顺万寿五菩萨庙记》，第 11 页上栏～下栏。

88. 参见顾儒宝撰《万寿祠记》，载《吴县志》（1642 年）卷二一，第 19 页下栏 ~ 21 页上栏。

89.《华亭县志》（1521 年）卷九，第 6 页上栏。

90. Kojima 1990；Hamashima 1992a，1992b. 对朱元璋宗教改革的讨论，还可参见 Taylor 1990。

91. Wada 1985.

92.《吴江县志》（1747 年）卷一一，第 51 页下栏 ~ 52 页上栏。对佛寺归并的讨论，还可参见 Hasabe 1993：7 – 11。

93. Ter Haar 1992：166 – 172.

94.《明史》卷五〇，第 1304 页。五显神一年两次的官方祭祀活动分别在四月初八与九月二十八，也就是该神祇多年以来的传统社日举行。

95. 宋讷：《西隐集》卷五《勅建五显灵顺祠记》，第 30 页上栏 ~ 32 页上栏。

96. 被列为"十庙"的祭拜对象可以体现朝廷对神祇的认可，这种做法实际上令相关神祇得以接受全国各地信徒的祭拜。除五显神外，"十庙"中同样出身于民间信仰的神祇只有张王（张王庙于 1388 年加入"十庙"行列）和关公（即关帝，关公庙于 1394 年加入）。

307

97. 1530 年，南康府衙附近的五显庙重建，知府王溱为此作记一篇，从中我们可以了解鄱阳湖地区民众对五显神的崇奉情形。参见王溱《重修五显祠记》，载《南康府志》卷八，第 53 页上栏 ~ 下栏。收录这篇文章的地方志还列举了该府的其余三间五通或五显祠庙。参见《南康府志》卷七，第 3 页下栏 ~ 4 页下栏。

98. 参见曹天祐（1550 年进士）撰写的碑文，载《浮梁县志》（1783 年）卷一〇，第 37 页下栏。

99.《宋史》卷四二一，第 12591 页。

100.《临汀志》（约 1259 年），转引自《永乐大典》卷七八九二，第 2 页下栏 ~ 5 页下栏。

101.《汀州府志》（1527 年）卷九，第 1 页上栏 ~ 13 页上栏。

102. 对该地区当代华光神信仰的研究，参见 Zhang Hongxiang 1997：110 – 113；Zhu Zuzhen 1997：139 – 144。

103. 对这间祠庙宋朝期间香火盛程度的描写，参加《淳熙三山志》卷四〇，第 6 页上栏；卷八，第 15 页下栏。

104. 黄忠昭：《八通闽志》（1491 年）卷五八，第 365 页。该史料清楚地点出，福州的五显庙与源自婺源的五显信仰有关，但我们目前还不清楚这种联系在宋朝时是否就已经存在。

105. 《福州府志》（1613 年）卷一六，第 9 页下栏。但这种信仰被福州的移民传播到了台湾岛。台湾现在仍有很多五显庙，其中规模最大的一间位于台南，它修建于 17 世纪，当时管辖台湾的是郑成功。在台湾五显神是一位瘟神，人们将其认作从福建迁徙而来的移民。参见 Liu Zhiwan 1983：228；Lin Hengdao 1974：38, 43。

106. 在福州北部的福宁，一份方志称五显也以五圣或华光之名为人所知，其诞辰为四月初八。参见《福宁州志》（1616 年）卷四，第 9 页下栏 ~10 页上栏。尤溪县也保留了祭拜五显神（"俗呼华光"）的实践。参见《尤溪县志》（1636 年）卷二，第 17 页上栏。一位名为谢肇淛（1567 ~1624 年）的福州人把五显神同该地区 1590 ~1591 年爆发的瘟疫联系了起来："万历庚寅、辛卯间，吾郡瘟疫大作，家家奉祀五圣甚严。"参见谢肇淛《五杂俎》卷一五（事部三），第 436 页。

107. 宋怡明（Michael Szonyi）提出，福州的五帝信仰是土生土长于福建的信仰，它可能衍生自当地的一种五通信仰，这种五通信仰与婺源的五显信仰无关。然而五显或华光不仅在福建内陆地区具有很大影响力，在福州周边也有信徒。有鉴于此，我倾向于认为五显信仰与五帝信仰间存在亲缘关系，其他一些学者也提出了这样的观点（例如参见 Xu Xiaowang 1994：81~91）。当然，更为重要的是五帝信仰有自己的独特历史，就这一点而言，我赞同宋怡明的观点，即在对五帝信仰做评估时，我们应该关注其在地方宗教文化中扮演的角色，而不是将其视为五显信仰的衍生物。

108. 例如参见陆粲《庚巳编》卷五《说妖》，第 51 页；田艺蘅《留青日札》卷二八，第 11 页上栏、15 页上栏。

109. 官府对苏州城内两所主要行祠的监管可能限制了民间的祭拜活动，信徒们开始前往别处。地方官员在 1588 年至 1594 年对和丰坊的五显祠进行了两次修缮，但所有关于民间崇奉活动的叙述都没有提到这间祠庙。织里桥的五显庙在 16 世纪初被改建成了督粮同知公所，它是一个负责税务的部门。参见《吴县志》（1642 年）卷二一，第 17 页下栏、19 页下栏。

110. 陆粲：《庚巳编》卷五《说妖》，第51页；杨循吉《苏州府纂修识略》卷三，第9页上栏；田汝成《西湖游览志馀》卷二六（幽怪传疑），第476～477页；归庄（1613～1673年）《重建五圣庙门引》，《归庄集》卷一〇（杂著），第511～512页。杭州17世纪的一份方志称当地"好祀财神，名曰五圣，无论穷鄹曲巷多置堂图像"。参见《仁和县志》（1687年）卷五，第24页下栏～25页上栏。明朝的一份宗教典籍推荐五显神或华光菩萨的信徒于"本居净室"设立"五帝灵坛"，在其面前"诵咏神咒，首愆谢过"。参见《太上洞玄灵宝五显观华光本行妙经》（道藏1436），第7页上栏。

111. 王士禛：《香祖笔记》卷三，第6页下栏～7页上栏；钮琇：《觚剩》卷一吴觚上《奏毁淫祠》，第10页上栏；魏崧：《壹是纪始》卷一三，第9页下栏～10页上栏。

112. 1371年，朱元璋命令大明境内每个乡邑都要设坛祭祀亡于兵戈的"无祀鬼神"，但这道诏令并没有提及五通或其他任何神祇。参见《钦定续文献通考》卷七九，第3497页上栏～下栏。

113. 朱元璋的梦在清朝文本中出现的频率很高（参见注释111中提到的文献），但这些记录的真实性受到了以下史料的质疑：顾思张：《土风录》卷一八，第25页下栏～27页下栏；甘熙：《白下琐言》卷四，第4页下栏；俞樾（1821～1907年），《曲园杂纂》卷三六《小繁露》，第5页下栏～6页上栏。

114. 《吴江县志》（1488年）卷六，第12页下栏；黄暐：《蓬窗类记》卷五，第49页上栏～下栏；陆粲：《庚巳编》卷五《说妖》，第51～54页；杨循吉：《苏州府纂修识略》卷三，第9页上栏。

115. 陆粲：《庚巳编》卷五《说妖》，第51页；陆容：《菽园杂记》卷八，第94页。

116. 黄暐：《蓬窗类记》卷五，第49页上栏。

117. 周宣灵王信仰的核心人物是生长于杭州的周雄。1211年，二十四岁的周雄前往五显本庙朝拜，但在婺源身故了。据称在1231年武夷山草寇来犯时，周雄庇护了该地区的百姓。1235年，德兴县（常年与婺源竞争五显信仰发源地名头的老对手）的知县为酬谢周雄提供的帮助，奏请朝廷为其加封。在奏表中，知县还补充说，对于受疫病或旱灾折磨之人发出的祷告，周雄总是有祷必应。朝廷在同年批准了这一请求，对周雄进行了加封。后来，为了向他表达敬意，杭州和德兴都专门为他修建了祠庙。婺源的五显庙中也有周雄之像，在那里他以五显随从的身份接受人们的祭拜。参见方回《桐江续集》卷三六《辅德庙碑》（1300 年），第 26 页上栏 ~29 页上栏。

118. 参见钱希言撰《狯园》第十，第 6 页下栏 ~8 页上栏；第十二，第 17 页下栏 ~20 页下栏；冯梦龙撰《智囊全集》明智部剖疑卷七《黄震》，第 374 ~375 页。马公和宋相同五通神的联系直到 19 世纪仍然存在。见本书第七章。

119. 陆粲：《庚巳编》卷五《说妖》，第 51 页。

120. 据一位对此十分反感的批评者所言，举行一次茶筵至少要耗费十两银子，这个数目已经超过了普通城市劳动者一年的收入，花费似乎高得有些离谱了。李绍文：《云间杂识》卷二，第 1 页下栏。

121.《钱塘县志》（1609 年）外纪，第 29 页上栏 ~ 下栏。

122.《庚巳编》是一本志怪小说集，它搜集了苏州人陆粲在 1511 ~1519 年备考科举期间听到的奇闻逸事。在整本书中，陆粲都非常明显地表现出了对五通神的反感之情。根据冯梦龙的说法，陆粲后来得了重病，其家人雇请的卜者给出的诊断是"五圣为祟"。家人请求陆粲前往其住所前的五通神小庙请求神祇的原谅，但陆粲对此嗤之以鼻，转而要求五通神为自己降下死劫，并发誓称："某三日不死，必毁其庙！"康复后，陆粲践行了自己的誓言。虽然在结尾处，冯梦龙补充道"其家至今不祀'五圣'"，但这则故事本身反映了一个事实，即使文人阶层也深受五通神信仰的影响。参见冯梦龙《智囊全集》明智部剖疑卷七《陆贞山》，第 380 页。在另一则与之类似的掌故中，一位告老还乡的官员责骂了愚昧可笑的家人，展现了儒学理性怀疑主义的优越性。参见黄暐《蓬窗类记》卷五，第 49 页下栏。

123. 陆粲：《庚巳编》卷五《张氏女》，第 53 页。

124. 陆粲：《庚巳编》卷五《沈宁妻》，第 53 页。

125. 陆粲：《庚巳编》卷六《江阴米商有女》，第 73 页。

126. 陆粲：《庚巳编》卷五《沈生妻吕氏》，第 53 页。

127. 例如参见陆容《菽园杂记》卷八，第 103 页；祝允明《语怪》，第 3 页下栏 ~5 页上栏；郎瑛《七修类稿》卷四八《五通摄人》，第 703 页；田艺蘅《留青日札》卷二八，第 13 页下栏 ~14 页上栏。

128. T'ien 1988；Elvin 1984.

129.《姑苏志》（1506 年）卷四，第 40 页下栏；卷四〇，第 27 页下栏；杨循吉：《苏州府纂修识略》卷三，第 9 页上栏。

130. 陆容：《菽园杂记》卷一五，第 183 页。陆容称常熟知县的此番作为与马文升"奏毁天下淫祠"有关。尽管马文升确实提交了这样的奏表，但他针对的是官府对真武信仰的支持，而没有提及五通神。参见马文升《端肃奏议》卷三《陈言振肃风纪神益治道事》，第 4 页上栏～5 页上栏。朝廷中还是有一些官员的确采取了取缔五通淫祠的措施。1491 年，身居北京的刑部尚书下令焚毁了刑部官署周围的五通庙。参见林俊《彭惠安公韶神道碑》，载焦竑编《国朝献徵录》卷四四，第 59 页上栏。

131. 陆粲：《庚巳编》卷五《说妖》，第 54 页。根据一份稍晚一些的文献，五通神为报复这位知府，附在了其爱妾身上，导致她忽得奇疾。知府感到十分焦虑。正当他开始考虑是否应收回成命时，来了一位医士，开出药房治好了知府的爱妾，驱走了五通神。参见褚人获《坚瓠八集》卷四《毁淫祠》，第 9 页下栏。

132.《华亭县志》（1521 年）卷九，第 6 页上栏。

133.《江阴县志》（1548 年）卷八，第 3 页下栏。

134. 一些江南人士，如陆粲，仍在坚持消除五通"淫祠"的单人行动。田汝成（《西湖游览志馀》卷二六〈幽怪传疑〉，第 477 页）称自己在一生中捣毁过数十间五通神祠庙（或许都位于其故乡杭州）。据我所知，在明末时期，吴江只有一间五显庙被改成了更为常规的祠庙，这件事发生在 1605 年。参见《吴江县志》（1747 年）卷七，13 页下栏。

135.《常熟县私志》（1618 年）卷六，第 2 页下栏。为五圣加上"福德"名号的是一份道教经文。参见《大惠静慈妙乐天尊说福德五圣经》（道藏 1183）。

136. 王志坚：《五通王辨》，载《吴县志》（1642 年）卷二一，第 21 页上栏～下栏。归庄把自己故乡昆山的一间五圣庙认作"淫祀"所在之地，但仍不得不屈从于同乡的要求，为这间祠庙写了一篇碑文。参见归庄《归庄集》卷一〇杂著《重建五圣庙门引》，第 511～513 页。

137.《姑苏志》（1506 年）卷二七，第 25 页上栏。

138.《泰玄酆都黑律仪格》，《道法会元》（道藏 1210）卷二六七，第 14 页下栏～15 页下栏。蔡雾溪讨论了该文本对道教中的五显信仰的

310

塑造。参见 Cedzich 1995：183 – 184。

139. 参见《正一吽神灵官火犀大仙考召秘法》,《道法会元》(道藏1210) 卷二二二;《上清都统马元帅驱邪秘法》,《道法会元》(道藏1210) 卷二二三;《金臂圆光火犀大仙正一灵官马元帅秘法》,《道法会元》(道藏1210) 卷二二四;《火犀大仙马官大法》,《道法会元》(道藏1210) 卷二二五;《正一灵官马帅秘法》,《道法会元》(道藏1210) 卷二二六。上述文献没有提及五显神,但在召唤马元帅的咒语中出现了"华光五通"四字。参见《正一吽神灵官火犀大仙考召秘法》,《道法会元》(道藏1210) 卷二二二,第 4 页上栏。马元帅的圣诞和五显神一样,也在九月二十八。参见《诸神圣诞日玉匣记等集目录》 (道藏1470),第 4 页下栏。

140. Cedzich 1995：184 – 188。在可以确定具体所属时期的文献中,最早提到马元帅的文本可能是一段叙述 1295 年江西奇事的文字。一位年轻女子被山魈附身,两名乡间的法师于是召出了马元帅与赵元帅 (即赵公明) 抓捕这一山魈。参见《湖海新闻夷坚续志》后集卷一《法治巫鬼》,第 165 页。

141.《北方真武祖师玄天上帝出身志传》卷三,第 15 页上栏 ~ 21 页下栏;卷四,第 12 页下栏 ~ 18 页下栏、21 页下栏。也可参见沈雅礼的英文翻译 (Seaman 1987：150 – 153,189 – 190,200)。

142. 柳存仁 (Liu Ts'un-yan) 令人们关注到一个事实,即 16 世纪小说《封神演义》中的将领马善的原型显然是华光,应该将其视为马元帅的一个化身。参见 Liu 1962：176 – 177。

143. 柳存仁把《封神演义》同《北游记》及其姊妹篇《南游记》做了比较,发现《封神演义》在佛道融合方面显得更加精细。在《南游记》中,华光的所作所为重现了广为流传的民间传说目连救母中的情节。对于《南游记》,柳存仁评论称"无论从象征意义还是从写作手法上都很粗陋"。参见 Liu 1962：165 – 166。不久前,沈雅礼 (Seaman) 在处理《北游记》棘手的作者身份问题时,提出应当将该书视作以扶乱风格书写的神启性文本。参见 Seaman 1987：12 – 39。

144.《杨东来先生批评西游记》第八出《华光署保》,第 34 ~ 36 页。尽管这出杂剧现存的明刻本称该剧作者是 14 世纪的一位元曲家,但当代学者多认为这是 16 世纪初的作品,其创作时间最迟为 1568 年。

参见 Dudbridge 1970：76 - 80。

145. 和《北游记》一样，《南游记》的作者和成书年代都无法确定，但蔡雾溪（Cedzich 1995：142）给出了可证明它们都在 1590 年之前刊行的证据。不久后，这两部小说和另外两部被并称为《四游记》，但目前还没有探究它们间具体联系的研究。虽然这四本小说可能在明末已经被合并为《四游记》，但现存最早的《四游记》来自 19 世纪初。现存最早的《南游记》是存于大英图书馆的 1631 年刊本，其全称是《全像华光天王南游志传》。该版本的标题页上题有"全像五显灵官大帝华光天王传"的字样，这是同时期的道教文献对五显神的称号，因此这种题字公然把小说主人公同五显神联系起来了。参见 Liu Ts'un-yan 1967：64 - 65，167，188 - 199。

146. 参见《全像华光天王南游志传》全书。蔡雾溪（Cedzich 1995）十分详细地研究了《南游记》，以及这本小说与华光信仰、五通信仰或五显信仰的关系。

147.《西游记》第九十六回《寇员外喜待高僧　唐长老不贪富贵》，第 1088 页。英文翻译参见 Anthony Yu 1983，4：357 - 358。

148.《三教源流搜神大全》卷五《灵官马元帅》，第 8 页上栏 ~ 9 页下栏。

149. 沈德符：《万历野获编》卷二五，第 648 页。同时参见 Zhuang Yifu 1982：630。

150. 参见 Zhuang Yifu 1982，3：1582。

151. 冯梦龙：《警世通言》卷二七《假神仙大闹华光庙》，第 411 ~ 419 页。

152. Cedzich 1995：203 - 213.

153.《全像华光天王南游志传》卷四，第 28 页上栏。

154.《三教源流搜神大全》卷五《灵官马元帅》，第 9 页下栏。

155.《汀州府志》（1527 年）卷九，第 13 页上栏；《归化县志》（1614 年）卷三，第 7 页上栏；《宁化县志》（1684 年）卷七，第 9 页下栏。

156.《钱塘县志》（1609 年）外纪，第 29 页上栏 ~ 下栏。

157. 韩森（Hansen 1990：140 - 143）提出商人或许在他们前往做生意的城市中设立了五显祠庙。但宋朝文献中提到的五通或五显祠庙修建者包括僧人、官员、地方豪族及普通居民，商人并没有被单独列为一类五显信仰供养人。没有任何直接证据可以证明从属于婺源祖庙的行祠的广泛分布与徽商有关。不管怎样，在五通神被加封为五显之前，对五通神法力的崇奉在南方早已十分普遍了。

第七章　财富的魔力

1. 《歙志》卷五（风土），第 12 页上栏；后来又被顾炎武转引，参见顾炎武《天下郡国利病书》第九册，第 76 页上栏～下栏。

2. Sakai 1970；Brokaw 1991.

3. Berling 1985.

4. 关于财神的简单调查，参见 Alexeiev 1928；Day 1940：113 – 116；Maspero 1928/1981：120 – 121；C. K. Yang 1961：76 – 80；Kubō 1986：236 – 240。

5. Cammann 1964：42 – 43. 福禄寿三神在明初各自拥有了不同的形象。参见 Fong 1983。

6. 王志坚：《五通王辨》，载《吴县志》（1642 年）卷五，第 21 页上栏～下栏。

7. Hamashima 1983，1993，2001；von Glahn forthcoming. 滨岛敦俊（Hamashima 1983：88）得出的结论是，总管信仰（他把"总管"当作江南地方神信仰的一种一般性标签）的出现时间是元朝末年以及明朝；他认为明清文献中关于地方神信仰源于宋朝的声明都是不实的。然而，至少对有些神灵的信仰（如在第五章中讨论过的李侯信仰）来说，其源头的确可以追溯至宋代。

8. Hamashima 1993：515 – 516，2001：16 – 25.

9. 和五通神类似，即使算不上"淫祀"，金总管一般来说至少也被视为"非正统"的神祇。参见陆粲《庚巳编》卷二《方学》，第 20 页；《乌青文献》（1688 年）卷三（风俗），第 8 页下栏；《吴郡甫里志》（1765 年）卷一五，第 7 页上栏。

10. 对刘猛将的传说进行了深入探索的研究有：Sawada 1982：118 – 135；Hamashima 1990a，2001：53 – 65；Chen and Zhou 1992。

11. 钱希言：《狯园》第十二，第 16 页下栏～17 页上栏。关于树头五圣及五通神的其他名目，还可参见田艺蘅《留青日札》卷二八，第 15

页上栏。

12.《吴县志》（1690 年）卷二九，第 9 页上栏。关于五圣被杭嘉湖地区的家户纳入家祀的过程，参见 von Glahn forthcoming。

13.《唐栖志略》（1767 年）卷下，第 17 页上栏 ~19 页上栏。

14.《安吉州志》（1750 年）卷七，第 7 页下栏；《双林续记》（1819 年），转引自《双林镇志》（1917 年）卷一五，第 8 页上栏。

15.《安吉州志》（1750 年）卷七，第 8 页上栏；《双林续记》（1819 年），转引自《双林镇志》（1917 年）卷一五，第 8 页上栏。

16. 钱希言：《狯园》第十二，第 17 页上栏 ~下栏；凌濛初：《初刻拍案惊奇》卷二〇《李克让竟达空函 刘元普双生贵子》，第 341 页。

17. 最早提到蚕花五圣的是《崇德县志》（1611 年）。

18.《吴郡甫里志》（1703 年）卷五，第 9 页上栏；同上书，卷五，第 3 页下栏；《吴郡甫里志》（1765 年）卷一五，第 2 页下栏。

19.《常熟县私志》（1618 年）卷六，第 9 页下栏 ~10 页上栏。在 18 世纪的江南地区，五方贤圣祠庙有时被称为五仙庙。

20. 王稚登：《吴社编》。

21.《吴郡甫里志》（1703 年）卷五，第 10 页上栏。

22.《绣谷春容》新话摭粹《李少妇私慕封师》，第 859 页。

23. 参见《正一玄坛赵元帅秘法》，《道法会元》（道藏 1210）卷二三二，第 5 页下栏；《玄坛赵元帅秘法》，《道法会元》（道藏 1210）卷二三三，第 17 页上栏 ~下栏；《正一龙虎玄坛大法》，《道法会元》（道藏 1210）卷二三六，第 4 页上栏 ~下栏。

24.《神霄遣瘟治病诀法》，《道法会元》（道藏 1210）卷二二一，第 1 页下栏。

25. 例如参见以宋朝道士萨守坚为原型的通俗神魔小说《咒枣记》（1603 年）第四回《萨君沿途试妙法 萨君收伏恶颠鬼》，第 22 页上栏、23 页上栏。

26. Johnson 1989：9 – 17.

27. 张岱：《陶庵梦忆》卷六《目莲戏》，第 59 页。相关段落的英文翻译，参见 Johnson 1989：9。

28. 在这个例子中，当地民众对传说的解读有些断章取义。实际上，"福"字是一个地名，指钱币是在福建首府福州的造币厂铸造的。

313

29.《紫隄村小志》（1718 年），第 183 页。

30. 这类描述最早见田汝成撰《西湖游览志馀》卷二六（幽怪传疑），第 476 ~ 477 页；后又见于田汝成撰《幽怪录》，第 3 页下栏；《钱塘县志》（1609 年）外纪，第 29 页上栏。

31.《长洲县志》（1598 年）卷一，第 9 页下栏。

32. 例如参见范成大为自己描述苏州乡民腊月习俗的组诗写的序：《腊月村田乐府十首》，《范石湖集》诗集卷三〇，第 409 ~ 410 页。

33.《吴江县志》（1685 年）卷五风俗，第 15 页下栏；《嘉定县志》（1673 年）卷四，第 14 页上栏。在产棉的嘉定县，人们也为其他一些地方神祇烧利市，这可由同一时期的另一本嘉定方志证实："业贸易者，率于每月朔望后一日，供纸马展祀土神，曰烧利市，谚云'初二、十六，土地吃肉'是也。"参见《紫隄村小志》（1718 年），第 52 页。

34. 在《卖油郎独占花魁》这个有名的故事中，贪婪的老鸨称若花魁能心甘情愿为自己赚钱，便"大大的烧个利市"。参见冯梦龙《醒世恒言》卷三，第 37 页。在另一则故事中，一位卖油郎在拾到一个装有银两的布包裹后不胜欢喜，对母亲说道："我们做穷经纪的人，容易得这主大财？明日烧个利市，把来做贩油的本钱，不强似赊别人的油卖？"参见冯梦龙《古今小说》卷二《陈御史巧勘金钗钿》，第 1 页上栏。

35.《常熟县私志》（1618 年）卷三，第 31 页下栏。

36. 冯梦龙：《警世通言》卷一五《金令史美婢酬秀童》，第 22 页上栏。

37.《常州府志》（1694 年）卷九，第 8 页上栏 ~ 下栏。

38.《仁和县志》（1687 年）卷五，第 24 页下栏 ~ 25 页上栏。嘉兴同样在正月初五祭祀五通神。参见《嘉兴县志》（1637 年）卷一五，第 20 页上栏。

39. 汤斌：《汤子遗书》卷九下《禁约事》（1686 年），第 37 页上栏 ~ 下栏。

40. 除了这座宝塔，原楞伽寺的其余部分均已不复存在。现在的寺庙修建于 19 世纪末。参见王德庆（1983 年）关于楞伽寺塔的建筑史研究。

41. 徐鸣时：《横溪录》（1629 年）卷四，第 5 页下栏 ~ 6 页下栏。

42. 钱希言：《狯园》第十二，第 16 页上栏～下栏；同时参见《吴县志》（1642 年）卷二一，第 21 页上栏。

43. 张世伟：《上方山楞伽寺塔碑》（1640 年）（苏州上方山楞伽寺内的石碑）。

44. 钮琇：《觚剩》卷一吴觚上《奏毁淫祠》，第 10 页上栏；缪彤：《毁上方山神祠记》，载《吴县志》（1690 年）卷二九，第 9 页下栏。

45. 《吴县志》（1690 年）卷二九，第 9 页下栏。

314

46. 钱希言：《狯园》第十一，第 30 页上栏～下栏；同时参见缪彤《毁上方山神祠记》，载《吴县志》（1690 年）卷二九，第 9 页下栏。五通信仰的这一特性令人联系起在 16 世纪的文献中被多次提到的河南的济渎祠（又称济源庙）。济渎神以向凡人放贷而闻名远近，希望向其借贷财物之人须先掷玟，根据占卜结果确定神灵是否批准了自己的请求。如果得到的是肯定的答复，祈求者就会准备写明自己欲借钱几何的契券，并将其抛入祠前神池，过一会儿就会有相应数目的银两浮出水面。如果银两被用去经商，贷者就需要支付双倍利钱。当契券快要到期之时，贷者需要如数归还本息，把银两丢回池中，然后契券就会重新浮出水面。参见祝允明《语怪》，第 13 页下栏～14 页上栏；陆粲《说听》卷上，第 7 页上栏～下栏。13 世纪初的史料同样提到了把祭品投进祠前神池的做法，虽然此处的祭品不是银两，而是酒与冥钱。但也有传言称，盛酒的银杯、收放香烛的香盒浮在水面就意味着神灵同意满足祈求者的愿望。神灵在饮酒之后会把银杯重新装满，这类神赐美酒将会永远甘甜。参见元好问撰《续夷坚志》卷一《济源灵感》，第 22～23 页。

47. 元宝是一种 50 盎司重的银锭，是地方递交给中央政府的税单中使用的标准货币单位。

48. Cai Limin 1992. 这份民族志中的数据基本来自 1989 年研究者与当地居民的访谈。

49. Hou 1975：35－38；68－69，97 ff.

50. Lauwaert 1990.

51. Sakai 1960；Brokaw 1991.

52. 参见 Handlin Smith 1987；Fuma 1997；Liang Qizi 1997.

53. McMahon 1998：9－10；Berling 1985.

54. 此处我的观点与葛希芝（Gates 1987）的相反。

55. 《研堂见闻杂记》，第 28～29 页。讲完这则故事后，该书著者评论称，和人界中的情形一样，贪欲和色欲在神灵世界也十分常见，在众神中只有关帝始终心志坚定、不为所动。

56. 东轩主人：《述异记》，卷上，第 16 页下栏～17 页上栏。在另外一个故事中，一位贪婪的福建鱼贩时常祭拜一位不知名的邪神，因为这位神灵为他带来了大量财富。在鱼贩外出行商之时，他的妻子在邪神的诱惑下开始与之偷情。鱼贩发现了这桩奸情，但不愿因惹恼神灵而丧失好运，于是他决定按兵不动。后来这位神灵又诱奸了鱼贩的长子的妻子。小儿子的妻子是一位身上总是带着关帝之像的虔诚女子，当神灵潜入她的房间欲行不轨时，全副武装的武神关羽突然现身，消灭了这位爱好玩弄女性的妖魔。参见甘岱云编《武帝全书》卷七，第 53 页下栏～54 页上栏。甘岱云在书中提出，在所有供奉此类邪神的家庭中，夫妻都分房而睡，以便满足邪神的淫欲。参见甘岱云编《武帝全书》卷七，第 54 页下栏～55 页上栏。

57. 蒲松龄：《聊斋志异》卷一〇《五通》，第 1417～1420 页。

58. Sangren 1987：150－152.

59. 想要更加深入地了解这一历史事件，参见 Jiang Zhushan 1995a，1995b。蒋竹山以清初宗教崇拜方面的法规为大背景，研究了汤斌禁毁五通神的措施。

60. 姚廷遴（1628～1697 年之后），《历年记》，载《清代日记汇抄》，第 122 页；顾公燮：《丹午笔记》，第 169～170 页。

61. 汤斌：《汤子遗书》卷二《请毁淫祠疏》，第 78 页下栏～81 页下栏。

62. 汤斌：《汤子遗书》卷二《请毁淫祠疏》，第 78 页下栏～81 页下栏；汤斌：《汤子遗书》卷九下《禁遏邪淫以正人心以厚风俗事》，第 32 页下栏；叶梦珠：《阅世编》卷四《宦迹一》，第 98～99 页；《长洲县志》卷三一，第 3 页上栏～5 页上栏；钮琇：《觚剩》卷一（吴觚上）《奏毁淫祠》，第 10 页上栏。在这个时期，苏州城内留存下来的五显庙也因其和民间淫祠的关联被废置。

63. 《婺源县志》卷五，第 18 页上栏～下栏；《古今图书集成·方舆汇编·职方典》卷七九二，第 22 页下栏。

64. 钮琇在其《觚剩》［卷一（吴觚上）《奏毁淫祠》，第 10 页上栏］中也强调了这两点。

65. 缪彤：《毁上方山神祠记》，载《吴县志》（1690 年）卷二九，第 9 页上栏～11 页下栏。

66. 汤斌：《汤子遗书》卷二《请毁淫祠疏》，第 78 页下栏～81 页下栏。后来的文献称，甚至连当地的著姓望族都愿意将家中妇人女儿相让，而这是令汤斌禁毁五通淫祠的最主要原因。参见破额山人（化名）《夜航船》卷七，第 8 页上栏。

67. 医者认为妇人之所以梦见与鬼魅交合，是因为其被剥夺了正常的性生活，因此宫中之人、尼姑、寡妇最易做这类梦。医书中描写的与鬼交之病有关的症状基本符合女子在被五通上身后的表现，但它还提出了一个新症——鬼胎。参见齐仲甫《女科百问》卷上，第 60 页下栏～62 页上栏。［此处我要向费侠莉（Charlotte Furth）表达感激之情，她让我注意到了这本中医古籍。］正如我们之前看到的（页边码第 182 页及表 2），宋朝人认为山魈和“独脚五通”是导致畸形胎儿的罪魁祸首，但在明清的五通信仰中这一母题未被提及。

68. 陆粲：《庚巳编》卷五《说妖》，第 51 页。

69. 冯梦龙：《智囊全集》明智部剖疑卷七《黄震》，第 375 页。

70. 这个故事有两个几乎一致的版本：吴炽昌：《客窗闲话》卷八《汤文正》，第 216～218 页；宣鼎：《夜雨秋灯录》三集卷一《汤文正》，第 10 页上栏～11 页上栏。

71. 南京本地的一位史家记录了一位未嫁的医士之女的故事。这名女子梦到声称将要娶她为妇的城隍神，然后很快就身故了。后来她被城中百姓敬为城隍夫人，他们在城隍庙的后殿为她塑了一尊像。类似的故事还发生在 1827 年，但这一次欲娶年轻女子为妇的是财神。参见甘熙《白下琐言》卷三，第 22 页下栏。对以人配神的母题的总体概述，参见 Sawada 1982：250 - 277。

72. 赵翼：《陔余丛考》卷三五，第 773～774 页。

73. 对当代神婆的研究没有提及与神灵的交媾。在香港，女性通常因个人悲剧——如配偶或儿女的死亡——而成为职业神婆，死去的亲人是她们与神灵世界的沟通中必不可少的一环。人们认为这些成为神婆的女人体内留有“仙骨”，这是把她们与神灵世界联系在一起的纽带，而普通人的"仙骨"在出生之时便会断掉。有趣的是，人们普遍相信若不能在婚前断掉这种关联，婚姻本身就会成为死劫。参见 Potter 1974：225－228。

74. 《吴郡甫里志》（1703 年）卷五（神庙），第 3 页下栏；《南翔镇志》（1782 年）卷一二，第 9 页上栏；《支溪小志》（1788 年）卷四，第 24 页下栏。

75. 《常熟县志》（1687 年）卷九，第 28 页下栏~29 页上栏。

76. 钮琇：《觚剩》卷一（吴觚上）《奏毁淫祠》，第 10 页上栏；叶梦珠：《阅世编》卷四，第 99 页。

77. 袁栋：《书隐丛说》卷一，第 22 页上栏~23 页下栏；钱思元：《吴门补乘》（约 1771~1803 年）卷八《杂记补》，第 13 页下栏；赵翼《陔余丛考》卷三五，第 773 页。1748 年的《苏州府志》（卷七九，第 39 页上栏~下栏）引用了陆粲对五通神信仰的详细描述，试图以此说明它依然十分盛行。

78. 它们多数被改建为供奉文昌的祠庙，文昌为掌管办学和科考功名的神祇。蒋竹山（1995b：103－104）列出了于 17 世纪 80 年代后期被改建的江南五通祠庙的名单。

79. See Glahn forthcoming.

80. 宣鼎：《夜雨秋灯录》三集卷一《汤文正》，第 11 页下栏。

81. 甘熙：《白下琐言》卷一，第 17 页下栏。

82. 《吴江县志》（1747 年）卷五八，第 31 页上栏；《平望志》（1840 年）卷五，第 7 页下栏。

83. 《震泽县志》（1746 年）卷二五，第 6 页上栏。

84. 《周庄镇志》（1882 年）卷六，第 14 页下栏。

85. 郑元庆：《湖录》，转引自《乌程县志》（1746 年）卷一三，第 2 页下栏~3 页上栏；亦见于《湖州府志》（1879 年）卷二五，第 25 页上栏。一份 19 世纪的湖州方志也引用了这段话，并提出最近该风俗变得更加风行了。参见《南浔镇志》（1840 年）卷二三，第 3 页下栏。但另外一份湖州的方志在描述每月初二、十六的祭祀时只提到了五通神。参见《长兴县志》（1805 年）卷一四，第 8 页上栏。在无锡正月初五祭拜财神的习俗中，金总管也是祭祀对象之一。参见黄印《锡金识小录》（1752 年）卷一，第 20 页下栏。

86.《唐栖志略》（1767 年）卷下，第 17 页下栏 ~ 19 页下栏；《唐栖志》（1881 年）卷六，第 13 页上栏。

87.《双林续集》（1819 年），转引自《双林镇志》（1917 年）卷一五，第 8 页上栏。

88. 蒋竹山（1995b：110 – 111；1997：207 – 209）批判了我从前探讨这个话题的一篇文章（von Glahn 1991），认为国家权力在限制五通信仰方面发挥了很大作用，强调就这一点而言清廷比明廷更为强势。我仍然坚持我的观点，因为清朝尽管在对五通神公共祠庙的打击上取得了一定成效，但未能根除百姓私下对五通的供奉、信仰。

89. 毛祥麟：《墨余录》卷三，第 7 页上栏。一位生活于 19 世纪的苏州人称，任何向神灵祈愿之人必然在祷词中提及五通神的部下马公与宋相。根据苏州的地方传说，汤斌当年拆毁上方山五通庙时，只有马公与宋相的神像完好无损，据说这是因为庙祝告诉汤斌他们是财神。参见钱泳《履园丛话》卷一五（鬼神）《马公宋相》，第 399 页。近年，马公又称"马福总管"。参见 Gu Xijia 1990：128。

90.《分湖小识》（1847 年）卷六，第 3 页上栏；《金山县志》（1878 年）卷一七，第 3 页上栏；《昌化县志》（1924 年）卷四，第 4 页下栏；《南汇县志》（1929 年）卷八，第 6 页下栏。20 世纪初，法国传道士禄是遒（Henri Doré）报告称，五显神在杭州及其周边的家堂中有时会被摆在最重要的位置。参见 Doré 1916：418。

91. 甘熙：《白下琐言》卷六，第 4 页下栏。

92. 19 世纪笔记小说集中的五通神故事的中心主题是淫人妻女，而不是获得财富。例如参见诸联辑《明斋小识》卷一，第 4 页上栏 ~ 下栏；慵讷居士（化名）《咫闻录》卷一二《五通神》，第 10 页上栏 ~ 11 页上栏；长白浩歌子（化名）《萤窗异草》三编卷四《续五通》，第 1 页上栏 ~ 4 页下栏。

93.《平望志》（1840 年）卷一二，第 9 页下栏 ~ 10 页下栏；《元和唯亭志》（1848 年）卷三风俗，第 31 页下栏。

94. Jiang Zhushan 1995b：100 – 104.

95. 袁枚：《子不语》卷八《五通神因人而施》，第 195 页。

96. 裕谦：《勉益斋续存稿》卷七《禁五通淫祠并师巫邪说示》，第 47 页下栏 ~ 48 页上栏；卷一五《禁各属五通等项淫祠示》，第 49 页上栏~52页上栏。

97. 裕谦：《勉益斋续存稿》卷一六《渤石永禁楞伽山五通淫祠示》，第6页上栏~8页下栏。

98. 清朝的文献反复强调了女觋在五通神崇拜中扮演的重要角色。例如参见《金山县志》（1878年）卷一七，第3页上栏；《昆新两县志》（1824年）卷一，第22页下栏；《分湖小识》（1847年）卷六，第3页上栏~下栏。

99. 很明显，叫喜同一直与五通神有关的收惊法十分相似。见本书第六章。

100. 同样，郑光祖在评论裕谦的禁毁运动时提出，五通神信仰的内容包括茶筵、烧纸、收惊、借债。参见郑光祖《一斑录》杂述三《上方山五通》，第2页上栏~下栏。郑光祖证实，尽管自汤斌以来官府颁布了多道禁令，但上方山主祠的五通信仰依旧不能禁绝，在他的故乡常熟情况同样如此。

101. 18世纪的碑文题词证实京城的珠宝匠、古董商和其他行业的行会自18世纪30年代起便十分积极地捐助此庙，但这些题词都坦言不知该庙建于何时，也都没有提到五显神模棱两可的出身。参见《五显福王财神庙碑记》（1756年，北京图书馆1990，71：84）、《柳巷村财神庙碑记》（1780年，北京图书馆1990，74：66）、《五显财神庙碑》（1790年，北京图书馆1990，75：146）、《五显财神庙碑记》（1807年，1990，78：2）。在20世纪初，这间祠庙仍是北平最主要的财神庙。参见Sawada 1982：48。

102. 余蛟：《梦厂杂著》卷一《五哥庙记》，第2~3页。

103. Berling 1985.

104. Yü Ying-shi 1987b：136 - 166。

105. 清初的资产阶级文化实现了商贾之财同儒家的道德观和社会地位观的结合，但还没有人对此进行深入研究。一些初步研究和富含暗示性的调查包括Terada 1972 esp. 283 - 296；Yü Ying-shi 1987b；Zhang Zhengming 1995：134 - 162；Lufrano 1997。19世纪，作为地方商业中心的汉口形成了具有凝聚力的"市民阶层（urban class）"，并在政治和社会福利领域发展出了"以行会为中心的精英行动主义"（guild-centered elite activism），罗威廉（Rowe 1984）对此做了充分描述。他将这个过程称为"资产阶级化"(embourgeoisement,第 345 页),还提到了"市民阶层"的形成,但他没有赋予这两个表述分析层面的精确意义。

106. 当然,关帝广受推崇的时间远远早于 18 世纪,但之前他只是山西与陕西百姓的守护神。早期两地商人通常会以关帝庙的形式修建山陕会馆。山西票号商人公然宣称关帝是自己的祖先与守护神,然而清朝徽商或其他商人修建的会馆也以关帝为首要祭拜对象。参见 Niida 1951:19,54,65,75,95。田海(Barend ter Haar 2000)提出,关帝同晋商的关联可以追溯至宋朝解州盐商对关帝信仰的资助。

107. 顾张思:《土风录》卷一八《五路》,第 25 页下栏 ~ 27 页下栏。

108.《双林镇志》(1917 年)卷一五,第 10 页上栏。更多关于"接路头"的细节可参见 Zhang Yongyao et al. 1994:60 - 62。

109. Sawada 1969:94 - 95. 清朝末年,杭州的宗教会社在清明会前往五云山向财神"借元宝",该宗教节日标志着养蚕季的开始。参见《杭俗怡情碎锦》,第 9 ~ 10 页。成书时间稍晚的另一著作明确指出,人们在五云山上祭拜的神祇就是华光。参见 Hu Puan 1923,2:227。

110. Zhang Yongyao et al. 1994:61;Ou Yue 1992:131;Wu Zude 1992:116.

111. 顾禄:《清嘉录》卷一(正月)《接路头》,第 9 页上栏 ~ 下栏。这种联系最早由顾张思在 18 世纪末提出(参见《土风录》卷一八《五路》,第 25 页下栏 ~ 27 页下栏),但南京方志的编纂者们坚定地拒绝了这个出现于 18 世纪中叶的"近日理论"。参见《江宁县志》(1748 年)卷一○,第 5 页上栏。毫无疑问,这些文献之所以将五路财神与顾野王联系起来,是因为顾野王就葬在石湖湖畔。参见潘柽章《松陵文献》卷一,第 11 页下栏。顾震涛在《吴门表隐》(卷一一,第 151 ~ 152 页)中还提到了将财神与江南地区其他历史人物或历史传说人物联系在一起的多种说法。

112. 清朝的地方志中零零散散地提到了财神庙在明朝的修建,但这些记录无法与明朝的文献相互印证。总体而言,18 世纪对于财神庙的建立是一个分水岭。例如 1749 年嘉兴濮院镇镇民在当地的土地庙中加建了一间财神殿;该镇的丝绸商人在 1773 年主要道观重建时捐钱加修了另一间财神殿。参见《濮川所闻记》(1813 年)卷二,第 15 页下栏、

319　18 页上栏。

113. 顾振涛：《吴门表隐》卷一一，第 151 ~ 152 页。

114.《吴县志》（1933 年）卷三四，第 17 页上栏。

115. 最早提到财神是贸易行会主神的文献是一篇 1762 年的碑文，这块石碑由来自常州的肉铺商人在苏州修建会馆时竖立。参见《猪行公建毗陵公墅碑》，载苏州历史博物馆等编《明清苏州工商业碑刻集》（1981 年）第 250 ~ 251 页。具体指出会馆内供有哪些神像的碑文数量不多，其中提到财神的更是十分少见（在上海的二十三块石碑中只有四块提到财神，而在苏州的三十三块石碑中只有两块提到）。19 世纪和 20 世纪初，生意种类取代籍贯成了商会的组建原则，财神也在更多会馆中受到崇拜。仁井田陞（Niida Noboru）于 20 世纪 40 年代调查了北京的二十六间会馆，发现其中有十一间都把各类财神视作头等重要或次等重要的神像。参见 Niida 1951：128 - 129。

116.《璜泾志略》（约 1790 年），转引自《璜泾志稿》（1940 年）卷一，第 9 页上栏。还可参见《镇洋县志》（1744 年）卷一，第 9 页上栏；《南浔镇志》（1859 年）卷二三（风俗），第 11 页下栏；《双林镇志》（1917 年）卷九，第 4 页上栏。还有一些文献列举了五路堂，但没有明确点出它们与五通神的关联。参见《盛湖志》（1716 年）卷上，第 53 页上栏；《平望志》（1840 年）卷五，第 9 页上栏 ~ 下栏；《吴郡甫里志》（1765 年）卷一五，第 5 页下栏；《沙头里志》（1740 年抄本）卷二，第 12 页下栏；《震泽镇志》（1844 年）卷六，第 14 页下栏；《南翔镇志》（1782 年）卷一〇，第 12 页下栏。

117. 四大元帅中的另外两位为温琼和关帝。参见《清微马赵温关四帅大法》，《道法会元》卷三六（道藏 1210）。与马、赵、温、关四位元帅有关的具体科仪，请分别参见《道法会元》卷二二二至二二六、卷二三二至二四〇、卷二五三至二五四、卷二五九至二六〇。

118.《正一玄坛赵元帅秘法》，《道法会元》（道藏 1210）卷二三二，第 1 页上栏 ~ 2 页下栏。和合二仙在获取财富的过程中充当中间人，具体可参见以下文献中保存的符咒：《正一玄坛赵元帅秘法》，《道法会元》（道藏 1210）卷二三二，第 14 页下栏 ~ 15 页上栏；《玄坛赵元帅秘法》，《道法会元》（道藏 1210）卷二三三，第 8 页上栏、12 页上栏；《正一龙虎玄坛金轮执法如意秘法》，《道法会元》（道藏 1210）卷二三四，第 18 页上栏。

119.《三教源流搜神大全》卷三，第 19 页下栏～20 页上栏。

120. 许仲琳：《封神演义》卷二〇第九十九回《姜子牙归国封神》，第 994 页。

121. 最早提到人们把赵公明当作财神祭拜的是 1830 年的文本。参见顾禄撰《清嘉录》卷三（三月）《斋玄坛》，第 11 页下栏。在这份文本中，人们祭拜赵公明的时间是三月十五，也就是他的圣诞日。尽管后人把赵公明及其四位部将同五路财神联系起来，但是他们的起源明显不同。参见 Nakamura 1983：374 – 375。

122. 20 世纪江南地区崇拜武财神赵公明的情况，参见 Zhang Yongyao et al. 1994：60；Wu Zude 1992：115 – 116；Ou Yue 1992：130 – 131。

123. 书题中的"宝卷"是一种涵盖面广泛的宗教文学体裁。最早的宝卷都源自佛教宗派，在明末它与带有预言性质的救世主义民间教派联系十分紧密。但从 17 世纪末起，宝卷与教派的关联性不复存在，它成了宣扬融合儒、释、道传统伦理和虔敬的说教性作品。《财神宝卷》便创作于后一个阶段。关于宝卷的演变，参见 Overmyer 1985；关于宗派类宝卷的初期发展，参见 Overmyer 1985。

320

124. 五个儿子出生在五个不同的家庭。但是后来他们被带至一处，意识到自己和其余四人是兄弟关系，以及品行高尚的老年夫妻是自己真正的父母。

125.《财神宝卷》（年代不详，北京大学图书馆藏手稿）。这份手稿中的内容与现藏于早稻田大学图书馆的 1824 年手稿相同，后者的名目曾在泽田瑞穗（Sawada 1975：143 – 144）的研究中列出。李世瑜（1961：4，no. 31）编录了这份文本 19 世纪、20 世纪的其他手抄本。

126. 明末文学著作中通过乐善好施求子的常见情节，参见 Lauwaert 1990。

127. 我从桑高仁（Sangren 1987：183）的研究中借用了"阳化"（yangificaion）的说法。桑高仁用这个词描述观音、妈祖等女性神祇服从于既有社会秩序的过程。他同时强调在男权化的神灵体系中，这类女性神祇的定位是模棱两可的，她们仍可能成为人们用以否定尊卑等级的载体。而现代财神更为彻底地摒弃了这种不确定性。

128. 参见 von Glahn 1996。

129. Von Glahn 2003a.

130. 研究清代社会福利机构的文献数量在迅速增加。尤其值得参考的有：Liang Qizi 1997；Fuma Susumu 1997。物价变动在清朝的重要性仍是一个备受争议的问题，尽管学界普遍承认，18 世纪的物价呈长期稳定的态势，与 16 世纪和 17 世纪的情形完全不同。关于此点的近期评论，参见 Kishimoto 1997：11 - 73。

131. 浙江民俗协会 1986：66（见与杭州的五圣崇拜有关的部分）。

132. Jin Tianlin 1995：65 - 78.

133. 《西吴蚕略》，转引自《湖州府志》（1874 年）卷三一，第 23 页上栏。1879 年的《石门县志》［卷一一（风俗），第 9 页上栏］发现本地的养蚕人在祭祀蚕花五圣一事上极为虔诚，甚至每逢蚕虫"大眠"都会向蚕花五圣敬献鸭鹅。

134. Day 1940：161 - 162, 213. 队克勋（Clarence Day）认定华光就是蚕神，进一步证实了这些五圣与五通信仰间的联系。同上书，第212 页。

135. Jin Tianlin 1990.

136. Gu Xijia 1990：124（table 1）. 赊佛是吴地方言对这类仪式的俗称。参见 Jiang Bin, ed., 1992：11。

137. Cai Limin 1992. 我自己在 1991 年和 1998 年拜访上方山寺时所做的观察也可证明这点。

138. 这幅对联运用了汤斌的象征性意义，巩固了上方山上的五通信仰。蒋竹山（1997：208 - 209）曾经提出，汤斌在清朝获得的尊崇证明人们接受了"邪不胜正"的儒家学说。但这副对联中的内容令人不禁质疑该观点的可信度。

结　语

1. 这个说法源自龙彼得（Piet van de Loon 1977：168）。多数关注中国宗教的学者（包括我自己）都认为萨满信仰（shamanism）这个概念无助于对中国宗教的研究，但都认可龙彼得观点的重要意义，即提出中国宗教的主要功能在于通过仪式行为祈福祛邪。参见 Schipper 1985c：32；Dean 1993：17；Dvis 2001：1 - 4。

2. Davis 2001：1 – 2.

3. Hamashima 2001：101 – 103.

4. Davis 2001：78.

5. Duara 1988.

6. Katz 1995：113 – 116.

参考文献中的缩写

BJXS   *Biji xiaoshuo daguan* 笔记小说大观 collectanea. Taibei 台北：Xinxingshuju 新兴书局，1973 – .

CSJC   *Congshu jicheng* 丛书集成 collectanea. Shanghai 上海：Shangwu yinshuguan 商务印书馆，1935 – 1939.

HY   *Daozang zimu yinde* 道藏子目引得. Weng Dujian 翁独健，comp. Harvard-Yenching Institute Sinological Index Series 汉学引得丛刊，no. 25，1935. Rpt. Taibei 台北：Chinese Materials and Research Aids Center 汉学研究资料及服务中心，1966.

SBCK   *Sibu congkan* 四部丛刊. Shanghai 上海：Shangwu yinshuguan 上海商务印书馆，1919 – 1937.

SKQS   *Wenyuange Siku quanshu* 文渊阁四库全书 collectanea. Taibei 台北：Taiwan shangwu yinshuguan 台湾商务印书馆，1983.

SYDFZ   *Song Yuan difangzhi congshu* 宋元地方志丛书. Taibei 台北：Dahuashuju 大化书局，1970.

T   *Taishō Shinshū Daizōkyō* 大正新修大藏经. Tokyo 东京：Taishō issaikyo kankōkai 大正一切经刊行会，1922 – 1933.

参考文献

原始文献

Anji zhouzhi 安吉州志. 1750.

Baixia suoyan 白下琐言. Gan Xi 甘熙. 1847. 1926 rpt. of 1890 ed.

Baize jingguai tu 白泽精怪图. Dunhuang ms., Pelliot 敦煌手稿（伯希和）
no. 2682. In *Dunhuang baozang* 敦煌宝藏, 123：287 – 90. Taibei 台北：
Xinwenfeng chuban gongsi 新文丰出版公司, 1981 – 1986.

Baize tu 白泽图. In Ma Guohan 马国翰, *Yuhan shanfang jiyishu* 玉函山房辑
佚书. 1874.

Bamin tongzhi 八闽通志. Huang Zhongzhao 黄忠昭. Fuzhou 福州：Fujian
renmin chubanshe 福建人民出版社, 1989.

Baopuzi neipian jiaoshi 抱朴子内篇校释. Ge Hong 葛洪. Ed. Wang Ming 王明.
Beijing 北京：Zhonghua shuju 中华书局, 1980.

Beifang Zhenwu zushi xuantian shangdi chushen zhizhuan 北方真武祖师玄天
上帝出身志传. 1601. Rpt. in *Guben xiaoshuo jicheng* 古本小说集成,
vol. 121. Shanghai 上海：Shanghai guji chubanshe 上海古籍出版社.

Beijian ji 北涧集. Jujian 居简. *SKQS* ed.

Beixi daquan ji 北溪大全集. Chen Chun 陈淳. *SKQS* ed.

Chongbian guyun hongcheng Xing qingjie gong songyuan wenji 重编古筠洪城
幸清节公松垣文集. Xing Yuanlong 幸元龙. 1616 ms.

Bowu zhi 博物志. Zhang Hua 张华. *Longxi jingshe congshu* 龙溪精舍丛书 ed.

Caishen baojuan 财神宝卷. Undated ms. Beijing University Library 北京大学
图书馆.

Chang Zhao hezhi gao 常昭合志稿. 1904.

Changhua xianzhi 昌化县志. 1924.

Changshuxian sizhi 常熟县私志. 1618.

Changshu xianzhi 常熟县志. 1539.

Changxing xianzhi 长兴县志. 1805.

Changxing xianzhi 长兴县志. 1875.

Changzhou fuzhi 常州府志. 1694.

Changzhou xianzhi 长洲县志. 1598.

Changzhou xianzhi 长洲县志. 1765.

[*Jiading*] *Chicheng zhi* 嘉定赤城志. 1224. *SYDFZ* ed.

Chitang cungao 耻堂存稿. Gao Side 高斯得. *SKQS* ed.

Chongde xianzhi 崇德县志. 1611.

Chuguo Wenxiangong xuelou Cheng xiansheng wenji 楚国文宪公雪楼程先生
文集. Cheng Jufu 程钜夫. Facs. of Taoshi sheyuan 陶氏涉园 ed. Rpt. Taibei
台北: "Guoli zhongyang tushuguan" "国立中央图书馆", 1970.

Chunqiu zuozhuan Zhengyi 春秋左传正义. *Shisanjing zhushu* 十三经注疏
ed. Rpt. Shanghai 上海: Shanghai guji chubanshe 上海古籍出版社,
1990.

Dahui jingci miaole tianzun shuo fude wusheng jing 大惠静慈妙乐天尊说福德
五圣经. *HY* 1183.

Danwu biji 丹午笔记. Gu Gongxie 顾公燮. 1818. Nanjing 南京: Jiangsu guji
chubanshe 江苏古籍出版社, 1999.

Daofa huiyuan 道法会元. *HY* 1210.

Daojiao lingyan ji 道教灵验记. Du Guangting 杜光庭. *HY* 590.

Daoyao lingqi shengui pin jing 道要灵祇神鬼品经. Dunhuang ms., Stein 敦煌
手稿 (斯坦因) no. 986. In *Dunhuang baozang* 敦煌宝藏, 8: 118 –
124. Taibei 台北: Xinwenfeng chuban gongsi 新文丰出版公司, 1981 –
1986.

Dazhidu lun 大智度论 (*Mahàprajñapàramità-Màstra*). *T* 1509; vol. 25.

Dengzhen yinjue 登真隐诀. Tao Hongjing 陶弘景. *HY* 421.

Diqi shangjiang Wen Taibao zhuan 地祇上将温太保传. Huang Jin 黄瑾.
1274. *HY* 779.

Dongjing menghua lu 东京梦华录. Meng Yuanlao 孟元老. 1147. In *Dongjing
menghua lu wai sizhong* 东京梦华录外四种. Beijing 北京: Zhonghua shuju
中华书局, 1962.

Dongxuan lingbao wuyue guben zhenxing 洞玄灵宝五岳古本真形图. *HY* 441.

Dongxuan lingbao ziran jiutian shengshen yuzhang jing 洞玄灵宝自然九天生
神玉章经. *HY* 318.

Duansu zouyi 端肃奏议. Ma Wenshen 马文升. *SKQS* ed.

Duduan 独断. Cai Yong 蔡邕. *SKQS* ed.

Erke pai'an jingqi 二刻拍案惊奇. Ling Mengchu 凌濛初. 1632. Rpt. Shanghai 上海：Shanghai guji chubanshe 上海古籍出版社，1985.

Erya 尔雅. *Wuya quanshu* 五雅全书 ed.

Fan Shihu ji 范石湖集. Fan Chengda 范成大. Hong Kong 香港：Zhonghua shuju 中华书局，1974.

Fangyu shenglan 方舆胜览. Zhu Mu 祝穆. Ca. 1240. Facs. of Kongshi yuexuelou 孔氏岳雪楼 ms. Rpt. Taibei 台北：Wenhai chubansh 文海出版社，n. d.

Fangzhou ji 方洲集. Zhang Ning 张宁. *SKQS* ed.

Fengshen yanyi 封神演义. Xu Zhonglin 许仲琳. Shanghai 上海：Shanghai guji chubanshe 上海古籍出版社，1989.

Fengsu tongyi jiaoshi 风俗通义校释. Ying Shao 应邵. Ed. Wu Shuping 吴树平. Tianjin 天津：Tianjin guji chubanshe 天津古籍出版社，1990.

Fenhu xiaozhi 分湖小识. 1847.

Foshuo guanding moniluodan da shenzhou jing 佛说灌顶摩尼罗亶大神咒经. *T* 1331；vol. 21.

Foshuo moniluodan jing 佛说摩尼罗亶经. *T* 1393；vol. 21.

Fozu tongji 佛祖统纪. Zhipan 志磐. 1269. *T* 2035；vol. 49.

Fuliang xianzhi 浮梁县志. 1783.

Funing zhouzhi 福宁州志. 1616.

Fuzhou fuzhi 福州府志. 1613.

Gaiyu congkao 陔余丛考. Zhao Yi 赵翼. 1790. Shanghai 上海：Shangwu yinshuguan 商务印书馆，1957.

Ganzhu ji 绀珠集. Zhu Shengfei 朱胜非. *SKQS* ed.

Gengsibian 庚巳编. Lu Can 陆粲. Ca. 1520. Beijing 北京：Zhonghua shuju 中华书局，1987.

Gu Su zhi 姑苏志. 1506.

Guangling ji 广陵集. Wang Ling 王令. *SKQS* ed.

Guangya shuzheng 广雅疏证. Zhang Yi 张揖 Ed. Wang Niansun 王念孙. Hong Kong 香港：Zhongwen daxue chubanshe 中文大学出版社，1978.

Guangyi ji 广异记. Dai Fu 戴孚.

Guangyun jiaoben 广韵校本. Chen Pengnian 陈彭年. Ed. Zhou Zumo 周祖谟. Beijing 北京：Zhonghua shuju 中华书局，1960.

Gui Zhuang ji 归庄集. Gui Zhuang 归庄. Beijing 北京：Zhonghua shuju 中华书局，1962.

Guihua xianzhi 归化县志. 1614.

Guixin zashi 癸辛杂识. Zhou Mi 周密. Ca. 1298. Beijing 北京：Zhonghua shuju 中华书局，1988.

Gujin tushu jicheng 古今图书集成. 1725. Rpt. Beijing 北京：Zhonghua shuju 中华书局，1934.

Gujin xiaoshuo 古今小说. Feng Menglong 冯梦龙. Taibei 台北：Dingwen shuju 鼎文书局，1974.

Guochao xianzheng lu 国朝献徵录. Jiao Hong 焦竑，comp. 1616.

Guoyu 国语. *CSJC* ed.

Gusheng 觚剩. Niu Xiu 钮琇. 1700. *BJXS* ed.

Hailu suishi 海录碎事. Ye Tinggui 叶廷珪. 1149. 1598 ed. Rpt. Taibei 台北：Xinxing shuju 新兴书局，1974.

Han shu 汉书. Ban Gu 班固. Beijing 北京：Zhonghua shuju 中华书局 ed.

Hanfeizi jishi 韩非子集释. Ed. Chen Qiyou 陈奇猷. Shanghai 上海：Shanghai renmin chubanshe 上海人民出版社，1974.

Hangsu yiqing suijin 杭俗怡情碎锦. 1861. Rpt. Taibei 台北：Xuesheng shuju 学生书局，1984.

Hengxi lu 横溪录. Xu Mingshi 徐鸣时. 1629.

Hou Han shu 后汉书. Fan Ye 范晔. Beijing 北京：Zhonghua shuju 中华书局 ed.

Hu lu 湖录. Zheng Yuanqing 郑元庆. Ca. 1700.

Huainan honglie jishi 淮南鸿烈集解. Ed. Liu Wendian 刘文典. Beijing 北京：Zhonghua shuju 中华书局，1989.

Huang Song shichao gangyao 皇宋十朝纲要. Li Zhi 李埴. Ca. 1213. Facs. Of Liujingkan congshu 六经堪丛书 ed. Rpt. Taibei 台北：Wenhai chubanshe 文海出版社，1980.

Huangjing zhigao 璜泾志稿. 1940.

Huangjing zhilüe 璜泾志略. Ca. 1790.

Huangshi richao 黄氏日抄. Huang Zhen 黄震. *SKQS* ed.

Huangyan xianzhi 黄岩县志. 1579.

Huating xianzhi 华亭县志. 1521.

Huhai xinwen yijian xuzhi 湖海新闻夷坚续志. Yuan 元. Beijing 北京：

Zhonghua shuju 中华书局, 1986.

Huichang jieyi lu 会昌解颐录.

Huizhou fuzhi 徽州府志. 1502.

Huzhou fuzhi 湖州府志. 1874.

Jiading xianzhi 嘉定县志. 1673.

[*Zhiyuan*] *Jiahe zhi* 至元嘉禾志. 1288. *SYDFZ* ed.

Jiangning xianzhi 江宁县志. 1748.

Jiangsu jinshi zhi 江苏金石志. N. p.：江苏通志局, 1927. Rpt. *Shike shiliao congshu* 石刻史料丛书. Taibei 台北：Yiwen yinshuguan 艺文印书馆, 1966.

Jiangyin xianzhi 江阴县志. 1548.

Jiangzhou zhi 江州志. Ca. 1240 – 1279.

Jianhu baji 坚瓠八集. Chu Renhuo 褚人获. 1690 – 1703. *BJXS* ed.

Jiaxing xianzhi 嘉兴县志. 1637.

Jilei bian 鸡肋编. Zhuang Chuo 庄绰. 1133. Hanfenlou 涵芬楼 ed.

Jingshi tongyan 警世通言. Feng Menglong 冯梦龙. 1624. Rpt. Beijing 北京：Renminwenxue chubanshe 人民文学出版社, 1956.

[*Zhizheng*] *Jinling xinzhi* 至正金陵新志. 1344. *SYDFZ* ed.

Jinshan xianzhi 金山县志. 1878.

Jiwen 纪闻. Niu Su 牛肃.

Jiyi ji 集异记. Xue Yongruo 薛用弱. *SKQS* ed.

Kechuang xianhua 客窗闲话. Wu Chichang 吴炽昌. 1824. Beijing 北京：Wenhua yishu chubanshe 文化艺术出版社, 1988.

Kuaiyuan 狯园. Qian Xiyan 钱希言. 1613. In *Songshu shijiu shan* 松枢十九山. 1616.

Kuiche zhi 暌车志. Guo Tuan 郭彖. Ca. 1165. *Baihai* 稗海 ed.

Kun Xin liangxian zhi 昆新两县志. 1824.

Kunshan xianzhi 昆山县志. 1344. *SYDFZ* ed.

Li Gou ji 李觏集. Li Gou 李觏. Beijing 北京：Zhonghua shuju 中华书局, 1981.

Liangzhe jinshi zhi 两浙金石志. Ruan Yuan 阮元, comp. Hangzhou 杭州：Zhejiang shuju 浙江书局, 1890. Rpt. *Shike shiliao congshu* 石刻史料丛书. Taibei 台北：Yiwen yinshuguan 艺文印书馆, 1966.

Liaozhai zhiyi 聊斋志异. Pu Songling 蒲松龄. 1679. Shanghai 上海：Shanghai guji chubanshe 上海古籍出版社，1962.

Liji zhengyi 礼记正义. *Shisanjing zhushu* 十三经注疏 ed. Rpt. Shanghai 上海：
Shanghai guji chubanshe 上海古籍出版社，1990.

［*Chunyou*］*Lin'an zhi jiyi*（淳祐）临安志辑逸. 1252. Ed. Hu Jing 胡敬.
Wulin zhanggu congbian 武林掌故丛编 ed.

［*Xianchun*］*Lin'an zhi* 咸淳临安志. Ca. 1265 – 74. *SYDFZ* ed.

Linchuan zhi 临川志. 1263.

Lingbao wuliang duren shangpin miaojing 灵宝无量度人上品妙经. *HY* 1.

Lingguan Ma yuanshuai mifa 灵官马元帅秘法. In *Daofa huiyuan* 道法会元
（*HY* 1210），222 – 226.

Linian ji 历年记. Yao Tinglin 姚廷遴. In *Qingdai riji huichao* 清代日记汇抄.
Shanghai 上海：Shanghai renmin chubanshe 上海人民出版社，1982.

Linting zhi 临汀志. Ca. 1259.

Lishi zhenxian tidao tongjian 历世真仙体道通鉴. *HY* 296.

Liuqing rizha 留青日札. Tian Yihen 田艺蘅. 1573. Rpt. Shanghai 上海：Shanghai
guji chubanshe 上海古籍出版社，1985.

Longyu hetu 龙鱼河图.

Lu Shiheng ji 陆士衡集. Lu Ji 陆机. *CSJC* ed.

Lu xiansheng daomen kelüe 陆先生道门科略. Lu Xiujing 陆修静. *HY* 1119.

Lunheng jijie 论衡集解. Wang Chong 王充. Ed. Liu Pansui 刘盼遂. Beijing 北京：
Zhonghua shuju 中华书局，1959.

Lüshi chunqiu jiaoshi 吕氏春秋校释. Lü Buwei 吕不韦. Ed. Chen Qiyou 陈奇
猷. Taibei 台北：Huazheng shuju 华正书局，1985.

Lüyuan conghua 履园丛话. Qian Yong 钱泳. 1838. Taibei 台北：Wenhai
chubanshe 文海出版社，1981.

Mengchang zazhu 梦厂杂著. Yu Jiao 余蛟. 1801. *BJXS* ed.

Mengliang lu 梦粱录. Wu Zimu 吴自牧. 1275. In *Dongjing menghua lu wai
sizhong* 东京梦华录外四种. Beijing 北京：Zhonghua shuju 中华书局，
1962.

Mianyizhai xu cungao 勉益斋续存稿. Yuqian 裕谦. 1876.

Ming shi 明史. Beijing 北京：Zhonghua shuju 中华书局 ed.

Minggong shupan qingming ji 名公书判清明集. Beijing 北京：Zhonghua
shuju 中华书局，1987.

Mingzhai xiaoshi 明斋小识. Zhu Lian 诸联. 1813. *BJXS* ed.

Moyu lu 墨余录. Mao Xianglin 毛祥麟. 1870. *BJXS* ed.

Nancun chuogeng lu 南村辍耕录. Tao Zongyi 陶宗仪. 1366. Beijing 北京：Zhonghua shuju 中华书局，1959.

Nanhui xianzhi 南汇县志. 1929.

Nanjing duchayuan zhi 南京都察院志. Qi Boyu 祁伯裕，ed. 1623.

Nankang fuzhi 南康府志. 1515.

Nankang ji 南康记. Deng Deming 邓德明.

Nanxiang zhenzhi 南翔镇志. 1782.

Nanxun zhenzhi 南浔镇志. 1840.

Nanxun zhenzhi 南浔镇志. 1859.

Nenggaizhai manlu 能改斋漫录. Wu Zeng 吴曾. 1157. Shanghai 上海：Shanghai guji chubanshe 上海古籍出版社，1960.

Nianxia suishiji 辇下岁时记.

Ninghua xianzhi 宁化县志. 1684.

Nüke baiwen 女科百问. Qi Zhongfu 齐仲甫. Shanghai 上海：Shanghai guji chubanshe 上海古籍出版社，1983.

Nüqing guilü 女青鬼律. *HY* 789.

Pai'an jingqi 拍案惊奇. Ling Mengchu 凌濛初. 1628. Shanghai 上海：Shanghai guji chubanshe 上海古籍出版社，1982.

Pengchuang leiji 蓬窗类记. Huang Wei 黄暐. *Hanfenlou miji* 涵芬楼秘笈 ed.

［*Xianchun*］*Chongxiu Piling zhi* 咸淳重修毗陵志. 1268. *SYDFZ* ed.

Pingwang zhi 平望志. 1840.

Pingzhou ketan 萍洲可谈. Zhu Yu 朱彧. 1119. Shanghai 上海：Shanghai guji chubanshe 上海古籍出版社，1989.

Puchuan suowenji 濮川所闻记. 1813.

Qiantang xianzhi 钱塘县志. 1609.

［*Chongxiu*］*Qinchuan zhi* 重修琴川志. 1365. *SYDFZ* ed.

Qinding xu wenxian tongkao 钦定续文献通考. 1747. *Shitong* 十通 ed. Shanghai 上海：Shangwu yinshuguan 商务印书馆，1935.

Qingjia lu 清嘉录. Gu Lu 顾禄. 1830. *BJXS* ed.

Qingsuo gaoyi 青琐高议. Liu Fu 刘斧. Ca. 1077. Shanghai 上海：Shanghai guji chubanshe 上海古籍出版社，1983.

Qingwei Ma Zhao Wen Guan sishuai dafa 清微马赵温关四帅大法. In 道法会元 (*HY* 1210)，36.

Qixiu leigao 七修类稿. Lang Ying 郎瑛. 1566. Beijing 北京：Zhonghua shuju 中华书局，1961.

Quanxiang Huaguang tianwang nanyou zhizhuan 全像华光天王南游志传. 1631. Rpt. in *Guben xiaoshuo jicheng* 古本小说集成，vol. 120. Shanghai 上海：Shanghai guji chubanshe 上海古籍出版社.

Quyi shuo 祛疑说. Chu Yong 储泳. *SKQS* ed.

Quyuan zazuan 曲园杂纂. Yu Yue 俞樾. *Chunzaitang congshu* 春在堂丛书 ed.

Renhe xianzhi 仁和县志. 1687.

Sanguo zhi 三国志. Chen Shou 陈寿. Beijing 北京：Zhonghua shuju 中华书局 ed.

Sanjiao yuanliu soushen daquan 三教源流搜神大全. Ming ed. Rpt. in *Zhongguo minjian xinyang ziliao huibian* 中国民间信仰资料汇编，vol. 3. Ed. Wang Qiugui 王秋桂 and Li Fengmao 李丰楙. Taibei 台北：Xuesheng shuju 学生书局，1989.

[*Chunxi*] *Sanshan zhi* （淳熙）三山志. 1181. *SYDFZ* ed.

Santian neijie jing 三天内解经. *HY* 1196.

"Shangfangshan Lengqiesi tabei" 上方山楞伽寺塔碑. Zhang Shiwei 张世伟. 1640.

Shanhaijing jiaozhu 山海经校注. Ed. Yuan Ke 袁珂. Shanghai 上海：Shanghai guji chubanshe 上海古籍出版社，1980.

Shatou lizhi 沙头里志. 1740 ms.

She zhi 歙志. 1609.

Shenghu zhi 盛湖志. 1716.

Shenxiao duanwen dafa 神霄断瘟大法. In 道法会元 （*HY* 1210），219.

Shenxiao qianwen zhibing juefa 神霄遣瘟治病诀法. In 道法会元 （*HY* 1210），221.

Shenyijing yanjiu 神异经研究. Ed. Zhou Ciji 周次吉. Taibei 台北：Wenjin chubanshe 文津出版社，1986.

Shi ji 史记. Sima Qian 司马迁. Beijing 北京：Zhonghua shuju 中华书局 ed.

Shimen xianzhi 石门县志. 1879.

Shuanglin xuji 双林续集. 1819.

Shuanglin zhenzhi 双林镇志. 1917.

Shuoting 说听. Lu Can 陆粲. *Shuoku* 说库 ed.

Shuowen jiezi gulin 说文解字诂林. Xu Shen 许慎. Ed. Ding Fubao 丁福保.

Rpt. Taibei 台北：Shangwu yinshuguan 商务印书馆，1959.

Shuyi ji 述异记. Dongxuan zhuren 东轩主人（pseud.）. 1701. *BJXS* ed.

Shuyi ji 述异记. Ren Fang 任昉.

Shuyi ji 述异记. Zu Chongzhi 祖冲之.

Shuyin congshuo 书隐丛说. Yuan Dong 袁栋. 1744.

Shuyuan zaji 菽园杂记. Lu Rong 陆容. Beijing 北京：Zhonghua shuju 中华书局，1985.

Song huiyao jigao 宋会要辑稿. Facs. of 1809 ms. Rpt. Taibei 台北：Xinwenfeng chuban gongsi 新文丰出版公司，1976.

Song shi 宋史. Beijing 北京：Zhonghua shuju 中华书局 ed.

Song shu 宋书. Shen Yue 沈约. Beijing 北京：Zhonghua shuju 中华书局 ed.

Songjiang fuzhi 松江府志. 1663.

Songling wenxian 松陵文献. Pan Chengzhang 潘柽章. 1693.

Soushenmilan 搜神秘览. Zhang Binglin 章炳文. 1113. *Xu Guyi congshu* 续古逸丛书 ed.

[*Xinjiao*] *Soushen ji*（新校）搜神记. Gan Bao 干宝. Taibei 台北：Shijie shuju 世界书局，1962.

Su Dongpo quanji 苏东坡全集. Su Shi 苏轼. Taibei 台北：Shijie shuju 世界书局，1982.

Su Weigong wenji 苏魏公文集. Su Song 苏颂. *SKQS* ed.

Suishi guangji 岁时广记. Chen Yuanjing 陈元靓. Ca. 1230 – 1258. *CSJC* ed.

Suzhou fuzhi 苏州府志. 1379.

Suzhou fuzhi 苏州府志. 1748.

Suzhoufu zuanxiu shilüe 苏州府纂修识略. Yang Xunji 杨循吉. 1506. In Yang 杨循吉, *Yang Nanfeng xiansheng quanji* 杨南峰先生全集. 1609.

Taicang zhouzhi 太仓州志. 1918.

Taiping guangji 太平广记. Li Fang 李昉，ed. 978. Beijing 北京：Renmin wenxue chubanshe 人民文学出版社，1959.

Taiping huanyu ji 太平寰宇记. Yue Shi 乐史. Ca. 980. 1803 ed. Rpt. Taibei 台北：Wenhai chubanshe 文海出版社，n. d.

Taiping yulan 太平御览 Li Fang 李昉，ed 983. Song ed. Rpt. Beijing 北京：Zhonghua shuju 中华书局，1960.

Taiqing jinque yuhua xianshu baji shenzhang sanhuang neimi wen 太清金阙玉华仙书八极神章三皇内秘文. *HY* 854.

Taishang dongxuan lingbao wuxianguan huaguang benxing miaojing 太上洞玄灵宝五显观华光本行妙经. *HY* 1436.

Taishang dongyuan ciwen shenzhou miaojing 太上洞渊辞瘟神咒妙经. *HY* 54.

Taishang dongyuan shenzhou jing 太上洞渊神咒经. *HY* 335.

Taishang jiuku tianzun shuo xiaoqian miezui jing 太上救苦天尊说消愆灭罪经. *HY* 378.

Taishang sanwu bangjiu jiao wudi duanwen yi 太上三五傍救醮五帝断瘟仪. *HY* 808.

Taishang zhuguo jiumin zongzhen miyao 太上助国救民总真秘要. *HY* 1217.

Taixuan fengdu heilü yige 泰玄酆都黑律仪格. In 道法会元（*HY* 1210），267.

Taiyi jieji shizhe dafa 太乙捷疾使者大法. In 道法会元（*HY* 1210），96.

Tanglü shuyi jianjie 唐律疏议笺解. Ed. Liu Junwen 刘俊文. Beijing 北京：Zhonghua shuju 中华书局，1996.

Tangxi zhi 唐栖志. 1881.

Tangxi zhilüe 唐栖志略. 1881 rpt. of 1767 ed.

Tangzi yishu 汤子遗书. Tang Bin 汤斌. 1870 ed.

Taoan mengyi 陶庵梦忆. Zhang Dai 张岱. Shanghai 上海：Shanghai Xinwenhua shushe 上海新文化书社，1933.

Tianxia junguo libing shu 天下郡国利病书. Gu Yanwu 顾炎武. *SBCK* ed.

Tingzhou fuzhi 汀州府志. 1527.

Tongjiang ji 桐江集. Fang Hui 方回. Taibei 台北："Guoli zhongyang tushuguan""国立中央图书馆"，1970.

Tongjiang xuji 桐江续集. Fang Hui 方回. *SKQS* ed.

Tongsu bian 通俗编. Di Hao 翟灏. 1751.

Tufeng lu 土风录. Gu Zhangsi 顾张思. 1799. Rpt. in *Min Shin zokugo jisho shūsei* 明清俗语辞书集成，vol. 1. Ed. Nagasawa Kikuya 长泽规矩也. Tokyo 东京：Kyūko shoin 汲古书院，1974.

Wanli yehuo bian 万历野获编. Shen Defu 沈德符. 1619. Rpt. Taibei 台北：Xinxing shuju 新兴书局，1983.

Wanshu zaji 宛署杂记. Shen Bang 沈榜. 1592. Beijing 北京：Beijing guji chubanshe 北京古籍出版社，1980.

Wenxuan 文选. Xiao Tong 萧统. Shanghai 上海：Shanghai guji chubanshe 上海古籍出版社，1986.

Wu xianzhi 吴县志. 1642.

Wu xianzhi 吴县志. 1690.

Wu za zu 五杂俎. Xie Zhaozhe 谢肇淛. Beijing 北京: Zhonghua shuju 中华书局, 1959.

Wucheng xianzhi 乌程县志. 1638.

Wucheng xianzhi 乌程县志. 1746.

Wudi quanshu 武帝全书. Gan Daiyun 甘岱云, comp. 1872 rpt. of 1828 ed.

Wujiang xianzhi 吴江县志. 1488.

Wujiang xianzhi 吴江县志. 1685.

Wujiang xianzhi 吴江县志. 1747.

Wujun Fuli zhi 吴郡甫里志. 1703.

Wujun Fuli zhi 吴郡甫里志. 1765.

Wujun tujing xuji 吴郡图经续记. 1094. Nanjing 南京: Jiangsu guji chubanshe 江苏古籍出版社, 1999.

Wujun zhi 吴郡志. Fan Chengda 范成大. 1192, addenda 1229. *SYDFZ* ed.

Wulin jiushi 武林旧事. Zhou Mi 周密. Ca. 1280. In *Dongjing menghua lu wai sizhong* 东京梦华录外四种. Beijing 北京: Zhonghua shuju 中华书局, 1962.

Wumen biaoyin 吴门表隐. Gu Zhentao 顾震涛. 1842. Nanjing 南京: Jiangsusheng guji chubanshe 江苏古籍出版社, 1986.

Wumen bucheng 吴门补乘. Qian Siyuan 钱思元. Ca. 1771–1803.

Wuqing wenxian 乌青文献. 1688.

Wushe bian 吴社编. Wang Zhideng 王穉登. *Baoyantang miji* 宝颜堂秘笈 ed.

Wuxian lingguan dadi dengyi 五显灵观大帝灯仪. *HY* 206.

Wuyuan xianzhi 婺源县志. 1694.

Xi Jin shi xiaolu 锡金识小录. Huang Ang 黄卬. 1752.

Xianchuang guayi zhi 闲窗括异志. Lu Yinglong 鲁应龙. *CSJC* ed.

Xiangshi jiashuo 项氏家说. Xiang Anshi 项安世. *Wuyingdian juzhen banshu* 武英殿聚珍版书 ed.

Xiangzhong ji 湘中记. Luo Han 罗含.

Xiangzu biji 香祖笔记. Wang Shizhen 王世禛. 1705. *BJXS* ed.

Xianju bian 闲居编. Zhiyuan 智圆. *Dai Nihon zoku zōkyō* 大日本续藏经, vol. 101. Kyoto 京都: Zōkyō shoin 藏经书院, 1905–1912.

Xianquan ji 岘泉集. Zhang Yuchu 张宇初. *SKQS* ed.

Xihu laoren fansheng lu 西湖老人繁胜录. In *Dongjing menghua lu wai sizhong*

东京梦华录外四种. Beijing 北京：Zhonghua shuju 中华书局，1962.

Xihu youlan zhiyu 西湖游览志馀. Tian Rucheng 田汝成. Ca. 1547. Beijing 北京：Zhonghua shuju 中华书局，1965.

Xin'an wenxian zhi 新安文献志. *SKQS* ed.

Xinbian lianxiang soushen guangji 新编连相搜神广记. Yuan 元 ed. Rpt. *Zhongguo minjian xinyang ziliao huibian* 中国民间信仰资料汇编，vol. 2. Ed. Wang Qiugui 王秋桂 and Li Fengmao 李丰楙. Taibei 台北：Xuesheng shuju 学生书局，1989.

Xingshi hengyan 醒世恒言. Feng Menglong 冯梦龙. 1627. Beijing 北京：Renmin wenxue chubanshe 人民文学出版社，1956.

Xingyuan zhi 星源志. 1269.

Xinshi zhenzhi 新市镇志. 1511.

Xishan wenji 西山文集. Zhen Dexiu 真德秀. *SKQS* ed.

Xishang futan 席上腐谈. Yu Yan 俞琰. *SKQS* ed.

Xiugu chunrong 绣谷春容. Ca. 1592. Nanjing 南京：Jiangsu guji chubanshe 江苏古籍出版社，1994.

Xiwu canlüe 西吴蚕略.

Xiyin ji 西隐集. Song Na 宋讷. *SKQS* ed.

Xiyou ji 西游记. Wu Cheng'en 吴承恩. Hong Kong 香港：Zhonghua shuju 中华书局，1972.

Xu gujin kao 续古今考. Fang Hui 方回. *SKQS* ed.

Xu yijian zhi 续夷坚志. Yuan Haowen 元好问. Beijing 北京：Zhonghua shuju 中华书局，1986.

Xuanyuan benji 轩辕本纪. In *Yunji qiqian* 云笈七签, 100. 2b – 26b.

Xujing chonghe xiansheng Xu shenweng yulu 虚静冲和先生徐神翁语录. *HY* 1241.

Yang Donglai xiansheng piping Xiyou ji 杨东来先生批评西游记. *Guben xiqu congkan chuji* 古本戏曲丛刊初集. Shanghai 上海：Shangwu yinshuguan 商务印书馆，1954.

Yantang jianwen zaji 研堂见闻杂记. *Tongshi* 痛史 ed.

Yehang chuan 夜航船. Poe shanren 破额山人（pseud.）. 1800. *BJXS* ed.

Yeren xianhua 野人闲话. Jing Huan 景焕.

Yeyu qiudeng lu 夜雨秋灯录. Xuan Ding 宣鼎. *BJXS* ed.

Yi Zhou shu 逸周书. *CSJC* ed.

Yiban lu 一斑录. Zheng Guangzu 郑光祖. 1844. Rpt. Beijing 北京：Zhongguo shudian 中国书店，1990.

Yijian zhi 夷坚志. Hong Mai 洪迈. Beijing 北京：Zhonghua shuju 中华书局，1981.

Yingchuang yicao 萤窗异草. Changbai haogezi 长白浩歌子（pseud.）. 1905. *BJXS* ed.

Yishi jishi 壹是纪始. Wei Song 魏崧. 1834.

Yiwu zhi 异物志.

Yongjia junji 永嘉郡记.

Yongle dadian 永乐大典. Beijing 北京：Zhonghua shuju 中华书局，1960.

Youguai lu 幽怪录. Tian Rucheng 田汝成. In *Shuofu xu* 说郛续（1646），*juan* 46 卷四六. Ed. Tao Ting 陶珽. Rpt. in *Shuofu sanzhong* 说郛三种. Shanghai 上海：Shanghai guji chubanshe 上海古籍出版社，1988.

Youxi xianzhi 尤溪县志. 1636.

Youyang zazu 酉阳杂俎. Duan Chengshi 段成式. Beijing 北京：Zhonghua shuju 中华书局，1981.

Yuanhe Weiting zhi 元和唯亭志. 1933 rpt. of 1848 ed.

Yuanshi wuliang duren shangpin miaojing zhu 元始无量度人上品妙经注. *HY* 88.

Yudi zhi 舆地志. Gu Yewang 顾野王.

Yudi jisheng 舆地纪胜. Wang Xiangzhi 王象之. Ca. 1221. Yueyatang Wushi 粤雅堂伍氏 ed. Rpt. Taibei 台北：Wenhai chubanshe 文海出版社，n. d.

Yueling caiqi 月令采奇. Li Yiji 李一楫. 1619.

Yueshi bian 阅世编. Ye Mengzhu 叶梦珠. Ca. 1700. Shanghai 上海：Shanghai guji chubanshe 上海古籍出版社，1981.

Yufeng zhi 玉峰志. 1251. *SYDFZ* ed.

Yuguai 语怪. Zhu Yunming 祝允明. In *Shuofu xu* 说郛续（1646），*juan* 46 卷四六. Ed. Tao Ting 陶珽. Rpt. in *Shuofu sanzhong* 说郛三种. Shanghai 上海：Shanghai guji chubanshe 上海古籍出版社，1988.

Yunji qiqian 云笈七签. Ca. 1029. *HY* 1026.

Yunjian zashi 云间杂识. Li Shaowen 李绍文. Qing ms 清朝手稿. Rpt. Shanghai 上海：Ruihua yinwuju 瑞华印务局，1935.

Zaixuan ji 在轩集. Huang Gongshao 黄公绍. *SKQS* ed.

Zhaode xiansheng junzhai dushu zhi 昭德先生郡斋读书志. Chao Gongwu 晁公

武. 1884 ed.

Zhen gao 真诰. Tao Hongjing 陶弘景. *HY* 1010.

Zhengyi hongshen lingguan huoxi daxian kaozhaomifa 正一哗神灵官火犀大仙考召秘法. In 道法会元 (*HY* 1210), 222.

Zhengyi longhu xuantan dafa 正一龙虎玄坛大法. In 道法会元 (*HY* 1210), 236.

Zhengyi wensi bidushen dengyi 正一殟司辟毒神灯仪. *HY* 209.

Zhengyi xuantan Zhao yuanshuaimifa 正一玄坛赵元帅秘法. In 道法会元 (*HY* 1210), 232 – 33.

[*Zhishun*] *Zhenjiang zhi* 至顺镇江志. 1332. *SYDFZ* ed.

Zhenyang xianzhi 镇洋县志. 1744.

Zhenze xianzhi 震泽县志. 1746.

Zhenze zhenzhi 震泽镇志. 1844.

Zhinang quanji 智囊全集. Feng Menglong 冯梦龙. 1626. Shijiazhuang 石家庄: Huashan wenyi chubanshe 花山文艺出版社, 1988.

Zhiwen lu 咫闻录. Yongna jushi 慵讷居士 (pseud.). 1843. *BJXS* ed.

Zhixi xiaozhi 支溪小志. 1788.

Zhouli zhushu 周礼注疏. *Shisanjing zhushu* 十三经注疏 ed. Rpt. Shanghai 上海: Shanghai guji chubanshe 上海古籍出版社, 1990.

Zhouzao ji 咒枣记. 1603.

Zhouzhuang zhenzhi 周庄镇志. 1882.

Zhuangzi jiaoquan 庄子校诠. Ed. Wang Shumin 王叔岷. Taibei 台北: "Taibei zhongyanyuan lishi yuyan yanjiusuo" "台北中研院历史语言研究所", 1988.

Zhushen shengdanri yuxia ji dengji mulu 诸神圣诞日玉匣记等集目录. *HY* 1470.

Zhushi jilüe 祝氏集略. Zhu Yunming 祝允明. 1557.

Zi buyu 子不语. Yuan Mei 袁枚. Shanghai 上海: Shanghai guji chubanshe 上海古籍出版社, 1986.

Zidicun xiaozhi 紫隄村小志. 1718. In *Shanghai shiliao congbian* 上海史料丛编, vol. 1. Shanghai 上海: Shanghaishi wenwu baoguan weiyuanhui 上海市文物保管委员会, 1962.

Zitong dijun huashu 梓潼帝君化书. *HY* 170.

Zongjing lu 宗镜录. Yongming Yanshou 永明延寿 *T* 2016; vol. 15.

二手文献

Ahern, Emily Martin.

　1981. *Chinese Ritual and Politics.* Cambridge: Cambridge University Press.

Akatsuka Kiyoshi. 赤塚忠

　1977. *Chūgoku kodai no shūkyōto bunka: In ōchōno saiji* 中国古代宗教と
　　文化：殷王朝の祭祀. Tokyo 東京：Kadokawa shoten 角川書店.

Akizuki Kan'ei 秋月観暎.

　1978. *Chūgoku kinsei dōkyō no keisei: Jōmeidō no kisōteki kenkyū* 中国近世
　　道教の形成：浄明道の基礎的研究. Tokyo 東京：Sōbunsha 創文社.

Alexeiev, Basil M.

　1928. *The Chinese Gods of Wealth.* London: School of Oriental Studies and
　　the China Society.

Allan, Sarah.

　1991. *The Shape of the Turtle: Myth, Art, and Cosmos in Early
　　China.* Albany: State University of New York Press.

　1993. "Art and Meaning." In Whitfield, ed., 1993: 9 – 33.

André, Jacques, and Jean Filliozat.

　1986. *L'Inde vue de Rome: textes latins de l'antiquité relatifs à l'Inde.* Paris:
　　Société d'édition "Les belles lettres."

Bagley, Robert.

　1987. *Shang Ritual Bronzes in the Arthur M. Sackler Collections.*
　　Washington, D. C. : Arthur M. Sackler Foundation.

　1993. "Meaning and Explanation." In Whitfield, ed., 1993: 34 – 55.

Bakhtin, Mikhail.

　1968. *Rabelais and His World.* Cambridge, Mass. : MIT Press.

Baojishi bowuguan 宝鸡市博物馆.

　1981. "Baojishi Chanchechang Hanmu 宝鸡市铲车厂汉墓." *Wenwu* 文物
　　1981. 3: 46 – 52.

Barfield, Thomas J.

　1989. *The Perilous Frontier: Nomadic Empires and China,* 221 *B. C. to
　　A. D. 1757.* Cambridge, Mass. : Blackwell.

Beck, B. J. Mansvelt.

1980. "The Date of the *Taiping Jing*. " *T'oung Pao* 66. 4 – 5: 149 – 182.

Beijing tushuguan 北京图书馆.

　1990. *Beijing tushuguan cang Zhongguo lidai shike taben huibian* 北京图书馆藏中国历代石刻拓本汇编. Zhengzhou 郑州: Zhongzhou guji chubanshe 中州古籍出版社.

　N. d. *Beijing tushuguan guji shanben shumu* 北京图书馆古籍善本书目. Beijing 北京: Shumu wenxian chubanshe 书目文献出版社.

Bell, Catherine.

　1989. "Religion and Chinese Culture: Toward an Assessment of 'Popular Religion. '" *History of Religions* 29. 1: 37 – 57.

Berling, Judith A.

　1985. "Religion and Popular Culture: The Management of Moral Capital in the *Romance of Three Teachings*. " In Johnson et al. , ed. , 1985: 188 – 218.

Berger, Patricia.

　1983. "Pollution and Purity in Han Art. " *Archives of Asian Art* 36: 40 – 58.

Bijutsu kenkyūjo 美術研究所.

　1932. *Shina ko hanga zuroku* 支那古版画図録. Tokyo 東京: Ōtsuka kōgei sha 大塚工芸社.

Birrell, Anne.

　1993. *Chinese Mythology: An Introduction*. Baltimore, Md. : Johns Hopkins University Press.

Bodde, Derk.

　1961. "Myths of Ancient China. " In *Mythologies of the Ancient World*, pp. 369 – 408. Ed. Samuel N. Kramer. New York: Doubleday.

　1975. *Festivals in Classical China: New Year and Other Annual Observances During the Han Dynasty*, 206 B. C. – A. D. 220. Princeton, N. J. : Princeton University Press.

Bokenkamp, Stephen R.

　1983. "Sources of the Ling-pao Scriptures. " In *Tantric and Taoist Studies in Honour of R. A. Stein*, 2: 434 – 486. Ed. Michel Strickmann. Bruxelles: Institut Belge des Hautes Études Chinoises.

　1989. "Death and Ascent in Ling-pao Taoism. " *Taoist Resources* 1. 2:

1 – 17.

1997. *Early Daoist Scriptures*. Berkeley: University of California Press.

Boltz, Judith M.

1987. *A Survey of Taoist Literature: Tenth to Seventeenth Centuries*. Berkeley: Institute of East Asian Studies, University of California, Berkeley.

Boltz, William G.

1979. "Philological Footnotes to the Han New Year Rites." *Journal of the American Oriental Society* 99. 2: 423 – 439.

1981. "Kung Kung and the Flood: Reverse Euhemerism in the *Yao Tien*." *T'oung Pao* 67. 3 – 5: 141 – 153.

Brashier, K. E.

1995. "Longevity Like Metal and Stone: The Role of the Mirror in Han Burials." *T'oung Pao* 81. 4 – 5: 201 – 229.

1996. "Han Thanatology and the Division of 'Souls.'" *Early China* 21: 125 – 158.

Brokaw, Cynthia J.

1991. *The Ledgers of Merit and Demerit: Social Change and Moral Order in Late Imperial China*. Princeton, N. J.: Princeton University Press.

Burkert, Walter.

1985. *Greek Religion*. Cambridge, Mass.: Harvard University Press.

Cahill, Susanne E.

1980. "Taoists at the Sung Court: The Heavenly Text Affair of 1008." *Bulletin of Sung-Yuan Studies* 16: 23 – 44.

1993. *Transcendence and Divine Passion: The Queen Mother of the West in Medieval China*. Stanford, Calif.: Stanford University Press.

Cai Limin 蔡利民.

1992. "Shangfangshan jie yinzhai—Suzhouminjian xinyang huodong diaocha 上方山借阴债——苏州民间信仰活动调查," *Zhongguo minjian wenhua* 中国民间文化 6: 239 – 256.

Cammann, Schuyler.

1964. "A Ming Dynasty Pantheon Painting." *Archives of the Chinese Art Society of America* 18: 38 – 47.

Campany, Robert F.

1991. "Ghosts Matter: The Culture of Ghosts in Six Dynasties *Zhiguai*."

Chinese Literature: Essays, Articles, Reviews 13: 15 – 34.

1996a. "The Earliest Tales of the Bodhisattva Guanyin." In Lopez, ed.,
1996: 82 – 96.

1996b. *Strange Writing: Anomaly Accounts in Early Medieval China.* Albany: State University of New York Press.

Cedzich, Ursula-Angelika.

1985. "Wu-t'ung: Zur bewegeten Geschichte eines Kultes." In *Religion und Philosophie in Ostasien: Festchrift für Hans Steininger zum 65. Geburtstag*, pp. 33 – 60. Ed. Gert Naundorf et al. Wurzburg: Konigshausen und Neumann.

1993. "Ghosts and Demons, Law and Order: Grave Quelling Texts and Early Taoist Liturgy." *Taoist Resources* 4. 2: 23 – 35.

1995. "The Cult of the Wu-t'ung / Wu-hsien in History and Fiction: The Religious Roots of the *Journey to the South*." In Johnson, ed., 1995: 137 – 218.

Chang, K. C. (Kwang-chih) 张光直.

1980. *Shang Civilization.* New Haven, Conn. : Yale University Press.

1983. *Art, Myth, and Ritual: The Path to Political Authority in Ancient China.* Cambridge, Mass. : Harvard University Press.

1990. "The 'Meaning' of Shang Bronze Art." *Asian Art* 3. 2: 9 – 18.

Chard, Robert.

1995. "Rituals and Scriptures of the Stove Cult." In Johnson, ed., 1995: 3 – 54.

Chavannes, Edouard.

1910. *Le T'ai chan: essai de monographie d'un culte chinois.* Paris: Ernest Leroux.

Che Xilun 车锡伦 and Zhou Zhengliang 周正良.

1992. "Quhuangshen Liu Mengjiangde laili he liubian 驱蝗神刘猛将的来历和流变." *Zhongguo minjian wenhua* 中国民间文化 5: 1 – 21.

Chen Pan 陈磐.

1991. *Gu chenwei yantao jiqi shulu jieti* 古谶纬研讨及其书录解题. Taibei 台北: "Guoli bianyiguan" "国立编译馆".

Chen Yaolin 陈耀林.

1984. "Pilusi he Pilusi bihua 毗卢寺和毗卢寺壁画." *Meishu Yanjiu* 美术

研究 1: 67 – 73.

Chikusa Masaaki 竺沙雅章.

1982. *Chūgoku bukkyō shakaishi kenkyū* 中国仏教社会史研究. Kyoto 京都: Dōhōsha 同朋舍.

Childs-Johnson, Elizabeth.

1998. "The Metamorphic Image: A Predominant Theme in the Ritual Art of Shang China." *Bulletin of the Museum of Far Eastern Antiquities* 70: 5 – 171.

Chongqing Dazu shike yishu bowuguan 重庆大足石刻艺术博物馆.

1991. *Zhongguo dazu shike* 中国大足石刻. Chongqing: Wanli shudian 万里书店.

Creel, Herrlee G.

1970. *The Origins of Statecraft in China.* Chicago: University of Chicago Press.

Davis, Edward L.

2001. *Society and the Supernatural in Song China.* Honolulu: University of Hawaii Press.

Day, Clarence B.

1940. *Chinese Peasant Cults.* Shanghai: Kelly & Walsh.

Dean, Kenneth.

1993. *Taoist Ritual and Popular Cults of Southeast China.* Princeton, N. J. : Princeton University Press.

DeBernardi, Jean.

1992. "Space and Time in Chinese Religious Culture." *History of Religions* 31. 3: 247 – 268.

Dohrenwend, Doris J.

1975. "Jade Demonic Images from Early China." *Ars Orientalis* 60: 55 – 78.

Doré, Henri.

1916. *Researches into Chinese Superstitions.* Shanghai: T'usewei.

Duara, Prasenjit.

1988. "Superscribing Symbols: The Myth of Guandi, Chinese God of War." *Journal of Asian Studies* 47. 4: 778 – 795.

Dudbridge, Glen.

1970. *The* Hsi-yu-chi: *A Study of Antecedents to the Sixteenth-Century Chinese Novel.* Cambridge: Cambridge University Press.

1978. *The Legend of Miao-shan.* London: Ithaca Press.

1982. "Miao-shan on Stone: Two Early Inscriptions. " *Harvard Journal of Asiatic Studies* 42. 2: 589 – 614.

1995. *Religious Experience and Lay Society in T'ang China: A Reading of Tai Fu's* Kuang-i chi. Cambridge: Cambridge University Press.

Ebrey, Patricia Buckley.

1991. *Confucianism and Family Rituals in Imperial China: A Social History of Writing about Rites.* Princeton, N. J. : Princeton University Press.

1993. "The Response of the Sung State to Popular Funeral Practice. " In Ebrey and Gregory, ed. , 1993: 209 – 239.

Ebrey, Patricia Buckley, and Peter N. Gregory.

1993. "The Religious and Historical Landscape. " In Ebrey and Gregory, ed. , 1993: 1 – 44.

Ebrey, Patricia Buckley, and Peter N. Gregory, ed.

1993. *Religion and Society in T'ang and Sung China.* Honolulu: University of Hawaii Press.

Éliasberg, Danielle.

1976. *Le Roman du pourfendeur de démons: traduction annotée et commentaires.* Paris: Collège de France, Institut des Haut Études Chinoises.

1984. " Quelques aspects du grand exorcisme*no* à Touen-houang. " In *Contributions aux études de Touen-houang*, 3: 237 – 253. Ed. Michel Soymié. Paris: École Française d'Extrême-Orient.

Elvin, Mark.

1973. *The Pattern of the Chinese Past.* Stanford, Calif. : Stanford University Press.

1984. "Female Virtue and the State in China. " *Past and Present* 104: 111 – 152.

Eno, Robert.

1990a. *The Confucian Creation of Heaven.* Albany: State University of New York Press.

1990b. "Was There a High God *Ti* in Shang Religion?" *Early China* 15:

1 – 26.

1996. "Deities and Ancestors in Early Oracle Inscriptions." In Lopez, ed. , 1996: 41 – 51.

Erickson, Susan N.

1994. "Money Trees of the Eastern Han Dynasty." *Bulletin of the Museum of Far Eastern Antiquities* 66: 5 – 115.

Feuchtwang, Stephan.

1992. *The Imperial Metaphor: Popular Religion in China.* London: Routledge.

Fong, Mary H.

1977. "A Probable Second 'Chung K'uei' by Emperor Shun-chih of the Ch'ing Dynasty." *Oriental Art* 23. 4: 423 – 437.

1983. "The Iconography of the Popular Gods of Happiness, Emolument, and Longevity (Fu Lu Shou)." *Artibus Asiae* 44: 159 – 199.

1989. "Wu Daozi's Legacy in the Popular Door Gods (Menshen) Qin Shubao and Yuchi Gong." *Archives of Asian Art* 42: 6 – 24.

1991a. "Antecedents to Sui-Tang Burial Practices in Shaanxi." *Artibus Asiae* 51. 2: 147 – 98.

1991b. "Tomb Guardian Figures: Their Evolution and Iconography." In Kuwayama, ed. , 1991: 84 – 105.

Fracasso, Riccardo.

1983. "Teratoscopy or Divination by Monsters: Being a Study on the *Wutsang shan-ching.*" *Hanxue yanjiu* 汉学研究 1. 2: 657 – 700.

1988. "Holy Mothers of Ancient China: A New Approach to the Hsi-wangmu Problem." *T'oung Pao* 74. 1: 1 – 48.

Freedman, Maurice.

1974. "On the Sociological Study of Chinese Religion." In Wolf, ed. , 1974: 19 – 41.

Fukui Kōjun 福井康順.

1958. *Dōkyō no kisōteki kenkyū* 道教の基礎的研究. Tokyo 东京: Shorui bunbutsu ryūtsūkai 書類文物流通会.

Fuma Susumu 夫馬進.

1997. *Chūgoku zenkai zendō shi kenkyū* 中国善会善堂史研究. Kyoto 京都: Dōhōsha 同朋舍.

Furth, Charlotte.

1999. *A Flourishing Yin: Gender in China's Medical History*, 960 – 1665. Berkeley: University of California Press.

Gao Guofan 高国藩.

1989. *Dunhuang minsu xue* 敦煌民俗学. Shanghai 上海: Shanghai wenyi chubanshe 上海文艺出版社.

Gates, Hill.

1987. "Money for the Gods. " *Modern China* 13. 3: 259 – 277.

Getz, Daniel.

1999. "T'ien-t'ai Pure Land Societies and the Creation of the Pure Land Patriarchate. " In Gregory and Getz, ed. , 1999: 477 – 523.

Ginzburg, Carlo.

1980. *The Cheese and the Worms: The Cosmos of a Sixteenth-Century Miller*. Baltimore, Md. : Johns Hopkins University Press.

Goodrich, Anne S.

1964. *The Peking Temple of the Eastern Peak*. Nagoya: Monumenta Serica.

Goossaert, Vincent.

1998. "Portrait epigraphique d'un culte: les inscriptions des dynasties Jin et Yuan de temples du Pic de l'Est. " *Sanjiao wenxian: Matériaux pour l'étude de la religion chinoise* 2: 41 – 83.

Graham, A. C.

1989. *Disputers of the Tao: Philosophical Argument in Ancient China*. LaSalle, Ill. : Open Court.

Granet, Marcel.

1926. *Danses et légendes de la chine ancienne*. Paris: Librairie Félix Alcan.

Gregory, Peter N. , and Daniel A. Getz, Jr. , ed.

1999. *Buddhism in the Sung*. Honolulu: University of Hawaii Press.

Grootaers, William A.

1952. "The Hagiography of the Chinese God Chen-wu. " *Folklore Studies* 12. 2: 139 – 182.

Gu Xijia 顾希佳.

1990. "Taihu liuyu minjian xinyangzhongde shenling tixi 太湖流域民间信仰中的神灵体系. " *Shijie zongjiao yanjiu* 世界宗教研究 1990. 4: 123 – 133.

Gyss-Vermande, Caroline.

1988. "Démons et merveilles: vision de la nature dans une peinture liturgique du XV°siècle. " *Arts Asiatiques* 43: 106 – 122.

1991. "Les Messagers divins et leur iconographie. " *Arts Asiatiques* 46: 96 – 110.

Hamashima Atsutoshi 濱島敦俊.

1983. "Chūgoku sonbyō zakkō 中国村廟雑考. " *Kindai Chūgoku kenkyū ippō* 近代中国研究彙報 5: 1 – 21.

1990a. "Kōnan Ryūseishin zakkō 江南劉姓神雑考. " *Machikaneyama ronsō* 待兼山論叢 (*Shigaku hen* 史学篇) 24: 1 – 18.

1990b. "Min Shin jidai Kōnan nōson no sha to tochibyō 明清時代、江南農村の「社」と土地廟. " In *Yamane Yukio kyōjū taikyū kinen Mindaishi ronō* 山根幸夫教授退休記念明代史論叢, 2: 1325 – 1357. Tokyo 東京: Kyūko shoin 汲古書院.

1992a. "The City-god Temples (ch'eng-huang-miao) of Chiang-nan in the Ming and Ch'ing Dynasties. " *Memoirs of the Research Department of the Tōyō Bunko* 50: 1 – 27.

1992b. "Min Shin Kōnan jōko kō hōkō 明清江南城隍考補考. " In *Chūgoku no toshi to nōson* 中国の都市と農村, pp. 495 – 527. Ed. Tōdaishi kenkyūkai. Tokyo 東京: Kyūko shoin 汲古書院.

1993. "Kinsei Kōnan Riō kō 近世江南李王考. " In *Chūgoku kinsei no hōsei to shakai* 中国近世の法制と社会, pp. 511 – 541. Ed. Umehara Kaoru 梅原郁. Kyoto 京都: Kyoto daigaku jimbun kagaku kenkyūjo 京都大学人文科学研究所.

2001. *Sōkan shinkō: Kinsei Kōnan nōson shakai to minkan shinkō* 総管信仰: 近世江南農村社会と民間信仰. Tokyo 東京: Kembun shuppan 研文出版.

Handlin Smith, Joanna F.

1987. "Benevolent Societies: The Reshaping of Charity during the Late Ming and Early Ch'ing. " *Journal of Asian Studies* 46. 2: 309 – 337.

Hansen, Valerie.

1990. *Changing Gods in Medieval China*, 1127 – 1276. Princeton, N. J.: Princeton University Press. 1993. "Gods on Walls: A Case of Indian Influence on Chinese Lay Religion?" In Ebrey and Gregory, ed. , 1993: 75 – 113.

Haoxian bowuguan 亳县博物馆.

　1974. "Haoxian Fenghuangtai yihao Han mu qingli jianbao 亳县凤凰台一号汉墓清理简报." *Kaogu* 考古 1974. 3: 187 – 190.

Harper, Donald.

　1982. "The *Wu Shih Erh Ping Fang*: Translation and Prolegomena." Ph. D. diss., University of California, Berkeley.

　1985. "A Chinese Demonography of the Third CenturyB. C. " *Harvard Journal of Asiatic Studies* 45. 2: 459 – 498.

　1994. "Resurrection in Warring States Popular Religion." *Taoist Resources* 5. 2: 13 – 28.

　1996. "Spellbinding." In Lopez, ed., 1996: 241 – 50.

　1998. *Early Chinese Medical Literature: The Mawangdui Medical Manuscripts*. London: Kegan Paul.

　1999. "Warring States Natural Philosophy and Occult Thought." In Loewe and Shaughnessy, ed., 1999: 813 – 884.

　2000. "The Taiyi Cult as an Example ofEarly Chinese Common Religion." Paper presented at the International Conference on Religion and Chinese Society. Chinese University of Hong Kong, Hong Kong, May 29 – June 2.

Hartwell, Robert M.

　1982. "Demographic, Political, and Social Transformations of China, 750 – 1550." *Harvard Journal of Asiatic Studies* 42. 2: 365 – 442.

Hasabe Yūkei 長谷部幽蹊.

　1993. *Min Shin Bukkyō kyōdan shi kenkyū* 明清仏教教団史研究. Kyoto 京都: Dōhōsha 同朋舍.

Hayashi Minao 林巳奈夫.

　1988. "Chūgoku kodai no gyokki sō ni tsuite. 中國古代の玉器、琮について" *Tōhō gakuhō* 東方学報 60: 1 – 72.

　1989. *Kandai no kamigami* 漢代の神神. Kyoto 京都: Rinsen shoten 臨川書店.

　1990. "On the Chinese Neolithic Jade *Tsung/Cong*." *Artibus Asiae* 50. 1/2: 5 – 22.

Hiraki Kōhei 平木康平.

　1982. "Jōjōshin seiritsu kō: Chgoku boshin no kenkyū 娘娘神成立考: 中国母神の研究." *Tōhō shūkyō* 東方宗教 60: 48 – 68.

Hou Ching-lang 侯锦郎.

1975. *Monnaies d'offrande et la notion de trésorie dans la religion chinoise.* Paris: Institut des Hautes Études Chinoises.

1979. "The Chinese Belief in Baleful Stars." In Welch and Seidel, ed., 1979: 193 – 228.

Howard, Angela F.

1990. "Tang and Song Images of Guanyin from Sichuan." *Orientations* 21.1: 49 – 57.

2001. *Summit of Treasures: Buddhist Cave Art of Dazu, China.* Trumbull, Conn.: Weatherhill.

Hu Puan 胡朴安.

1923. *Zhonghua quanguo fengsu zhi* 中华全国风俗志. Rpt. Shijiazhuang 石家庄: Hebei renmin chubanshe 河北人民出版社, 1988.

Huang Chi-chiang 黄启江.

1999. "Elite and Clergy in Northern Sung Hang-chou: A Convergence of Interest." In Gregory and Getz, ed., 1999: 295 – 339.

Hulsewé, Anthony F. P.

1955. *Remnants of Han Law*, vol. 1, *Introductory Studies and Annotated Translation of Chapters 22 and 23 of the History of the Former Han Dynasty.* Leiden: E. J. Brill.

Hunansheng bowuguan 湖南省博物馆.

1973. *Changsha Mawangdui yihao Han mu* 长沙马王堆一号汉墓. Beijing 北京: Wenwu chubanshe 文物出版社.

Hymes, Robert P.

1986. *Statesmen and Gentlemen: The Elite of Fu-chou, Chiang-hsi, in Northern and Southern Sung.* Cambridge: Cambridge University Press.

Ide Seinosuke 井手誠之輔.

2001. "Daitokuji denrai no gohyaku rakan zu to Tōsenko no shiji suiriku dōjō 大德寺伝来の五百羅漢図と東錢湖四時水陸道場." Paper presented at the 46th International Conference of Eastern Studies. Tokyo, May 18.

Idema, Wilt, and Stephen H. West.

1982. *Chinese Theater*, 1100 – 1450: *A Sourcebook.* Wiesbaden: Franz Steiner.

Inahata Kōichirō 稲畑耕一郎.

1979. "Shimei shinzō no tenkai 司命神像の展開." *Chūgoku bungaku kenkyū* 中国文学研究 5: 1 – 12.

Inoue Ichii 井上以智為.

1926. "*Gogaku shinkei zu* ni tsuite 五嶽眞形圖に就いて." In *Naitō hakase kanreki shukuga Shinagaku ronsō* 内藤博士還暦祝賀支那学論叢, pp. 43 – 100. Kyoto 京都: Kōbundō shobō 弘文堂書房.

Ivanits, Linda J.

1989. *Russian Folk Belief.* Armonk, N. Y.: M. E. Sharpe.

James, Jean M.

1995. "An Iconographic Study of Xiwangmu During the Han Dynasty." *Artibus Asiae* 55. 1/2: 17 – 41.

1996. *A Guide to the Tomb and Shrine Art of the Han Dynasty*, 206 B. C. – A. D. 220. Lewiston, N. Y.: Edwin Mellen Press.

Jiang Bin 姜彬, ed.

1992. *Wu Yue minjian xinyang minsu* 吴越民间信仰民俗. Shanghai 上海: Shanghai wenyi chubanshe 上海文艺出版社.

Jiang Zhushan 蒋竹山.

1995a. *Cong daji yiduan dao suzao zhengtong—Qingdai guojia yu Jiangnan cishen xinyang* 从打击异端到塑造正统——清代国家与江南祠神信仰. thesis, Guoli Taiwan shifan daxue 国立台湾师范大学.

1995b. "Tang Bin jinhui wutongshen: Qingchu zhengzhi jingying daji tongsu wenhuade gean 汤斌禁毁五通神: 清初政治菁英打击通俗文化的个案." *Xin shixue* 新史学 6. 2: 67 – 110.

1997. "Song zhi Qingdaide guojia yu cishen xinyang yanjiude huigu yu taolun 宋至清代的国家与祠神信仰研究的回顾与讨论." *Xin shixue* 新史学 8. 2: 187 – 219.

Jiangsusheng wenwu guanli weiyuanhui 江苏省文物管理委员会.

1960. "Jiangsu Gaoyou Shaojiagou Handai yizhide qingli 江苏高邮邵家沟汉代遗址的清理." *Kaogu* 考古 1960. 10: 18 – 23.

Jin Tianlin 金天麟.

1990. "Zhejiang Jiashan Wangjiadaicun 'zhaitian' de diaocha 浙江嘉善王家埭村《斋天》的调查." *Minjian wenyi jikan* 民间文艺季刊 1990. 1: 135 – 159.

1995. "Zhejiang Jiashanxian difangshen jilüe 浙江嘉善县地方神记略."

Zhongguo minjian wenhua 中国民间文化 18：64 - 91.

Jing, Anning 景安宁.

  1994. "Buddhist-Daoist Struggle and a Pair of 'Daoist Murals.'" *Bulletin of the Museum of Far Eastern Antiquities* 66：117 - 181.

Johnson, David.

  1980. "The Wu Tzu-hsu*Pien-wen* and Its Sources." *Harvard Journal of Asiatic Studies* 40.1：93 - 156；40.2：465 - 505.

  1985. "The City God Cults of T'ang and Sung China." *Harvard Journal of Asiatic Studies* 45.2：363 - 457.

  1989. "Actions Speak Louder Than Words：The Cultural Significance of Chinese Ritual Opera." In Johnson, ed., 1989：1 - 45.

Johnson, David, ed.

  1989. *Ritual Opera, Operatic Ritual："Mu-Lien Rescues His Mother" in Chinese Popular Culture.* Berkeley：Chinese Popular Culture Project, University of California, Berkeley.

  1995. *Ritual and Scripture in Chinese Popular Religion：Five Studies.* Berkeley：Chinese Popular Culture Project, University of California, Berkeley.

Johnson, David, Andrew J. Nathan, and Evelyn S. Rawski, ed.

  1985. *Popular Culture in Late Imperial China.* Berkeley：University of California Press.

Kaltenmark, Max.

  1979. "The Ideology of the *T'ai P'ing Ching.*" In Welch and Seidel, ed., 1979：19 - 45.

Kamitsuka Yoshiko 神冢淑子.

  1996. "The Concept of Màra and the Idea of Expelling Demons." *Taoist Resources* 6.2：30 - 50.

Kanai Noriyuki 金井德幸.

  1979. "Sōdai no sonsha to shashin 宋代の村社と社神." *Tōyōshi kenkyū* 東洋史研究 38.2：219 - 245.

  1980. "Sōdai no gyōsha to tochishin 宋代の郷社と土地神." In *Nakajima Satoshi sensei koki kinen ronshū* 中嶋敏先生古希記念論集, 1：385 - 407. Tokyo 東京：Kyūko shoin 汲古書院.

  1982. "Sōdai no sonsha to sōzoku 宋代の村社と宗族." In *Rekishi ni*

okeru minshū to bunka: *Sakai Tadao sensei koki shukuga kinenshū* 歴史における民衆と文化: 酒井忠夫先生古希祝賀記念論集, pp. 351 – 367. Tokyo 東京: Kokusho kankōkai 國書刊行會.

1985. "Sōdai Sessai no sonsha to toshin: Sōdai gyōson shakai no shōkyōkōzō 宋代浙西の村社と土神: 宋代郷村社会の宗教構造." In *Sōdai no shakai to shūkyō* 宋代の社会と宗教, pp. 81 – 118. Ed. Sōdaishi kenkyūkai 宋代史研究会. Tokyo 東京: Kyūko shoin 汲古書院.

1987. "Nan-Sō jidai no shichin tōgakubyō 南宋時代の市鎮と東岳廟." *Rissei shigaku* 立正史学 61: 21 – 39.

1994. "Sōdai no gotsūshin shinkō to baibyō 宋代の五通神信仰と売廟." *Rissei shigaku* 立正史学 76: 21 – 40.

Katz, Paul R.

1995. *Demon Hordes and Burning Boats: The Cult of Marshal Wen in Late Imperial Chekiang*. Albany: State University of New York Press.

1999. *Images of the Immortal: The Cult of Lü Dongbin at the Palace of Eternal Joy*. Honolulu: University of Hawaii Press.

Keightley, David N.

1976. "Late Shang Divination: The Magico-Religious Legacy." In *Explorations in Early Chinese Cosmology*, pp. 11 – 34. Ed. Henry Rosemont, Jr. Chico, Calif.: Scholars Press.

1978a. "The Religious Commitment: Shang Theology and the Genesis of Chinese Political Culture." *History of Religions* 17. 3 – 4: 211 – 225.

1978b. *Sources of Shang History*. Berkeley: University of California Press.

1982. "Akatsuka Kiyoshi and the Culture of Early China: A Study in Historical Method." *Harvard Journal of Asiatic Studies* 42. 1: 267 – 320.

1983. "The Late Shang State: When, Where, and What?" In *The Origins of Chinese Civilization*, pp. 523 – 564. Ed. David N. Keightley. Berkeley: University of California Press.

1991. "The Quest for Eternity in Ancient China: The Dead, Their Gifts, Their Names." In Kuwayama, ed., 1991: 12 – 25.

1998. "Shamanism, Death, and the Ancestors: Religious Mediation in Neolithic and Shang China (ca. 5000 – 1000 b. c.)." *Asiatische Studien* 52. 3: 765 – 831.

1999. "The Shang: China's First Historical Dynasty." In Loewe and Shaughnessy, ed. , 1999: 232 – 291.

2001. *The Ancestral Landscape: Time, Space, and Community in Late Shang China (ca.* 1200 – 1045 *B. C.*). Berkeley: Institute of East Asian Studies, University of California, Berkeley.

Kesner, Ladislav.

1991. "The *Taotie* Reconsidered: Meanings and Functions of Shang Theriomorphic Imagery." *Artibus Asiae* 51. 1: 29 – 53.

Kiang, Shao-yuan (Jiang Shaoyuan) 江绍原.

1937. *Le voyage dans la chine ancienne, considéré principalement sous son aspect magique et réligieux.* Shanghai: Commission mixte des oeuvres franco-chinoises.

Kishimoto Mio 岸本美绪.

1997. *Shindai Chūgoku no bukka to keizai hendō* 清代中国の物価と経済変動. Tokyo 東京: Kembun shuppan 研文出版.

Kitada Hideto 北田英人.

1996. "Ichi-roku seiki ni okeru tochishin seisei no shosō 1 – 6 世紀における土地神生成の諸相." *Chūgoku shigaku* 中国史学 6: 109 – 130.

Kleeman, Terry F.

1993. "Expansion of the Wen-ch'ang Cult." In Ebrey and Gregory, ed. , 1993: 45 – 73.

1994a. *A God's Own Tale: The Book of Transformations of Wenchang, the Divine Lord of Zitong.* Albany: State University of New York Press.

1994b. "Mountain Deities in China: Domestication of the Mountain God and the Subjugation of the Mountains." *Journal of the American Oriental Society* 114. 2: 226 – 238.

1994c. "Licentious Cults and Bloody Victuals: Standards of Religious Orthodoxy in Traditional China." *Asia Major*, 4th series, 7. 1: 185 – 211.

1998. *Great Perfection: Religion and Ethnicity in a Chinese Millennial Kingdom.* Honolulu: University of Hawaii Press.

Kobayashi Masayoshi 小林正美.

1991. *Rikuchō dōkyōshi kenkyū* 六朝道教史研究. Tokyo 東京: Sōbunsha 創文社.

Kobayashi Taiichirō 小林太市郎.

1947. *Kan Tō kozoku to myōki dōgu* 漢唐古俗と明器土偶. Tokyo 東京: Ichijō shobō 一条書房.

Kohn，Livia.

1998. "Counting Good Deeds and Days of Life: The Quantification of Fate in Medieval China." *Asiatische Studien* 52. 3: 833 – 870.

Kojima Tsuyoshi 小島毅.

1990. "Seikobyō seido no kakuritsu 城隍廟制度の確立." *Shisō* 思想 792: 197 – 212.

1991. "Seishi to inshi: Fukken no chihoshi ni okeru kijutsu to ronri 正祠と淫祠: 福建の地方志における記述と論理." *Tōyō bunka kenkyūjo kiyō* 東洋文化研究所紀要 114: 87 – 213.

Kominami Ichirō 小南一郎.

1987. "Sha no saiji no shokeitai to sono kigen 社の祭祀の諸形態とその起源." *Koshi shunjū* 古史春秋 4: 17 – 37.

1994. "Kandai no sōrei kannen 漢代の祖霊観念." *Tōhō gakuhō* 東方学報 66: 1 – 62.

Kubō Noritada 窪徳忠.

1986. *Dōkyō no kamigami* 道教の神々. Tokyo 東京: Hirakawa shuppansha 平河出版社.

Kucera，Karil J.

1995. "Lessons in Stone: Baodingshan and its Hell Imagery." *Bulletin of the Museum of Far Eastern Antiquities* 67: 79 – 157.

Kuhn，Dieter.

1994. "Decoding Tombs of the Song Elite." In *Burial in Song China*, pp. 11–159. Ed. Dieter Kuhn. Heidelberg: Edition Forum.

Kuwayama，George，ed.

1991. *Ancient Mortuary Traditions of China: Papers on Chinese Ceramic Funerary Sculptures*. Los Angeles: Los Angeles County Museum of Art.

Lagerwey，John.

1987. *Taoist Ritual in Chinese Society and History*. New York: Macmillan.

Larre，Claude，Isabelle Robinet，and Elisabeth Rochat de la Vallée.

1993. *Les grands traités du Huainan zi*. Paris: Editions du Cerf.

Lauwaert，Françoise.

1990. "Comptes des dieux, calculs des hommes: essai sur la notion de retribution dans les contes en langue vulgaire du 17e siècle. " *T'oung Pao* 76. 1 – 3: 62 – 94.

Le Blanc, Charles.

1985 – 1986. "A Re-Examination of the Myth of Huang-ti. " *Journal of Chinese Religions* 13/14: 45 – 63.

Lee, Sherman E.

1993. "Yan Hui, Zhong Kui, Demons and the New Year. " *Artibus Asiae* 53. 1 – 2: 211 – 227.

Levenson, Joseph R. , and Franz Schurmann.

1969. *China: An Interpretive History, From the Beginnings to the Fall of Han.* Berkeley: University of California Press.

Levi, Jean.

1989. *Les Fonctionnaires divins: politique, despotisme, et mystique en chine ancienne.* Paris: Editions du Seuil.

Lewis, Mark Edward.

1990. *Sanctioned Violence in Early China.* Albany: State University of New York Press.

1999. *Writing and Authority in Early China.* Albany: State University of New York Press.

Li Fengmao 李丰楙.

1993. "*Daozang* suoshou zaoqi daoshude wenyiguan—yi *Nüqing guilü* ji *Dongyuan shenzhou jing* xi wei li《道藏》所收早期道书的瘟疫观——以女青鬼律及洞渊神咒经析为例. " *Zhongguo wenzhe yanjiu jikan* 中国文哲研究集刊 3: 417 – 454.

Li Ling 李零.

1995 – 96. "An Archaeological Study of Taiyi (Grand One) Worship. " *Early Medieval China* 2: 1 – 39.

Li Shiyu 李世瑜.

1961. *Baojuan zonglu* 宝卷综录. Beijing 北京: Zhonghua shuju 中华书局.

Li Xianzhang 李献璋.

1979. *Boso shinkō no kenkyū* 媽祖信仰の研究. Tokyo 东京: Taizan bunbutsusha 泰山文物社.

Li Xueqin 李学勤.

1993. "Liangzhu Culture and the Shang *Taotie* Motif. " In Whitfield, ed. , 1993: 56 – 66.

Liang Qizi 梁其姿.

1997. *Shishan yu jiaohua*: *Ming Qingde cishan zuzhi* 施善与教化: 明清的 慈善组织. Taibei 台北: Lianjing chuban gongsi 联经出版公司.

Liao Hsien-huei (Liao Xianhui) 廖咸惠.

1996. "Tang Song shiqi nanfang houtu xinyangde yanbian—yi Yangzhou houtu chongbai wei li 唐宋时期南方后土信仰的衍变——以扬州后土 崇拜为例. " *Hanxue yanjiu* 汉学研究 14. 2: 103 – 134.

2001. "Popular Religion and the Religious Beliefs of the Song Elite, 960 – 1276. " Ph. D. diss. , University of California, Los Angeles.

Liaoningsheng bowuguan 辽宁省博物馆.

1988. *Gusu fanhua tu* 姑苏繁华图. Hong Kong 香港: Shangwu yinshuguan 商务印书馆.

Lin Hengdao 林衡道.

1974. *Taiwan simiao daquan* 台湾寺庙大全. Taibei 台北: Qingwen chubanshe 青文出版社.

Little, Stephen.

1985. "The Demon Queller and the Art of Ch'iu Ying. " *Artibus Asiae* 46. 1 – 2: 1 – 128.

Liu Changjiu 刘长久 et al. , ed.

1985. *Dazu shike yanjiu* 大足石刻研究. Chengdu 成都: Sichuansheng shehui kexueyuan chubanshe 四川省社会科学院出版社.

Liu Lexian 刘乐贤.

1993. "Shuihudi Qinjian rishu 'Jiejiu pian' yanjiu 睡虎地秦简日书《诘 咎篇》研究. " *Kaogu xuebao* 考古学报 1993. 4: 435 – 454.

Liu Ts'un-yan 柳存仁.

1962. *Buddhist and Taoist Influences on Chinese Novels*. Wiesbaden: Otto Harrassowitz.

1967. *Chinese Popular Fiction in Two London Libraries*. Hong Kong: Lung Men Bookstore.

Liu Zhiwan 刘枝万.

1983. "Taiwan zhi wenshen xinyang 台湾之瘟神信仰. " In Liu 刘枝万, *Taiwan minjian xinyang lunji* 台湾民间信仰论集, pp. 225 – 234. Taibei

台北: Lianjing chuban shiye gongsi 联经出版事业公司.

1987. "Tenhōshin to tenhōju ni tsuite 天蓬神と天蓬呪に就いて." In *Dōkyōto shūkyō bunka* 道教と宗教文化, pp. 403 – 424. Ed. Akizuki Kan'ei 秋月観暎. Tokyo 東京: Hirakawa shuppansha 平河出版社.

Loewe, Michael.

1970. "The Case of Witchcraft in 91 b. c. : Its Historical Setting and Effect on Han Dynastic History." *Asia Major*, 3rd series, 15. 2: 159 – 196.

1971. "K'uang Heng and the Reform of Religious Practices (31 b. c.)." *Asia Major*, 3rd series, 17. 1: 1 – 27.

1978. "Man and Beast: The Hybrid in Early Chinese Art and Literature." *Numen* 25. 2: 97 – 117.

1979. *Ways to Paradise: The Chinese Quest for Immortality.* London: George Allen & Unwin.

1982. *Chinese Ideas of Life and Death: Faith, Myth, and Reason in the Han Period* (202 B. C. – A. D. 220) . London: George Allen & Unwin.

Loewe, Michael, and Edward L. Shaughnessy, ed.

1999. *The Cambridge History of Ancient China: From the Origins of Civilization to* 221 B. C. Cambridge: Cambridge University Press.

Lopez, Donald S. , Jr. , ed.

1996. *Religions of China in Practice.* Princeton, N. J. : Princeton University Press.

Lufrano, Richard John.

1997. *Honorable Merchants: Commerce and Self-Cultivation in Late Imperial China.* Honolulu: University of Hawaii Press.

McMahon, Keith.

1988. *Causality and Containment in 17th-Century Chinese Fiction.* Leiden: E. J. Brill.

Mair, Victor.

1983. *Tun-huang Popular Narratives.* Cambridge: Cambridge University Press.

1986. "Records of Transformation Tableau (*Pien-Hsiang*) ." *T'oung Pao* 72. 3: 3 – 43.

Major, John S.

1993. *Heaven and Earth in Early Han Thought: Chapters Three, Four, and*

Five of the Huainanzi. Albany: State University of　New York Press.

Makita Tairyō 牧田諦亮.

　　1957. "Suirikkai shokō 水陸会小考." In Makita 牧田諦亮, *Chūgoku kinsei bukkyōshi kenkyū* 中国近世仏教史研究, pp. 169 - 193. Kyoto 京都: Heirakuji shoten 平楽寺書店.

Maruyama Hiroshi 丸山宏.

　　1986. "Sei'ichi dōkyōno jōshō girei ni tsuite: 'chōshōshō' o chūshin to shite 正一道教の上章儀礼について:「冢訟章」を中心として." *Tōhō shūkyō* 東方宗教 68: 44 - 64.

Maspero, Henri.

　　1924. "Légendes mythologiques dans le *Chou king.*" *Journal Asiatique* 204: 11 - 100.

　　1928/1981. "Mythologie de la Chine moderne." In *Mythologie asiatique illustré*. Paris: Librairie de France. Translated as "The Mythology of Modern China," in Maspero, *Taoism and Chinese Religion*, pp. 75 - 196. Amherst: University of Massachusetts Press, 1981.

Mathieu, Remi.

　　1983. *Étude sur la mythologie et l'ethnologie de la chine ancienne.* Paris: Institut des Hautes Études Chinoises.

Matsumoto Kōichi 松本浩一.

　　1983. "Sōrei, sairei ni miru Sōdai shūkyōshi no ichi keikō 葬礼・祭礼にみる宋代宗教史の一傾向." In *Sōdai no shakai to bunka* 宋代の社会と文化, pp. 169 - 194. Ed. Sōdaishi kenkyūkai 宋代史研究会. Tokyo 東京: Kyūko shoten 汲古書院.

　　1993. "Chūgoku sonraku ni okeru shibyō to sono hensen: Chūgoku no shibyō ni kansuru kenkyūdōkōto mondaiten 中国村落における祠廟とその変遷:中国の祠廟に関する研究動向と問題点." *Shakai bunka shigaku* 社会文化史学 31: 27 - 43.

　　1999. "Sōdai no sha to shibyō 宋代の社と祠廟." *Shikyō* 史境 38 - 39: 1 - 15.

Miyakawa Hisayuki 宮川尚志.

　　1964. *Rikuchō shi kenkyū: shūkyō* 六朝史研究・宗教篇. Kyoto 京都: Heirakuji shoten 平楽寺書店.

Miyamoto Noriyuki 宮本則之.

1992. "Sō Gen jidai ni okeru fun'an to sosen saishi 宋元時代における墳庵と祖先祭祀." *Bukkyō shigaku kenkyū* 仏教史学研究 35.2: 112 – 134.

Miyashita Saburō 宮下三郎.

1959. "Chūgoku kodai no shippeikan to ryōhō 中国古代の疾病観と療法." *Tōhō gakuhō* 東方学報 30: 227 – 252.

Mizukoshi Tomo 水越知.

2002. "Sōdai shakai to shibyō shinkō no tenkai: chiikikaku to shite no shibyō no shutsugen 宋代社会と祠廟信仰の展開." *Tōyōshi kenkyū* 東洋史研究 60.4: 629 – 666.

Mollier, Christine.

1991. *Une apocalypse taoiste du Ve siècle: Le Livre des Incantations Divines des Grottes Abyssales.* Paris: Collège de France / Institut des Hautes Études Chinoises.

1997. "La Méthode de l'Empereur du Nord du Mont Fengdu: une tradition exorciste du taoisme médiéval." *T'oung Pao* 83.4 – 5: 329 – 385.

Mori Yasutarō 森安太郎.

1970. *Kōtei densetsu: kodai Chūgoku shinwa no kenkyū* 黄帝伝説: 古代中国神話の研究. Kyoto 京都: Kyoto joshi daigaku jimbun gakkai 京都女子大学人文学会.

Moriya Mitsuo 守屋美都雄.

1949. *Chūgoku ko saijiki no kenkyū* 中国古歳時記の研究. Tokyo 東京: Teikoku shoin 帝国書院.

Nagahiro Toshio 長広敏雄.

1969. "Kishinzū no keifu 鬼神図の系譜." In Nagahiro 長広敏雄, *Rikuchō jidai bijutsu no kenkyū* 六朝時代美術の研究, pp. 105 – 141. Tokyo 東京: Bijutsu shuppansha 美術出版社.

Nakamura Hiroichi 中村裕一.

1983. "Dōkyō to nenchū gyōji 道教と年中行事." In *Dōkyō* 道教, 2: 371 – 411. Ed. Fukui Kōjun 福井康順 et al. Tokyo 東京: Hirakawa shuppansha 平河出版社.

Nakamura Jihei 中村治兵衛.

1978. "Hoku-Sōcho to fu 北宋朝と巫." *Chūō daigaku bungakubu kiyō, shigakka* 中央大学文学部紀要史学科 23: 63 – 78.

1980. "Chūgoku shūraku shi kenkyū no kaiko to tembō: tokuni sonraku shi o chūshin to shite 中國聚落史研究の回顧と展望－とくに村落史を中心として一." In *Chūgoku shūraku shi no kenkyū: shūhen shochiiki to no hikaku o fukumete* 中國聚落史の研究—周邊諸地域との比較を含めて一, pp. 5 – 22. Tōdaishi kenkyūkai 唐代史研究會, ed. Tokyo 東京: Katanamizu shobō 刀水書房.

1982. "Sōdai no fu no tokuchō: nyūfu katei no kyūmei o fukumete 宋代の巫の特徵－入巫過程の究明を含めて一." *Chūo daigaku bungakubu kiyō, shigakka* 中央大学文学部紀要史学科 27: 51 – 75.

Naquin, Susan, and Chün-fang Yü.

1993. "Introduction: Pilgrimage in China." In Naquin and Yü, ed., 1993: pp. 1 – 38.

Naquin, Susan, and Chün-fang Yü, ed.

1993. *Pilgrimage and Sacred Places in China.* Berkeley: University of California Press.

Needham, Joseph.

1974. *Science and Civilisation in China*, vol. 5, *Chemistry and Chemical Technology*, pt. 2: *Spagyrical Discovery and Invention: Magisteries of Gold and Immortality.* Cambridge: University of Cambridge Press.

Nickerson, Peter.

1994. "Shamans, Demons, Diviners and Taoists: Conflict and Assimilation in Medieval Chinese Ritual Practice (c. a. d. 100 – 1000)." *Taoist Resources* 5. 1: 41 – 66.

1996. "Abridged Codes of Master Lu for the Daoist Community." In Lopez, ed., 1996: 347 – 359.

2000. "The Ritual of 'Petitioning Celestial Officials' in Celestial Master Taoism: A Re-examination of the Problem of Taoism and Popular Religion." Paper presented at the International Conference on Religion and Chinese Society. Chinese University of Hong Kong, Hong Kong, May 29 – June 2.

Niida Noboru 仁井田陞.

1951. *Chūgoku no shakai to girudo* 中国の社会とギルド. Tokyo 東京: Iwanami shoten 岩波書店.

Ōfuchi Ninji 大淵忍爾.

1964. "*Sankōbun* yori *Dōshinkei e* 三皇文より洞神経へ" In ōfuchi 大淵
忍爾, *Dōkyō-shi no kenkyū* 道教史の研究, pp. 277 – 343. Okayama 岡
山: Okayama daigaku kozaikai shosekibu 岡山大学共済会書籍部.

1991. *Shoki no Dōkyō* 初期の道教. Tokyo 東京: Sōbunsha 創文社.

Ogasawara Senshū 小笠原宣秀.

1963. *Chūgoku kinsei jōdokyō shi no kenkyū* 中国近世浄土教史の研究.
Kyoto 京都: Hōzōkan 百華苑.

Orzech, Charles.

1996. "Saving the Burning Mouth Hungry Ghost." In Lopez, ed. , 1996:
278 – 283.

Ōtani Kōshō 大谷光照.

1937. *Tōdai no bukkyō girei* 唐代の仏教儀礼. Tokyo 東京: Yukosha 有光
社.

Ou Yue 欧粤.

1992. "Shanghai shijiao suishi xinyang xisu diaocha 上海市郊岁时信仰习
俗调查." *Zhongguo minjian wenhua* 中国民间文化 5: 127 – 150.

Overmyer, Daniel.

1976. *Folk Buddhist Religion of China.* Cambridge, Mass. : Harvard
University Press.

1985. "Values in Chinese Sectarian Literature: Ming and Ch'ing Pao-
chüan." In Johnson et al. , ed. , 1985: 219 – 254.

1999. *Precious Volumes: An Introduction to Chinese Sectarian Scriptures of the
Sixteenth and Seventeenth Centuries.* Cambridge, Mass. : Council on East
Asian Studies, Harvard University.

Paper, Jordan.

1995. *The Spirits Are Drunk: Comparative Approaches to Chinese Religion.*
Albany: State University of New York Press.

Parry, Jonathan, and Maurice Bloch, ed.

1989. *Money and the Morality of Exchange.* Cambridge: Cambridge
University Press.

Po, Sung-nien 蒲松年, and David Johnson.

1992. *Domesticated Deities and Auspicious Emblems: The Iconography of
Everyday Life in Village China.* Berkeley: Chinese Popular Culture Project,
University of California, Berkeley.

Poo, Mu-chou 蒲慕州.

　1998. *In Search of Personal Welfare: A View of Ancient Chinese Religion.* Albany: State University of New York Press.

Porkert, Manfred.

　1974. *The Theoretical Foundations of Chinese Medicine: Systems of Correspondence.* Cambridge, Mass. : MIT Press.

Potter, Jack M.

　1974. "Cantonese Shamanism." In Wolf, ed. , 1974: 207 – 232.

Powers, Martin J.

　1991. *Art and Political Expression in Early China.* New Haven, Conn. : Yale University Press.

Puett, Michael.

　1998. "Sages, Ministers, and Rebels: Narratives from Early China Concerning the Initial Creation of the State. " *Harvard Journal of Asiatic Studies* 58. 2: 425 – 479.

Rao Zongyi 饶宗颐.

　1969. "Ba Dunhuang ben *Baize jingguai tu liang canjuan* (P. 2682, S. 6261) 跋敦煌本白泽精怪图两残卷." *Taibei zhongyanyuan lishi yuyan yanjiusuo jikan* 台北中研院历史语言研究所集刊 21. 4: 539 – 543.

　1974. "Wuxian Xuanmiaoguan shichu huaji 吴县玄妙观石础画迹." *Taibei zhongyanyuan lishi yuyan yanjiusuo jikan* 台北中研院历史语言研究所集刊 25. 2: 255 – 309.

Rawski, Evelyn S.

　1985. "Economic and Social Foundations of Late Imperial Culture. " In Johnson etal. , ed. , 1985: 3 – 33.

　1988. "A Historian's Approach to Chinese Death Ritual. " In *Death Ritual in Late Imperial and Modern China*, pp. 20 – 34. Ed. James L. Watson and Evelyn S. Rawski. Berkeley: University of California Press.

Rawson, Jessica.

　1996. "Changes in the Representation of Lifeand Afterlife as Illustrated by the Contents of Tombs of the Sung and Yüan Periods. " In *Arts of the Sung and Yüan*, pp. 23 – 43. Ed. Maxwell K. Hearn and Judith G. Smith. New York: Metropolitan Museum of Art.

1999a. "The Eternal Palaces of the Western Han: A New View of the Universe." *Artibus Asiae* 49. 1/2: 1 – 35.

1999b. "Western Zhou Archaeology." In Loewe and Shaughnessy, ed., 1999: 352 – 449.

2000. "Religious Change as Seen in the Material Record, 500BC – AD 200: The Changes in Offerings to the Ancestors." Paper presented at the International Conference on Religion and Chinese Society. Chinese University of Hong Kong, Hong Kong, May 29 – June 2.

Robinet, Isabelle.

1984. *La révélation du Shangqing dans l'histoire du taoisme.* Paris: École Française d'Extrême Orient.

1997. *Taoism: Growth of a Religion.* Stanford, Calif. : Stanford University Press.

Rowe, William.

1984. *Hankow: Commerce and Society in a Chinese City*, 1796 – 1889. Stanford, Calif. : Stanford University Press.

Rudova, Maria, ed.

1988. *Chinese Popular Prints.* Leningrad: Aurora Art Publishers.

Sabean, David Warren.

1984. *Power in the Blood: Popular Culture and Village Discourse in Early Modern Germany.* Cambridge: Cambridge University Press.

Sakai Tadao 酒井忠夫.

1960. *Chūgoku zensho no kenkyū* 中国善書の研究. Tokyo 东京: Kōbundō 弘文堂.

1970. "Confucianism and Popular Educational Works." In *Self and Society in Ming Thought*, pp. 331 – 366. Ed. Wm. Theodore de Bary. New York: Columbia University Press.

Sangren, Steven P.

1987. *History and Magical Power in a Chinese Community.* Stanford, Calif. : Stanford University Press.

Satō Seijun 佐藤成順.

1988. "Hoku-Sōjidai no Kōshū no jōdokyō 北宋時代の杭州の浄土教." In *Chūgoku no bukkyō to bunka: Kamata Shigeo hakushi kanreki kinen ronshū* 中国の仏教と文化: 鎌田茂雄博士還暦記念論集, pp. 457 – 482. Tokyo

東京: ōkura shuppan 大蔵出版.

Sawada Mizuho 沢田瑞穂.

1969. "Kami ni shakkin suru hanashi 神に借金する話." *Tenri daigaku gakuhō* 天理大学学報 61: 85 – 96.

1975. [*Zōhō*] *Hōkan no kenkyū* 増補宝巻の研究. Tokyo 東京: Kokusho kankōkai 国書刊行會.

1982. *Chūgoku no minkan shinkō* 中国の民間信仰. Tokyo 東京: Kōsakusha 工作舎.

1984. *Chūgoku no juhō* 中国の呪法. Tokyo 東京: Hirakawa shuppansha 平河出版社.

Schaberg, David.

1999. "Travel, Geography, and the Imperial Imagination in Fifth-Century Athens and Han China." *Comparative Literature* 55. 2: 152 – 191.

Schafer, Edward H.

1967. *The Vermillion Bird*: *T'ang Images of the South*. Berkeley: University of California Press.

Schipper, Kristofer.

1971. "Démonologie chinoise." In *Sources orientales*, vol. 8, *Génies*, *anges*, *et démons*, pp. 405 – 429. Paris: Éditions du Seuil.

1977. "Neighborhood Cult Associations in Traditional Tainan." In *The City in Late Imperial China*, pp. 651 – 676. Ed. G. William Skinner. Stanford, Calif. : Stanford University Press.

1978. "The Taoist Body." *History of Religions* 17. 2: 355 – 387.

1985a. "Seigneurs royaux, dieux des épidemies." *Archives sciences sociales des religions* 59. 1: 31 – 40.

1985b. "Taoist Ritual and Local Cults in the T'ang Dynasty." In *Tantric and Taoist Studies in Honour of R. A. Stein*, 3: 812 – 834. Ed. Michel Strickmann. Bruxelles: Institut Belge des Hautes Études Chinoises.

1985c. "Vernacular and Classical Religion in Taoism." *Journal of Asian Studies* 45. 1: 21 – 57.

1990. "The Cult of Baosheng Dadi and its Spread to Taiwan—A Case of Fenxiang." In *Development and Decline of Fukien Province in the Seventeenth and Eighteenth Centuries*, pp. 397 – 416. Ed. E. B. Vermeer. Leiden: E. J. Brill.

Schwartz, Benjamin I.

1985. *The World of Thought in Ancient China.* Cambridge, Mass. : Harvard University Press.

Seaman, Gary.

1987. *Journey to the North: An Ethnohistorical Analysis and Annotated Translation of the Chinese Folk Novel* Pei-yu chi. Berkeley: University of California Press.

Seidel, Anna.

1969. *Le divinisation de Lao tseu dans le taoisme des Han.* Paris: École Française d'Extrême Orient.

1983. "Imperial Treasures and Taoist Sacraments: Taoist Roots in the Apocrypha." In *Tantric and Taoist Studies in Honour of R. A. Stein*, 2: 291 – 371. Ed. Michel Strickmann. Bruxelles: Institut Belge des Hautes Études Chinoises.

1987a. "Post-mortem Immortality—or: the Taoist Resurrection of the Body." In *Gilgul: Essays on Transformation, Revolution, and Permanence in the History of Religions Dedicated to R. J. Zwi Werblowsky*, pp. 223 – 237. Ed. S. Shaked, D. Shulman, and G. G. Stroumsa. Leiden: E. J. Brill.

1987b. "Traces of Han Religion: In Funerary Texts Found in Tombs." In *Dōkyōto shūkyō bunka* 道教と宗教文化, pp. 21 – 57. Ed. Akizuki Kan'ei 秋月観暎. Tokyo 東京: Hirakawa shuppansha 平河出版社.

Shahar, Meir, and Robert Weller.

1996. "Introduction: Gods and Society in China." In Shahar and Weller, ed. , 1996: 1 – 36.

Shahar, Meir, and Robert Weller, ed.

1996. *Unruly Gods: Divinity and Society in China.* Honolulu: University of Hawaii Press.

Shanghai bowuguan qingtongqi yanjiuzu 上海博物馆青铜器研究组.

1984. *Shang Zhou qingtongqi wenshi* 商周青铜器纹饰. Beijing 北京: Wenwu chubanshe 文物出版社.

Shanxisheng bowuguan 山西省博物馆.

1985. *Baoningsi Mingdai shuiluhua* 宝宁寺明代水陆画. Beijing 北京: Wenwu chubanshe 文物出版社.

Shaughnessy, Edward L.

1991. *Sources of Western Zhou History*: *Inscribed Bronze Vessels*. Berkeley: University of California Press.

1999. "Western Zhou History." In Loewe and Shaughnessy, ed. , 1999: 292 – 351.

Shen Zongxian 沈宗宪.

1995. "Songdai minjian cisi yu zhengfu zhengce 宋代民间祠祀与政府政策." *Dalu zazhi* 大陆杂志 91. 6: 23 – 41.

Shiba Yoshinobu 斯波義信.

1968. *Sōdai shōgyōshi kenkyū* 宋代商業史研究. Tokyo 東京: Kazama shobō 風間書房.

Shinohara Hisao 篠原寿雄.

1977. "Dōkyōteki kishin: oni ni kansuru oboegaki 道教の鬼神—鬼に関する覚書一." In *Yoshioka hakase kanreki kinen Dōkyōkenkyū ronshū* 吉岡博士還暦記念道教研究論集, pp. 225 – 247. Tokyo 東京: Kokusho kankōkai 国書刊行會.

Sivin, Nathan.

1987. *Traditional Medicine in Contemporary China*. Ann Arbor: University of Michigan Center for Chinese Studies.

Sōda Hiroshi 相田洋.

1997. *Ijin to ichi*: *kyōkai no Chūgoku kodai shi* 異人と市—境界の中国古代史. Tokyo 東京: Kenbun shuppan 研文出版.

Stein, Rolf.

1979. "Religious Taoism and Popular Religion from the Second to the Seventh Centuries." In Welch and Seidel, ed. , 1979: 53 – 81.

1986. "Avalokiteśvara/Kouan-yin: exemple de transformation d'un dieu en déese." *Cahiers d'Extrême-Asie* 2: 17 – 80.

Stevenson, Daniel B.

1999. "Protocols of the Gods: Tz'u-yun Tsun-shih (964 – 1032) and T'ien-t'ai Lay Buddhist Ritual in the Sung. " In Gregory and Getz, ed. , 1999: 340 – 408.

Strickmann, Michel.

1977. "The Mao Shan Revelations: Taoism and the Aristocracy. " *T'oung Pao* 63: 1 – 64.

1978. "The Longest Taoist Scripture." *History of Religions* 17. 2: 331 – 354.

1981. *Le Taoisme du Mao Chan*, *chronique d'une révélation*. Paris: Presses Universitaires de France.

2002. *Chinese Magical Medicine*. Stanford, Calif. : Stanford University Press.

Sue Takashi 須江隆.

1994. "Tō-Sōki shibyōno byōgaku, hōgo no kashi ni tsuite 唐宋期におけ る祠廟の廟額・封号の下賜について. " *Chūgoku—shakai to bunka* 中 国 – 社会と文化: 96 – 119.

Suzhou lishi bowuguan 苏州历史博物馆 et al. , ed.

1981. *Ming Qing Suzhou gongshangye beike ji* 明清苏州工商业碑刻集. Nanjing 南京: Jiangsu renmin chubanshe 江苏人民出版社.

Szonyi, Michael.

1997. "The Illusion of Standardizing the Gods: The Cult of the Five Emperors in Late Imperial China. " *Journal of Asian Studies* 56. 1: 113 – 135.

Taylor, Romeyn.

1990. "Official and Popular Religion and the Political Organization of Chinese Society in the Ming. " In *Orthodoxy in Late Imperial China*, pp. 126 – 157. Ed. Kwang-ching Liu. Berkeley: University of California Press.

Teiser, Stephen F.

1988. *The Ghost Festival in Medieval China*. Princeton, N. J. : Princeton University Press.

1994. *The Scripture of the Ten Kings and the Making of Purgatory in Medieval Chinese Buddhism*. Honolulu: University of Hawaii Press.

ter Haar, Barend.

1990. "The Genesis and Spread of Temple Cults in Fukien. " In *Development and Decline of Fukien Province in the Seventeenth and Eighteenth Centuries*, pp. 349 – 395. Ed. E. B. Vermeer. Leiden: E. J. Brill.

1992. *The White Lotus Teachings in Chinese Religious History*. Leiden: E. J. Brill.

1995. "Local Society and the Organizationof Cults in Early Modern China: A Preliminary Study. " *Studies in Central & East Asian Religions* 8: 1 – 43.

2000. "The Rise of the Guan Yu Cult: The Taoist Connection. " In*Linked Faiths: Essays on Chinese Religions and Traditional Culture in Honour of Kristofer Schipper*, pp. 184 – 204. Ed. Jan A. M. de Meyer and Peter M. Engelfriet. Leiden: E. J. Brill.

Terada Takanobu 寺田隆信.

1972. *Sansei shōnin no kenkyū* 山西商人の研究—明代における商人およ び商業資本. Kyoto 京都: 東洋史研究会 Tōyōshi kenkyōkai.

Thomas, Keith.

1971. *Religion and the Decline of Magic.* New York: Scribner's.

Thorp, Robert.

1991. "Mountain Tombs and Jade Burial Suits: Preparations for Eternity in the Western Han. " In Kuwayama, ed., 1991: 26 – 39.

Thote, Alain.

Forthcoming. "Burial Practices as Seen in Rulers' Tombs of the Eastern Zhou Period: Patterns and Regional Traditions. " In *Chinese Religion and Society: The Transformation of a Field*, vol 1. Ed. John Lagerwey. Hong Kong: Chinese University of Hong Kong and École Française d'Extrême-Orient.

Tianjinshi yishu bowuguan 天津市艺术博物馆.

1993. *Tianjinshi yishu bowuguan cang yu* 天津市艺术博物馆藏玉. Beijing 北京: Wenwu chubanshe 文物出版社.

T'ien Ju-k'ang 田汝康.

1988. *Male Anxiety and Female Chastity: A Comparative Study of Chinese Ethical Values in Ming-Ch'ing Times.* Leiden: E. J. Brill.

Unschuld, Paul U.

1985. *Medicine in China: A History of Ideas.* Berkeley: University of California Press.

van der Loon, Piet.

1977. "Les Origines rituelles de théâtre chinoise. " *Journal Asiatique* 265: 141 – 168.

Verellen, Franciscus.

1992. " 'Evidential Miracles in Support of Taoism' : The Inversion of a Buddhist Apologetic Tradition in Late Tang China. " *T'oung Pao* 78: 217 – 263.

von Falkenhausen, Lothar.

1993. "Issues in Western Zhou Studies: A Review Article. " *Early China* 18: 139 – 226.

1994. "Sources of Taoism: Reflections on Archaeological Indicators of Religious Change in Eastern Zhou China. " *Taoist Resources* 5. 2: 1 – 12.

1999. " The Waning of the Bronze Age: Material Culture and Social Developments, 700 – 481B. C. " In Loewe and Shaughnessy, ed. , 1999: 450 – 544.

Forthcoming. "Mortuary Behavior in Pre-Imperial Qin: A Religious Interpretation. " In *Chinese Religion and Society: The Transformation of a Field*, vol 1. Ed. John Lagerwey. Hong Kong: Chinese University of Hong Kong and École Française d'Extrême-Orient.

von Glahn, Richard.

1987. *The Country of Streams and Grottoes: Expansion, Settlement, and the Civilizing of the Sichuan Frontier in Song Times.* Cambridge, Mass.: Council on East Asian Studies, Harvard University.

1991. "The Enchantment of Wealth: The God *Wutong* in the Social History of Jiangnan. " *Harvard Journal of Asiatic Studies* 51. 2: 651 – 714.

1996. *Fountain of Fortune: Money and Monetary Policy in China*, 1000 – 1700. Berkeley: University of California Press.

2003a. "Money-Use in China and Changing Patterns of Global Trade in Monetary Metals, 1500 – 1800. " In *Global Connections and Monetary History*, 1470 – 1800, pp. 187 – 205. Ed. Dennis Flynn, Arturo Giráldez, and Richard von Glahn. Aldershot, UK: Ashgate.

2003b. "Towns and Temples: Urban Growth and Decline in the Yangzi Delta, 1200 – 1500. " In *The Song-Yuan-Ming Transition in Chinese History*, pp. 176 – 211. Ed. Paul Jakov Smith and Richard von Glahn. Cambridge, Mass.: Council on East Asian Studies, Harvard University.

Forthcoming. "The Sociology of Local Religion in the Lake Tai Basin. " In *Chinese Religion and Society: The Transformation of a Field*, vol. 2. Ed. John Lagerwey. Hong Kong: Chinese University of Hong Kong andÉcole Française d'Extrême-Orient.

Wada Hironori 和田博徳.

    1985. "Rikōsei to rishadan gyōreidan: Mindai no gyōson shihai to saishi 里甲制と里社壇・郷厲壇: 明代の郷村支配と祭祀." In *Nishi to higashi to: Maejima Shinji sensei tsuitō ronbunshū* 西と東と: 前嶋信次先生追悼論文集, pp. 413 – 432. Tokyo 東京: Kyūko shoin 汲古書院.

Wang Deqing 王德庆.

    1983. "Suzhou Lengqiesi ta 苏州楞伽寺塔." *Wenwu* 文物 1983. 10: 83 – 85.

Watson, Burton.

    1989. *The Tso Chuan: Selections from China's Oldest Narrative History*. New York: Columbia University Press.

Watson, James L.

    1976. "Anthropological Analyses of Chinese Religion." *China Quarterly* 66: 355 – 364.

    1985. "Standardizing the Gods: The Promotion of T'ien Hou ('Empress of Heaven') Along the South China Coast, 960 – 1960." In Johnson et al., ed., 1985: 292 – 324.

    1988. "The Structure of Chinese FuneraryRites: Elementary Forms, Ritual Sequence, and the Primacy of Performance." In *Death Ritual in Late Imperial and Modern China*, pp. 3 – 19. Ed. James L. Watson and Evelyn S. Rawski. Berkeley: University of California Press.

Weber, Charles D.

    1968. *Chinese Pictorial Bronze Vessels of the Late Chou Period*. Ascona: Artibus Asiae.

Weber, Max.

    1951. *The Religion of China*. New York: Free Press.

    1978. *Economy and Society*. Ed. Guenther Roth and Claus Wittich. Berkeley: University of California Press.

Welch, Holmes, and Anna Seidel, ed.

    1979. *Facets of Taoism: Essays in Chinese Religion*. New Haven, Conn. : Yale University Press.

Weller, Robert.

　1987. *Unity and Diversity in Chinese Religion.* Seattle: University of Washington Press.

Wheatley, Paul.

　1971. *The Pivot of the Four Quarters: A Preliminary Enquiry into the Origins and Character of the Ancient Chinese City.* Edinburgh: Edinburgh University Press.

Whitfield, Roderick, ed.

　1993. *The Problem of Meaning in Early Chinese Ritual Bronzes.* London: School of Oriental and African Studies, University of London.

Wolf, Arthur P.

　1974. "Gods, Ghosts, and Ancestors." In Wolf, ed. , 1974: 131 - 182.

Wolf, Arthur P. , ed.

　1974. *Religion and Ritual in Chinese Society.* Stanford, Calif. : Stanford University Press.

Wu Hung 巫鸿.

　1988. "From Temple to Tomb: Ancient Chinese Art and Religion in Transition." *Early China* 13: 78 - 115.

　1989. *The Wu Liang Shrine: The Ideology of Early Chinese Pictorial Art.* Berkeley: University of California Press.

　1992. "What is *Bianxiang*? On the Relationship Between Dunhuang Art and Literature." *Harvard Journal of Asiatic Studies* 52. 1: 111 - 192.

　1995. *Monumentality in Early Chinese Art and Architecture.* Stanford, Calif. : Stanford University Press.

Wu Rongzeng 吴荣曾.

　1981. "Zhenmuwen zhong suojiandaode Dong Han daowu guanxi 镇墓文中所见到的东汉道巫关系." *Wenwu* 文物 1981. 3: 56 - 63.

Wu Zude 吴祖德.

　1992. "Shangpin jingji chongji xiade dushi jieri 商品经济冲击下的都市节日." *Zhongguo minjian wenhua* 中国民间文化 5: 114 - 126.

Xu Xiaowang 徐晓望.

　1994. *Fujian minjian xinyang yuanliu* 福建民间信仰源流. Fuzhou 福州: Fujian jiaoyu chubanshe 福建教育出版社.

Yamauchi Kōichi 山内弘一.

　　1981. "Hoku-Sō kokka to gyokkō: Shinrei kyōsha tenchi o chūshin ni 北宋
　　　　の国家と玉皇—新礼恭謝天地を中心に." *Tōhōgaku* 東方学 62: 83 –
　　　　97.

Yang, C. K. 杨庆堃.

　　1961. *Religion in Chinese Society*. Berkeley: University of California Press.

Yang Hong 杨泓.

　　1999. "Tan Zhongguo Han Tang zhi jian zangsude yanbian 谈中国汉唐之
　　　　间葬俗的演变." Wenwu 文物 1999. 10: 60 – 68.

Yang Xiaoneng 杨晓能.

　　1999. *The Golden Age of Chinese Archaeology: Celebrated Discoveries from
　　　　the People's Republic of China*. New Haven, Conn. : Yale University
　　　　Press.

Yoshida Ryūei 吉田隆英.

　　1981. "Kishi to ijin 鬼市と異人." *Tōhō shūkyō* 東方宗教 58: 30 – 47.

Yoshioka Yoshitoyo 吉岡義豊.

　　1957. "Segaki shisō no Chūgokuteki jūyō 施餓鬼思想の中国的受容." In
　　　　Yoshioka 吉岡義豊, *Dōkyō to bukkyō* 道教と仏教, 1: 369 –
　　　　411. Tokyo 東京: Nihon gakujutsu shinko kai 日本学術振興会.

　　1989. *Dōkyō nyūmon* 道教入門. Rpt. in *Yoshioka Yoshitoyo chosakushū* 吉岡
　　　　義豊著作集, vol. 4. Gogatsu shobō, 1989.

Yu, Anthony.

　　1983. *The Journey to the West*. Chicago, Ill. : University of Chicago Press.

Yü Chün-fang 于君方.

　　1990. "Images of Kuan-yin in Chinese Folk Literature. " *Hanxue yanjiu* 汉
　　　　学研究 8. 1: 221 – 285.

　　1993. " P'u-t'uo Shan: Pilgrimage and the Creation of the Chinese
　　　　Potalaka. "

In Naquin and Yü, ed. 1993: 190 – 245.

　　1994. "Guanyin: The Chinese Transformation of Avalokite śvara. " In *Latter
　　　　Days of the Law: Images of Chinese Buddhism*, 850 – 1850, pp. 151 –
　　　　181. Ed. Marsha Weidner. Lawrence: Spencer Museum of Art, University
　　　　of Kansas.

　　2001. *Kuan-yin: The Chinese Transformation of Avalokite śvara*. New York:

Columbia University Press.

Yü, Ying-shih (Yu Yingshi) 余英时.

1987a. "'O Soul, Come Back!' A Study in the Changing Conceptions of the Soul and Afterlife in Pre-Buddhist China." *Harvard Journal of Asiatic Studies* 47. 1: 363 – 395.

1987b. *Zhongguo jinshi zongjiao lunli yu shangren jingshen* 中国近世宗教伦理与商人精神. Taibei 台北: Lianjing chuban shiye gongsi 联经出版事业公司.

Yūsa Noboru 遊佐昇.

1989. "Tōdai ni mirareru Kyūku tenson shinkōni tsuite 唐代に見られる救苦天尊信仰について." *Tōhō shūkyō* 東方宗教 73: 19 – 40.

Zhang Hongxiang 张鸿祥.

1997. "Tingzhou chengqude miaohui daguan 汀州城区的庙会大观." In *Minxide chengxiang miaohui yu cunluo wenhua* 闽西的城乡庙会与村落文化, pp. 80 – 113. Ed. Yang Yanjie 杨彦杰. Hong Kong: International Hakka Studies Association and École Française d'Extrême-Orient.

Zhang Yongyao 张永尧 et al.

1994. "Jiaxing mishi xisu diaocha 嘉兴米市习俗调查." *Zhongguo minjian wenhua* 中国民间文化 14: 48 – 65.

Zhang Zhengming 张正明.

1995. *Jin shang xingshuai shi* 晋商兴衰史. Taiyuan 太原: Shanxi guji chubanshe 山西古籍出版社.

Zhejiang minsu xuehui 浙江民俗学会.

1986. *Zhejiang minsu jianzhi* 浙江民俗简志. Hangzhou 杭州: Zhejiang renmin chubanshe 浙江人民出版社.

Zhongguo meishu quanji bianji weiyuanhui 中国美术全集编辑委员会.

1988a. *Zhongguo meishu quanji* 中国美术全集, *Huaxiangshi huaxiangzhuan bian* 画像石画像砖编. Shanghai 上海: Shanghai renmin meishu chubanshe 上海人民美术出版社.

1988b. *Zhongguo meishu quanji* 中国美术全集, *huihua bian* 绘画编, vol. 15, *Siguan bihua* 寺观壁画. Shanghai 上海: Shanghai renmin meishu chubanshe 上海人民美术出版社.

Zhu Zuzhen 朱祖振.

1997. "Xiaogu Zhuxing fazhan jiqi minsu 小姑朱姓发展及其民俗." In

Gannan diqude miaohui yu zongzu 赣南地区的庙会与祖宗, pp. 139 –
173. Ed. LuoYong 罗勇 and John Lagerwey. Hong Kong: International
Hakka Studies Association and École Française d'Extrême-Orient.

Zhuang Yifu 庄一拂.

1982. *Gudian xiqu cunmu huikao* 古典戏曲存目汇考. Shanghai 上海:
Shanghai guji chubanshe 上海古籍出版社.

Zürcher, Eric.

1959. *The Buddhist Conquest of China*. Leiden: E. J. Brill.

1980. " Buddhist Influence on Early Taoism: ASurvey of Scriptural
Evidence. " *T'oung Pao* 66. 1 – 3: 84 – 147.

1982. " Prince Moonlight: Messianism and Eschatology in Early Medieval
Chinese Buddhism. " *T'oung Pao* 68. 1 – 3: 1 – 75.

图书在版编目（CIP）数据

左道：中国宗教文化中的神与魔／（美）万志英
（Richard von Glahn）著；廖涵缤译 . -- 北京：社会
科学文献出版社，2018.8（2023.7 重印）
　书名原文：The sinister way：the divine and the
demonic in Chinese religious culture
　ISBN 978 - 7 - 5201 - 2515 - 4

　Ⅰ.①左…　Ⅱ.①万…②廖…　Ⅲ.①宗教文化 - 研
究 - 中国　Ⅳ.①B929.2

　中国版本图书馆 CIP 数据核字（2018）第 059718 号

左　道
　——中国宗教文化中的神与魔

著　　者／〔美〕万志英（Richard von Glahn）
译　　者／廖涵缤

出 版 人／王利民
项目统筹／董风云　段其刚
责任编辑／张金勇　甘欢欢　张　骋
责任印制／王京美

出　　版／社会科学文献出版社·甲骨文工作室（分社）（010）59366527
　　　　　地址：北京市北三环中路甲29号院华龙大厦　邮编：100029
　　　　　网址：www.ssap.com.cn
发　　行／社会科学文献出版社（010）59367028
印　　装／北京盛通印刷股份有限公司

规　　格／开　本：889mm×1194mm　1/32
　　　　　印　张：14.25　插　页：0.5　字　数：322千字
版　　次／2018年8月第1版　2023年7月第7次印刷
书　　号／ISBN 978 - 7 - 5201 - 2515 - 4
著作权合同
登 记 号／图字01 - 2017 - 1417 号
定　　价／79.00元

读者服务电话：4008918866